― 세계의 유신적 증명 ―
존재적 신론

- 세계의 유신적 증명 -

존재적 신론

염기식 지음

머리글

신론 완성 기대

르네상스(Renaissance) 이후 인간은 자신의 자유와 능력을 계속 확대해왔다. 그러나 금세기에 일어난 두 차례의 세계대전은 인간이 과연 역사의 주인공이 될 수 있는지에 대해 회의를 품게 하였고, 과학 문명의 발달은 인류가 공멸할 수도 있다는 위기감을 안겼다. 현대는 극단적인 자유 만능의 시대인 동시에 유물론적인 결정론 내지 숙명론이 지배하는 모순된 현 상황에서,1) 이 연구가 애써 신론 완성을 기대하는 것은 神의 본성을 규명하고 존재한 사실을 증명함으로써 이 땅에 진정한 신권 문명을 건설하기 위해서이다. 이를 위하여 본인은 일찍부터 神이 존재한 사실을 증명하기 위해 노력하였고, 지상 강림 역사를 완수한 대 시대적 전환점에서 神을 인식할 수 있는 길을 튼 『인식적 신론』과 神의 모습을 구체화시킨 『관념적 신론』을 앞서 저술하였다. 이어 본 신론은 그 완결편으로서 이 땅에 강림한 하나님을 존재론적인 관점에서 증명하고자 한다. 하나님이 지상에 강림하였다고 선언하였는데 그 실존성을 아무도 확인하지 못한 것은 아직 누구도 신론을 완성하지 못해서이다. 완성하고 나면 인류가 하나님을 볼 수 있게 되고 권능에 찬 역사를 실감하게 되리라. 神이

---

1) 「하나님의 섭리에 관한 신학적 이해」, 정애숙 저, 서강대학교대학원 종교학과 신학전공, 석사, 1989, p.1.

강림하였다는 것은 인류가 神과 교감하고 존재한 본성을 온전히 파악할 수 있게 된다는 뜻이다. 하나님은 어떤 분인가? 어떤 존재이신가? 이전에는 어려움이 있었지만 지금은 여기에 대해 답할 수 있다. 이 연구의 저술 의도는 神을 존재자로서 명확히 하는 것이지만, 한편으로는 완수된 지상 강림 역사를 통하여 인류가 모두 하나님을 뵈올 수 있게 하는 데 있다. 창조로부터 지금까지 수많은 세월이 흘렀는데 神에 대해 개념조차 정립하지 못하고 있다는 것은 아이러니이다. "존재와 神에 대한 전통적인 물음을 아예 무의미하게 여기고 포기하여 버린 시대에"[2] 이 연구가 神을 주제로 신론을 펼치고자 하는 것은 오직 神만이 모든 존재를 포괄하고 진리 문제를 해결할 수 있기 때문이다. 신학자 틸리히는 "존재 자체인 하나님은 모든 존재자에 참여하는 존재의 근원이요, 모든 존재를 있게 하는 존재의 힘이라고 하였다."[3] 존재 자체라고 하므로 추상화·비인격화한 측면은 있지만 관념성을 벗어나 존재화함으로써만 神은 창조주로서 모든 존재의 총괄자가 될 수 있다. 존재를 탐구한다는 것은 결코 만만찮은 진리적 과제인데, 神과 창조와 본질은 한 덩어리이다. 그래서 神을 존재적으로 규명할 수만 있다면 바야흐로 신론을 완성할 수 있을 것으로 기대된다. 사도바울은 "우리가 그(하나님)를 힘입어 살며 기동하며 있느니라"라고 하였다.[4] "하나님은 한없이 먼 추상적인 존재자가 아니다. 내가 나 자신에게 가까운 것보다 더 가까이 있는 존재이고, 내가 나에게 현실적인 것보다 더 근원적으로 현실적인 것으

---

2) 「폴 틸리히의 존재론과 신론연구」, 김순선 저, 호서대학교연합신학전문대학원 조직신학전공, 석사, 2009, p.266.

3) "모든 것 안에, 그리고 모든 것을 넘어서 있는 무한한 존재의 능력이다."-위의 논문, p.233.

4) 사도행전 17장 28절.

로서 모든 현실적인 것의 시작이고 과정이고 그 종국이다."5) 이 같은 구체적인 실감을 이 연구가 지상 강림 역사를 통하여 증거하고자 한다. 이스라엘 민족은 계시와 역사를 통해 神을 확인하였고 서양인들은 신앙과 지적인 이성을 통해 논증하였다면, 이 연구는 강림한 하나님이 그동안 이룬 성업을 통해 증거하고자 한다. 이를 위해 神을 증명할 수 있는 논거를 세우고 방법론을 모색하였으며 그 결과를 경험하였다. 神이란 존재를 어떻게 증명하고 규정하여 신론을 완성할 것인가? 본인은 일찍이 추구한 길의 도정 속에서 통합→본질→창조→유신→섭리→수행→도덕이란 개념 정립 과정을 거쳤는데, 이것이 오늘날 하나님을 존재적으로 증명할 수 있는 진리적 기반이 되었다.

覺者들은 깨달음을 얻었지만(불교) 왜 하나님은 보지 못했는가? 기독교인들은 하나님을 신앙하였지만 왜 神은 증명하지 못했는가? 하나님은 살아 역사하신 분인데 왜 분간, 분별, 인식하지 못했는가? 무엇이 문제인가? 볼 수 있는 안목을 틔우지 못해서이다. 여기에 이 연구가 해결해야 할 것은 神을 증명하기에 앞서 神을 볼 수 있는 관점부터 확보하는 것이다. 그래서 神에 대해 어떤 특별한 경험과 방법을 모색하기에 앞서 세상 어디서도 神을 제대로 판단할 수 있는 기준을 세우고 안목을 확보하고자 한다. 예나 지금이나 神은 여여한데 볼 수 없었기 때문에 증명도 할 수 없었다. 그래서 지상 강림 역사 완수는 역사한 작용 의지를 통하여 神을 확실하게 판단할 수 있게 되었다는 뜻이다. 어디서도 뵈올 수 있게 되었는데 알라라고 부른 외침 속에서도, 안좌한 부처님의 존안 속에서도, 노자의 道, 유교

---

5) 앞의 논문, p.234.

의 天, 철학자의 실체, 자연의 이치, 역사, 원리, 법칙을 통해서도 볼 수 있게 되었다. 독일의 철학자 칸트는 물자체를 인식할 수 없다고 한 것처럼, 절대적인 神은 정말 세상적인 질서 기준으로서는 어디서도 확인할 근거가 없다. 그런데도 그동안 선현들이 神의 본성을 다양하게 각인하였던 것은 창조로 인한 결과와 연관이 있고, 궁극적인 실재를 추구한 것은 언젠가는 神의 모습을 세상 가운데서 볼 수 있는 기반이 되었다. 神을 궁구하는 것은 일부 신앙인들에게만 해당된 과제가 아니다. 모두가 도달할 궁극적인 본향을 구하는 것이다. 神이 무엇이고 어떻게 존재하며 증명할 수 있는가를 알 수 있다면 실존성을 접하는 것은 부차적이다. 인생 삶과 역사에 있어 새로운 세계가 펼쳐질 것이나니, 이런 신론 완성 시대의 개막을 기대하면서…….

경남 진주에서
염기식

❑ Contents

| Chapter 02 | 신 창조론 |

Chapter 03   신 존재론

Chapter 04	신 증명론

Chapter 05	신 규명론

유신적 증명 개설

존재는 존재 자체로서 독자적이지 않고 근원된 본질과 함께하는데, 이런 존재 성향을 착안하지 못한 것은 하이데거와 서양 形而上學이 지닌 문제점이다. 形而上學적이라는 말과 존재론적이라는 말은 그 의미가 동일하다고 함에 존재라는 개념을 내포하지 않는 것은 無밖에 없고, 존재는 개념적으로 정의할 수 없다고 할 정도로 겉으로 드러난 것만 보고서는 심연을 헤아릴 수 없다. 그렇다면? 본질, 창조, 神을 알아야 하는데, 그중에서도 현 존재를 매개하는 창조를 모른다면 존재에 대한 의문은 풀 수 있는 길이 없다. 사르트르가 출발점으로 삼은 존재도 자체 충족적이고 無에 대해서 논리적인 우선권을 지녔다. 왜냐하면 존재가 탄생한 비밀이 無에 있어서이다. 우리가 지혜를 다해 도달할 존재론의 궁극 지점이 바로 無이다.

-본문 중에서

제1장 개관(신 문명 재건 이유)

　神이 존재한 사실, 즉 세계의 유신적 상황을 증명하는 데 있어 지성들이 문제를 해결하지 못한 것은 神이 존재하지 않아서가 아니다. 온전하게 알지 못하므로 보지 못했고 잘못 이해하였다. 브루노 바우어(Bruno Bauer, 1809~1882)에 의하면, 헤겔은 그의 철학을 통하여 "기독교를 견고히 하고 지지하는 듯한 인상을 준다. 그러나 근본에 있어서는 하나의 무신론 입장을 대변한다고 지적했다."[1] 과연 그런가? 바우어가 생각한 신관이 헤겔과 달랐고 바우어가 잘못 이해해서이다. 누가 정말 옳은 것인가는 기존 신관으로서는 판가름할 수 없다. 하나님의 본체가 드러나야 했다. 그들은 하나님에 대해 말했지만 정작 하나님의 모습은 보지 못했다. 대개는 "神에 대한 지식을 긍정적으로 가질 수 없어 부정적으로 서술할 수밖에 없다(부정 신

---

1) 『헤겔철학과 현대신학』, 김균진 저, 대한기독교출판사, 1980, p.16.

학)고 하지만",[2] 부정할 만큼 그들은 神에 대해 얼마나 알았는가? 알고 보면 유신론자들도 무신론자들도 판단한 근거를 보면 神을 너무 몰랐다. 맨손으로는 물을 담아둘 수 없는 것처럼 神을 증명하기 위해서는 수많은 진리적 과제부터 해결해야 한다. 학문을 갈고 닦은 지성들도 神에 대한 정보는 미약하다. 유신론자가 유신적 상황을 합리적으로 증명하지 못하니까 이런 취약점을 무신론자들이 물고 늘어졌다. 하지만 정작 세계가 무신적이라고 결론 내리고 보면 세계가 너무 유신적이다. 무신 상황을 증명할 수 있는 유일한 근거는 너와 나, 삼라만상이 존재하지 않는다는 조건뿐인데, 그렇지 못한 것이 준엄한 현실이라는 것이 세계의 유신적 상황을 증명해야 하는 당위 이유이다. 이런 사실을 무시하고 "모든 존재의 구조는 자연 상태에서 발생한다. 존재의 자연 상태에 구족(具足)되어 있다. 존재의 구조는 그 존재의 스스로 그러함(노자)이라고 한다면",[3] 더 이상 神을 증명할 필요가 없다. 세계는 필연적인 원인이 있는데, 이런 필인(必因) 상황을 무시한다는 것은 인류의 지적 퇴화이다. 어떤 진리적 완성도 기대할 수 없다. 존재가 자연 상태에서 발생하고 구족하게 된 것은 당연한 것이 아니다. 자연적인 시스템을 이룬 필연적인 근거를 도출해야 한다. 神은 완전한데 어떻게 필연성을 숨겨두고 있는가? 숨겨둔 것이 아니고 이해하지 못해서이다. "만일 神이 존재한다면 그것은 개념상으로 완전한 존재인데 무엇 때문에 그런 존재자가 새삼스럽게 천지를 창조해서 지배하는 무거운 짐을 지려 할까? 세상은 늘 죄악으로 들끓고 있는데 완전한 神이 어떻게 불완전한 세계를 만들

2) 『세계철학과 한』, 김상일 저, 전망사, 1989, p.44.

3) 『논술과 철학강의(철학강의 편)』, 김용옥 저, 통나무, 2006, p.99.

었겠는가?"[4] 그 이유는 정말 神을 제대로 알지 못한 때문이다. 神은 완전한 존재자로서 인류를 사랑하고 죄악을 근절하기 위해 노심초사하였는데 몰상식한 神 책임론은 누구도 거론할 수 없다.

> "神이 이 세계를 만들어 지배하고 또 더 나아가 인간의 일까지 간섭한다는 것은 천부당만부당한 생각이며, 따라서 우리는 있지도 않은 神을 결코 두려워할 필요가 없다."[5]

그릇된 논거를 세워 그릇된 판단에 안주한 자들이 어떻게 인류의 영혼을 선도할 수 있겠는가? 도스토예프스키는 만일 神이 존재하지 않는다면 모든 것이 허락될 수 있다고 장담하였는데, 神이 존재하지 않는다면 인류는 과연 자유를 누릴 수 있는가? 神이 인간에게 그토록 부담을 안겼는가? 神이 인간을 구속한 것은 무엇인가? 죄악에 찌든 영혼들에게 구원과 참된 생명을 주려 하지 않았던가? "역사상 많은 무신론자들은 자신들의 믿음을 성장 형식에 비교하였는데, 예를 들어 프로이트는 종교적 믿음을 일종의 유년기로의 퇴행으로 보았다. 종교를 통해 아직도 자애로운 부모가 세상에서 보호하고 돌보아 줄 것으로 믿는 어린아이와 같다고 하였다."[6] 이런 주장은 神을 바르게 이해하지 못한 것이다. 神은 관념상으로 존재하는 허상이 아니다. 실존한 존재자로서 확인할 수 있어야 한다. "19세기에 있었던 진화론의 대승리(다윈)는 물리학이 아니라 생물학의 용어로 쓰인, 대중적인 유물론자들의 논문이 밀물처럼 쏟아진 뒤에 이루어졌는데,

---

4) 『한 권으로 읽는 서양철학사 산책』, 강성률 저, 평단, 2009, p.105.

5) 앞의 책, p.106.

6) 『무신론이란 무엇인가』, 줄리안 바기니 저, 강혜원 역, 동문선, 2007, p.170.

영국의 헉슬리와 헥켈은 인간까지 포함하여 모든 생물체가 우주 진화의 방대한 과정에서 분자 결합의 우연한 산물에 불과하다는 신념을 일반화시키는 데 공헌했다."[7] 이런 생각은 한결같이 유신론자들이 神을 증명하지 못한 틈새를 타서 세운 기생 사상이다. 언젠가는 진위를 판가름해야 하는데 진화론, 유물론, 과학주의와 같은 무신론 사상이 해결할 수 있겠는가? 그들이 생각하여 결정한 것이 진리적·역사적으로 잘못된 것이라면 걸어온 길을 돌이켜 하나님에게로 다시 돌아갈 수 있겠는가? 神 문명을 재건할 수 있겠는가? 끝까지 잘못을 깨닫지 못한다면 새로운 신권 질서를 세울 문화적 동력을 생성시킬 수 없다. 서양은 神을 모신 문명인데도 神을 이해, 판단, 규명, 증명할 수 없을 만큼 문명적 에너지가 고갈되어 버렸다는 참담함 앞에서 이 연구가 한계성을 넘어서야 하는 묘안 과제를 짊어졌다. "자연철학으로부터 출발한 그리스철학은 세상 만물을 구성하는 궁극적인 요소가 무엇인가 하는 물음으로부터 철학적 사유를 시작하여"[8] 오늘날 거대한 물질문명 세계를 건설하였는데, 그 결과는? 유신적 상황을 긍정한 상태에서는 자연 탐구가 인류의 삶을 위해 무궁한 생명 에너지를 공급할 수 있지만 저버린 상태에서는 파멸만 자초할 뿐이다. 神을 정확히 알고 존재한다는 사실을 증명해야 새로운 神 문명을 건설할 수 있는데, 이것이 이 연구가 세계의 유신적 상황을 증명하고자 하는 이유이다.

---

7)『철학의 의미』, 조셉 G. 브렌넌 저, 곽강제 역, 학문사, 1996, p.270.

8)『사람이 알아야 할 모든 것, 철학』, 남경태 저, 들녘, 2007, p.227.

제2장 길의 증거 기초

1. 세계의 제 문제

우리가 발 딛고 있는 존재 세계는 확실한 것이고, 이 같은 존재를 통해 관망한 세계도 그렇다. 하지만 이렇게 존재한 세계가 언제 어떻게 무엇에 의해 발생되었는가 하고 묻는다면 쉽게 대답할 말이 없다. 나는 처음부터 있었던 것이 아니며 또 존재하고 있지만 때가 되면 사라지리라. 그렇다면 이 같은 나와 뭇 존재는 어디로부터 나서 어디로 갈 것인가? 자신만큼은 존재한 사실이 확실한 것 같은데 의문 덩어리인 것을 알 때, 세상을 다시 살펴보아야 한다. 진리 문제가 그렇고 인생 문제가 그러하며 학문, 사상, 제도 등등 우리는 지금도 호흡하고 있고 원리, 법칙으로 떠받치고 있지만, 정작 궁금한 문제는 해결하지 못하였다. 여기에는 그만한 이유가 있다. 神이 있느냐 없느냐 하는 것은 인류가 함께 풀어야 하는 과제이다. 神에 대해 궁금한 점이 있다면 神을 규명하지 못한 이유와도 연관시켜 볼 필요가 있다. 근원적인 문제를 해결하지 못한 것은 神을 제대로 알지 못한 것이 주된 원인이다. 사실상 존재와 神은 떼려야 뗄 수 없는 관계 속에 있다. 따라서 神은 개념을 정의하는 문제를 넘어 세계적인 문제로까지 확대시켜야 한다. 세계가 얼마나 복잡한가 하는 것은 탐구해보면 알 수 있지만, 神을 증명하는 문제 역시 난해하기만 하다. 섣불리 시도할 수 없다. 천지가 창조된 이상 진리와 존재와 현상들은 神과 연관되지 않을 수 없다. 이것을 신앙인, 과학자, 철학자들이 간과하였다. 神을 모르고 세계적인 문제들을 해결한다는 것은 무모한 시도이다. 진리 세계도 마찬가지이다. 지성들은 진리가 이런 것이라고 정의는 하였지만 누구도 본질적인 모습은 드러내지 못하였다. 진리에 대하여 개념을 말하지 못한 것이 아니고, 세상이 미처 본질을 다 드러내지 못한 것이다. 세계적인 본질이 드러나지도 않은 상태인데 각자 확보한 진리만 주장하다 보니까 문제가 복잡해져버렸다. 일부분 진리성은 내포하였지만, 그것이 전부가 아닌데도 절대적인 신념을 가진 것이 오히려 한계성을 노출시켰다. 진리는 만사에 걸쳐 두루 형통한데 세계를 구획지어 버렸다. 진리는 일구었어도 본질은 직시하지 못했다. 진리는 객관적이어야 하는데 각자 세운 기준이 다르다 보니까 대립상이 야기되었다. 제 영역들이 세계의 알파를 상정한 것이 神을 보지 못한 이유이다. 이런 문제가 영향을 끼쳐 혼란, 대립, 의혹을 일으켰다. 지성들은 자연의 질서 속에 범상찮은 이치가 있다는 것을 알았지만 근본적인 이유를 몰라 유추하고 말았다. 유신론 대 무신론, 창조론 대 진화론, 관념론 대 유물론 등등 세계가 끝없이 대립되었다.

진리 문제만으로서도 세계가 복잡한데 神의 문제, 종교적인 문제까지 더하여 얽히고설켜 버렸다. 우리는 아직도 세계의 종교 분화를 이해하지 못하고 있고, 앞으로도 해결될 가능성은 희박하다. 그런데도 지성들은 자신들이 붙들고 있는 진리성만 고집하고 있다. 그러니까 "과학주의, 마르크스주의, 전통적 프로이트 분석심리학 사상, 니체 철학의 니힐리즘 등이 주장한 종교 부정의 원리를 극복하지 못하였고",9) 도전적인 기세만 확산되었다. 특히 과학과 종교 간의 갈등은 희망이 없을 정도로 평행선을 치달았다. 천지가 창조되었다면 세계를 탐구한 과학은 마땅히 종교가 양산시킨 진리 세계 안에 포섭되어야 했는데 현실은 그렇지 못했다. 세상에는 기독교·이슬람교·불교·유교 등 많은 종교들이 있다. 그들은 모두 인류를 구원한 고등종교로서 가치가 인정되고 있는데, 서로 간 얼마나 많은 대화를 나누고 있는가를 살펴보면 거의 절망적이다. 그들은 정말 하나 될 수 있는 길이 없는가? "현시대는 종교가 공존하는 다양성의 시대(종교 다원주의)로서 어떤 특정 종교만 절대적인 진리와 가치를 주장할 수 없게 된 추세인데",10) 어떤 해결책을 강구하였는가? 특히 기독교인들은11) 신앙 체계가 다른 종교인들, 심지어는 세속적인 무신론자들과도 대화할 수 있는가? 모세와 예수의 하나님은 어떻게 무함마드의 알라, 동양의 天, 공자의 인륜, 노자의 道, 불타의 空과 일치할 수 있는가? 기독교인들은 하나님이 존재한 사실이 당연하기 때문에

9) 『선과 현대신학』, 아베 마사오 저, 변선환 역, 대원정사, 1996, p.75.

10) 『성경과 신학』, 한국복음주의 신학회 논문집, 11권, 전호진 편집인, 기독지혜사, 1992, p.13.

11) "기독교는 아주 오래전인 기원전에 『구약성서』의 영향력으로부터 벗어나 그리스의 종교와 그리스 및 로마 철학을 매개로 새로운 세계 종교로서 정착했다."-『현대의 신』, N. 쿠치키 저, 진철승 역, 범우사, 1996, p.141.

증명할 필요성을 느끼지 못하고 있지만, 자각한다고 해도 넘어야 할 산이 태산이다.

그런 과제 중 하나로 이 연구에서는 동서 사상의 회통 문제를 들고 싶다. 동과 서는 각자 지닌 진리로서의 특성과 문명을 양산한 뿌리를 지녔다. 흑백 논리로서 어느 한편이 절대적이라는 것은 무모한 판단이다. 어떤 경우에도 융화될 수 있는데 가능한 관점을 확보하지 못하였다. "죽음과 내세에 대한 불교와 기독교와의 비교, 道와 로고스, 유교의 종교성과 비종교성, 동양 종교와 서양 종교의 유사점과 차이점 등등"12) 무엇 하나 해결한 문제가 없으며, 살펴보면 알파성과 보편성이 결여되었다. 대개는 변화무쌍한 현상적 세계만 보고 판단하였다. 지성들이 세계를 헤맨 분명한 이유를 이 연구가 보지 못했기 때문이라는 것을 거듭 강조하거니와, 이것을 해결하면 세계적인 문제들도 한꺼번에 풀 수 있다. 지형은 복잡하지만 하늘에서 보면 일목요연하다. 문제를 해결하는 데는 현 시공간이 지닌 제약성을 극복해야 하는 어려움이 있는데, 이것을 이 연구는 神을 증명하는 과정을 통해 하나하나 해결하리라. 그리고 이 같은 과정이 곧 이 땅에 강림하신 하나님을 증명하는 길인 것을 확인시키리라. 강림한 보혜사가 진리의 성령으로서 이룬 성업이다.

2. 길의 시대적 사명

한 인간이 성장하면서 세계에 대하여 어떤 사명감을 가지게 된다

---

12) 『서양종교철학 산책』, 황필호 저, 집문당, 1996, p.182.

는 것은 평범하지 않은 의식의 변화 상황이다. 본인이 어떻게 하여 하나님을 증명하리라는 생각을 품고 길을 출발하게 되었는가 하는 것은 개인적인 의욕 측면도 있지만 하나님이 의도하신 뜻도 있었고 시대적인 여건도 한몫하였다. 믿음도 불확실하고 존재한 사실도 증명하지 못한 상태인데 모종의 뜻을 가진 것이라면 앞뒤가 맞지 않지만, 본인은 神에 대한 문제를 이론적으로 접근한 것이 아니기 때문에 어떤 방식이든 경험하게 된 사실들을 분명하게 밝혀낼 수 있다. 본인은 자아를 인식하게 되면서부터 神에 관한 문제를 해결하는 것이 최대의 지적 관심사란 사실을 직시하고 일찌감치 인생의 추구 목표로 삼았다. 스스로 일군 가치관이지만 이 같은 노력이 있었기 때문에 때가 되어서는 정말 살아 계신 하나님의 뜻을 깨닫게 된 영광된 순간을 맞이하였다. 평상시에 일군 문제의식인데 그것이 하나님의 뜻과 일치한 역사를 경험하였다. 추구한 인생 역정이 고스란히 하나님의 뜻 위에 설 수 있게 되어 이 시대에 하나님이 본체를 직접 세상 가운데 드러내고자 한 의도를 알게 되었다. 하나님의 뜻을 대언한 선지자, 뜻을 이루고자 한 사역자, 존재 사실을 개념적으로 논증한 철학자는 있어도 神을 직접 증명하는 문제를 전적인 인생 과제로 삼은 자는 없다. 여기에 본인이 가진 사명 의식의 막중함이 있다. 부르심의 역사를 경험하고 증명 문제를 해결하고자 함에 있어서는 무엇보다 먼저 사명을 인식한 교감 원리부터 밝혀야 했다. 폴 틸리히, 에밀 부룬너, 루돌프 불트만 같은 신학자는 神을 개념적으로 파고든 신론을 세웠지만, 본인은 순수한 사역인으로서 하나님과 교감한 역사를 직접 증명하리라.[13]

지난날에는 神을 진리적인 모습으로 완성시킬 수 없었는데, 때가 되었으므로 이 연구는 완성할 수 있는 타당한 이유를 제시하리라. 전통적인 신앙 관점과는 다를 수도 있지만 언젠가는 그와 같은 방향으로 나가야 하고 모두가 지향해야 할 목표이다. 복음을 땅 끝까지 전파하고자 했지만 어떤 물리적인 장애가 있어 아직까지 목적을 달성하지 못하고 있는 것이 아니다. 2천 년이 넘는 시간 동안 쏟은 정열이 부족했던 것도 아니리라. 주된 원인은 바로 복음이 지닌 자체의 진리력에 있다. 이런 사실을 시인하지 못한다면 새로운 사명도 자각할 수 없다. 기독교 교리는 자연적인 원리성과는 거리감이 있고 과학적인 원리성과도 대치된다. 神을 증명하기 위해서는 이 같은 조건들을 무시할 수 없다. 갖가지 도전에 대처하기 위하여 하나님이 오늘날 진리의 성령으로서 강림하셨다. 사도바울은 "유대인과 헬라인 사이에는 어떠한 차별도 없다. 동일한 주님은 만인의 주님이기도 하다고 주장하면서"[14] 전통적으로 행한 할례와 무할례 문제에 적극 대처하였는데, 오늘날은 사상적으로 무장한 무신론 등 진리로 인한 갈등 문제가 매우 심각하다. 새벽이면 교회 종소리를 듣고 하루 일과를 시작했던 중세시대와도 상황이 다르다. 전통적인 역사와 문화를 가진 이방인들 앞에서 神을 입증하기 위해서는 어떻게 해야 하는가? 구약의 선지자들은 공유된 신앙 전통을 가졌기 때문에 백성들 앞에서 큰 무리 없이 메시지를 선포할 수 있었지만, 지금은 상황이 달라졌다. 아무리 전파해도 믿음의 문이 열리지 않는 마지막 남은 자들 앞에서 하나님을 증명해야 한다. 그래서 이 연구가 초점 잡은 神은 기독교 신앙을 넘어 범세계적인 영역에 걸쳐 역사한 진리의 성령이

---

13) 하나님의 임재하심을 경험한 자는 하나님의 살아 계심을 존재적으로 증명해야 할 의무가 있다.
14) 『선과 종교철학』, 아베 마사오 저, 변선환 엮음, 대원정사, 1996, p.315.

시다. 이런 과제를 해결하기 위하여 본인은 믿음을 지키면서 사명의식을 독백으로 일구었는데, 그것은 지성으로 우러난 가치 의식의 표출이고, 하나님의 뜻을 일군 진리 추구 역정이었다. 어떻게 해서 그와 같은 의식을 가지게 된 것인지는 의문이지만, 깨닫고 보니 하나님이 이 자식을 의도적으로 인도한 성령의 역사 발자취였다.

> 세계의 길은 넓고 또 넓다. 나는 무엇을 얻기 위해 이 장구한 길의 도정 속에 섰는가? 나에게는 한시바삐 찾아야 할 빛이 있고 길이 있고, 이로써 이루어야 할 神에 대한 사명의 세계가 있다. 나는 비록 버림에 대한 의구와 애통이 있을지라도 길을 가야 한다.

간구하였고 의뢰함과 믿음을 가졌다. 여기서 독백한 '길'이라는 개념은 본인이 이루고자 한 진리 추구의 목적이고 차마 버릴 수 없는 사명에 대한 인식이다. 본인은 이 같은 길의 추구로 인생 가치를 일구고 의지를 수련하였으며 부르심의 역사가 있기까지 굳세게 믿음을 양성하였다.

> 나는 과연 神이란 존재하는가를 생각해본다. 그러나 나에게 神이 없다면 실존 의지와 인생 목적은 성립될 수 없으며 허무 속에서 사라져버리리라. 내가 존재함은 곧 神이 실재함을 대변한다. 길을 위하여 길을 버리다. 따라서 길은 바로 神이다. 수많은 사람들이 삶을 위하여 열심히 살고 있지만 일평생 동안 어찌 神에 대해서는 궁금하게 여기지 않는가? 얼마나 영혼이 무디면 하나님을 모르고 살아갈 수 있는가?

본인이 증명하려는 것은 길을 추구하는 과정에서 접한 성령의 역사를 원리화시키는 것이다. 이런 추구 의지가 나중에 하나님이 자체 본체를 드러내고자 한 존재 의지로서 표출되게 되었다. 길을 의식한 것은 진리를 구하고자 한 의지 분출 과정인데, 고독한 삶의 여정 속에서 본인은 길이 던지는 메시지의 중후함을 피할 수 없었다. 그래서 어딘가에는 살아 계실 하나님을 증명하기 위하여 노력하였고, 이것은 지금까지 추구한 길을 지키면 이룰 수 있으리라고 무언중 믿었다. 그래서 더한 사명을 자각하기 위해 진력하였다.

> 나에게는 외로움이 있고 괴로움이 있고 자신까지도 버리고 싶은 유혹이 있다. 그러나 이 모든 것은 참음으로써 인내하리니 그것은 하나님이 준 길을 소중히 이루어 가기 위해서이다. 열망·투쟁·정열, 어쩌면 인생의 마지막 시도가 될지도 모를 길을 완성하기 위하여 하나님, 이 자식이 하나님의 실체를 만 사람 앞에 증명할 수 있게 하여 주소서!

처음에는 막연한 기대감을 가지고 출발했지만 은혜가 더하여짐에 따라 신념으로 굳혀졌다.

> 나의 존재와 삶의 여정은 곧 나의 정신과 신념의 표상이 될 것이며, 하나님이 나에게 내린 사명은 섭리와 역사로서 증거 되리라. 하나님이 섭리를 통하여 구속된 생애를 걷게 하시므로 그 일생은 진리의 여정이 되고, 하나님의 현현이 되며, 세계의 본질을 드러내는 새로운 질서를 수립하게 되리라.

역사상 지성들이 神을 증명하기 위한 노력을 경주하지 않았던 것은 아니지만, 본인 역시 사명을 감당하고 보니까 인간적인 고뇌가 따랐다. 선지자들이 소명을 받든 선례를 보면 말씀을 대변하는 과정에서 긴장과 고뇌를 표출시켰는데,[15] "예수를 비롯하여 선지자들에게서 나타나는 공통점은 상식을 부정하고 새로운 진리를 발견해서 알렸다는 데 있다."16) 길의 시대적인 사명 인식도 상식의 저편에 있는 진리를 알리고자 한 데서 고뇌가 따랐고, 용기가 필요했다. 하지만 본인은 뜻을 선포하는 데만 그치지 않고 인식한 과정까지 증명하려는 것이므로 일련의 시도가 허황될 수 없다. 세인들도 제기된 길의 과정을 직접 확인할 수 있다. 무궁한 은혜가 사무치고, 하나님이 함께하는 한 본인은 반드시 살아 역사한 하나님을 세상 가운데 드러내고 증명할 수 있으리라고 확신하였다. 길을 끝까지 지키고 그 과정을 완수할 수만 있다면 정말 세상의 마지막 남은 영혼들까지 구원하는 발판을 마련하리라.

3. 하나님을 증명하기 위한 길의 추구 및 성과

하나님이 세상 위에 드러나고 존재를 증명할 수 있는 것은 그만한 길의 역정과 교감된 역사와 걸어온 과정이 있었다는 것을 전제한다. 그렇다면 본인은 정말 어떤 인생 역정을 겪었기에 하나님의 본체를 드러낸 지상 강림 역사를 완수할 수 있었는가? 이것을 밝히기 위해서는 자아를 인식하고 길을 출발한 청소년 시절로 거슬러 올라가야 한다. 이때를 출발점으로 하나님으로부터 인도받은 범상찮은 역사 과정을 충실하게 기록하였다. 길의 과정 속에는 현실감 있게 교감된

---

15) "선지자 가운데 많은 이들이 神을 위해 대변하기를 원하지 않거나 대변할 수 없을 때가 많았다. 神이 모든 선지자의 원형이 된 모세를 불타는 가시덤불에서 불러내어 파라오(Pharaoh)와 이스라엘 백성에게 그의 말씀을 전할 사자가 되라고 할 때에도 모세는 '말을 하지 못한다'라고 하면서 반대하였다."-『신의 역사(Ⅰ)』, 카렌 암스트롱 저, 배국원·유지황 역, 1999, p.89.

16) 『중국사상사』, 森三樹三郎 저, 임병덕 역, 온누리, 1990, p.39.

역사를 드러내었는데, 이것을 지금부터 약술하고자 한다. 혹은 하나님의 메시지를 선포하고, 혹은 미래의 질서를 예견한 형태인데, 세인들은 이것을 쉽게 이해할 수 없으리라. 본인도 당시에는 미처 뜻을 헤아리지 못했지만 이제는 제대로 파악할 수 있게 되었다. 하나님을 증명하기 위해서는 길의 추구 역사를 밝혀야만 타당한 근거를 확보할 수 있다. 길은 단계적으로 역사된 과정이므로 순차적으로 다진 기반을 통해 다음 단계의 추진 관점을 확보할 수 있었다. 이것을 본인은 『길을 위하여』란 제호로 정리하여 발행하였는데, 1, 2, 3권을 통하여 하나님의 역사 과정을 밝혔다. 한 인간이 세계에 대하여 품은 뜻과 지킨 믿음을 하나님의 뜻과 일치시켜 사명을 깨닫게 된 과정(요지: 나의 네게 이른 모든 말을 그것에 기록하라). 세계에 대하여 행해야 할 본분을 자각한 하나님의 대세가 부여된 과정(요지: 세상 만물을 주체적으로 다스리라). 진리 통합의 과정을 완수하고 하나님의 모습을 현현시킨 과정(요지: 진리의 성령이 오시면 그가 너희를 모든 진리 가운데로 인도하리라)이 그것이다. 물론 새긴 뜻을 증거하기까지는 숱한 회의가 있었고, 인간적인 고뇌를 겪어야 했다. 교감된 원리성을 객관화시키는 것도 중요하지만 더 심각한 것은 도대체 자각한 사명의 본질이 무엇인가 하는 원칙적인 의문에 있었다.

첫 번째 요지인 "나의 네게 이른 모든 말을 그것에 기록하라"란 말씀은[17] 본인이 장차 행할 바 사명에 대한 지침인데, 이것은 본인이 평소 일군 뜻과 일치된 것이었다. 막연한 상태에서 무언가 참다운 가치를 일구어 세상에 기여할 수 있는 책 한 권을 써보고 싶어

---

17) 예레미야 36장 2절.

틈틈이 떠오르는 생각들을 기록하였다. 그런데 어느 한순간 내가 하나님을 위하여 할 수 있는 일이 있다면 그것이 무엇이겠는가라고 자문하였는데, 그때 의문과 일치된 성경의 말씀이 주어지게 되어 하나님이 의도한 뜻을 깨달았다. 그래서 기록한 길의 과정을 모두 정리하여 우여곡절 끝에 1985년 9월 1일, 『길을 위하여』란 제호로 출판하였다. 하지만 이 같은 뜻을 누가 이해할 수 있겠는가? 관심을 가지는 자가 아무도 없었지만 본인은 다시 대세를 간구하기 위해 길을 출발하였다. 이것은 세상의 뭇 진리 가운데서 하나님이 부여한 정통성을 확인하기 위한 절차로서 앞서 다시 너를 세우리라고 한 약속에 대한[18] 확인 절차였다.

> 하나님 저에게 능력을 주소서! 이 生을 기도하는 마음으로 수행하고 정진하게 하소서! 저로 하여금 아버지의 능력을 대행할 사명자가 되게 하소서! 길은 세계적으로 파급될 소명을 안은 진리로서 만인 앞에 드러날 증거의 표적으로 세워지리라. 길 위에 대세가 부여되지 못한다면 일어설 수 없다. 때가 되면 아버지의 대세가 주어지리라. 같은 배 속에서 태어난 자식들 중에서도 부모의 가세(家勢)를 이을 장자는 선택되는데, 하나님의 품 안에 있는 수많은 경지의 道 중에서 아버지의 뜻을 이룰 진리의 道는 어디에 있는가?

1986년 8월 10일, 두 번째로 정리한 길을 바친 예배 과정에서 하나님은 모든 만물을 주체적으로 다스리라고 한 말씀을 주셨다. 간구한 뜻을 응답받는 또 한 번의 영각 역사이었다(『길을 위하여 (Ⅱ)』). 그래서 본인은 이 같은 권능 부여 역사를 바탕으로 진리 세계를 섭렵하고자 한 길을 재차 출발하였는데, 이로써 매듭을 이루게 된 역

---

18) 길을 위해 주신 하나님의 약속: "처녀 이스라엘아 내가 다시 너를 세우리니 네가 세움을 입을 것이요……."-예레미야 31장 4절.

사가 곧 『길을 위하여 (Ⅲ)』의 과정이다. 본인은 정말 지력을 다했고 제 사상을 섭렵한 과정을 수행하였다. 그러니까 하나님도 자체 의지를 표명할 수 있는 진리적 기반을 다져 일련의 과정을 완수한 시점에서는 길의 정체를 파악할 수 있었다. 길은 다름 아닌 하나님이 부여하신 하나님 자체의 神적 본질이라는 판단이 그것이다. 하나님이 진리의 전모자, 곧 보혜사 진리의 성령으로서 현현하신 것이다. 길을 인도한 주체 의지가 진리의 화신체인 보혜사 진리의 성령이라는 뜻인데, 이 같은 선언을 세인들은 이해하지 못했다. 더군다나 보혜사 성령이 지금까지 길을 통하여 역사한 하나님이시라는 결론은 나 자신부터 거부함으로써 방황한 나날을 보냈다.

그러나 한겨울 꽁꽁 언 산골짝에도 얼음 밑으로는 물이 흐르는 것처럼 본인도 믿음 어린 추구를 완전히 중단한 것은 아니었다. 비록 세상적인 시도는 실패하고 말았지만, 그 같은 상황 속에서도 다시 한번 길을 정리해보고자 생각을 하게 된 것은 당시 발발한 걸프전에서 알게 된 인류의 몽매를 목격하고서이다. 길이 지닌 진리성을 두고 보면 하나님이 살아 역사하신 것이 확실한데, 증거하는 데 실패했다고 해서 본인마저 뜻을 접어버리고 만다면 인류는 영원히 전쟁 같은 반목 상황을 벗어나지 못하리라. 그래서 용기를 가지고 인류가 지닌 심대한 진리적 고뇌를 풀고자 다시 집필을 시도한 것이 『세계통합론』이다. 이 책은 1991년 8월 11일부터 시작하여 1995년 1월 5일 정식으로 발행하였다. 이전과 달리 역사된 과정을 주제별로 나누었고, 오늘날의 세계가 통합되어야 하는 당위성과 원리성을 설파하였다. 세계를 향해 무언가를 주장할 수 있게 의도한 저작물이다. 구슬이 서 말이라도 꿰어야 보배이듯, 본인은 하나님의 뜻을 깨달았지만 세인들을 이해시키기 위해서는 또 다른 노력이 필요했다. 앞서 길의 과정이 神적 본질을 내면적으로 확인한 역사였다면『세계통합론』은 세상적인 이해를 위해 일체 과정을 각색시킨 작업이다. 이를 통해 본인은 정말 세계의 진리를 통합한 관점을 확보하였다. 이것은 개인적인 의도만으로는 성사될 수 없는, 하나님이 진리의 성령으로서 역사하셨기 때문에 가능했다. "형상 없는 의지적 실체와 교감한 길의 과정은 무형인 하나님의 본체를 드러낼 목적으로 인도되었다."[19] 하나님의 전모 모습을 현현시킨 것은 만고 성상을 기다린 길의 인도 역사가 있었기 때문에 가능했다. 하나님이 현신한 진리 모습으로 세상을 구원할 수 있게 되었나니,『세계통합론』은 지성사에서 하나님의 모습을 현현시킨 최초 저작물로서 인정되어야 한다.

그러나『세계통합론』을 통해 하나님의 모습은 현현되었다 해도 존재한 사실마저 증명한 것은 아니다. 진리적인 기반은 다져졌지만 증명하기 위해서는 더한 길을 추구해야 했다. 그래서 추구 과제를 계속 설정하였다.『세계통합론』은 분열된 진리 세계를 통합할 수 있는 관점을 확보한 것이다. 그러므로 통합된 상태를 이해할 수 있기 위해서는 다시 주제를 세분화시켜야 했다. 이런 필요성을 자각하자마자 저술할 주제들이 한꺼번에 떠올랐는데, 그중에서 제일 먼저 도출시킨 것이 바로『세계본질론』이다. 진리 세계를 통합하였기 때문에 결과로서 포착할 수 있게 된 주제이다. 통합 관점은 확보하였지만 과정상에서는 미처 알 수 없었던,『세계통합론』은 사실 세계의 핵심 본질을 드러내기 위한 전초 작업 과정이었다. 분열된 세계를

---

19) 결과적으로 볼 때 세계 통합은 하나님께서 자체 본체를 드러내기 위해 역사한 필연적인 길의 완수 과정이고, 하나님의 존재 형태를 완성하기 위한 필연적인 의지 수행 과정이다.

통합하였기 때문에 핵심 된 본질을 규명할 수 있었다. 하나님이 현현한 이상 가로놓인 궁극적인 문제도 풀 수 있다. 인류는 진리에 대해서, 본질에 대해서, 참으로 실재하는 것들에 대해서 무엇을 알고 있는가? 어떻게 해결하였는가?『세계본질론』이 이런 의문들을 명제화시켜 무형적인 실상들을 규명하였다. 그렇다면 이 연구가 초점 잡은 핵심 본질은 과연 무엇인가? 동서의 지성들이 이미 엿본 실상이기도 한데, "세계는 한 통속의 본질로 되어 있다"란 결론이 그것이다. 이 같은 관점 도출로 인해 태초로부터 생성된 무수한 창조 시공이 융합하였고, 분열된 세계를 한 의식으로 관통시켰다.『세계본질론』은 1997년 3월 31일 발행하였는데, 세계의 핵심 된 본질을 밝힌 것인데도 세상적인 반응은 전무하였다.

하지만 본인이 설정한 저술 과제는 산적되어 있었기 때문에 곧바로『세계창조론』집필에 착수하였다. 약 2년간의 노력 끝에 총 4편 중 1편에 해당한『세계창조론 서설』을 1998년 11월 15일 인쇄본 형태로 발행하였다. 핵심 본질을 밝힌 성과를 재차 확인할 수 있게 된 주제였다. 도대체 어떻게 창조 사실을 증명할 수 있는가? 세상에는 진화론, 유물론 등 무신론 사상이 만연된 실정인데 어떻게 창조 문제를 재삼 주장할 수 있는가? 그러나 핵심 본질이 세계의 근간인 것이 확실하다면 창조 역사도 증명할 수 있으리라고 확신하였다.[20] 세계를 통합하므로 핵심 된 본질을 규명하였듯, 본질을 규명한 역사는 그대로 창조 역사를 증명할 수 있게 하였다. 여기에 비한다면 상존

---

20) 세계 안에는 삼라만상을 있게 한 창조 진리가 내재되어 있다. 그러나 그 같은 진리성을 함유한 핵심 본질을 규명하지 않고서는 창조 진리도 인출할 수 없는 것이므로, 인출하기 위해서는 핵심 본질을 드러내는 것이 선결 과제였다. 본질 작용을 객관화시켜야 창조 진리를 논할 수 있다.

한 우주 기원설은 유아발상적인 유치함에 속한다. 진화 메커니즘인 자연도태와 적자생존은 천지를 창조한 원리 법칙이 아니다. 무수한 세월과 우연을 담보로 한 추측성 관점이다. 다윈이 생물학 영역에 적용한 이론일 뿐인데, 세계적인 영역으로까지 파급되어 확정된 사실인 것처럼 되어버렸다. 진화론은 정말 만물의 기원에 관한 문제를 해결하였는가? 해명하지 못한 신비 영역이 더욱 많다. 그러나 『세계창조론』은 본질이 지닌 작용성을 근거로 물질, 생명, 우주, 정신의 창조 기원을 모두 밝혔다. 그렇다면 창조 사실을 확인할 수 있는 통찰 관점은 과연 무엇인가? 그것을 이 연구는 창조를 이루기 이전에 마련된 통합성이란 본질성에 근거를 두었다. 동양에서는 太極, 空, 理氣, 道 등으로도 부르는데, 이것은 통합성 상태를 이해하지 못하고서는 엿볼 수 없는 만물 창생의 바탕성이다. 이렇게 하여 『세계창조론』은 천지간에 가로놓인 알파성과 창조된 메커니즘 문제를 모두 해결하였다. 세상 법칙과 원리, 돌멩이 하나에 이르기까지 삼라만상이 존재한 이유를 창조 역사 안에 귀속시켰다.

왜 본인이 통합, 본질, 창조에 관한 문제를 단계적으로 다루었는가 하면 진리적인 문제를 풀 수 있도록 역사하신 보혜사 하나님을 진리의 성령으로서 증거하기 위해서이다. 이전에는 언급하기 어려웠지만 이제는 감당할 수 있을 만큼 모든 지혜를 계시하여 주셨다. 이 책의 저자는 본인이 아니고 하나님이시다. 이 같은 결론 도달에 인류를 모든 진리 가운데로 인도하고자 하신 하나님의 뜻이 있다. 그리고 제반 역정을 거쳐 최근에는 『인식적 신론』, 『관념적 신론』까지 저술하게 되었거니와, 이어서 완수하고자 하는 이 연구는 하나님을 증명하기 위해 앞에서 저술한 신론 저술 과제의 완결편이다. 본인이 神을 증명하고자 했던 것은 밝힌 바대로 신학적으로 가진 문제의식이 아니다. 평생을 두고 추구하고자 각오를 하였고, 일찍부터 일군 사명이 있었으며, 바친 노력이 있었기 때문에 오늘날과 같은 시도를 할 수 있게 되었다는 사실을 확인시키고자 한다.

4. 길의 세계 통합

진리 세계를 통합한 과정은 하나님이 자체 본체를 세상 가운데 현현시키기 위해 의도적으로 인도한 역사이다. 그렇게 하여 이룬 세계적인 영역에 걸친 통합 역사는 하나님이 진리의 성령으로서 이룬 성업의 발자취이다. 하지만 이런 뜻도 본인이 처음부터 깨달았을 리는 만무하다. 세상은 천 갈래 만 갈래로 갈라져 있는 상태인데 통합이 웬 말인가? 그런데 실현하고 보니까 정말 상황이 달라졌다. 하지만 세인들은 이 연구의 안내를 따라야만 일체 사실을 실감할 수 있다. 과학과 종교 영역은 현실적으로 통합할 수 있는 가능성이 있는가? 혹자는 "내적인 무지에서 내적인 知에 도달하기 위하여 내적인 진리를 찾아 나온 것이 종교요, 외적인 무지에서 외적인 知에 도달하기 위하여 외적인 진리를 찾아 나온 것이 과학이라고 하였지만",[21] 이 같은 이해만으로는 종교와 과학 영역을 통합할 수 있는 요인을 구할 수 없다. 상식을 지적으로 치장한 상태일 뿐이다. 해결이 어려운 사실을 알아야 길이 이룬 세계 통합 성과와 역사된 권능성에 대해 읍할 수 있다. 세상은 각자 보유한 진리성으로 존재한다. 존재하

---

21) 『원리강론』, 세계기독교신령협회, 성화사, 1982, p.16.

고 있지만 문제는 매개할 수 있는 바탕체를 찾지 못한 것이다. 하지만 동양에서는 儒・佛・道가 일치한다고 한 선견이 있다. 공자와 노자의 출발점은 다르지만 지향하는 바의 궁극적 목적은 일치한다.[22] 천지 만물은 동근이라고 한 견해 등등 유사하다, 통한다, 지향하는 목적이 같다고 하지만 정작 통일적인 관점은 확보하지 못했다. 그러니까 같은 진리의 하늘을 바라보고서도 말미암게 된 근원 처는 달리 말했다. 神, 알라, 道, 空, 이데아 등등 파스칼의 神과 노자의 道가 동일한 궁극 실재인 것을 증명하지 못했다.

따라서 분열된 세계를 통합할 수 있기 위해서는 무엇보다도 일체를 수용할 수 있는 태도를 견지해야 한다. 우리나라는 다행히 다양한 종교와 사상이 병존한 전통을 가진 사회라, 각자 호흡할 수 있는 생존 이치를 모색할 수 있었다.[23] 요지부동한 상황은 상쇄시키고 공존할 수 있는 길을 찾았다. 이런 경험 때문에 이 연구도 제 진리 세계를 수용하여 통합적인 원리성을 인출할 수 있었다. 지구촌이 된 현대에는 어쩔 수 없이 다양한 문화들과 충돌하게 되어 이 같은 문제를 해결하고자 한 노력이 각처에 있었고, 통합 과제는 시대적인 당위 요청이 되었다. 그렇지만 어느 누구도 자체적으로는 해결할 안목이 없었고 세계를 전체적으로 통찰할 수 있는 관점을 확보하지 못했다. 하지만 유구한 세월을 두고 분열된 세계는 언젠가는 반드시

---

22) "공자가 인간의 도덕적 당위를 강조하지만 결국은 天道와의 합일을 지향하는 것처럼, 노자도 인간적 감정을 무시하고 근원적 원리인 道만을 주장하는 것 같지만 道는 이미 인간까지 포함한 것이므로 결국은 인간의 아름다운 삶의 길을 찾으려는 데 목적이 있다."-『노자철학의 연구』, 김항배 저, 사사연, 1985, p.28.

23) "동양의 세계는 서양의 세계가 기독교의 세계인 것과 똑같은 의미에서 불교 세계였던 적은 한 번도 없었다. 예를 들면 공산주의 중국 이전의 근대 중국에서는 불교・도교・기독교가 병존하였고, 근대 이전의 일본에는 불교・유교・신도가 동거하였다."-『불교의 공과 하나님』, 한스 발덴펠스 저, 김승철 역, 대원정사, 1993, p.327.

통합되어야 하는데, 이유는 무엇보다도 만물이 하나 된 근원으로부터 창조된 때문이다. 한 원리, 한 본질로부터 창조된 만물은 한 원리와 한 본질로부터 통합될 수밖에 없는 역사적 필연성을 지녔다. 세계와 종교와 진리가 종국에는 하나 될 운명 위에 놓여 있다. 그 하나란 과연 무엇인가? 바로 하나님이시다. 세계는 하나님을 매개로 할 때 서로 통하고 통합될 수 있다. 그래서 하나님도 진리 세계를 통합한 기반 위에서 존엄한 모습을 현현시키셨다. 창조 이래 하나님의 영광을 이룰 최대 역사는 분파된 인류 사회를 통합하는 것이다. 그런데 정작 통합을 이룰 접근 방식은 실로 각자 지닌 진리성을 그대로 인정하는 데 있다. 『세계통합론』은 인공위성을 쏘아 올리기 위해 세운 원리 이론이 아니다. 하나님의 본체를 뒷받침한 진리이고, 판단할 근거를 제시한 과정이며, 살아 계심을 증명하고자 한 논거이다.[24] 진리와 세계와 하나님이 결국 하나란 결론은 진리적·원리적·섭리적으로 강림한 지상 강림 본체를 증명할 수 있는 기반이 되었다.

---

24) 하나님의 본체를 드러낸 진리로서 『세계통합론』을 구성함.

제3장 존재론 탐구의 일반적 개념

1. 존재론의 개념 설정

인간이란 무엇인가, 진리란 무엇인가 하는 물음과 함께 존재란 무엇인가 하는 것은 철학자들이 궁금하게 여긴 중요한 지적 탐구 영역이다. 여기서 존재와 달리 존재론(存在論)이라고 하는 것은 존재 일반에 관한 론, 존재자에 관한 론, 혹은 "존재를 존재 그것으로 고찰하는 이론으로서"[25] 본체론, 실체론, 제1 철학, 形而上學 등으로 불렸다. 일찍이 아리스토텔레스는 "그의 사후에 形而上學(Metaphysik)이라는 표제를 얻게 된 저술의 제4권에서 존재자를 그것이 존재자인 한에서 탐구하는 학문을 말했고, 그것을 가장 근본적인 학문으로 내세웠다."[26] 즉, "존재로서의 존재와 그 본성에 있어서 존재에 귀

---

25) 『존재론·시간론』, 사이구사 미스요시 저, 김재천 역, 불교시대사, 1995, p.55.
26) 위의 책, p.14.

속하는 속성을 다루는 학문으로서",[27] 그 의미는 존재하는 것이 존재하는 것인 까닭(이유, 원인, 목적, 근거)을 탐구하는 것이다. 도대체 존재자는 왜 존재자인가? 존재자를 존재자이게 하는 원인은 무엇인가? 사람들은 모든 존재자를 존재자로 만드는 근원적인 존재자를 생각하였고, 그 근원적인 존재자를 神이라고 이름을 붙인 제1 철학의 경우는 신학으로까지 전이되었다. 존재론(Ontologie)이란 말을 붙인 명칭상의 유래는 그리스에 있는데, 이것을 학문상의 용어로 사용하게 된 것은 근대에 와서이다.[28][29] 미크라엘리우스(1597~1658), 클라우베르크(1622~1665), 뒤 하멜(1624~1704), 라이프니츠(1646~1716)를 거친 볼프(1694~1754)에 이르러 '존재자 일반에 관한 학,' 혹은 '일반 形而上學'으로 통칭하여 사용하였다.

철학에서 주요 문제로 삼고 있는 영역은 인식론, 존재론, 가치론인바, 존재론은 주로 실체에 대해 물음을 던진다. 즉, '있음'에 대해 알고자 하는 것이 존재론이다. 여기서 알고자 하는 것은 존재로서의 존재와 그 자체로서 속해 있는 것에 대한 탐구인 만큼 形而上學은 결국 모든 '있는 것'에 대한 근거를 물었다.[30] 존재 자체는 근거를 묻는 존재론 없이도 존재할 수 있다. 아니 이미 존재하고 있다. 그러나 존재란 무엇인가 하고 의미를 물으면 복잡해진다. "사실 존재라는 말은 철학하는 사람들에게는 수수께끼와 같은 것이다. 존재는 그저 있음이라는 뜻이지만, 그렇게 존재한다는 것이 무엇을 의미하는

27) 「아리스토텔레스의 실체론」, 이국화 저, 경희대학교대학원 철학과 서양철학전공, 석사, 1993, p.1.
28) 『원효와 하이데거의 대화』, 김종욱 저, 동국대학교출판부, 2014, p.87.
29) "존재론이라는 이름은 17세기에 와서 비로소 나타난다. 즉, 그 말은 고클레니우스의 『철학사전-1613』에서 처음 나타난다."-『존재론』, 벨라 바이스마르 저, 허재윤 역, 서광사, 1990, 서론.
30) 「하이데거에서의 형이상학 극복」, 정재연 저, 이화여자대학교대학원 철학과, 석사, 1993, p.2.

것인가라고 묻는다면 대답할 수 있는 말이 궁하다."[31] 왜 그런가? 존재가 존재 자체로만 존재한다면 어떤 존재라도 있음과 없음으로 구분하면 된다. 저기 볼펜이 있다. 혹은 저곳에는 어떤 사물이 없다고 판단하면 된다. 소크라테스는 이전에는 존재했으나 지금은 존재하고 있지 않다. 하지만 그렇게 있게 한 의미와 원인과 근원을 묻는다면? 우리가 현재 판단하고 있는 것과는 양상이 다르다. 이런 이유 때문에 존재 물음은 形而上學의 중요한 물음이었다. 존재론은 존재론이려니와 形而上學 역시 설명하기 어렵고 현실과는 멀리 떨어져 있는데, 그 이유는 현 존재가 가진 질서와 차원이 다른 때문이다.[32] 존재는 일반적이지만 근원을 추적하는 形而上學은 현실과 거리감이 크다. 존재가 이유 없이 존재하는 것이 아니라면 표상되었을 수도 있다. 존재한 일체가 진리인 관계로 존재를 알려면 진리를 알아야 하고, 진리를 알려면 존재를 알아야 한다. 진리 자체가 곧 존재라 존재는 形而上學적인 수수께끼로 엮어져 있다.

하이데거는 "形而上學은 존재에 관한 물음을 항상 던져왔지만 물음을 제대로 묻지 않아 존재가 진리에 있어서 사유되지 못한 채 남아 있다고 하였다."[33] 존재가 근원적으로 사유되지 않는 것에 대해서는 '존재망각'이라고도 했다. 도대체 존재에 대해 무엇을 묻지 않았다는 것인가? 존재는 존재자를 존재자이게 하는, 존재는 존재자의 근거인데, 이것을 탐구하지 않고 개개의 일반적인 존재자에 대해서 논했다고 지적했다.[34] 그렇다면 하이데거가 구분한 존재와 존재사

31) 『후설 & 하이데거』, 박승억 저, 김영사, 2007, p.30.

32) 『형이상학』, D. W. 햄린 저, 장영란 역, 서광사, 2000, p.1.

33) 「폴 틸리히의 존재론과 신론연구」, 김순선 저, 호서대학교 연합신학전문대학원 조직신학전공, 석사, 2009, p.55.

의 의미는? 뭇 존재를 있게 한 어떤 절대적인 것이 존재이고 통상 구체적인 실체를 가진 것을 존재자라고 하는데, 하이데거는 그보다 더 구체적인 개개 사물들을 일컬어 존재자로 여겼다. 존재론 내지 形而上學은 이런 절대적인 존재자와 구체적인 존재자의 근원성을 탐구한 것이라고나 할까? 존재는 독자적이지 않고 근원적인 본질과 함께하는데, 이런 존재 성향을 간과한 것은 하이데거와 서양 形而上學이 지닌 문제점이다. "形而上學적이라는 것과 존재론적이라는 것은 의미가 동일하다고 함에"[35] "존재란 개념을 내포하지 않는 것은 無밖에 없고, 존재는 개념으로 정의할 수 없다고 할 정도로"[36] 겉모습만 보고서는 심연을 헤아릴 수 없다. 그렇다면? 본질, 창조, 神을 알아야 하는데, 특히 현 존재를 매개한 창조를 모른다면 존재에 대한 의문은 풀 길이 없다. 존재는 자명하고도 보편적인 것인데 근원을 추적한 개념은 오히려 미스터리하다. 본질은 이것을 판단한 인식과도 연관되어 있어 일상에 젖은 도구적 사물과 차원이 다른 존재를 발견하는 데 깨달음이 있다. 지혜를 동반한 통찰이 필요한 이유이다. 존재하는 세계를 어떻게 보는가 하는 것이 곧 존재론이다. 그래서 영국 경험론을 대표한 철학자인 버클리는 "존재하는 것은 지각되는 것이라고 하여" 존재에 관한 개념을 관념화시키기도 하였다. 일반적인 존재는 지극히 실체적이지만 현 존재가 성립된 이유와 근거를 묻

---

34) 하이데거는 사람들은 존재란 무엇인가가 아니라 존재자란 무엇인가에 대해 물어 존재에 대해 묻지 않고 존재자의 문제에 매달리니까 존재라는 말을 늘 사용하면서도 정작 존재가 무엇인지에 대해 정확한 대답을 하지 못하고, 그러면서도 존재에 대해 잘 알고 있는 것처럼 착각하였다고 하였다. 존재의 문제를 다루는 존재론에서 존재와 존재자는 다른 것임-『존재와 시간』, 임선희 글, 최복기 그림, 주니어김영사, 2012, p.199.

35) 『존재론』, 앞의 책, p.17.

36) 『하이데거의 존재와 시간강독』, 박찬국 저, 그린비, 2014, pp.22~23.

는 존재론은 지극히 사고적이다. 존재는 무궁한 변화와 생성이 있어 존재→본질 과정을 통해 개념이 형성되는 변증법적 절차를 거친 만큼,[37] 이 같은 특성들을 모두 포괄해야 하고, 뭇 존재는 생성 여부로 인해 있음(有)과 없음(無)으로 구분되지만, 이런 상황과 전혀 무관한 존재자도 있을 수 있다. 그래서 존재론에 대한 개념을 개연화시킬 수 있는 것은 아이러니하게도 無에 있다. "사르트르가 출발점으로 삼았던 존재도 알고 보면 자체 충족적이고 無에 대해서는 논리적으로 우선권을 지녔다."[38] 無 속에 존재 탄생의 비밀이 있다. 지혜를 다해 도달할 존재론의 궁극점이 곧 無이다.

2. 존재론의 미해결 원인

하이데거는 서양철학의 전체 역사를 존재론의 역사, 形而上學의 역사로서 규정했다. 철학은 세상 모든 존재자를 존재자이게 해주는 그 무엇에 대한 탐구인데, 신학적인 관점에서는 세상 만물의 궁극적 원인이 神이고, 形而上學적 관점에서는 세상 모든 존재자를 존재자이게 해주는 '존재 자체'이다. 그렇다면 서양의 존재론이 추구했던 존재 규명을 위한 초점 역시 명확하다. 그것은 존재 자체인 궁극적 실재 내지 절대적인 神인데, 신학과 철학 영역에서는 이것을 얼마만큼 규명하였는가? "존재에 관한 물음은 고대 그리스철학 때부터 가장 큰 주제거리로서"[39] 플라톤과 아리스토텔레스 때부터 근대에 이르

---

37) 『헤겔철학과 현대신학』, 김균진 저, 대한기독교출판사, 1980, p.43.
38) 「사르트르의 존재와 무에서의 무에 관한 연구」, 강충권 저, 『인문논총』, 8집, p.284.
39) 『존재와 시간 강의』, 소광희 저, 문예출판사, 2004, p.29.

기까지 줄기차게 숙고하였지만, 어느 누구도 집중적으로 체계 짓지는 못했다. 그나마 존재에 관한 문제를 심도 있게 다루었다고 한 하이데거의 『존재와 시간』도 알고 보면 완성된 작품이 아니다. 기초 '존재론'이란 명칭처럼 존재를 논하기 위한 예비 작품이다.[40] 그 이유가 어디에 있는가? 존재론으로서 담당할 영역은 설정하였지만 본질적인 측면을 파고드는 것은 서양이 지닌 지적 전통 안에서는 어려웠다. 화엄오교장의 십현문 중 하나인 동시구족상응문에서는 하나의 먼지 속에 일체법을 갖춘다고 하여 먼지 하나가 존재하는 데도 세계가 총체적으로 관여되었다고 하였는데, 서양에서는 이런 안목을 가지지 못했다. 하이데거는 존재의 진리가 망각되었다란 진단은 내렸지만 처방은 미진하였다. 내면적인 본질을 파악하지 못했던 것이다. 존재의 사유자로서 규정한 명제, 즉 "서양철학에서는 우리가 무엇무엇이 존재한다고 말할 때의 존재, 곧 존재자의 존재가 도대체 무엇을 의미하는가에 대해 한 번도 근원적인 방식으로 사유한 사례가 없었다. 존재의 의미, 혹은 존재의 진리가 은폐된 이유가"[41] 정말 존재 망각에 있었던 것인가? 진실은 본질인 때문인데, 여기에 대해 적합한 접근 방법을 모색하지 못했다. 하이데거는 인간을 사유하는 존재에서 시간적인 존재로 파악하여 세계-내-존재로서 규정하기는 하였지만, 직접 내면의 본질을 탐구하는 시도는 외면하였다. 인간은 존재의 의미를 묻는 유일한 존재자인 까닭은 있어도 인간을 통해 구한 정보만으로는 존재론 일반에 대한 문제를 풀어낼 수 없었다.[42]

---

40) 『후설 & 하이데거』, 앞의 책, p.116.

41) 『창조적 존재와 초연한 인간』, 전동진 저, 서광사, 2003, pp.20~21.

42) 하이데거가 평생을 바친 존재론 탐구는 그가 말한 세계-내-존재처럼 인간과 세계와의 관계성 접근은 이루었지만 존재 자체의 본질적·形而上學적 탐구는 아니었다.

하이데거도 말로서는 존재자의 근거를 파고든다고 해놓고 대부분은 인간의 생을 분석하는 데 관심을 쏟았다. "전통 철학이 인간의 감성과 이성에 집중한 데 반해 하이데거는 현 존재가 살아가는 구체적인 삶의 모습을 분석하여 인간의 본질을 파악하였다. 존재 물음의 실마리인 존재자는 인간의 내면이 아니고 우리 자신인 현 존재이다."[43] 이런 접근이 무엇이 문제인가 하면 존재론의 본질 파악과는 거리가 멀었다는 데 있다. 존재의 의미 파악에만 주력하여 인간의 실존 문제로 귀착한 것이지만, 결과는 본질에까지 미치지 못하였다. 본질도 모른 채 존재의 의미를 규정할 수는 없다.

그렇다면 존재론 탐구에 있어 수수께끼를 풀 해결책은? 관건은 창조와 직결된 사실인데, 이것을 무시하고 神의 절대적인 권능만 앞세운 것이 문제이다. 존재 영역뿐만 아니고 진리 세계 전반에 걸쳐 문제가 미해결된 원인이 바로 창조와 연관된 사실을 간과한 데 있다. 철학자들은 대부분 현상계 배후에 존재하는 形而上學적 실체, 곧 본체계를 규명하고자 애를 썼지만, 창조를 모른다면 어떤 해명도 불가능하다. 하이데거는 존재의 의미를 밝히기 위해 평생 동안 고민했는데 정답은 얻지 못했다. 왜 그런가? 창조에 그 답이 있었다. 창조를 알아야 존재도 안다. 현 존재가 창조에 근거했다는 사실을 밝히는 것이 존재론이 해결해야 할 과제이다. 인류는 창조란 장벽을 넘어서지 못했기 때문에 神을 보지 못했다. 창조를 알면 뭇 존재가 어떻게 생성된 것인지 존재한 구조를 파악할 수 있으며, 생성→변화→

---

43) 서양의 지성들은 인간이 처한 실존성, 관계성, 인과성 등에 대해서는 탐구하였지만, 인간 자체의 본질을 인식할 방법론은 강구하지 못하였다. 인간과 관련한 외부 대상은 분석하여 관계성을 조망하였지만 정작 존재를 내면적으로 파고드는 데는 인색하였다. 왜 그들은 존재의 본질을 볼 수 있는 눈을 가지지 못하였는가?

본질→神을 향하여 추적할 수 있다. 그리하면 존재가 왜 생성하고 변화하게 된 것인지 이유를 가닥 잡아 진리 세계를 완성할 수 있다. 존재론의 신 차원을 열게 되리라.

3. 존재론의 탐구 영역

"존재(Being)에 대한 희랍인들의 집착, 그 탐구 성과를 우리는 존재론이라고 부른다. 존재론은 밝힌바 '참으로 있음'에 관한 연구이다. 그런데 그것은 매우 본질적이다. 우주의 원질에 대한 물음이며, 인간 삶의 의미에 관한 모든 의문을 야기한다. 그래서 존재론은 우주론을 수반하고 궁극적으로는 인생론까지 섭렵한다."44) "인식론은 인간이 무엇을 알 수 있으며 어떻게 알 것인가에 전념하는 데 반하여, 존재론은 무엇이 있었고, 있고, 있을 것인가에 대해 전념한다."45) 존재론은 세계의 전 영역에 걸쳐 사유된 개념으로서 존재가 무엇인가에 있어 물음이 지닌 구조는 같지만 각자 처한 상황과 궁구한 대상에 따라 철학자는 궁극적인 실재에, 과학자는 자연에, 신학자는 神에 대해 관심을 가졌다. "존재론은 고·중세와 비교하여 근대 이후부터는 획기적인 차이를 보였는데, 고·중세는 실체론적이었지만 근대 이후부터는 근본적으로 관계론적인 성격을 띠었다. 그리고 동양적 사유의 특징도 사실은 관계론적이다."46) 그러므로 오늘날은 존재론에 대한 탐구 영역을 더욱 확장시킬 필요가 있다. "중국철학은 처음

---

44) 『논술과 철학강의(논술 편)』, 김용옥 저, 통나무, 2007, p.120.
45) 『근대 동서 존재론 연구』, 배복선 저, 철학과 현실사, 2007, p.197.
46) 『창조적 존재와 초연한 인간』, 앞의 책, p.333.

부터 주관과 객관의 실재를 인정하고 거기서 객관에 대한 궁극적 존재를 본체로, 그 생생 변화를 현상으로 보았지만",47) 서양은 동양만큼 본체에 관한 문제를 심도 있게 다루지 않았다. 그들에게도 形而上學적인 탐구 역사는 있었지만 관심을 둔 것은 주로 현상 세계와 사물의 근원에 관해서였다. 존재한다는 것은 무엇인가? 당연히 유형적인 존재와 무형적인 존재가 있기 마련인데, 그들은 존재한 것을 기준으로 물질적인 것과 정신적인 것으로 나눈 것이 전부이고, 순수한 본질성 문제로까지는 지력이 미치지 못했다. 본체는 이미 존재자를 전제하며, 본질은 당연히 존재자를 구성한 질료일진대, 이런 사실을 밝히기 위해 이데아란 세계와 현상이란 세계를 탐구하였던 것이 곧 존재론 영역이 지닌 두 갈래 길이었다. 하지만 본체계와 현상계와의 긴밀한 관계성은 끝내 밝히지 못하였고, 현상계가 존재계의 전부인 것으로 여긴 것이 선천 존재론의 한계이다. 나타난 현상은 본체에 근거한 것인데도 이런 상식을 지성들은 깨닫지 못했다. 본질적인 존재와 현상적인 존재는 당연히 차원이 다른 것인데, 서양의 形而上學적 전통은 이런 사실을 간과하였다. 본질이 지닌 작용 특성을 애써 외면하였다.

아리스토텔레스는 실체를 다양한 각도에서 분석한 존재론을 펼쳤는데, 그가 존재를 4대 요인(형상인, 질료인, 운동인, 목적인)으로 나눈 것은 존재를 구성한 요소들이 하나인 본체로부터 나뉜 것을 지적한 것이다. 그가 실체와 변화에 대해 가능태와 현실태로 구분한 것은 생성적인 본질 상황에 대한 인식이다. 궁극적인 실재인 부동의 동자

---

47) 『동양철학의 본체론과 인성론』, 동양철학회 편, 연세대학교출판부, 1990, p.11.

를 거론하기도 했는데, 그것은 현 질서를 기준으로 추적된 필연적 존재자이다. 철저히 현실적인 존재 조건과 특성을 근거로 존재론에 대해 외연적 폭을 확대시킨 것으로서 차원이 다른 본체적 존재론에 대한 전개가 아니었다. 나타난 존재 특성만 보았지 내재된 본질성에 대해서는 문외한이었다. 그러니까 본질과 존재와의 관계성 연결이 차단되고 말아 존재로서 지닌 확실성은 끝내 확인할 수 없었다. 존재도 모르고 본질도 모르게 된 결과를 초래하였다. 존재론은 현상계와 본체계는 물론이고 無, 空의 영역도 포괄해야 대우주론으로서 완성된다. 연기에 의한 존재는 연기 전체를 망라해야 세계가 존재자로서 부각된다. 법계가 연기성을 총괄하면 존재자로서 모습을 나타낸다. 道 자체는 절대적이지만 세상 가운데서는 생성됨으로 인해 과정 전체가 道이다.[48] 따라서 동양인들이 펼친 본체론적 논거들은 사실상 근원적인 존재론에 더 가깝다. 불교의 연기법과 반야 사상의 空性도 존재론 영역에 포함된다. 존재론은 실재하는 존재의 운동 영역과 생성으로 인한 변화 과정은 물론이고 空, 道, 法, 梵, 太極의 초월성 영역까지 포함해서 동서 간의 지성들이 펼친 존재론 영역을 총괄해야 하는 과제를 이 연구가 짊어졌다.

4. 존재론의 근원 물음

하이데거는 존재 물음에 있어서 궁극적으로 밝혀져야 할 것은 존재의 의미라고 하였다. 그는 존재의 의미와 존재의 진리에 관한 물

---

48) 『생성의 도와 선』, 심재원 저, 정우서적, 2012, p.45.

음을 끊임없이 던져 존재와 인간에 대한 새로운 이해를 시도하였는데, 그 이유는 현대 문명이 앓고 있는 질병을 근본적으로 치유하기 위해서이다.[49] 그렇다면 존재에 관한 물음을 통해 최종적으로 얻고자 한 것은 무엇인가? 정말 존재의 의미를 밝히는 데만 있는가? 지적한 대로 의미는 부차적인 것이고 사실은 존재한 기원과 근원과 궁극적인 본질을 알기 위해서이다. 그리해야 세계의 궁극성이 神과 연결된다. 존재론은 인류의 근원적인 진리와 실체를 밝히는 데 탐구 목적이 있다. 그것을 이 연구가 밝혀내리라. 과거에는 존재론 탐구의 목적을 정확하게 설정하지 못했고 실상도 관념화에 그쳤지만, 이제는 궁극적인 실재에 초점을 둘 수 있게 되어 존재의 본질 규명이 가능하게 되었다. 존재는 만 말을 대신하는데, 존재에 관한 물음은 결국 우리의 궁극적인 도달처이다. 그래서 "존재론은 우주의 기원과 구조를 논한 우주론에도 관여하고 자연의 법칙, 역학적 움직임, 원자론 등을 고찰하는 자연철학적인 면과도 관련이 있다."[50] 존재라는 낱말 속에는 무슨 의미가 있고 존재에는 과연 어떤 비밀이 숨어 있는가? 현상과 사물을 통해 어떤 실상을 도출할 수 있는가? 그것은 현 존재의 즉자와 대자와의 관계, 존재와 존재자를 구분함으로써 추출할 수 있다. "존재는 그 자체(즉자)로 있다. 즉자는 어디까지나 그것이 있는 것 외에 아무것도 아니다."[51] 즉자가 즉자 자체만으로 존재한다면 아무것도 문제될 것이 없지만, 즉자가 일반적인 존재 군을 형성해서 대자들과 관계를 맺고 있다는 것이 문제이다. 그러니까 존

---

49) 『창조적 존재와 초연한 인간』, 앞의 책, p.19.

50) 『존재론 · 시간론』, 앞의 책, p.56.

51) 『존재와 무』, 사르트르 저, 정소성 역, 동서문화사, 2010, p.42.

재는 단지 있다는 사실적인 인식만으로서 끝날 수 없다. 대자(상대)와 즉자(절대)는 독립된 존재가 아니므로, 이런 관계 사실을 설명할 수 있는 근원적인 존재 근거, 즉 현 존재를 기준으로 추적 가능한 궁극적 실재가 존재해야 한다. 이런 이유로 인식상·실체상으로 존재와 존재자는 구분이 불가피하다. 존재의 두 가지 형태인 즉자와 대자가 시사하는 메시지를 통해서 우리는 대자(존재자)가 보다 근원적인 존재로부터 말미암았다는 사실을 알 수 있다. 바로 그 존재를 이 연구는 '본질'로서 지칭하거니와, 본질과 존재자 간의 차이성과 동질성 입증을 통하여 존재론이 추구한 궁극적 실재가 무엇인가를 규명하고자 한다. 베다 찬가에 보면 "우주 창조의 최초에는 無도 有도 없었고, 공계도 천계도 없었고, 죽음도 불사도 없었고, 낮도 밤도 없었다고 하였다."[52] 이것은 결코 허황된 표현이 아니다. 대자와 구분된 궁극적 실상의 차원성을 엿본 진언이다. 존재의 참모습은 깨달아야 볼 수 있는데, 여기서 깨달음이란? 왜 깨달아야 하는가? 근원은 실상과 다르고 본질화되어 있어 생성된 일체 과정을 일관, 관통, 통관해야 하였다. "생성은 생성자가 아니듯",[53] 존재는 존재자가 아닌데도 이것을 깨닫지 못했다. 뭇 현상의 본질은 말 그대로 나타난 모습일 뿐이다. 만재한 존재자가 모두 그렇다. 나타난 것인 이상 이면에는 근원된 본질이 있고, 드러나지 않는 모습(잠재됨)이 잔존해 있어 존재자는 존재의 전부가 아니다.[54] 일부에서는 "존재지는 자체

---

52) 『존재론·시간론』, 앞의 책, p.56.

53) 『생성의 도와 선』, 앞의 책, p.32.

54) 현상은 본질적인 존재가 나타난 것이므로 현상은 결국 본질이다. 하지만 현실적으로는 차이가 있는데, 그 이유는 생성 질서로 인해 현상이 미처 본질을 모두 드러내지 못해서이다. 현상은 본질의 일부분이다. 그래서 본 모습과 다를 수 있었다.

지닌 모든 성질의 조직적 총체로서 그 자체를 가리키는 것이지 존재를 가리키는 것이 아니라고 하여"[55] 본질적 존재와 현상과의 단절이 무관한 사실을 주장하였는데, 그것은 과정만 보고 내린 부분적 판단이다.[56] 분열을 극하면 현상의 모습이 남김없이 드러난다. 단지 한꺼번에 나타날 수 없어 하이데거는 "존재는 자신의 모습을 드러내지 않아 존재의 개시에 의해 우리에게 나타나는 것은 존재자뿐이라고 (존재의 은폐성-Verborgenheit) 강조하기도 했다."[57][58] "道가 생겨난 것이라면 반드시 생겨나기 이전의 상태도 있을 텐데",[59] 존재자는 바로 이와 같은 근원 본질로부터 생겨났다. 존재와 존재자는 존재한 차원이 다르다. 어떻게 다른가? 라이프니츠에 따르면, "모나드는 부분을 갖지 않는 관계로 더 이상 분할되지 않고 단일하다고 하였다."[60] 존재의 궁극적인 실재 추적 모습도 이와 같다. 존재의 궁극은 분열을 극한 실체, 곧 본질이다. 본질은 존재를 이룬 근원 바탕이다. 그래서 본질만 두고 본다면 일체가 무상이고 무아란 대 역설이 성립될 수도 있다. 현상은 가체(그림자)라고 한 플라톤의 이데아설이 그렇다. 그럼에도 불구하고 우리는 이 같은 인식 조건을 근거로 존재한 실상을 엿보아야 하는 지혜를 발휘해야 한다. 반드시 이루어내어야 하는 정당한 사유 역할이다. 뭇 존재가 본질로부터 말미암았고

55) 『존재와 무』, 앞의 책, p.17.
56) "나타남은 그것과는 별개의 어떤 존재자에 의해서도 지탱되고 있지 않다. 나타남의 배후에는 아무것도 존재하지 않으며, 또 나타남은 그 자체밖에 가리키지 않는다."-위의 책, p.15.
57) 「하이데거에서의 형이상학 극복」, 앞의 논문, p.7.
58) "존재는 존재자에게 빛을 주어 존재자를 비은폐되어 드러나게 하면서도, 자신은 드러나기를 삼가면서 스스로 은폐하여 물러난다."-『원효와 하이데거의 대화』, 앞의 책, p.81.
59) 「노자 25장의 존재론적 검토」, 이종성 저, 『철학논총』, 26권, 1호, 새한철학회, 2001, p.4.
60) 『라이프니츠의 형이상학』, 박제철 저, 서강대학교출판부, 2013, p.49.

만물이 지닌 특성이 그대로 본질의 존재성을 시사한다는 것을 알 때, 우리는 존재가 은폐된 사실을 근거로 삼라만상이 그 이전에 선재한 궁극적 존재자, 즉 神으로부터 창조되었다는 것을 판단할 수 있다. 만물의 궁극적 도달점이 神에게 있고, 만물이 존재한 목적과 구조와 특성을 통해 神을 가늠할 수 있는 여기에 존재론을 완성시킬 수 있는 핵심이 있다. 나아가서는 "존재자 전체의 최종적인 근원을 묻는 곳에 신학이 있다."[61] 헤겔은 "철학의 유일한 대상은 하나님이다. 모든 것을 하나님 안에서 인식하고, 모든 것을 하나님에게로 환원시키며, 모든 사물을 하나님의 존재로부터 끌어내며, 그리하여 하나님을 모든 것 안에서의 모든 것으로 인식하는 것이 자기 철학의 마지막 과제라고 강조하였다."[62] 너무 이상적인 목표 설정이라 神을 관념화시켜 버린 취약점은 있지만, 이 연구는 이런 부분들을 보완해서 현실화시키리라. 현상적인 모습이 곧 본질적인 모습인 것처럼 존재자 전체가 결국은 최고의 神적 존재자란 사실을 힘써 증거하리라.

61) 『원효와 하이데거의 대화』, 앞의 책, p.351.
62) 『헤겔철학과 현대신학』, 앞의 책, p.72.

제4장 신 존재 탐구의 역사적 과제

1. 철학을 통한 신 탐구 비판

　마르틴 하이데거(M. Heidegger, 1889~1976)가 존재론 연구의 대
가답게 그의 전 생애 동안 추구해온 것은 '존재 문제'였다. 그는 아
주 초기부터 전통 形而上學의 역사를 통해 끊임없이 다루어진 한
물음에 대해 관심을 가졌는데, 그 물음이 곧 '존재란 무엇인가'이다.
존재론 문제를 다룬 전통 形而上學을 분석한 결과로 그는 서구 形
而上學의 전체를 존재 망각(Seinsvergessenheit)의 역사로 규정하였다.
지적한 문제점을 극복하고 본래적인 의미를 되살리기 위해서는 形
而上學이 무엇인가가 아니라 形而上學의 근거가 무엇인가란 물음
으로 돌아가야 한다고 지적하였다.[63] 形而上學이란 명칭을 처음 사
용한 아리스토텔레스와 그의 영향으로 형성된 形而上學이 존재 망

---

63) 「하이데거에서의 형이상학 극복」, 앞의 논문, p.1.

각에 빠진 이유에 대해 우리는 존재의 문제를 풀기 위해서 존재하는 모든 것의 근거인 '존재'에 대해 물어야 하는데, 존재자를 추구하였다고 지적하였다. 그래서 발생하게 된 문제가 곧 존재와 존재자 사이의 차이를 망각하고 존재자를 파악하는 방식으로 존재까지 파악한 데 있다. "전통 形而上學이 파악해온 존재의 모습들은 一者, 이데아, 에네르게이아, 실체, 주체, 의지, 동일자의 영원한 회귀 등이 있는데, 形而上學은 이것으로 존재를 모두 파악했다고 생각하지만, 이것들은 '어떤 무엇'으로 알려진 것인 한 정신적인가 물질적인가, 혹은 이념적인가 실재적인가와 상관없이 사실은 존재자들일 뿐이다. 존재자를 사유하는 인식 통로, 그러니까 대상을 파악하는 인식 틀로서는 사유할 수 없었다."[64] "존재를 망각하고 존재와 존재자를 혼동하는 形而上學적 인식의 흐름은 플라톤에서 시작하여 데카르트, 칸트를 거쳐 니체에게서 절정에 도달했다."[65] "존재는 전통 形而上學이 의존하고 있는 표상적 사유와는 다른 방식으로 사유되어야 하므로 그것을 '존재 사유'라고 하였다. 표상적 사유는 인식 주체와 대상과의 관계를 전제하고 인간이 대상으로 설정한 존재자를 파악하는 방식이지만, 존재 사유는 인간이 아닌 존재를 중심으로 한 사유로, 이것이 바로 존재의 진리에 도달하는 유일한 방법이다."[66] 그렇다면 하이데거 자신은 존재 사유적인 방법으로 존재한 모든 것의 근거인 존재를 밝혀내었는가? 존재와 존재자는 구분되어야 하고, 존재자를 사유하는 인식 틀로서 존재를 사유할 수 없다고 해놓고 정말 존재를

---

64) 앞의 논문, p.14.
65) 앞의 논문, p.14.
66) 앞의 논문, 논문개요.

사유하고 판단할 수 있는 안목과 기준은 제시하지 못했다. '존재 사유'를 위한 구체적 각론을 펼치지 못했다. 왜 존재와 존재자가 구분되어야 하는지는 이 연구가 '절대 존재(본체)'와 '창조 존재(본체)'를 통해 다시 설명할 것이다. 존재와 존재자를 있게 한 근원을 구분하고 그 근원이 존재한다는 사실을 인정한 공로는 있지만, 탐구하였는데도 불구하고 한계성에 부딪힌 역부족 상황은 벗어나지 못했다(하이데거).

이것은 서양 形而上學이 지닌 사고적 특성과도 깊은 연관이 있다. 그것을 하이데거는 존재 망각이라고 표현하였지만, 이 연구는 시각을 바꾸어 서양철학 전체가 지금까지 본질을 망각한 역사이고, 의도적으로 저버린 역사라고 규정한다. 서양철학이 추구했던 사유적 전통이 그대로 하이데거 철학에게로 이어졌다. 존재의 절대성에 대한 근거를 추적한다고 하면서 존재자가 지닌 특성만 추출하였다. 문제점을 지적한 하이데거조차 결과적으로는 동일한 전철을 밟았다. 존재의 근원은 일체, 초월, 전체적인데, 이런 특성을 神이 모두 본유하였다. 神이 드러나야 존재의 근원성을 추적하고 뭇 존재자의 본질을 밝힐 수 있는데, 하이데거가 시도한 존재 사유 방법은 神과는 거리가 멀었다. 神을 모른다면 결국 어떤 존재자도 알 수 없다. 이것이 하이데거와 서양 形而上學이 도달한 한계이고, 선천에서 펼친 존재론 전체가 지닌 한계이다.

서양 역사는 르네상스를 거치면서 존재에 대한 사유 방향이 神과 어긋났고, 인간을 세계의 중심에 둔 사실과 맥락을 같이한다. 그래서 하이데거도 이런 역사적 사조에 따라 존재 일반과 그 중심에 선 인간 존재를 탐구하는 데 정열을 바쳤다. 서양 전통에서 무신론이란 神의 존재를 부정한 것인데, 하이데거는 그런 무신론적 실존주의의 선구자로 여겨질 만큼 생철학과 실존주의를 수용하여 독일에서 '무신론적 실존주의 철학' 성립에 큰 역할을 한 철학자이다.[67] 하이데거는 神과는 무관한 존재 일반에 대해 문제의식을 가졌고, 그 대상도 인간이란 존재 영역이었다. 그가 『존재와 시간』에서 다룬 존재 탐구의 주체는 바로 인간이지 神이 아니었다. 그렇다면 神이 존재한 문제는? 신학이 해결하였는가? 신학도 서양의 지적 전통 안에 속해 있다 보니 크게 다를 바 없었다. 존재론에 관한 역사는 빠짐없이 엮어졌지만 누구도 神에 관한 문제를 확실하게 규명하지는 못했다. 규명은커녕 神을 존재계에서 추방시킨 역사만 남겼다. 서구 "形而上學은 데카르트가 근세 초기에 완전히 명증적인 동시에 명석 판명한 인식을 추구해야 한다는 명제를 세웠고, 후설과 더불어 절대적으로 명백한 시초인 완전히 직접적인 본질 통찰을 요구한다고 하였는데, 정작 행동으로 옮긴 것은 '엄밀한 학으로서의 철학'을 건립한 것이었다."[68] 이것이 다름 아닌 하이데거가 지적한바 존재의 근원을 밝히는 데 있어 존재자가 지닌 기준 틀을 적용한 것이다. 서양 존재론이 추구한 방향이 도무지 神을 규명할 수 없는 진리적 환경을 조장시켰다. 만물과 神이 어떻게 연관되어 있고 어떻게 인식 기준이 판이한 것인가를 몰랐다.[69] 이것이 바로 본질을 망각한 역사가 아니고 무엇인가? 무지 자체이다. "철학의 방법을 기하학적 엄밀성에 의존하였고, 논리적인 필연성을 강조하였다. 이런 기준을 적용한 데카르트는 사유의 칼을 갈고 갈아 조금도 의심을 허용하지 않는 직관적

---

67) 『존재와 시간』, 앞의 책, p.64.

68) 『존재론』, 앞의 책, p.82.

69) 창조와 神을 모른 한계. 창조와 神을 모르면 존재도 알 길이 없음.

명제인 '나는 생각한다. 고로 존재한다'를 철학의 제1 원리로 삼았다."[70] 이것이 어떻게 뭇 존재자의 근원을 파고드는 첫 원리가 될수 있는가? 그것은 단지 존재자의 본질, 즉 존재자가 지닌 결정성, 물질성, 법칙성을 확인할 수 있는 기준일 따름이다. 그런데도 데카르트는 명석 판명한 세상 질서를 기준으로 神을 포함한 모든 존재자를 입증하려고 했던 것이다. 이런 문제점을 서양의 지성들은 누구도 알아채지 못했다. 존재도 결국은 실체자인데, 이런 근거를 사고로부터만 구한 잘못을 알지 못했다. 그러니까 神도 볼 수 없었다. 데카르트는 생각함이 곧 자신이 존재한 확실한 근거라고 하였지만, 생각함이 없는 상태에서도 우리는 존재할 수 있다. 책상도 존재하고 새도 존재한다. 존재를 확신할 수 있는 조건 설정이 포괄적이지 못했다. 적어도 神은 그런 조건만으로는 확인할 수 없는 존재이다. 보다 확고한 조건을 설정해야 한다.

서양에는 기독교 신앙을 정립하는 데 공헌했던 두 거인이 있다. 알다시피 아우구스티누스는 "그리스-로마의 고전 문화와의 만남을 통해 중세의 시작에서 라틴 기독교의 토대를 세웠고, 토마스 아퀴나스는 중세의 절정기에 스콜라철학을 완성하였다. 그중 전자의 신학적 관심은 주로 사제로서 목회 현장과 밀접하게 관련되어 있다. 신플라톤주의를 기독교 신앙에 결합시켜 자신만의 독특한 신학적 사유 틀을 형성하였고, 고대 기독교 신학의 다양한 흐름을 하나로 묶었다. 그 결과 로마 가톨릭교회의 패러다임을 확립하고 서방 라틴 신학의 아버지로 추앙되었다. 한편 토마스 아퀴나스는 아리스토텔레스

---

70) 『비트겐슈타인과 분석철학』, 앞의 책, p.18.

철학을 기독교의 가르침에 적용하여 철학과 신학을 긴밀하게 결합시켜 중세 로마 가톨릭의 패러다임을 완성하였다."[71] 그들은 천부적인 자질을 갈고 닦아 교회적인 신앙을 지킨 신학적 패러다임을 확립하였지만, 하나님을 존재자로서 뒷받침한 패러다임은 세우지 못했다. 그 결과 정작 만민을 빠짐없이 구원해야 할 필요성이 증대되는 오늘날은 신학적으로 종말을 맞이하였다. 이에 지상 강림 역사를 완수한 이 연구가 사명감을 가지고 서양 신학과 철학과 복음의 종말적 한계를 극복하고, 神을 증명할 수 있는 새로운 패러다임 체제를 구축하리라.

2. 동·서양 신 탐구 내력

영국의 철학자 버클리는 그의 주저인 『인간지식의 원리론』에서 "사유하지 않는 대상의 절대적 존재에 대해서 말해지는 것은 완전히 이해하기가 불가능하다. 그들이 존재한다는 것은 지각된다는 것이라고 하였다."[72] 지각하는 대상은 우리가 감지하고 경험하는 사물적 대상에만 국한될 수 없다. 神 역시 존재한다면 지각할 수 있다. 단지 어떻게 존재하는가 하는 것이 관건인데, 神이 절대적이기는 하나 천지를 창조한 실재자라 일체 근거를 세상 가운데 남겼다. 이런 이유 때문에 神도 우리가 지각할 수 있는 대상 안에 포함된다. 문제는 어떻게 지각할 것인가 하는 것인데, 우리는 이미 神이 존재한 사실을 지각한 폭넓은 역사를 가지고 있다. 하나님이 존재자로서 확실하게 부각되지 못해 초점이 흐렸을 따름이지 지각하지 않았던 것은 아니

---

71) 『아우구스티누스 & 아퀴나스』, 신재식 저, 김영사, 2008, pp.172~173.

72) 『데카르트 & 버클리』, 최훈 저, 김영사, 2006, p.183.

다. 神은 형태가 무형이다 보니 지각하는 대상에서 제외되었는데, 이치는 무형이지만 결정성을 통하면 지각할 수 있지 않는가? 神도 존재함에 따른 필연성이 있는데, 이런 점을 지성들이 주시해서 포착하였다. 본체가 드러나지 못한 선천에서는 누구도 그것이 곧바로 神이라고 꼬집어 내지는 못했지만, 神이 지닌 필연적 조건을 감지했던 것만은 틀림없다. 진리가 존재할진대 그것은 어떤 다른 것에 대한 설명일 수 없다. 용수는 『중론』을 펼쳤고 헤겔은 절대정신을 말했는데, 그것은 모두 삼라만상을 있게 한 근원성에 대한 통찰이고 인식이었다. 단지 확실하게 초점 잡지 못해 神을 지각한 일환이란 사실을 알아차리지 못한 것이다. 아무런 근거도 없이 지성들이 진리를 내세웠겠는가? 그중 "철학자들은 보다 중점적으로 神의 현존을 증명하고자 노력하였는데, 철학이 이런 중차대한 임무를 맡았다. 왜 그런가? 만약 神의 현존을 설명할 수 있다면 세상의 모든 것을 설명할 수 있다고 믿었기 때문이다."[73] 하나님은 정말 창조주로서 존재에 대해 모든 비밀을 간직하셨다. 그래서 철학자들도 神을 통하면 세상의 모든 것을 설명할 수 있다고 전제하고 그 존재성을 추적하였다.

> "철학이 다루는 단 하나의 유일한 대상은 하나님이다. 하나님을 다루고, 하나님 안에서 모든 것을 인식하고, 하나님에게로 모든 것을 소급시키며, 또한 모든 특수한 것을 하나님으로부터 파생시키고, 또 정당화시키는 것이 철학의 과제이다(헤겔)."[74]

왜 철학자들은 철학이 담당한 임무를 神에게로 집중시켰는가? 그

---

73) 「칸트 순수이성비판의 신 현존 증명 불가능성에 관한 비판적 고찰」, 엄태영 저, 서강대학교대학원 철학과, 석사, 2003, p.2.
74) 『헤겔철학과 현대신학』, 앞의 책, p.13.

이유는 오직 神이 천지를 지은 창조주인 때문이다. 그들은 하나님의 모습을 초점 잡지 못했지만 그동안 이룬 지적 성과를 보면 창조주로서 지닌 필연적 조건들을 추출할 수 있다. 우리들에게 있어 단 하나의 유일한 대상은 하나님이 되고, 하나님 안에서 모든 것을 인식하고 존재하는 근거들이 정당화된다. 단지 창조 역사를 증거하지 못한 관계로 제반 주장들이 실질적인 논거를 이루지 못해 관념화에 그친 문제점은 있지만, 요구된 조건을 갖추고 보면 神이 존재한 필연성을 어느 정도 구체화시킬 수 있다. 하나님을 철학적으로 다룬 헤겔 신학은 반기독교적이고 비신앙적 태도란 시각도 있지만, 이런 관점은 비판받아 마땅하다. 그들 자신부터가 神을 잘못 알고 내린 오판이다. 동서 간에 걸쳐 광범위하게 전개된 탐구 역사를 알아야 하고, 거둔 성과를 바탕으로 神이란 존재를 판단할 수 있어야 한다. 그리해야 헤겔이 한 주장을 긍정적으로 수용할 수 있다. 헤겔은 말하길, 철학은 곧 신학이다. 철학을 다루는 것은 그 자체가 하나님에 대한 예배이다. 아니 철학 자체 안에 예배가 있다. 자기 철학이 철학인 동시에 또한 신학이라고 한 주장을 이해할 수 없는가? 신학은 종교적인 표상의 방법으로 하나님을 다루고, 철학은 철학적인 개념의 방법으로 하나님을 다루었다.[75] 이런 조건을 자각하고 개념을 규정한 과정을 통하여 하나님이 지성적으로 명료화되었다.

　예를 들어 동양 유교의 송·명 이학(宋·明 理學)은 전통적인 천인 관계를 새롭게 해석하여 발전시켰다. 理學의 정통인 정주학파에서는 천인 관계를 설명할 때 하늘을 天理, 혹은 理로서 정의하고,

---

75) 앞의 책, p.14.

"理로서 말하자면 그것은 하늘이라고 하였다."76) 하나님이 본체자로서 드러나지 못한 선천에서는 天卽理란 도식이 뜬구름 잡는 식이 될 수도 있지만, 理가 하늘이란 말이 오늘날은 하나님의 존재 본성에 대한 정확한 규정으로서 인정된다. 하나님은 절대자로서 세상 가운데서는 진리적인 모습으로 드러날 수밖에 없는데, 이런 필연성을 유학자들이 天卽理로서 표현했다. 모습은 명확하지 못하지만 天이 하나님으로서 갖춘 조건만큼은 충분히 숙의되었다. 도식화된 天, 天理, 理, 太極 등은 최고인 우주의 본체적 범주로서 氣를 발생시켰고, 氣와 연합하여서는 만물을 발생시켰다. 이런 역할에 근거하여 天과 인간과의 관계를 천명지위성(天命之謂性)으로 규정하였다. 인간의 본성이 하늘의 命에 의해 부여되었다고 하는 것은 인간의 본성이 天에 근거했다는 뜻이다. 하나님이 하나님과 닮은꼴로 인간을 창조하였다는 말과 무엇이 다른가? 요구한 조건의 필연성이 동일한 것일진대, 동양의 유학자들도 자체 방식으로 天이란 존재자를 궁구하고 지각한 사실을 부인할 수 없다. 기독교에서 말한 인격적인 神보다 더 구체적일 만큼 神으로서 갖춘 조건을 유학자들이 이치적인 논거로(太極, 理氣론 등) 펼쳤다. 理가 하늘이라는 것은 하나님의 본체가 성령이라는 말과 버금간 규정이다. 결국 하나님이 오늘날 그와 같은 진리의 화신체로서 강림하신 것이다.

한편 동양의 불교에서는 궁극적인 실체를 연기법을 통하여 추적하였는데, 空性은 그와 같은 안목으로 엿본 우주의 본래 모습이다. 삼라만상은 緣으로 인해 생긴 것인데, 그 "연은 어디에서 온 것인가?

---

76) "以理言之胃之天."-『사서집주』, 주희;『천인관계론』, 풍우 저, 김갑수 역, 신지서원, 1993, p.41.

전도된 마음에서 온다. 전도된 마음은 어디에서 온 것인가? 처음이 없는 무명[無始無明]에서 온다. 그렇다면 무명은? 여여(如如)함에서 온 것이다. 여여함은 어디에 있는가? 자체적인 실상[自法性]에 있다. 실상은 무엇을 특성으로 하는가? 무분별(無分別)이다. 존재의 참모습[法性]은 원융(圓融)하므로 이상(二相)이 없다. 예로부터 움직이지 않음을 부처라고 이름하노라 한 뜻이 여기에 있다."[77] 본래 자리(본체)로 추적해 들어갈수록 세상적인 질서와는 거리가 멀고 분별지도 없어져 무분별지에 도달하는데, 이것이 곧 부처의 참모습이다. 본래 자리를 세상 질서와 확실하게 구분했다. 천지를 있게 한 창조 자리이고 하나님이 거하신 존재 자리이다. 그것을 부처라고 하였지만 전제한 조건들을 충족시킨 존재자를 무엇이라고 부르건 그것은 큰 의미가 없다. 불교인들이 깨달음을 통하여 하나님의 존재성을 지각한 것과 진배없다. 二相이 없고 원융하고 아무런 움직임이 없다는 것은 천지가 그와 같은 본체로부터 창조되었다는 뜻이고, 이것은 고스란히 하나님이 갖춘 존재 조건이다. 이런 궁극처를 불교인들이 부처라고 이름 지은 것은 기독교인들이 하나님을 창조주라고 이름 지은 것과 같다. 부처와 하나님은 동일한 조건을 갖춘 본체자이시다. 하나님은 어떤 경우에도 관여된 본체자이기 때문에 하나님만 알면 동서 간에 걸쳐 탐구된 어떤 사고 흔적 속에서도 그에 대한 실마리를 찾을 수 있다. 선천에서 지성들이 내린 神에 대한 단정은 神을 알지 못한 상태에서 잘 알고 있는 것처럼 착각하고 내린 오판이다.

칸트는 이성의 한계 안에서의 종교를 거론하였고, 현상적인 질서

---

77) 『원효와 의상의 통합사상』, 박태원 저, 울산대학교출판부, 2004, p.149.

기준으로서는 물자체를 인식할 수 없다고 선언함으로써 지성사에서의 기념비적인 판단을 하였지만, 서양 문명이 끝내 벗어나지 못한 몰지각으로 인해 神 존재를 부정하는 데 기여한 철학자로서도 평가되었다. 하지만 지금은 오히려 존재한 神을 보다 명확하게 판단한 전환점이 되기도 한다. 진의를 살핀다면 칸트는 인식할 수 없다고 하였을 뿐 神이 존재하지 않는다고 한 것은 아니다. 더한 진의를 알 수 있는 것은 도덕적으로 요구된 필연성을 통해 神을 요청한 것이다. 神을 부정하려 한 자가 神을 요청까지 할 수는 없다. 이런 입장을 가졌기 때문에 그는 "현상(phenomena)만이 존재의 전부가 아니고 뒤에는 현상의 경험을 가능하게 하는 선험적 형식과 본체(noumena)가 있다고 하였다. 잡을 수 있는 고기만 전부가 아니고 그물로 잡을 수 없는 것들이야말로 맛있고 영양가 많은 고기일 수도 있다. 현대 철학은 칸트의 철학 세계가 정당한 것인가에 대해 본체를 인식의 테두리 밖에 놓은 것은 회의론자적인 것이라고 했지만",78) 이와 같은 판단 유는 재고해야 한다. 현상학자 후설은 "인식의 한계를 넘어선 초월적 존재에 대하여는 긍정도 부정도 하지 않고 순수 의식의 내재적 상태에 이르는 길로서 판단 중지(epoke) 방법을 제안했던 것처럼",79) 초월적인 神이 모습을 나타내기까지는 판단을 일체 보류하는 것이 온당하다. "초감성적인 존재인 神은 공간과 시간 안에서 우리의 지각 대상으로 나타날 수 없으므로 神이 존재하지 않는다고 결정할 수 없다."80) 비트겐슈타인은 도대체 말로서 표현할 수 없는 것에

---

78) 『비트겐슈타인과 분석철학』, 앞의 책, p.20.

79) 위의 책, p.21.

80) 『하이데거의 존재와 시간강독』, 앞의 책, p.80.

대해서는 침묵하라고 조언함으로써 말로서 도무지 표현할 수 없는 절대적인 존재 영역이 있다는 것을 알린 선각자이다. 칸트가 현상계와 물자체를 구분했던 것도 神은 현 존재와는 차원이 다르기 때문에 접근 방법도 확인 절차도 달라야 한다는 것을 알린 역설적 메시지이다. 동서 간에는 존재 추구에 대한 뚜렷한 두 갈래 길이 있다고 했거니와,[81] 종래 궁극의 도달점에서 양 세계를 통해 창조된 세계를 결정하고 하나님이 존재한 근거를 확정 짓기 위해서였다. 하나님이 본체자로 강림하기까지는 실감할 수 없는 무형의 실체를 지성들이 붙들고 있었던 것인지 이유를 알지 못했지만, 빛과 소금은 세상이 어두워지고 곤경에 처하면 가치를 발휘하듯, 선각자들이 이룬 지적 성과들 역시 하나도 빠짐없이 세계의 본질을 밝힌 디딤돌이 되었다.

3. 궁극적 실재 탐구

철학자 화이트헤드는 "우리가 살고 있는 세계의 일반적 성격을 파악하려는 노력은 지적인 로맨스라고 하였다."[82] 정말 많은 사람들은 모든 것을 포괄하는 우주관 또는 세계관을 찾다가 철학을 하게 되었다. 그렇다면 이런 포괄성을 충족시킬 수 있는 것은 무엇인가? 바로 창조인데 현실적으로는 논리적인 비약이 있으므로, 가능한 방향은 궁극적인 실재를 탐구하는 것이었다. 통상 인간의 본성은 무엇인가, 우주의 근원은 무엇인가 하고 묻는데, 그런 대상이 지닌 본성, 근원, 근본 바탕이 바로 궁극적 실재이다. 이 실재를 종래의 철학에서는

---

81) 이데아(본체계)와 현상계.
82) 『철학의 의미』, 앞의 책, p.23.

우주의 근원(제1 원인) 내지 사물의 근거(grund)로서 간주하였고, 보는 관점에 따라 불교에서는 중생의 마음 작용이나 일체법이 생멸하는 본래 자리인[本處] 진여(眞如)를, 하이데거는 존재(Sein)를 내세웠다.[83] 기초를 다져야 집을 지을 수 있듯 바탕 없는 존재는 없다. 현 존재를 출발시킨 것이 바로 본래 자리이고 궁극적 실재이다. 철학은 이 같은 실재를 찾기 위해 노력하였고, 실재를 추적하는 것이 존재론 탐구의 핵심 과제였다. 현상만이 존재하고 있는 전부라면 더 이상 무엇이 필요하겠는가? 현 존재는 그런 것이 아니므로 "현상의 배후에 존재한다고 간주된 궁극적 실재를 밝히려고 노력했던 것이 形而上學이다. 이것은 아리스토텔레스가 이룬 판단 속에서도 확인되는데, 그는 자연에 대해 개개의 지식을 습득하고 난 다음에 자연의 본성에 대해 연구한 形而上學의 길을 걸었다."[84]

그런데 궁금한 것은 궁극적 실재란 정말 무엇인가? 기원전 6세기 서양 최초의 철학자인 이오니아 우주론자들은(고대 희랍) 물이다(탈레스), 기체이다(아낙시메네스), 원자이다(데모크리토스)라고 하여 사물에 대해 무엇이 우주의 기원이고 제1 원인인가를 해결하려 하였다. 물론 정확한 판단은 아니나 질문이 지닌 요구 조건은 유효하다. 분명한 사실 하나는 존재를 구성한 궁극적 요소는 둘 이상 여럿일 수 없다는 것이다. "관념론자의 전 포괄적인 하나의 원리는 정신이고 유물론자에게서는 물질이라는 것은"[85] 전제한 조건은 맞지만 제시된 대상은 틀리다. 실재성이 갖춘 조건은 물러설 수 없을 만큼 절대

83) 『원효와 하이데거의 대화』, 앞의 책, p.6.
84) 『3일 만에 읽는 철학』, 에가와 아키라 외 저, 고선윤 역, 서울문화사, 2004, p.18.
85) 『철학의 의미』, 앞의 책, p.257.

적인데 하나만을 내세워 정신(mind)이 근본이다, 물질(matter)이 1차
적이라고 내세운 것은 자격 미달이다. 상대적, 대립된 것은 무엇이
든 파생된 것이다. 궁극적 실재는 현 존재가 어떤 이유에서든 말미
암은 존재라는 전제를 깔고 있다. 그렇다면 현 존재와는 차원이 다
른 실재로서의 강화된 조건은 무엇이고 그것을 구분할 수 있는 기준
은 또 무엇인가? 불변성이 제일 우선적이다. 변화 속에서도 진정 변
하지 않는 것을 찾는 것이 참된 실재를 찾는 것이다. 원본과 복제 본
을 구분하는 것처럼 불변적인 요소를 추적하면 결국 神에게로 이른
다. 왜냐하면 세상에서 변화하는 것은 모두 창조된 때문이고, 변화하
지 않는 것은(근원적인 것) 본래부터 존재한 하나님이 유일하다. 천
지간에는 오직 두 종류가 있는데, 창조된 존재자와 창조를 이룬 존
재가 그것이다(물질과 정신, 음과 양, 理와 氣가 아님). 지성들의 궁
극성에 대한 탐구가 고스란히 神 규명 역사에 기여하였다. 神이 가
진 필연적 조건을 궁극적 실재 역시 본유하였다. 궁극적 실재=神이
란 사실은 누구나 궁극성이 갖춘 조건만 확인하면 수긍할 수 있다.
세상의 "법칙적·유형적·반복적 변화를 가능하게 하는 근원적인 참
존재, 혹은 실재(實在, to on), 물리적 변화를 가능하게 하는 근원적
인 것(being)이 존재하는데",[86] 이런 실재를 탐구한다는 것은 神을
탐구한 것과 같다. 그래서 중요한 것은 지성들이 이룬 궁극적 실재
탐구 노력을 神 존재 탐구와 병행해서 볼 수 있는 안목을 확보하는
것이다. 그렇게 해야 수많은 세월을 바쳐 쌓은 지적 성과들을 빠짐
없이 집대성하고 오묘한 섭리를 읽어낼 수 있다. 온 인류를 빠짐없

---

86) 『논술과 철학강의(논술 편)』, 앞의 책, p.117.

이 구원할 수 있는 길을 튼다. 궁극적인 실재 탐구가 神 존재를 규명하는 성과로까지 연결되리라는 것은 선철들이 이미 예견한 바 있다. "플라톤에게 있어서 현실의 궁극적 근거와 神이 구별되지 않는다는 것은 자명하다."[87] "아리스토텔레스도 존재자 자체는 곧 실체이고 무엇을 연구한다는 것은 그 원인이나 원리를 탐구하는 것이라고 하였다. 제1 철학은 실체의 근본 구조를 원인과 원리에 따라 탐구한 것이다. 원인의 계열을 더듬어 올라가면 세계 자체의 마지막 원인에 이르게 되는데, 존재자의 궁극적 원인인 영원한 어떤 실체, 즉 神을 문제 삼는 것이 제1 철학의 과제였다."[88]

물론 변하지 않는 조건만 따진다면 희랍인들처럼 "관념이 조합하여 엮어내는 논리적 세계야말로 시공을 초월하는 영원불변한 것들이라고 할 수 있다."[89] 하지만 그것은 우리가 알고 있는 神의 존재 조건이 아니지 않는가? 궁극성은 그 같은 영원성만을 필연 조건으로 하고 있지 않다. 존재를 있게 한 기원이요, 알파요 본체성, 창조성, 주재성 등을 두루 갖춘 궁극성을 밝히면 존재의 의미는 절로 해명된다. 존재와 神과의 관계를 명확히 할 수 있어 궁극적인 실재를 추적하면 결국 神과 만난다. 폴 틸리히는 "神은 존재하는 어떤 한 존재가 아니라 존재 자체, 즉 모든 존재하는 것이 공통으로 갖는 것이라고 하였다."[90] 여기서 중요한 것이 무엇인가 하면 변하지 않는 존재를 아는 것이다. 알 수만 있다면 변화하는 것 일체도 안다. 神은 전

87) 『존재론』, 앞의 책, p.14.
88) 『세계철학대사전』, 고려출판사, 1992, p.997.
89) 『논술과 철학강의(논술 편)』, 앞의 책, p.18.
90) 『위대한 두 진리』, 데이비드 레이 그리핀 저, 김희헌 역, 동연, 2010, p.158.

체자로서 모든 것을 공통적으로 갖춘 근원이다. 神은 창조주다운 자격과 조건과 왜 궁극적 실재인지 확인할 수 있는 근거를 지녔다. 궁극적 실재는 창조주이기 때문에 현상의 배후에 가려졌지만 한편으로는 존재한 일체 근원 자리를 따로 마련해두었다. 그것이 무엇인가? 神의 초월성이다. 제1 원인자는 세계 속에 있지 않다. 세계 안에서는 예외 없이 원인이 소급되지만 궁극적인 실재는 神과 같이 초월적이다. 궁극적인 실재와 神의 불변성과는 깊은 관련이 있다. 보석을 캐기 위해서는 먼저 찾아낼 수 있는 눈을 가져야 하듯, 神을 알기 위해서 선행되어야 하는 것은 지성들이 추구한 神 탐구 노력을 확인하는 것이다. 이성과 신앙의 조화를 이루고자 했던 토마스 아퀴나스, 종교와 철학을 조화시키고자 했던 헤겔 등은 지성들의 지적 전통을 아우른 통 큰 통찰자이고 시대를 앞선 선각자이다. 그들의 탐구 노력이 선천에서 실마리를 붙든 하나님의 존재 조건 발견이었다고 한다면, 그것은 결코 헛될 수 없다. 하나님만 그들이 일군 가치를 알고 그들만 하나님의 진의를 추측하였지만, 지상 강림 역사를 완수한 오늘날은 만인이 모두 하나님을 알고 하나님을 경험하며 하나님과 함께할 수 있는 시대를 맞이하였다.

CHAPTER 02

신 창조론

인류가 밝혀낸 진리·道·제반 학문은 하나님의 창조성을 갖가지 사실 형태로 파악한 것이다. 그리고 하나님은 이 같은 진리의 총합체로서 창조성이 분열을 완료함과 함께 본체를 증거할 수 있는 길이 열렸다. 창조성에 입각하면 온갖 종교의 문을 열 수 있고 놓인 장벽들을 허물 수 있다. 유교의 문을 열면 유교의 문이 열리고 불교의 문을 열면 불교의 문이 열린다. 道가 도달한 진리적 차원·깨달음·인식 세계는 무궁한 본질 세계, 생멸 없는 영원한 세계를 직시하여 형상화시킨 것이라, 이 순간 大道가 규명되고 道의 핵심 된 본질이 밝혀졌다.

-본문 중에서

제5장 개관

하나님은 창조주이시다. "기독교 신앙의 기초는 천지를 만든 하나님이시다."[1] 믿음을 가진 자에게 있어서 하나님=창조주란 등식은 절대적이다. 이 같은 판단의 근거는 성경 속에 있다. 하나님이 계시한 것을 성경이 뒷받침하고 있다. 이런 믿음을 가진 신앙인이 있기 때문에 기독교가 존속하고 가치를 발한다. 하지만 세상 가운데는 동일한 믿음을 거부하는 자들의 주장도 있다. 따라서 이 연구가 숱한 논쟁 과정을 거친 창조 문제를 다시 들고 나오는 것은 진부한 주제가 아니다. 때가 되어 반드시 해결해야 하는 과제이다. 이 연구는 자나 깨나 하나님을 증명하기 위해 매진했던 만큼 창조 문제를 더 이상 답보시킬 수 없다. 확실하게 증명하기 위해 본 편을 개관하였다. 그런데 이 연구가 처음 창조 문제를 거론했던 것은(『세계창조론』) 만물의 기원

---

1) 『기독교 사상』, 종교교재편찬위원회 저, 계명대학교출판부, 1984, p.179.

과 근원성을 추적한 것이지만 지금은 강림하신 하나님의 본체를 증거하기 위해서이다. 그래서 이 연구는 앞선 창조론 저술보다 더 업그레이드된 지적 완수 과정이다. 『세계창조론』은 창조 역사는 증거하였지만 그 같은 성과로 하나님이 존재한 사실까지는 증명하지 못했다. 간접적인 증명일 뿐이다. 그래서 하나님과 창조 역사를 직접연관 짓는 작업이 필요하였다. 창조된 원인과 과정과 결과는 고스란히 하나님이 존재한 사실을 확인하는 근거이다. 그래서 하나님을 증명하는 제일 관건에 창조 문제가 도사렸다. 어떻게 하면 창조된 세계를 통하여 하나님이 존재한 근거를 이끌어낼 것인가 하는 것이 과제이다. 이런 문제를 해결하기 위해서는 창조가 어떻게 하여 하나님이 이룬 대 역사인지를 증명해야 한다. 창조 역사는 하나님이 이룬 것이므로 이런 사실을 추적하면 하나님을 확인할 수 있을 것은 당연하다. 세계가 요구하는 것도 神이 존재한 자리이고 귀결점도 결국은 神이다. 창조 역사는 神의 절대 권능이라 神이 역사하지 않고서는 실현될 수 없다. 그래서 神과 창조 역사를 증명하는 것은 인간적인 지혜로서는 해결할 수 없었다. 하나님은 절대적인 권능자이시다.[2]

---

2) 영혼 위에 하나님의 영이 살아 숨 쉬고 의식 속에 말씀이 머물러 창조주와 피조물과의 그 원초적인 관계가 밝혀지게 됨.

제6장 신의 창조 본질

1. 개요

드넓은 우주는 언제 보아도 경이롭고 신비스럽다. 예로부터 사람들은 하늘을 보면서 소원을 빌고 수많은 神들의 이야기를 지어냈다. 또한 삼라만상이 어떻게 존재하게 되었는가 하는 창조 신화도 여러 민족의 설화 가운데서 엿보인다. 예를 들면 바빌론에서는 "Mardeok라는 神이 Tiamat란 용과 싸워 이긴 후 그 시체로 일월성신을 만들었고, Tiamat의 군대 Kingoe의 피로 인간을 만들었다란 신화가 전해진다."3) 이집트에서는 "물 가운데 있었던 Atoerr란 神이 자기 몸에서 Sjoe와 Tofnet란 神을 생산하였고, 그 물에 Keb[땅]와 Noet[하늘]가 있었는데, Sjoe라는 神이 Noet를 땅 위에 달아매어 천지가 생겼다고

---

3) 「창조론과 진화론의 의미」, 유니텔 자료, p.12.

전했다."4) 인도·페니키아 등등 일부 사람들은 성경의 창조 기사도 이와 같은 부류에 속한 이스라엘 민족의 신화라고 주장했다. 하지만 신앙인들은 신화와 다른 점을 강변하고, "성경에 계시된 창세기는 아무것도 없는 無에서 有를 창조한 사실과 다른 신화들은 인간과 神 사이의 근본적인 차이를 인정하지 않았다는 점을 들어 창조 기록은 전능한 조물주 하나님의 독특한 사역이라고 강조하였다."5) 그렇다면 성경의 창조론이 다른 창조 신화들과 근본적으로 다른 것은 무엇인가? 오십보백보 아닌가? 창조된 과정을 어떻게 기술하였고 무엇을 근거로 창조하였는가? 현대인은 첨단 과학기술로 자동차, 비행기, 인공위성을 만드는 것처럼, 우주의 창조 메커니즘·창조 원리·계획된 설계 도면을 추출할 수 있는가? 창세기라면 답을 얻을 수 있는가? 답을 얻었다면 진화론 같은 이설들은 더 이상 세워지지 않았으리라. 포이어바흐(L. A. Feuerbach)처럼 神을 인간의 원리와 본질을 투사하여 만든 상상의 산물로 보고, 神의 거짓된 정체를 폭로한다면서 정열을 낭비하지는 않았으리라. 성경을 통해서 얻을 수 있는 객관적 사항은 "창조 사상은 불가해하다는 것과, 과학과 철학은 똑같이 無로부터의 창조론을 반대한다는 것, 그리고 세계가 하나님의 말씀으로 지음 받았다는 사실을 신앙상으로 이해한다는 점이다."6) 학문 영역이 답할 수 있는 것도 아니고 수백만 권의 책을 살펴본다고 해서 찾을 수 있는 것도 아니다. 삼라만상 우주가 어떻게 창조된 것인지는 하나님 외 밝혀낼 자가 없다. 그런데 이 연구는 길을 통하여 세계의

---

4) 앞의 자료, p.12.

5) 앞의 자료, p.12.

6) 『벌코프 조직신학(상-서론, 신론)』, 루이스 벌코프 저, 권수경·이상원 역, 크리스천다이제스트, 1998, p.357.

핵심 본질을 밝히고 천지가 창조된 사실을 증거하였다. 즉, 진리 세계를 섭렵하는 과정에서 핵심 본질을 밝혔고, 본질은 우주의 알파와 오메가를 함유한 창조 문제를 파고들게 하였다. 핵심 된 본질을 밝히면 창조 문제를 해결하고 나아가서는 하나님까지도 증명할 수 있다. 세계적인 여건과 지성도 성숙되어야 하지만 종국에는 궁극적 본원에 해당한 창조 본의를 깨달아야 했는데, 오늘날 강림하신 하나님이 이 문제를 해결하여 주셨다. 이런 성업 역사를 근거로 이 연구는 드러난 세계적 특성을 통하여 하나님이 존재한 사실을 증명하리라. 학식 있는 지성들이 무엇보다도 神 증명의 필요성을 요구하고 있는 만큼, 이 연구는 기대에 어긋나지 않는 증명 역사를 펼칠 것이다.

2. 본질의 창조 본질

"씨를 쪼개어 보면 아무것도 없다. 그러나 우리가 볼 수 없는 씨로부터 실로 큰 보리수나무가 나왔다. 실로 그렇다. 볼 수 없는 기묘한 본질이 온 우주의 영혼이다. 그것이 실재요, 아트만이다. 그리고 내가 바로 그것이다."[7] 그럴듯한데 살펴보면 이해가 잘 안 되는 이 말은 인도에서 전해 내려온 우주와 실재에 대한 표현이다. 만상이 존재한 이면에는 존재를 이루게 한 바탕 본질이 있다. 그것이 궁극적 실재이다. 그 실재는 가고 옴도, 생성 소멸도, 시작도 끝도 없는 영원한 존재이다. 그래서 그 실상은 아무도 볼 수 없다. 모습이 무형이다. 아트만이요, 기묘한 본질은 인도에서뿐만 아니라 동·서양을 막

---

7) 『세계관이란 무엇인가』, 제임스 사이어, 인터넷 자료, p.9.

론하고 탐구한 대상인데(道, 太極, 理氣, 空, 梵, 일원상, 이데아, 형상과 질료…….), 이것이 곧 진리 세계를 통해 추출한 핵심 본질이다. 본질은 만물의 근원인 동시에 만물과는 구별된 形而上學적 실재이다. 形而下學적인 물질·현상·만물과 차원이 다르다. 오감으로 감지할 수 없기 때문에 관념화되었다. 그럼에도 불구하고 본질은 머릿속에서만 존재하는 개념이 아니다. 실제로 만상을 이룬 근간이라는 것을 창조 역사를 증거함으로써 확인하였다. 空의 형태, 道의 형태, 본질의 형태가 불생불멸(不生不滅), 불구부정(不垢不淨), 부정불감(不增不感)하다는 것인데, 실상은 영원히 나지도 않고 없어지지도 않고 더럽지도 않고 깨끗하지도 않고 늘지도 않고 줄지도 않는다. 어떻게? 이해하기도 어려운데 이유까지 물으면 할 말이 궁하지만, 이런 특성을 가진 실체는 세상 가운데서 본질 외는 없다. 空은 실상으로서 지닌 생성 운동의 영원함이다. 그런데도 선현들은 작용된 특성을 엿보고서도 만물과 연결된 고리를 찾지 못해 道의 본질을 밝히지 못하였다. 覺者들은 道를 통해 본질이 지닌 작용 특성을 엿본 데 그쳤지만, 이 연구는 본질의 작용 특성을 꿰뚫음으로써 창조된 특성까지 인출하였다. 본질로서 구축된 통합성이 창조를 위해 사전에 모든 것을 구유하였다는 사실이 그것인데, 정말 통합성 안에서는 현상계적인 분열 개념은 아무 의미가 없다. 시공이 合一되어 있어 원인과 결과가 함께한다. 어떻게 이처럼 공존이 가능한가? 이해할 수 없지만 통합성이 창조를 있게 한 바탕체란 사실을 눈치챈다면 무릎을 크게 칠 선각들이 있다. 통합성은 道뿐만 아니고 만상의 구조와 현상 질서 가운데서도 충분히 확인할 수 있다. 본질이 만물을 낳고 삼라만상을 구축한 것이나니, 일체의 가능성을 본질이 지녔다.

만물을 이룬 본질[空]이자 궁극적 실재인 道는 色으로 된 세계와는 질이 다르다. 그런데도 만인은 상식상 감각적인 선상에서 본질 세계를 이해하고자 하였다. 통합성은 色空이 분리되지 않은 상태이므로 인식이 침투할 수 있는 여지가 없다. 그래서 『반야심경』에서는 "사리자야 色은 근본적으로 空과 다르지 않고 色과 空은 본질적으로 같은 것이라고 하였다." 만물을 이룬 바탕체가 이와 같은 상태인데, 세인들은 空을 통해 色을 창출하기 위해 작용된 메커니즘을 밝혀내지 못한 관계로 覺者가 설한 色空의 진의를 이해할 수 없었다. 우리는 아무리 본질이 만상을 형성시킨 근간이고 삼라만상이 본질로부터 비롯된 것이라 해도 확인하기 어렵고, 세상 학문도 만물의 알파 기원을 추적하지 못했다.

그렇다면 이 연구는 어떻게 하여 핵심 본질을 통해 창조 역사를 증거하고 하나님까지 증명하려 하는가? 그것은 통합성이 본질로서 지닌 총체적인 작용 특성에 근거함으로써이다. 창조된 비밀을 밝히고 만물이 본질로부터 말미암은 사실을 확인한 것이다. 그런데도 세인들은 믿음 외는 창조를 증거할 근거를 구하지 못했다. 화가는 자신의 작품에 사인을 남기는데 창조 작품에 대한 하나님의 사인은 세상 어디서도 찾지 못했다. 천지가 창조되었다면 당연히 일체 과정을 추적할 수 있어야 하므로 그것을 이 연구가 통합 본질을 통해 인출하였다. "道의 근원이 하늘에서 나온다고 하였듯"8) 세상을 있게 한 근원은 반드시 있다. 본질과 만물과의 상관관계, 그 영원한 동반자를 추적하면 천지가 창조된 근거를 찾을 수 있다. 창조를 확인할 수

---

8) "至宋中葉…… 然後道之大原出於天者…… 無復餘蘊.(『宋史』, 권427, 「道學傳」)"-「주자학의 형성에 관한 연구」, 石山 裕 저, 전남대학교대학원, 석사, 1994, p.16.

있는 유일한 근거가 본질이므로 본질은 대 창조의 비밀을 함축하고 있다. 본질은 삼라만상을 있게 한 그 무엇이며, 세계의 살아 있는 생명력이다. 본질이 창조를 이룬 근간인 것이 확실할진대 아무리 본질이 창조를 이룬 바탕으로 제공되었더라도 주장하는 것만으로는 자격 미달이다. 道로부터 만물 창생의 원리성을 인출해야 한다. 그래서 이 연구가 통합 본질을 창조와 관련하여 정론화했다. 세계는 인과법칙의 지배 아래 있지만 본질은 아무런 제약이 없다. 만사는 실로 통합 본질이 선재함으로써 과정이 있게 되었고, 분열 운동을 통해 존재가 유지되고 있는 체제이다. 창조 이전에 모든 것이 이미 마련되었다. 시간도 그렇게 하여 미래로부터 다가오는 것이라는 것을 알 때 상식적인 혼란은 잠시, 바탕 된 본질은 이미 존재하였다. 세상이 생성하고 소멸하는 것은 겉모습의 변화일 뿐 본질은 태초로부터 여여하였다. 만상은 점진적으로 진화한 것처럼 보이지만 사실은 처음부터 완전하였다. 대우주, 물리적인 에너지, 생명을 가진 씨앗 등등 太極이 양의(兩儀)를 낳고……(유가), 一이…… 만물을 생성시킨 것처럼(도가), 천지는 완비된 통합 본질로부터 창조되었다. 어떻게 만물이 창조되기도 전에 有한 존재가 완전하게 갖추어질 수 있었는가? 그것은 하나님이 태초 이전에 이룬 창조 작업에 대한 시사점이다. 일체를 갖춘 통합성은 분열하기 이전으로서 존재도 시간도 없으며 인식도 불가능하다. 그래서 만상은 현상화되기 이전에 잠재되고 무형인 형태로서도 존재할 수 있었다(본질). 볼 수 있는 것, 지금 존재하고 있는 것이 전부일 수가 없다. 그동안 인간이 저지른 어리석은 판단이 확연하여진다. 정말 생물체는 무기물질과 원시 생명체로부터 진화한 것인가? 만물이 처음부터 완벽한 본질체에 근거하여 창조되었으니, 하나님이 존재함으로써만 가능한 역사이다. 그래서 우리는 통합 본질이 지닌 특성을 통하여 천지가 창조되었다는 것을 판단할 수 있다. 사전에 모든 것을 갖춘 통체 구조는 하나님이 사전에 존재하지 않고서는 구축될 수 없다. 본질은 만물을 잉태하고 품어서 기른 어머니 같은 역할을 하였으며, 본질은 한량없는 지혜를 함축하였음에도 불구하고 핵심적인 창조 원동력은 아니다. 만상은 본질에 근거했지만 그것이 전부일 수 없는, 하나님의 절대적인 창조 의지가 개입되었다(命).

3. 형이상의 창조 본질

보이는 모든 것은 보이지 않는 무형의 원리와 의지와 본질로부터 생겼듯, "감각을 통해 만나는 변화하고 불완전한 존재 현상과 다르게 이데아는 보다 완전하고 더욱 영속적이고 효과적인 실재이다(플라톤)."9) 현상의 배후에 존재한 본질을 동·서양을 막론하고 지성들이 그 실재성을 포착하였다. 단지 모습을 관념화시켜 버린 것이 문제일 뿐……. 그러니까 세계를 설득할 만한 이해력과 살릴 수 있는 불씨가 없었다. 철학자, 선현들이 바탕 된 본질에 대해 설명하였는데도 세인들은 궁극적인 실재와 이데아 세계를 이해하지 못하였다. 아리스토텔레스마저 "이데아론을 전적으로 임의적인 착상으로 보고 경험된 사실과 그것을 능가하는 사유라도 이데아론을 야기할 수는 없다고 비판하였다."10) 그는 이데아를 형상이라는 개념으로 대치시키고 질료를 첨가해 다양한 현상을 설명하였다. 하지만 "플라톤을 주축으로 아

---

9) 『신의 역사(Ⅰ)』, 카렌 암스트롱 저, 배국원·유지황 역, 동연, 1999, p.78.
10) 『서양철학사』, 쿠르트 프리틀라인 저, 강영계 역, 서광사, 1986, p.77.

리스토텔레스와 스콜라 학자들이 동의한 것은 존재에 대한 해석을 인과율의 지배 아래 두었다는 사실이다. 서양 形而上學에서 이어진 중요한 사유 전통은 원인성을 소급한 점이 있다. 현상 세계 너머에 있는 본질의 파악은 원인의 소급, 혹은 인과론적인 사유의 결과로 보았다."11) 그렇다면 인간의 역할은 현상과 형상이 일치하는지의 여부만 판가름하면 된다. 어떻게 본질을 규명하였는가? 원인과 인과율을 결정한 본질은 하나 되고 관통된 통합성 상태로 존재할 따름이다. 그런데 원인을 소급한 인과율만 따진다면 어떻게 되겠는가? 불가지론에 빠질 것이 당연하다. 현상적인 측면에서 보면 이데아 내지 형상은 초물질적인 동시에 초감각적인 그 무엇이다. 정신적·관념적 개념을 통한 추구 방식으로서는 직접적인 인식에 도달할 수 없다.

논리실증주의에서는 形而上學적인 여러 진술, 이를테면 궁극적·절대적인 존재자·실재의 제1 원인·자유·정의·진리·선악·미추·당위·도리의 본성·본질과 같은 명제들은 "문자대로 보아서는 의미가 없는 명제들로 여기고(명제의 외형만 갖추고 있을 뿐 기준을 충족시키지 못함) 어떠한 사태 정립도 수반할 수 없는 사이비 명제로 일축하였다."12) "어떤 주장이나 판단 또는 사태 정립은 명확한 의미를 내포해야 하고, 의미가 참인지 거짓인지 논증하고 실증할 수 있어야 하는데, 形而上者에 관한 일체 진술은 진위를 판별할 수 없고 영원히 원리적인 판별이 어렵다."13) "X에 관해서 묻고 탐구하고 인식하고 언표하려고 한다면 필경 X는 아무것도 아닌 것이 아니라

11) 「하이데거의 존재사유와 신 문제」, 박종환 저, 연세대학교대학원 신학과, 석사, p.17.

12) 『절대의 철학』, 신오현 저, 문학과 지성사, 1993, p.69.

13) 위의 책, p.69.

그 무엇이어야 하고, 무엇은 그것이 그 무엇이라 하더라도 없는 것이 아니고 있는 것이어야 하며, 모든 있는 것은 다름 아닌 그것으로서, 또는 이렇게나 저렇게 있는 것으로서 구체적·개별적이도록 확인하지 않으면 안 되는 것이 논리학의 제1 원칙이다."[14] 이런 논리는 인류를 보다 확실한 진리 세계로 인도하기 위해 펼친 전도사의 메시지처럼 보이지만, 사실은 패배를 자인한 한계성에 대한 선언이다. "어떤 X가 존재하지 않으면서도 존재적(또는 실재적)이라는 주장은 명백하게 모순을 범하는 것이다."[15] 하지만 본질이 현재의 시공간에서 드러나지 않은 상태에서도 존재하고 있다는 사실은 통합성 개념을 통해서 이미 밝혔다. 形而上學적인 본질은 쉽게 확인할 수 없지만 그렇다고 해서 여기에 대한 언설들이 모순되거나 패배적인 것은 결코 아니다. 통합적인 본질은 엄연한 실체성이다. 그런데도 이런 실상을 보지 못하고 부인한 안목이 사상계에 확산되어 버렸다는 것이 문제이다. 유물·진화·경험·이성·실존·실증·과학 등등 세계를 탐구한 거대한 관점들이 진실을 오판한 과오를 범했다.

고대 그리스의 철학자 파르메니데스는 有의 속성에 대해 다음과 같이 말하였다. 첫째, 有는 시작도 없고 나중도 없다. 영원 무한하게 有로 있다. 그런데 그 영원한 有 개념은 시작과 끝을 추적할 수 없어 오직 현재로서의 有만 인정했다. 시작과 끝이 없는 이유를 알지 못했다. 두 번째, 有는 완전한 통일로 분할할 수 없다. 할 수 있다면 이것과 저것 사이에서 이것을 나눈 제3자가 개입된 것인데, 이것을 인정하지 않았다. 통합성은 만유를 어떻게 창조하였는가? 완전한 통일체

---

14) 앞의 책, p.69.
15) 앞의 책, p.69.

를 분열·분할시켰고, 분할된 개체들을 다시 통일시켰다. 하나가 多요, 多가 하나인데, 이것이 곧 形而上의 창조 원리이다. 통합성으로부터 분할된 개체는 분할되었지만 하나이다. 하나 속에 참여한다는 것이 천지가 창조된 실상이다. 점진적인 진화 관점으로서는 이해할 수 없는 形而上學적 창조 원리이다. 세 번째, "有는 부동의 것, 불변의 것, 차별이 없다는 것, 절대적·독립적인 것, 자족적인 것, 유일무이한 것……."16) 관념만으로는 최상에 도달했다. 神이 본체를 드러내지 못한 상태에서의 어쩔 수 없는 속성 표출이다. 문제의 요지는 무엇인가? 서양은 유구한 形而上學적 추구 전통에도 불구하고 궁극적인 실재를 파악하기 어렵다는 불가지론에 도달했다. 이것이 역설적으로는 통합적인 본질을 추출하는 계기를 마련했다. 形而上學적인 창조 본질에 대한 인식의 한계성을 간접적으로 시인한 것이다. 서양이 가진 사유적 특성과 지적인 전통 안에서는 누구도 창조된 근거를 찾을 수 없다. 차선책으로 성경의 창조론과 진화론 중 택일이 불가피하였다. 形而上學적 인식에 虛와 實이 있다. 따라서 우리는 形而上學이 지닌 본질 작용과 구축된 창조 본질을 직시해야 창조된 실상을 확인하고 모든 것을 가능하게 한 하나님을 뵈올 수 있게 되리라.

4. 도의 창조 본질

道는 2천 년이 넘는 세월의 전에 노자가 처음 말한 개념이다. 그리고 지금은 동양 문명권 안에서 진리의 근원적인 바탕체로서 자리

---

16) 『철학과 종교의 대화』, 채필근 저, 대한기독교서회, 1973, p.136.

매김하고 있는 중요한 개념이다. 하지만 道는 과연 무엇인가?『노자도덕경』 1장에서는 이런 말이 있다. "無名 天地之始, 有名 萬物之母." 즉, 道가 우주의 기원이고 만물의 어머니다. 25장에서는 "우주 생성 이전에 한정되지 않은 그 무엇이 있었다. 그것은 말이 없고 텅비었다. 그것은 독립적이고 변질되지 않는다. 그것은 결코 피곤함 없이 도처에 돌아다닌다. 그것은 우주의 어머니다. 그것의 이름을 몰라 道라고 부른다. 더 나은 표현을 찾을 수 없어 '큰 것'이라고 한다."[17] 부득불 道라고 한 만큼 아직도 道를 제대로 이해한 사람은 없다. 개념을 분석한 주석가는 있지만 정말 알아야 할 것은 묘한 道의 실체성이다. 이런 과제를 이 연구가 창조된 본의에 입각해서 해결하고자 한다. 단도직입적으로 말해 진리의 대명사인 道는 동양식 창조론의 생성적 인식 체제랄까? 우주의 근원인 묘한 바탕을 일컬어 불교에서는 空이라 하였고, 주염계는 太極, 정명도는 天理, 장횡거는 太虛라고 불렀다. 그런데 한결같이 우주 공간은 無나 虛가 아니고 氣로서 충만해 있다고 하였다.[18] 空이라고 한 것은 실체성을 인정하지 않는 측면도 보이지만,[19] "空은 결코 허공이거나 니힐리즘에서 말한 허무가 아니고 묘유(妙有)이다."[20] "보면서도 볼 수 없고 들으면서도 들을 수 없으며 만지면서도 느낄 수 없어 촉지할 수 없고, 불가사의하고, 손가락 사이로 빠져나가듯 포착할 수 없다."[21] 알 듯 말

---

17) "有物混成 先天地生 寂兮寥兮 獨立而不改 周行而不殆 可以爲天下母 吾不知其名 强字之曰道……"-『노자도덕경』, 25장.

18) 『중국사상사』, 森三樹三郎 저, 임병덕 역, 온누리, 1990, p.209.

19) 『자연주의적 유신론』, 소홍렬 저, 서광사, 1992, p.53.

20) 『선과 종교철학』, 아베 마사오 저, 변선환 엮음, 대원정사, 1996, p.230.

21) 『노자도덕경』, 14장.

듯하게 표현하였는데 노자는 이런 道로부터 만물이 생성되었다고 했다. "공자의 『역경』 주석에서도 만물은 太極에서 生했다고 하였고",22) 『노자도덕경』 42장에서는 최초의 통일성인 道로부터 道生一, 一生二, 二生三, 三生萬物한다고 했다. 만물이 道로부터 발원하고 道가 법칙을 정하여 모든 것이 道의 영향력으로 변화한다.23) 그런데도 道에 대한 진의를 파악하지 못하여 道가 지닌 창조 역할에 대해 언급을 회피하였는데, 지금 상황은 어떠한가? 서산 휴정은 『선가귀감(禪家龜鑑)』 첫머리에서 "여기에 一物이 있으니 본래로부터 밝고 신령스러워 일찍이 생하지도 멸하지도 않았으며, 이름 붙일 수도 모양 그릴 수도 없다고 하였다."24) "儒·佛·道 삼교의 성인이 모두 이 한마디에서 나왔다란 사실을 잊지 말아야 한다"라고 했다.25) 그런데도 갈파한 一物에 대해 감잡히는 것이 있는가? 道를 풀이, 해석, 이해한 관점에서 "一物 위에 세 가지 이름을 붙인 것은 敎의 어쩔 수 없는 일이므로 이름에 얽매여 지해(知解)를 내지 말라"라고 당부하였다.26) 삼교를 꿰뚫는 안목은 어디서 찾을 수 있고 道가 만물을 산출한 근거는 어디서 구할 수 있는가? 아무리 본질을 道로써 갈파했더라도 그것만으로는 핵심을 꿰뚫을 수 없다. 선현들이 그려낸 道의 본질을 이해하지 못하니까 "곡신(谷神)이 삼재(三才)의 근본이 되고 만물의 어머니가 된다."27) 즉, 하나가 만이 된 창

---

22) 『역경』, 계사 상.

23) 『인간과 神에 대한 파스칼과 노자의 이해』, 조명애 저, 서광사, 1994, p.80.

24) "有一物於此 從本以來 昭昭靈靈 不增生不增滅 名不得狀不得."-『선가귀감』, 한국사상대전집 15, p.41.

25) "三敎聖人 從此句出 誰是擧者 惜取眉毛."-위의 책, p.40.

26) "一物上强立三名字者 敎之不得已也 不可守名生解者 亦禪之不得已也."-위의 책, p.41.

27) 『도가귀감』, 한국불교전서, pp.73~74.

조 원리가 있다는 사실을 알 수 없었다. 수십 세기 동안 道가 지닌 진리성을 확인할 수 없었는데, 하나님의 본체가 드러난 지금은 한꺼번에 통찰할 수 있게 되었다. 여기에는 첨단 과학문명이 발달한 세계적인 여건도 한몫하였다. 과학의 발달이 정신문명을 퇴보시켰다고도 하지만 사실은 내외간이 통합을 향해 치달았던 것이다. 물질문명이 극에 달해 분열을 완료한 즈음에야 통합의 기류가 형성되었다. "道는 만유를 만유로써 존재하게 한 실재인데",28) 그런 궁극적인 실재는 어디서 확인할 것인가? 물질과 생명 현상 외 어디서 찾을 수 있는가? 불타, 노자, 공자, 유학자들, 서산 휴정 등이 道를 거론했을 당시 아인슈타인은 상대성원리를 발표하지 않았다. 원자의 구조는? 불확정성 원리는? 그러니까 覺者가 이룬 깨달음만으로는 진리 세계를 완성할 수 없었다. "천지의 始에 대해서, 천하의 母에 대해서, 만물의 宗에 대해서 일갈할 수 없었다."29) 물질의 근원이 道에 있고 空에 있는 것은 사실이지만 과학자들이 아무리 물질을 탐구해도 道를 알지 못하면 어떤 실마리도 찾을 수 없다. 서양인들은 논리적·인과적인 질서와 법칙을 철저하게 밝히고자 하였지만 불교에서는 法의 진실을 꿰뚫는 반야란 지혜를 구하였다. 질서성을 초월한 근원적 실체를 엿보았다.

道는 道만으로 고유하지 않다. 道도 본질이 있고 만물 속에 편만되어 있어 여여하지만, 규명하기 위해서는 세계적인 본질이 함께 분열을 완료해야 한다. 유구한 세월을 두고 추구된 동서 간의 진리를 두루 규명해야 천지의 시원 문제를 해결할 수 있다. 핵심은 바로 이

---

28) 「하이데거의 존재 사유와 신 문제」, 앞의 논문, p.72.
29) 『절대의 철학』, 앞의 책, p.178.

것이다. 천지의 창조 근거가 道에 있는데 이런 측면에서 본다면 覺
者가 말한 道는 바로 창조를 이룬 작용 근거를 인식한 것이다. 창조
본질을 직시한 진리이기 때문에 道는 창조란 관점에 의해서만 해명
할 수 있다. 道와 만물은 상호 통한다. 현상의 질서와 사변적인 사고
를 초월했다. 하지만 본의를 알면 道도 인식할 수 있는 대상이다. 만
물의 구조와 특성을 통하면 확인할 수 있다. 『노자도덕경』이 펼친
우주발생론은 추정된 명제가 아니다. 노자는 본질 세계를 직시했다.
道는 모든 것을 갖춘 통합성 상태에서 만물을 생성시킨 것이다.[30]
道는 진실로 근원적인 존재로서 우주 만물의 본원이다. 그러나 이
연구가 아무리 道의 창조성을 내세워도 진의를 이해하지 못할 사람
이 있으리라. 그 같은 의문의 요지로서 道가 만물을 산출하였다면
창조주는? 道와 하나님과의 관계는? 道가 곧 하나님인가? 대답하는
데 한계가 있으므로 더 밝혀야 할 과제가 있다. 동양은 창조를 몰랐
고 서양은 본질을 몰랐다고나 할까? 서양은 창조론을 펼쳤지만 바탕
된 근거를 찾지 못하여 세계의 기원을 설명할 수 없었고, 동양은 道
가 있었음에도 불구하고 주도적인 창조 원동력을 찾지 못해 하나님
을 알지 못했다. 그렇지만 일부 지각 있는 지성들은 神과 道를 통해
공통된 점을 찾기 위해 노력하였다. "충분히 존재론적으로 이해되는
道 개념은 반드시 神과 상관이 있으리라고 가설을 세웠다."[31] "神
은 불가분적이고 무한한데 道도 이와 일치하는 경우가 많다."[32] 그
렇다면 "道는 육화되지 않은 神, 곧 아버지 神의 등가물이라고 볼

---

30) 太極의 만물 생성 능력이 그러하고 空이란 존재의 근원 자리가 그러함.
31) 「하이데거의 존재 사유와 신 문제」, 앞의 논문, p.72.
32) 『인간과 신에 대한 파스칼과 노자의 이해』, 앞의 책, p.80.

수 있지 않는가?"33) "초월성과 내재성이 일치된 道를 갈파한 노자는 그리스도가 오기 이전인 시기에도 천국에 속하여 神에 따라 살고 神 안에서 기뻐했던 사람들 중의 하나이지 않겠는가?"34) 하지만 자신 있게 답할 자 누구인가? "道가 우주변화의 축이요, 極이라는 사실"35) 외 우주 진행의 향방이라든지 神에 대해 알고 있는 것은 없다. 동양의 삼교 안에 속한 유교나 불교의 진리도 여건은 마찬가지이다. "중국의 대 성리학자인 주자(1130~1200)는 理를 세상의 운명을 좌우하는 神적인 존재로 믿었다."36) 성리학에서 理는 太極과도 같은데 비인격적 근원자이다. "한국의 성리학자 율곡은 理를 道와 동일시하였고",37) 神 또는 통치자[帝]로서도 이해했다.38) 하지만 여기에 대한 판단 근거는 어디에 있는가? 여건은 달라진 것이 없다. 불교는 근본에 있어서 무신론적인 입장을 가져 유일신을 인정하지 않았다.39) "유일신에 의한 창조 사상은 어디서도 찾을 수 없고, 神이 아니라 空을 말했다."40) 空으로서는 하나님과 같은지 다른 것인지 분간할 수 없다. 불타의 다르마는 神과 아무런 상관이 없는가? 그렇게 본다면 통합은 기도될 수 없다. 하지만 이 연구는 긍정적인 입장에서 道, 空, 太極, 一物의 근원을 밝히고 하나님과 관련된 근거도 밝히리라.

이 연구는 만물이 道로부터 비롯된 사실만 확인할 수 있다면 본질

---

33) 앞의 책, p.152.

34) 앞의 책, p.110.

35) 앞의 책, p.174.

36) 『국역 율곡집(1)』, 고전국역총서 22, 민족문화추진회, 1977, p.693.

37) 위의 책, p.555.

38) 위의 책, p.693.

39) 『선과 현대철학』, 아베 마사오·히사마츠 신이치 저, 변선환 엮음, 대원정사, p.310.

40) 위의 책, p.236.

과 만물과의 관련성을 통해 하나님이 존재한 사실을 증명할 수 있으리라고 말한 적이 있는데, 지금이 그때이다. 道와 神은 결코 무관하지 않다. 道는 만물을 있게 한 본원 바탕으로서 道가 그대로 하나님은 아니지만 그렇다고 전혀 상관이 없는 것도 아니다. 道는 천지를 이룬 바탕체이다. 하나님이 道, 즉 자체 본체를 근거로 천지를 창조하셨다. 그것을 어떻게 알 수 있는가? 道가 만물 속에 속속 투영된 사실을 통해서이다. 道는 천지를 창조한 작용 이치를 진리로서 覺한 것이다. 동양인들이 갈고 닦은 수행은 무궁한 우주의 창조성을 직관하기 위해 쏟은 노력이다. 그런데도 끝내 진리의 결정체인 하나님을 보지 못한 것은 道가 분열을 다하지 못한 데 원인이 있다. 그래서 창조성을 순수한 본질 형태로서 체득하였다. 하나님의 인격성과 무관했던 이유이다. 창조 본질은 원래 차원적이라 자체로서는 하나님과 연결된 고리를 찾을 수 없었다. 주자는 "太極은 자체 無極이라고 하였는데",[41] 無極을 통해 어떻게 창조주의 모습을 볼 수 있었겠는가? 無極이 太極으로서 이행되기까지, 생성 과정을 대관하기까지……. 동양의 선현들이 각성한 道를 이 연구는 창조성으로 표현하거니와, 그 창조성은 세상 어디에도 편만되어 있고 결정되어 있다. 이것이 곧 道요, 空이요, 太極이라는 사실을 알면 인류가 거리감을 둔 종교 간의 장벽을 허물 수 있다. "道란 본시 우주 대자연의 실상 혹은 진실 생명이라"[42] 하나님의 창조 본질을 형상화시키는 데 기여하였다.

그렇다면 불교는 어떠한가? 불타의 覺과 하나님의 창조 본질과 연관시킬 고리가 있다면? 法도 예외 없이 창조 본질을 형상화시킨

41) 『성경과 신학』, 한국복음주의 신학회 논문집, 11권, 전호진 편집인, 기독지혜사, 1992, p.163.
42) 『노자철학의 연구』, 김항배 저, 사사연, 1991, p.245.

진리이다. 하나님을 인격신으로서 접하지 않은 상태에서도 인류는 창조 본질을 道의 형태로서 인식하였다. 아울러 인류가 일군 진리 역시 창조 본질을 갖가지 진리 형태로서 표현하였다. 그래서 우리도 총합을 이룬 진리를 통하면 하나님의 존재성을 확인할 수 있다. 창조성에 입각하면 온갖 종교의 문을 열 수 있고, 놓인 장벽을 허물 수 있다. 유교의 문을 열면 유교의 문이 열리고, 불교의 문을 열면 불교의 문이 열린다. 道가 도달한 진리적 차원·깨달음·인식 세계는 무궁한 본질 세계, 생멸 없는 세계를 직시하여 형상화시킨 것이라, 그동안 숨겨진 신비의 베일을 벗겨버리고 이 순간 찬연한 진리의 화신(化身)으로 강림하셨다. 노자의 道나 불교의 空이나 유교의 太極이 천지를 창조한 바탕 본질이고 작용된 근거라는 것을 알 때, 이 순간 大道는 규명되고 핵심 된 본질은 밝혀졌다.[43] 동양의 선현들은 신학자들이 끄집어내지 못한 창조 본질을 엿봄으로써 창조 역사를 규명하는 데 지혜를 보탰다. 道를 보면 창조를 보고 道를 통하면 하나님을 볼 수 있나니, 그렇기 때문에 인류는 道의 창조 본질을 반드시 확인해야 한다. 하나님을 볼 수 있는 징검다리 역할을 한다는 것이 道가 진리로서 지닌 가치이다.

5. 존재의 창조 본질

존재를 어떻게 볼 것인가? 존재는 어떻게 생겨났는가? 그 대상 영

---

43) "道는 자연주의자들의 神도 아니고 이신론자들의 神도 아니다. 예수그리스도의 강림 이전 시기에도 神을 알았던 이교도들처럼 노자(옛 성현들)는 神을 알았고, 그에 의해 살았다."-「인간과 신에 대한 파스칼과 노자의 이해」, 앞의 책, p.153.

역은? 진화된 것인가? 창조된 것인가? 직접 확인한 존재라도 파고들어 보면 의문이 끊이지 않는다. 창조 역사를 밝히지 못한 결과이다. 본의에 입각해야 하는 것이 순서인데 모습만 보고 판단하니까 추측이 난무하였다. 본의에 입각하면 어떤 측면에서 보더라도 道가 천지를 이룬 근원인 사실을 확인할 수 있다. 道의 창조성은 존재의 창조 본질을 통해 확인된다. 존재의 창조 본질은 천지가 하나님의 본체에 근거하여 창조되었다는 뜻인데, 이런 사실은 창조로 인해 생성된 메커니즘 체제를 통해 알 수 있다. 먼저 기존 창조설이 지닌 문제점을 살펴보면 기독교의 창조론과 다윈의 진화론이 포착된다. 알다시피 "우주와 생명의 기원에 대한 이론인데, 안타깝게도 경험적으로 검증할 방법이 없다. 무엇을 택할 것인가 하는 것은 각자의 확신과 믿음에 달렸다."[44] 추세로 볼 때 진화를 재론할 여지조차 없는 것으로 확신하는 것은 창조론과 달리 종의 발생 메커니즘을 제시한 때문이다. 종은 완성된 모습으로 존재하는 것이 창조를 증거하는 것인가? "먹이 연쇄 현상을 보면 이런 유에 속한 상태의 생물이 완성되어 있지 못하고서는 자신이나 남을 위해서 생존할 수 없다. 먹을 수도 먹히지도 못한다."[45] 하지만 처음부터 완전무결한 존재성을 갖춘 상태라도 그것이 神의 창조를 직접 입증하는 것은 아니다. 디드로(1713~1784)는 우주와 인류는 진화 과정을 거치지 않았다는 근거로서 언제나 변함없는 갖가지 사실들을 확인시켰다. 즉, 천문학은 행성들이 정해진 궤도를 따라 돌고, 궤도 역시 중심을 가운데 두고 원운동을 한다(순환 운동).[46] 이러한 우주 운동 원리가 바로 神이 천지를 창

---

44) 『창조론과 진화론의 의미』, 앞의 자료, p.6.

45) 『사물의 본질성에 근거한 철학원론』, 김항배 저, 사초출판사, 1986, p.108.

조한 데 대한 증거 자료라고 하였다. 하지만 이런 논거는 백 가지를 더 첨가하더라도 문제는 그대로이다. 창조에 대한 확실한 증거가 아니다. 창조론이 창조 역사를 증명하지 못하였다. 그러니까 진화론적인 사유가 대세에 편승했다. 하지만 진화론은 우주의 기원과 메커니즘 문제에 있어서 얼마나 진리적으로 해결책을 제시하였는가? 진화론을 처음 이론적으로 정리하여 체계 세운 이는 영국의 박물학자인 찰스 다윈(1809~1882)이다. 생명체의 수많은 종들이 어떻게 생겨났고 변이되어 진화하였는가 하는 것은 각각 변화된 추이를 종합적으로 분석하면 결과를 판단할 수 있다는 것이 그가 지성사에서 보인 비전이고 업적이다. 다윈은 관찰한 바로 생물이 진화한 메커니즘 작용을 생존경쟁과 자연선택을 통해 찾았다. 생물 분야에서 시작된 이런 변화 요인이 급기야 전 학문 분야로까지 확산되어 세계를 판단하는 거대한 관점이 되었다. 하지만 다윈이 이룬 수많은 실험과 엄청난 자료 수집과 추종한 학자들의 학문적 뒷받침에도 불구하고 종이 진화설에 격 맞아 떨어지도록 구조를 이루고 있는 것은 아니다. 만물은 여전히 신비로운 베일에 휩싸여 있을 따름이다. 진화가 맞는다면 존재의 신비 영역도 해명되어야 한다. 진화론이 세상의 구조와 일치되어야 한다. 진화론은 입증할 단서를 찾아 세상을 뒤지기 이전에 이치적인 문제점부터 해결해야 한다. 다윈은 당연시된 종의 불변성을 반박할 수 있는 근거를 확인한 학자였지 철학자가 아니었다. 그래서 그는 자신의 생각을 뒷받침할 이론적인 틀을 다른 사상으로부터 차용해야 했다. 서양 학문 속에서는 창조 문제를 근본적으로 해결할

---

46) 『마르크스(생애와 사상)』, 리우스 저, 이동민 역, 오월, p.60.

수 있는 지적 정보가 없었다. 그래서 관점을 인위적으로 구축하게
되어 사실적인 현상과 거리가 생겼다. 그런데 창조론마저 마땅한 대
안책을 세우지 못하다 보니까 진화론은 점차 기세가 높아져 유물론,
무신론과 함께 세상 진실과의 격차를 더욱 벌려놓았다. "생명은 복
잡한 물질적 현상으로서 생명의 출현은 자연계의 물질이 화학적인
변화를 일으킨 결과란 추론을 서슴지 않게 되었다."47) 종은 간단한
것으로부터 복잡한 것으로, 저급한 것으로부터 고급한 것으로 발전하
는 과정을 거치며, 생물은 발전하는 과정에서 생존에 적응되지 않은
것은 도태당하고 적응하는 것은 보유되어 후대를 번식한다고 하였
다. "영국의 생물학자 헉슬리(1825~1895)는 동물과 인류의 관계를
연구하고 처음으로 사람과 원숭이는 조상이 같다는 이론을 내놓았
다."48) 그래서 진화론이 어떤 특별한 법칙을 가졌는가 하고 살펴보
니 자연주의와 우연성을 요소로 삼았다. 창조주를 없애고 만물의 근
원을 설명하였지만 그 자리를 우연성으로 대체시켰다는 것은 우스
운 일이다. 합리적인 실증을 요구한 과학자들이 이 같은 주장을 내
세우다니! 우연도 법칙에 속하는가? 일체의 판단을 유보해야 했는데
"헉슬리, 헤켈(Haeckel) 같은 이는 인간까지 포함한 생명체들이 우주
진화의 방대한 과정에서 분자 결합이 우연하게 이루어졌다는 생각
을 일반화시키는 데 기여했다."49) "물질은 창조된 것이 아니고 오래

---

47) "지구에는 그 형성 초기에 탄산가스, 메탄, 질소, 수증기, 암모니아 등 성분을 포함한 원시 대
기가 있었다. 원시 대기는 태양 자외선, 번개 등 에너지의 작용에서 아미노산, 탄수화물, 퓨린
등 유기물을 생성하였으며, 이러한 유기물은 발전을 거쳐 또 단백질·핵산을 형성하였으며,
단백질과 핵산은 발전 과정에 또 한 걸음 더 나아가 신진대사의 기능을 가진 원시 생명을 형
성하였다. 발견된 화석에 근거하여 우리는 지금으로부터 약 30억 년 전에 생명이 기원하였다
고 추정할 수 있다."-『재미있는 철학강의』, 한수영 외 저, 중국청년출판사 간, 이성과 현실,
1989, p.41.

48) 위의 책, p.41.

전부터 존재하고 있었다든지 인간의 생각은 뇌라는 물질 속에서 분비된 것이라는 견해 등등"[50] 한 가닥 진화 이론을 정당화시키기 위해 다른 가능성 요소들을 말살시켜 버렸다. 본의에 대해 무지한 사고적 장애 현상이다.

어떻게 해야 이런 장애물을 거두어낼 수 있겠는가? 사실에 대한 범위 규정은 어디까지여야 하는가? 제반 작용성과 원인성까지도 관여된 것인데, 진화론은 드러난 부분만 보고 판단한 것이 틀림없다. 이 연구는 바탕 된 본질이 존재 형성에 관여된 사실을 증거하였는데, 만인은 이런 본질의 작용성 상태를 판단할 수 있다. 진화론이 세계의 근원성을 물질로부터 찾은 희랍 자연철학자들의 전통을 이은 것이라면 할 말이 없지만(탈레스 등), "사물과 현상의 이면에는 근원된 본질이 작용하고 있다는 점을 고려해야 한다."[51] 이런 문제를 서양에서는 관념적으로 처리한 데 대해 동양에서는 보다 구체적으로 파고들었다. 본질은 따로 존재한 것이 아니고 우리가 직접 간직하고 있다. 그리고 창조와도 깊이 관련되어 있다. 그중 인간은 우주 창조의 비밀을 온몸으로 감싸고 있다. 의식·정신·마음 작용 등이 모두 포함된다. 이처럼 간직된 본질을 정진을 통해 일구면 우주의 진상을 엿볼 수 있다. 알파와 오메가를 함유한 우주 시공과 합일된 순간 천고 만재된 창조 본질을 꿰뚫을 수 있다. 그 모습은 현실과 차원이 다르다. 모든 차별, 상대적인 것이 멸한 모습이다. 본질적인 空은 결코 허무적멸하지 않다. 일체를 살려 묘하게 존재한 바탕이다. 사물들과

---

49) 『철학의 의미』, 조셉 G. 브렌넌 저, 곽강제 역, 학문사, 1977, p.270.

50) 『기독교 세계관과 현대 사상』, 인터넷 자료, p.5.

51) 『희랍사상의 이해』, 박종현 저, 종로서적, 1982, p.108.

는 비교할 수 없어 '묘하게 있는 바탕'이지만, 사실은 空하지 않기 때문에 차별이 있고, 상대적이며, 허무적멸하다. "어떤 것도 참으로 실재하는 것이 아니며, 사물은 겉모양인 현상에 불과하다."[52] 존재는 처음부터 있었던 것이 아니다. 잠시 왔다가는 사라질 것이다. "현상적으로는 일체가 무아이고 찰나적으로 생멸을 거듭하지만 이면에 존재한 본체적 다르마는 삼세 간에 걸쳐 자성(自性)을 지닌 채 항상 실재한다."[53] 종이 진화하고 변화하는 것은 상대적·차별적·일시적이다. "존재된 본원 바탕은 있다가도 없고 없다가도 있는 것인데(『중론』)",[54] 이것을 세인들이 도무지 이해하지 못했다. 그 이유는 과연 무엇인가? 진화론자들은 현상만 보았고 용수는 본질만 보았다는 것, 그러니까 서로가 판단한 기준이 달라 이해할 수 없었다. 하지만 순서만큼은 정확한 것인데, 본질의 바탕 위에서 삼라만상이 존재하고 있다. 본질이 떠받들고 있다. 이런 사실을 우리는 어떻게 판단할 것인가? "존재는 존재하고 비존재는 존재하지 않는다고 할 것인가?(파르메니데스, 데카르트, 라이프니츠) 비존재는 존재하고 존재는 존재하지 않는다고 할 것인가?(골기아스, 니힐리즘) 그것도 아니라면 존재도 존재하고 비존재도 존재한다고 할 것인가?(헤라클레이토스, 플라톤, 마르크스)"[55] 논리적으로는 판가름할 수 없기 때문에 포괄적인 관점을 확보해야 한다. 모든 有함의 가능성은 현 시공 위에 존재하지 않으면서도 이미 존재하고 있다. 따라서 현재 존재하고 있는

---

52) 『용수의 삶과 사상』, 中村 元 저, 이재호 역, 불교시대사, 1993, p.11.

53) 『불교사상과 서양철학』, 에드워드 콘즈 외 저, 김종욱 편역, 민족사, 1994, p.279.

54) 『종교는 무엇인가』, 최광열 저, 학우사, 1980, p.167.

55) 『신의 존재 증명』, 김상렬 저, 한누리미디어, 1996, p.176.

것만을 기준으로 존재와 비존재를 구분해서는 안 된다. 존재는 초월적인 본질의 영향 아래 있다는 사실을 감안해야 한다. 존재가 절로 존재하는 것이라면 문제가 없지만, 그렇지 않으므로 어떻게 존재하는가가 문제된다. 존재하고 있는 것만으로는 본질을 볼 수 없어 '존재의 학'은 미로를 헤쳐 나가는 탐험과도 같다. 그래서 이 연구는 만물이 곧 본질로부터 비롯된 것을 확인하고 존재는 결국 본질, 창조와 연관되어 있다는 것을 밝히고자 한다. 존재는 존재함에 따른 특성이 있고 저변에는 그런 특성을 꿰뚫는 본질이 있다. 사물·현상의 원리, 물리적 법칙, 이치들이 본질로부터 결정되었다. 본질의 생성으로 만물의 근본이 형성되었고, 본질이 근본을 형성함으로써 만물이 구축되었다. 존재와 본질과 창조는 긴밀하게 관련되어 있다. 만물은 원리의 지배를 받고 있는데 그 원리는 본질이 만물을 구축한 결정성이고, 결정성은 하나님이 천지를 창조한 절대 의지 작용이다. 만물이 창조된 결정체라는 것은 법칙과 원리가 뭇 존재를 구축한 사실을 통해 알 수 있고, 창조를 통해 결정되었기 때문에 뭇 존재가 존재자다울 수 있다. 그러나 존재가 결정된 것이라고 해서 생성까지 완료된 것은 아니다. 통합 본질로부터 분열 중이기 때문에 세계가 지속되고 있다. 창조는 실현되었더라도 100% 드러나지 못한 상태, 질서상으로는 도래하지 않은 미래가 현 존재를 결정하는 인자로서 작용하는 상태이다.

통합적인 본질로부터 삼라만상이 구축되었다는 것을 알아야 이로부터 만인은 만생이 창조와 연관되어 있다는 것을 이해할 수 있다. 원인과 인과법칙과 세상 이치가 창조된 결정체라는 것을 알아야 종전의 창조론이 지닌 한계성을 넘어 삼라만상이 통합적인 본질에 근거한 사실을 판단할 수 있다. 창조는 확고하고 부인할 수 없는 사실이다. 창조 역사가 실현되었기 때문에 누구도 삼라만상이 존재한 사실을 부인할 수 없다. 뭇 생명은 어느 모로 보나 완전성을 향해 활동하고 있고, 진화의 추진 방향도 사실은 그렇게 완전성을 지향하였다. 존재의 세세한 변화는 통합성이 분열하는 과정에서 이루어진다. 사물들이 화학적인 변화를 일으키면서도 원소로서 존재하는 것은 바탕 된 본질 때문이다. 형태적으로는 생멸을 거듭하지만 본질은 영원하다. 생멸하는 상태 확인은 현시점에서의 관찰에 의한 판단이고, 본질은 불변한 존재 기반을 터 닦고 있다. 개개의 생명체는 기원을 헤아리기에 벅찬 존재이지만 전체 우주 안에서는 다반사이다. 오히려 일사불란하게 구축되어 있다. 생명과 우주는 신비스러운 것이지만 함축된 원리는 동일하다. 진화 체제로서는 도무지 이해할 수 없다. 창조는 무궁함 자체이다. 이것이 하나님이 실현시킨 창조 역사의 위대함이다. 창조는 하나님이 뜻한 거대한 목적 실현의 결과물이다. 왜 생명체는 대개 산소를 필요로 하는가? 그렇게 기관화되어 있는가? 선택에 따른 결과인가? 총체적인 목적의식의 관여로 그처럼 창조되었다. "진화론자들은 위로 올라갈수록 종의 수가 줄어들고 마침내는 하나 된 조상으로부터 후손들이 생겨났다고 하지만",56) 종은 창조 실현으로 이미 온갖 정보를 공유하였다. 존재는 창조가 이룬 결정체이지만 세상은 이제 겨우 이 연구를 통해 이론적인 옷을 입었다. 더 나아가서는 세상 학문과 연계하여 종합적으로 구축되어야 한다. 존재는 창조된 것이지만 '어떻게'란 메커니즘 문제를 풀어야 하

---

56) 「칸트의 신관에 대한 기능적 유신론 이해」, 윤종한 저, 전남대학교대학원 철학과, 석사, 1992, p.15.

였나니, 이것을 해결하면 존재와 창조와 하나님과의 관계를 확고히 할 수 있다. 존재의 창조 본질, 그 심원한 신비를 풀어야 이 땅에 강림하신 하나님의 모습을 뵈올 수 있다.

6. 세계의 창조 본질

1) 세계 본질의 존재성

존재는 존재하는 것만으로 존재하지 않는다. 이면에는 존재를 존재하게 한 창조 본질이 있다. 마찬가지로 세계는 세계만으로 운위되지 않는다. 이면에는 일체를 존재하게 한 핵심 본질이 있다. 개개의 사물 하나하나도 어려운데 하물며 세계의 본질이겠는가마는, 본질이 지닌 특성을 추출하면 하나로서도 만물과 통할 수 있는 길을 연다. 본질은 무궁하지만 그것은 뭇 존재의 특성을 유지하기 위한 작용성이라는 것을 알 때, '존재의 본질성'을 규정한 안목을 통하여 '본질의 존재성'도 통찰해야 한다. 본질의 작용 특성을 확인한 마당에서는 본질의 존재성도 확인할 수 있다. 존재가 있는 곳에 본질이 있고 본질이 있는 곳에 존재가 있다. 존재는 있는데 본질을 모르면 존재만으로 모든 현상을 이해해야 하는 어려움이 있지만, 핵심 본질을 알면 만사와 본질과의 관계성을 직시할 수 있다. 존재는 본질을 함유하였고 본질은 존재를 형성하였다. 그래서 이 연구가 지금까지 보아도 볼 수 없었던 어려움을 헤치고 지혜로운 안목을 제시하고자 한다. 道를 깨친 覺者도 천명을 자각한 성현도 보지 못했지만 본의에 입각함으로써 개안할 수 있게 된 안목, 즉 본질의 존재성을 통하면 일체의 작용 근거를 확인할 수 있다. 본질은 형태가 없고 현상 질서를 초월해 있는 그 무엇이지만 그런 특성들이 그대로 존재를 이룬 조건이라고 할진대, 본질이 있는 곳에 존재가 있다는 사실은 가장 확실한 관계성 성립이다. 당연히 본질이 존재를 이루고 존재가 본질을 이루었다. 본질이 있다는 것은 존재를 전제한다. 본질 내에서의 존재이고 존재 내에서의 본질이다. 본질이 존재하므로 생성 상태를 유지하고 존재를 담보하므로 有한 본질을 이룬다. 그렇다면 창조된 세계의 본질은 어떤 특성을 가졌고, 그것은 어떤 존재성을 시사하는가? 아무리 생성이 무궁하더라도 그것을 한정하는 것은 존재라 세계의 그것이란 우주 만물을 통괄하고 만사를 포괄한 전체자일 수밖에 없다. 그것을 곧바로 하나님이라고 한다면 비약이 되므로 전체자가 반드시 전제된다는 사실부터 확인해 나가야 한다. 이런 문제를 해결할 수 있다면 선현들이 파악한 道를 하나님과도 연관시킬 수 있다. 그 관계 공식은 道, 즉 본질로부터 시작되고 본질의 존재성은 존재의 본질성으로 귀착되어, 道로서 엿본 제반 특성들이 결국 하나님의 존재성을 순수한 진리 형태로 파악한 것이라는 사실을 깨닫게 된다. 본질의 제반 작용이 모든 것을 가능하게 한 전체 존재자를 전제한다는 것은 새삼스러운 주장이 아니다. 본질의 특성 작용을 통하면 하나님이 존재한 사실을 확인할 수 있다. 본질의 제반 작용은 존재 내에서 가능한 현상이라, 세계 내의 현상도 이것을 통괄한 총체적인 목적체 안에서 일어나는 것이다. 세계적인 존재가 있기 때문에 세계 안에서의 본질 작용도 있다. 이것이 神이 세계 자체로서 존재한 근거이다. 이 연구가 神이 존재한 사실을 증명할 근거를 본질에 둔 이유이다. 하지만 현 단계로서는 하나님을 온전히 증명할 수 없다. 일단은 본질의 특성을 파악함으로써 세계의 전체 목적체인 하나님을 추적할 수 있으면 된다.

2) 세계 본질의 통합성

인류가 도달한 道의 수수께끼인 ○는 無인가, 충일인가? 太極이 그러하고 空이 그러하며 一物·理氣·일원상 등등 만물을 있게 한 근본 실체를 일컬어 이 연구에서는 '통합성'이라고 지칭한다. 통합성은 천지창조의 본원 바탕이요 근본 된 자리로서 만유보다 앞서 모든 것을 갖춘 본질적 바탕이다. 시간적으로 보면 억겁의 세월이 생성되기 이전이고, 인과적으로 말한다면 만유의 원인과 결과가 함께한 상태이다. 하지만 모든 면에서 충일하더라도 분열하지 않으면 인식할 수 없기 때문에 그 같은 존재 상태를 일컬어 無로서 판단하였다. "물질세계를 가장 깊은 곳까지 추적한 결과 정신과 물질이 한 몸으로 작용하여 만물이 아무것도 없는 텅 빈(?) 空에서 생겼다가 멸한 자리",[57] 물아양망(物我兩忘-나와 우주 만물을 함께 고요히 잊어버림)하고 망형망재(忘形忘在)한 통합성은 인간이 접하고 있는 질서와는 차원이 다른 상태를 지칭한 것인데, 그토록 파악하기 어려웠던 통합성이 바야흐로 분열을 완료하여 존재한 특성을 드러내었다. 이 같은 특성 파악이 시사하는 것은? 오직 한 몸, 한 본체가 아니고서는 통합적인 본질을 갖출 수 없기 때문에 이와 같은 특성을 곧 본질의 존재성이라고 했다.

3) 세계 본질의 통속성

세상은 만물이 만상을 이룬 모습이지만 원래는 하나인 본질체라는 것을 알 수 있는 것은 만물 간이 거침없이 통하고 있다는 사실을

---

57) 『증산도의 진리』, 안경전 저, 대원출판사, 1985, p.12.

통해서이다. 통함은 이질성이 없고 동질·동본·동일 구조로 되어 있다는 뜻이다. 승조는 "천지는 나와 동근이며 만물은 나와 동체라고 하였다." 동양 문화권에서는 이와 같은 주장들이 흔하다. 심물일체, 천인합일설 등등 서양에서는 일반적으로 심물이원론을 주장한 형편인데, 일련의 통찰에 대한 진리성 여부는 확인하기 어렵다. 하지만 그런 인식 부류가 세상적인 질서가 아니고 본질적인 질서 영역이라는 것을 안다면 세인들도 비로소 만물의 동근, 일체된 상태를 확인할 수 있다. 원효는 "모든 경계가 무한하지만 다 一心 안에 들어간다. 세움과 깨뜨림, 줌과 빼앗음, 같음과 다름, 있음과 없음, 가운데와 가장자리가 둘이 아니라고 하였다(화쟁사상)."58) 어떻게 이 같은 질서가 성립될 수 있는가? 이해하기 어려운데 세계가 통합성인 상태라면 가능하다. 동일한 물체는 동시에 각기 다른 장소에 존재할 수 없지만 한 통속인 통합 본질 안에서는 가능하다. 여기에 있는 동시에 저기에도 있다. 세계를 구성한 본질이기 때문이다. 개개 사물로서는 불가능하지만 본질로서는 가능하나니, 그것이 곧 모든 경계를 초월하여 一心 안에 들어 있는 본질이 지닌 특성이다. 통속은 세계가 하나인 본질로서 존재하고 있다는 것이며, 하나인 존재 안에서만 가능한 존재 형태이다. 통합성은 위치·시공·인과관계에도 해당되어 삼세 간을 초월한다. 특히 시공간까지 한 통속이라면 곤혹스러움이 있겠지만, 통합성으로부터 천지가 창조된 것이 사실이라면 인정할 수밖에 없다. 통속 본질이 지닌 초월성은 一心, 한 근원, 통합성인 존재성 상태를 거듭 확인시킨다.

---

58) 『삼국통일과 한국통일(상권)』, 김용옥 엮음, 통나무, 1994, p.214.

4) 세계 본질의 관통성

세계가 통합성으로부터 이루어졌고 하나인 존재 바탕에서 비롯된 것이라면 만상은 필경 통하게 되어 있다. 물론 본질이 한 통속이기 때문에 가능한 일이기도 하다. 이 연구는 세계 통합의 기치를 세워 진리 세계를 통합할 수 있다고 했는데, 천지가 한 근원으로부터 창조된 것이라면 어려운 일이 아니다. 미물에 이르기까지 예외일 수가 없다는 것을 "우주의 공통 목적인 극치적 질서 조화와 균형적인 존속을 지향한 상호 유기체성을 통해 확인할 수 있다."[59] 한 통속이므로 본질 내에서 두루 통합이 가능한데, 이런 특성을 동양의 覺者들이 꿰뚫어보았다. 공자는 자신의 道가 '一以貫之' 하다고 두 번 강조하였고,[60] 맹자는 '道는 하나일 따름이다'라고 하였다. 특히 "一以貫之란 공자의 사상 배후에 일관된 것이 있다는 것을 알게 한다."[61] 만물의 근원을 관통하였다. 생성 본질을 覺한 관계로 '하나'와 '일관'이라고 할 수 있다. 진실로 하나로 통하는 것이 본질이다. 본질에 근거했기 때문에 세계를 꿰뚫을 수 있다. 세계가 통하는 것은 한 본질인 증거이다. 혈맥이 통하듯 道도 한 몸인 존재 상태이다. 道가 관통되는 것은 천지가 하나인 하나님으로부터 창조된 증거이다.

5) 세계 본질의 선재성

"창조론자들은 사물이 정교하고 오묘하며 완전무결한 모습인 것

---

59) 『사물의 본질성에 근거한 철학원론』, 앞의 책, p.99.

60) 『논어』 이인 편에서 노둔(駑鈍)하기로 소문난 제자 曾參에게, "나의 道는 一以貫之 한다"고 말하자……. 위영공 편에서는 공자가 박식하기로 소문난 제자 子貢에게, "너는 내가 많이 배워서 아는 자라고 생각하느냐"라고 묻고는 "나는 一以貫之 한다"라고 밝힌다.

61) 「공자의 천관에 관한 연구」, 유필종 저, 동국대학교대학원 철학과, 석사, 1986, p.13.

을 근거로 진화론을 일축하고 모든 것을 神이 본래의 완성된 모습대로 창조한 것이라고 주장했다."[62] 만물이 처음부터 완전한 것은 창조된 증거이다. 그러나 의문은 여전히 남아 있다. 창조 이전에 하나님이 이룬 사전 창조 작업과 하나님의 존재 상태는? 하나님과 만물과의 관계는? 사전 완전함이 시사하는 것은 과연 무엇인가? 우리는 완전한 상태를 관념상으로 가늠하지만 통합성에 근거하면 완전함은 그냥 구축된 것이 아니다. 그런데도 세상 가운데서는 그 작용성을 파헤칠 근거가 없다. 그럼에도 불구하고 천지는 구유된 통합성으로부터 창조된 것이 사실이다. 만물은 점진적으로 진화하여 완전한 상태로 있게 된 것이 아니다. 참으로 곤혹스럽기는 하지만, 이 연구는 이미 통합 본질이 창조보다 앞서 마련된 사실을 언급하였다. 그래서 선재 작용은 천지가 창조된 것을 증거하는 확고한 기준이다. 창조가 시간보다 앞서 있는 것은 삼세 간에 모두 적용된다. 통합성은 곧 시간 전체를 내포하고 있다. 이것을 현재를 기준으로 삼고 보면 지금 이룬 행위 하나가 도래하지도 않은 미래로부터 결정된 상태로 나타난다. 인과 질서는 선재성에 의해서 정말 사전에 결정되었다. 선재성은 시공간을 초월한 하나님의 절대 권능이시나니, 창조 역사는 이것을 확인함으로써 증거할 수 있고, 강림한 하나님의 본체까지 증명할 수 있는 기준이 된다.

6) 세계 본질의 순환성

개미가 원주의 둘레를 걷기로 작정했다면 어떻게 될까? 발이 닳도

---

62)『사물의 본질성에 근거한 철학원론』, 앞의 책, p.20.

록 걷고 걸어도 끝을 볼 수 없겠지만 지혜를 짜 표시를 해두었다면 같은 바퀴를 돌고 있다는 것 정도는 알게 되리라. 존재 내인 본질도 테두리는 없지만 생성 운동을 일으키는데, 순환성은 이 같은 존재 내에서의 작용 특성이다. 아무도 작용된 끝을 볼 수 없지만 주자는 "太極은 無極이라고 하였다."63) "無極은 무엇인가? 極은 끝인데 끝이 없는 그것이 無極이다."64) "道家에서도 無極에 대해 말했는데 무궁이란 뜻으로 極이 없는 것, 바로 無極이다."65) 간접적이다 보니 이해가 잘 안 되지만 결국은 세계의 존재 본질에 대한 판단이다. 존재와 만상은 어느 모로 보나 "거슬러 올라가면 만나는 것은 결국 무한, 無極이다."66) 존재를 본질이 받들고 있어 시작과 끝을 찾지 못했다. 그렇지만 끝이 없는 무한, 無極을 통하면 세계가 존재한 상태를 가늠할 수 있다. 무한과 無極을 결정한 것이 바로 세계의 한계성이라, 그런 한계성과의 만남에 세계가 지닌 경계선이 있고, 이것이 테두리를 지닌 존재자를 확인할 수 있게 하는 존재 구조이다. 無極이 그어놓은 한계성이 세계가 지닌 한계성인 것을 알 수 있는 것은 세계가 "一陰 一陽하여 순환해 그치지 않는다는 것을 통해서이다(주자)."67) "生生의 易이 직선적인 것이 아니고 순환적인 것은"68) 그것이 바로 무궁한 본질이 지닌 한계성 테두리다. 본질이 지닌 테두리

---

63) 「성경과 신학」, 앞의 논문, p.163.

64) 『음양오행의 진리』, 최병주 저, 자문각, 1993, p.187.

65) 「서산 휴정 삼교 사상의 연구」, 강대남 저, 원광대학교교육대학원 동양종교학과, 석사, 1995, p.52.

66) 『인간과 신에 대한 노자와 파스칼의 이해』, 앞의 책, p.174.

67) "一陰又一陽, 循環不已, 乃道也 …… 陰陽, 氣也. 一陰一陽, 則是理也."-『주자어류』, 권74; 『헤겔연구(7)』, 한국헤겔학회 편, 청아출판사, 1997, p.79.

68) 위의 책, p.77.

를 통해 전체 존재자를 가늠할 수 있는 것은 존재 안에서 일어나고 있는 순환 운동 때문이고, 세계가 그 같은 본질에 근거해 창조된 근거이다.

7) 세계 본질의 생명성

물질에도 생명과 영혼이 있다고 믿은 물활론(物活論), 만물유생론(萬物有生論)이 고래로부터 전해졌는데, 살펴보면 物은 끊임없는 분자적 활동으로 자체의 존재성을 유지하고 있다. 세계 본질은 이 같은 특성을 포함해서 통합성으로부터 역동적으로 분열 운동을 하고 있다. 선현들이 道, 空을 말한 것도 요지는 결국 우주 생명의 활(活)이고 연(緣)인 것이니, 이것은 곧 세계 존재의 생명성을 엿본 것이다. 세계는 끊임없이 운동하는 생명성이라, 본질 작용은 그대로 살아 있는 존재자로서의 활동이다. 본질이 살아서 운동하므로 세계도 일사불란하게 유기체적으로 존재할 수 있다. 본질의 생명성은 세계가 살아 있는 존재자인 사실을 증거한다. 세계가 살아 있기 때문에 하나님도 살아 계신 神인 것을 강력하게 시사한다.

8) 세계 본질의 원인성

불교의 연기설은 인과에 의한 세계 질서의 확고함을 강조한 것이다. "만일 한쪽이 있다면 다른 쪽도 있고, 한쪽이 성립한다면 다른 쪽도 성립한다. 한쪽이 존재하지 않는다면 다른 쪽도 존재하지 않고, 한쪽이 소멸된다면 다른 쪽도 소멸된다."[69] 생멸하는 세계적 특성이

---

69)『불교의 공과 하나님』, 한스 발덴펠스 저, 김승철 역, 대원정사, 1993, p.43.

그러하다. 만사가 우연을 기조로 삼아서는 존재할 수 없다. 만사에는 원인이 있다. 이 生이 있으면 저 生이 있고, 세계가 있으면 창조가 있다. 세상은 반드시 시작이 있다. 알파의 원인성 측면에서나 원인이 필요한 인과성 측면에서나 세계는 천지를 있게 한 최초의 존재자를 필요로 한다. 無로부터의 창조는 세상 법칙에 어긋난다. 有한 근거가 있어야 하는데, 그것이 창조주가 지닌 선재성이다.[70] 그리해야 소급할 원인이 더 이상 없게 된다. 근원은 한 통속이고 원인과 결과가 함께 하며 알파와 오메가가 맞물려 있다. 통합성 상태로서 먼저 있음과 나중 있음을 구분할 수 없게 된 것이 첫 출발 상태이다. 세계는 알파성을 내포하였지만 그것이 구조적으로 맞물려 있는 것은 세계가 선재한 하나님의 본체로부터 창조되었다는 뜻이다. 인과법칙은 근거 없이 결정된 필연 법칙이 아니다. 요구되는 모든 원인성을 하나님이 충족시키셨다.

9) 세계 본질의 유함성

불교는 "진여는 생멸상이 있는 것처럼 있는 것도 아니고 그렇다고 생멸상이 없는 것처럼 없는 것도 아니다. 생멸상을 초월한다고 하였다."[71] 『반야심경』은 空에 대하여 불생불멸하다고 하였다. 감도 옴도 나고 멸함도 없이 모든 현상을 초극해 있는 실체가 곧 세계 본질의 유함성이다. 유함성은 세계의 영원성과 창조의 有한 본질을 규정한다. 왜 죽어도 죽지 않는 영원한 有가 존재하는가? 그것은 원래

---

70) 세상 무엇도 최초 근거가 될 수 없는데 근거가 있는 그것이 창조를 증거하며, 세상 누구도 창조 권능을 가지지 못했는데 삼라만상이 존재한 그것이 神을 증명한다.

71) 『철학의 철학』, 신오현 저, 문학과 지성사, 1989, p.350.

만물이 有한 본질로부터 창조되어서이다. 有함은 아무것도 없는 것
으로부터는 무엇도 존재할 수 없다는 뜻이며, 有함이 有한 본질 세
계 안에서 생멸은 없다. 유함성은 원래 有한 존재로부터 有함이 있
게 된 것이라, 현상계 안에서의 가고 옴에 대한 변화는 큰 의미가 없
다. 창조는 원래 有한 하나님이 영원히 有한 천지를 창조한 것이고,
영원히 有한 존재성을 시스템화한 것이다.

10) 세계 본질의 전지성

세계는 하나인 본질에 근거하여 꿰뚫어지거니와 본질의 세계 안
에서는 일체가 서로 통한다. 통함은 실로 놀라운 바인데, 분자 알맹
이 하나도 우주에 대한 정보를 담고 있다. 새는 공기 역학적인 원리
를 알고 날개를 가진 것이 아니다. 오직 창조되었기 때문에 정보를
본유한 것이다. 그래서 도래하지 않은 미래도 알 수 있고 하나를 통
해 만 가지를 통찰할 수 있다. 본질을 覺하면 우주의 진면목을 볼 수
있거니와, 이것은 그냥 알 수 있는 지식이 아니다. 사전에 계획되고
결정된 것인데, 그것이 현재의 세계를 이루었다. 전지한 창조주가
존재한 근거이다. 전지함은 하나님이 절대자이기 때문에 가진 것이
아니다. 창조를 실현했기 때문에 발휘할 수 있게 된 절대적 권능이
다. 세계의 본질은 만물을 이룬 근거이기도 하지만 세계를 이룬 본
질이기도 하기 때문에 존재 안에서 일어나는 현상이라는 것을 안다
면, 일련의 특성이 하나님의 직접적인 증거는 되지 못하더라도 존재
성을 시사하고 있는 것만은 분명하다.

제7장 신의 창조 메커니즘

1. 신의 창조 원리

1) 창조 설화 기원

여러 가지 정황으로 볼 때 창조 역사는 하나님을 증명할 수 있는 최대 관건인데 어디를 둘러보아도 이런 사실을 확인할 수 있는 근거는 찾을 수 없다. 하나님의 존재 여부가 반신반의되었다. 유일한 것은 성경에 기록된 사실인데, 현대적인 시각으로서는 탐탁잖기 그지없다. 그러니까 창조 역사뿐만 아니라 창조 사상까지 거절하고 교훈을 담은 신화 정도로 여긴다.[72] 성경에서는 창조 역사를 당연하게 여기고 구체적으로 묘사하지 않았다. 궁금한 것은 천지가 어떻게 창조되었는가 하는 것인데, 아무런 언급이 없다. 세인들은 "다이아몬드는

---

72) 『벌코프 조직신학(상)』, 앞의 책, p.365.

神이 산출한 것이 아니라 탄소가 산출한 것이고, 소금은 단지 일정한 산과 염기의 결합에 근원을 두고 있다고 말했다."[73] 이 같은 판단은 과학의 발달로 객관적인 사실을 확인할 수 있게 되었기 때문이고, 직접 도화선이 된 것은 찰스 다윈이었다. "창조설에 관한 문자적 이해로 지구의 지질학적 기원을 다룬 찰스 라이엘(Charles Lyall)의 『지질학의 원리(1830~1833)』와 다윈의 『종의 기원(1859)』과는 차이가 있는 것처럼 보였다."[74] 하지만 진화적인 증거들이 창조된 사실을 시원스럽게 밝혀준 것은 없다. 고대 동양 사회에서도 창조 설화는 있었지만 그것은 그렇게 전해진 것 외에 별다른 의미는 없다. "천지가 생기기 이전의 상태를 혼돈(混沌), 혼륜(渾淪)이라고 표현한 것 정도이다. 장사의 마왕퇴에서 출토된 서한의 백서 『십육경』에서는 어둠도 없고 밝음도 없으며 음양도 아직 없었다……. 음양이 정해지지 않았으니 나에게는 불릴 이름이 없다. 『열자』에서는 천지가 개벽되기 이전의 상태를 만물이 아직 갈라지지 않은 것으로 묘사하였다. 굴원은 『천문』에서 태고의 시초에 뉘라서 그 일을 전하리요? 천지가 있지도 않았는데 어찌 살펴 알리오? 어둡고 밝음의 이치를 뉘라서 궁구해내리오?"라고 하였다.[75] 전래된 창조 설화를 살펴보았지만 천지가 창조된 사실과 하나님이 창조한 근거를 확인할 길은 없다. 그럼에도 불구하고 하나님이 존재한다면 어떤 형태로든 창조된 근거는 인출할 수 있다. 창조는 하나님이 아니면 아무도 밝힐 수 없기 때문에 이런 문제를 해결한다면 하나님도 증명된다.

---

73) 『기독교의 본질』, 루드비히 포이어바흐 저, 김쾌상 역, 까치, 1993, p.341.
74) 『신의 역사(Ⅱ)』, 카렌 암스트롱 저, 배국원·유지황 역, 동연, 1999, p.615.
75) 『신의 기원』, 하신 저, 홍희 역, 동문선, 문예신서, 1993, p.129.

2) 창조 메커니즘

창조설은 하나님이 존재한다는 것을 전제로 한 주장이다. 문제는 여기에 있다. 창조는 하나님이 주도한 역사인데 전제만 하다 보니 창조된 사실을 확인할 수 없고 하나님도 볼 수 없었다. 창세기에서는 "히브리 종교의 중심 사상인 인격적 神(야훼 또는 여호와)이 자신의 지혜와 힘으로 결정한 창조 행위로 오늘의 우주를 시간 안에 존재하게 했다"고 기록하였다.76) 시간 안에 우주를 있게 한 것인데, 그렇게 한 주된 작용은 '말씀'이다. 말씀으로 삼라만상을 계획적으로 창조하였다. "천지여 생겨라고 命하자 그대로 창조되었다. 천지가 지체 없이 출현했다."77) 그중 최초의 인간인 아담은 흙으로 빚어 코에 입김을 불어넣자 생명체가 되었다. 천지를 창조한 메커니즘 작용에 있어서 히브리인들은 "神의 말씀이 만물을 발생시킨 주된 요인이라고 여겼다. 얼마나 神이 위대한가를 보이기 위해 천지를 '자기 명령'에 따라 창조했다고 전했다."78) 하지만 이 같은 주장을 통해 우리가 알 수 있는 것은 무엇인가? 우주를 창조한 힘이 추상적인 것이 아니고 인격적인 야훼 神이라는 것과, 음과 양의 상반 세력 역시 우연이 아니고 命이라고 할 만큼 "창조는 위대한 초자연적 힘에 의하여 의지적으로 질서 지어지고 만들어진 것이라고 강조하였다."79) 의미는 밝혔지만 창조된 원리를 발견할 수 있는 만족한 해답을 주지 못하므로 이것을 해결하기 위해 진화론이 수립되었다. 다윈이 연구한 바에 따

---

76) 『종교와 인간』, 서광선 저, 이화여자대학교출판부, 1995, p.86.

77) 『기독교의 본질』, 앞의 책, p.210.

78) "여호와의 말씀으로 하늘이 지음이 되었으며"-시편 33편 6절. "저가 명하시매 지음을 받았음 이로다."-시편 148편 5절.

79) 『종교와 인간』, 앞의 책, p.91.

르면 종간에는 변화가 있는데, 이런 변화가 반복되는 가운데 새로운 종이 탄생될 수 있다고 하였다. 진화적인 요인들을 객관화시키고 지식을 재구축해서 창조론에 대해 조목조목 반박하였다. 진화론이 나름대로 근거를 제시했던 것처럼 이 연구도 命에 따른 창조 메커니즘을 하나하나 밝히리라.

먼저 진화론을 살펴보면 과학자들이 지지한 만큼 진화에 의해서 종들이 생겨난 것이 확실한가? 진화는 어떤 존재를 창조한 법칙이 아니다. 인위적으로 구축한 사고적 관점으로서 세상 법칙과는 별개이다. 통합성으로부터 생성된 만물은 원래 변화되는 것이고, 변화가 쌓여서 존재를 유지한다. 창조를 있게 한 요인과 다르다. 물질은 화학적으로, 도마뱀은 생태적으로 변화하지만 그렇다고 창조를 실현시킨 요인은 아니다. 세상에는 이법이 있지만 이 이법은 주어진 결정성일 따름이다. 그렇다면 무엇이 관여된 것인가? 본질인가? 노자는 道로부터 만물이 生했다고 하였다. 하지만 본질이라 해도 그것은 주어진 바탕체일 뿐이다. 그래서 본질은 스스로 물질화될 수 없고 물질은 스스로 생명화될 수 없다. 그렇다면 창조 메커니즘은 도대체 어디서 찾을 수 있는가? 천지는 지금도 존재하고 있기 때문에 창조된 메커니즘을 알면 천지가 창조된 능동적인 작용성을 찾을 수 있을 것이다. 그것이 무엇인가? 창조는 生이 아니고 化이다.[80] 생멸 현상은 피조체가 지닌 특성이다. 본질은 본질로서, 물질은 물질로서, 생명은 생명으로서 차원적인 벽을 지녔다. 이것을 구분해야 창조의 원동력을 추적할 수 있는데, 그것이 곧 하나님이 발하신 命이다. 命에

---

80) 생성은 창조가 아님. 창조로 인해 구축된 존재 유지 시스템임.

의해 창조 본질이 化된 것이 만물이다. 命한 순간 化되다 보니까 누구도 창조된 과정을 추적할 수 없었다. 化로 인해 인식력이 미칠 수 없었다. 창조는 가장 원칙적이고 과학적이고 객관적인 역사인데 命하나에 의존하다니! 의아해할 수도 있지만, 命에 의존했기 때문에 창조 역사는 특별함이 있다. 즉, 창조에는 필연적인 뜻이 있는데, 命이 있어 세상 법칙이 결정되었고 정연한 질서가 생성되었다. 命하기 이전에는 본질이 有한 상태로만 존재하였는데, 命한 결과 진리가 생기고 원리가 생기고 아름다운 세상이 생겨났다. 창조 메커니즘은 이해하기 어려운 작용 체제가 아니다. 하나님의 본체가 자체로서 발한 의지력[命]에 의해 결집된 것이다. 세상이 법칙의 지배를 받고 있는 것은 바로 命에 의한 지배 원리이다. 삼라만상이 하나님의 命에 따라 구축되었다.

3) 명화 작용

창조를 이룬 바탕체인 통합성은 본질을 밝히는 과정에서 형태는 무형이지만 모든 有함을 이룬 세계 형성의 근간이라고 하였다. 하나님은 어떻게 하여 창조 이전에 이와 같은 바탕 본질을 구축할 수 있었는가? 그것은 하나님이 창조를 뜻함과 함께 이룬 사전 준비 작업 때문이다. 이렇게 해서 갖춘 존재 상태를 일컬어 이 연구는 '통합 본질'이라고 지칭하거니와, 통합 본질은 하나님의 몸 된 존재 본질로서 하나님의 뜻에 따라 의지력이 축적되는 작용을 말한다. 우리도 뜻을 가지고 정진하면 행동과 마음가짐이 달라지는 것처럼 하나님이 뜻을 가지므로 본질이 의지를 분열시켜서 창조력을 한껏 발산하였다. 그렇게 자체 본질을 氣化시켜 구축한 것이 바로 통합 본질이며,

충만된 氣적 에너지를 발산시켜 창조 역사를 실현했다. 통합 본질은 다름 아닌 천지를 창조하기 위해 결집시킨 무형의 의지력이고, 축적된 본질적 에너지이다. 창조를 위해 자체 본질을 변화시킨 상태인데, 이것을 이전인 절대 본체와 비교하여 통합성, 통합 본질, 창조 본질 등이라고 하였다. 본질은 하나님이 뜻대로 할 수 있는 하나님 자체의 몸 된 본질이다. 창조를 실현하기 위해 모든 것을 마련하여 최종적인 命을 기다린 스탠바이 상태이다. 命이 창조를 위한 대 원동력으로서 자리매김하였다. 창조를 이룬 바탕은 통합 본질에 있고, 마련된 본질을 만물화시킨 주된 원동력은 命에 있다. 인간은 天命을 받들게 된 피조체이고 하나님은 命을 발동시킨 주체자, 곧 창조주이시다. 만상은 이유 없이 존재하지 않았고 절로 존재하지 않았다. 준비도 하지 않았는데 빛이 있으라 했겠는가? 하나님이기 때문에 더욱 그러실 리 없다. 바탕을 마련하였기 때문에 命하신 것이다. 통합성을 구축하였지만 최종적인 원동력은 역시 命이다. 뜻은 잠재적이고 命은 작동적이다. 모닥불을 지피는 것처럼, 자동차의 시동을 거는 것처럼, 하나님이 命하므로 창조 역사가 실현되었다. 본질은 천지 만상을 낳은 만유의 어머니고, 命을 지닌 하나님은 천지 만상의 아버지이시다.

4) 도의 창조 과정

성서를 중심으로 한 창조론은 인격적인 하나님이 등장하여 창조에 대해 절대적인 권능을 행사한 것으로 묘사하였다. 반면, 동양의 우주론은 인격신 대신 道를 통해 만물이 산출된 경위를 도식적으로 표현하였다. 道가 창조를 이룬 바탕 근거라는 사실을 당시로서는 알 수 없었지만 본의를 자각한 지금은 道를 통해서도 창조에 대한 비밀을 파고들 수 있다. 道의 생성 작용에 대한 직시가 그대로 천지를 창조한 과정에 대한 인식이고, 창조 본질이 道 속에 함축되어 있었다는 것을 누가 상상할 수 있었겠는가? 이 연구는 창조 이전부터 하나님이 존재했고, 창조를 뜻함과 함께 절대 본체가 통합 본체로 이행하였다고 말한 적이 있는데,[81] 이 같은 변화 상태를 동양의 선현들이 파악하였다. 그중 "우주 만물의 근원으로 지칭된 太極은 우주의 극한적인 존재란 뜻인데, 太極은 곧 無極이란 말이 그것이다."[82] 본질이 존재한 상태를 인식한 것으로 본질체에 상응한 太極을 통해 천지를 창조한 경위를 밝힌 것이다(『太極圖說』). "太極이 움직여서 양기가 발생한다. 動이 극에 이르면 靜의 상태가 되고, 그 靜에서 음기가 생긴다. 그리고 음양 二氣가 교차함에 따라 화, 수, 목, 금, 토(五行)인 氣가 생기고, 거기서 만물이 생성한다."[83] 太極은 무궁한데 창조 뜻이 가미된 순간 분열하여 존재를 구성할 수 있는 본질로 양의되었다. 창조되면 통합체로 존재할 수 없기 때문에 음양으로 나뉜 것이고, 극이 교차함으로써 존재를 지속시키는 생성 에너지를 발산시켰다. 그리고 오행으로 구체화되면서 만물을 구성하였다. 여기서 음양 二氣라든지 오행의 氣라고 한 것은 太極이 변화된 것이고, 만물을 뒷받침한 바탕 본질적인 것이다. 太極→動靜→陰陽→五行은 본질이 변화된 과정으로서 만물은 결코 그냥 존재하지 않았다. 이행된 순서 간은 지극히 차원적인데, 여기에 한 가지 작용 과정을 보태야 하는 것이 바로 命化 절차이다. 命이 없었다면 무엇 하나라도

---

81) 뜻에 따라 의지의 분열이 있었고 뜻을 세분화한 축적 작용이 있었으며 氣적 에너지로 충만된 상태에서 하나님의 命을 받든 과정을 기술함.

82) 『중국사상사』, 앞의 책, p.202.

83) 위의 책, p.203.

진척될 수 없다. 오행으로까지의 이행은 오직 命을 이루기 위한 절차이다. 『역경』계사상 1장에서 밝힌 太極→兩儀→四象→八卦→萬物도 동일한 이행 도식인데, 창조 과정을 이토록 속속들이 엿보고서도 끝내 창조론을 완성시키지 못한 이유는 무엇인가? 바탕 본질과 만물을 확실하게 구분 짓지 못해서이다. 이것은 주자학의 주류 개념인 理氣론을 통해 여실하게 드러난 한계성이다.

주자는 理氣에 대해서 "천지의 사이에는 理도 있고 氣도 있다. 理라는 것은 形而上의 道요, 物을 生하는 근본(원리)이며, 氣라는 것은 形而下의 器요, 物을 生하는 資具[자료]이다."[84] 곧 "理는 形而上者로서 無形[비자료]이고 氣는 形而下者로서 有形[자료]이라고 하였다."[85] 노자는 無名은 천지의 시초이고 有名은 만물의 근원이라고 하였는데 理氣, 無·有名에 대한 구분을 확실히 하지 못했다. 창조된 본의를 자각해야 가능하다. 후학들이 다시 주석을 붙였지만 누가 제대로 이해할 수 있었겠는가? 氣를 질료적인 측면으로 본 부류,[86] 이기이원론, 이기일원론 등등[87] 여기에 氣가 창조를 준비하기 위해 변화된 본질이란 사실만 보태면 다른 문제는 즉각 해결된다. 氣는 당연히 물질이 아니다. 바탕 된 본질이다. 그래서 形而

---

84) "天地之間 有理有氣 理也者形而上之道也 生物之本也 氣也者 形而下之器也 生物之具也."-『주자대전』, 권58, 答黃道夫.

85) 『한국철학사(중권)』, 한국철학회 편, 동명사, 1987, p.241.

86) "최근의 중국 학계에서는 氣의 철학을 제창한 장횡거와 그 철학을 계승한 청초 초기의 왕선산을 유물론의 선구자로 높이 평가하는 풍조가 보인다. 그것은 장횡거가 氣를 물질적인 원리로서 모든 것의 근원이 된다고 보았기 때문이다. 확실히 氣는 물질적인 분자와 같은 성질을 가지며, 이 氣가 사물만이 아니라 동시에 인간의 정신도 구성한다고 하는 사상은 유물론적인 측면을 가진 것이다."-『중국사상사』, 앞의 책, p.211.

87) "宋學(朱子學)에서는 形을 가진 氣 이외에 形이 없는 理가 있는 것을 인정해 理는 氣의 존재 근거가 되는 것이라 하고, 理와 氣를 대립하는 二元이라고 하였다. 왕선산은 여기에 반대해서 '理는 氣 중에 있는 것'이라고 해 理의 독자성을 인정하지 않고, 氣에 종속시키는 입장을 취하였다. 요컨대 氣一元論이다."-위의 책, p.251.

上者인 理와 形而下者인 氣를 구분한 것이고, 無名이 천지의 시초이고 有名이 만물의 근원인 이유이며, 理가 무형이고 氣가 유형인 근거이다. 形而下의 器이고 有名, 有形이라고 해서 반드시 결정된 물질인 것은 아니다. 자체 본질의 변화로서 통합 본체→존재 본체화된 상태이다. "존재하는 것은 모두 氣에 의해 구성되고",[88] 氣가 운동함으로써 그침이 없는 것은 물리적인 특성이 아니다. 動靜→陰陽→五行→萬物은 창조화를 거친 바탕 본질의 구축 과정이고, 생성으로 축적된 에너지화 과정이다. 太虛란 요컨대 충만일 따름이다. "太虛의 氣는 모여서 만물을 이루지 않음이 없고, 만물은 흩어져 太虛가 되지 않음이 없다."[89] 만물은 氣가 응집하여 생겨났다. 우주는 온통 氣로 구성되어 있어 사람도 만물도 氣의 바다 위에 떠 있다. 氣가 응집하여 천지가 창조되었고 생성된 것을 지적한 것이다. 뜻이 있기 전에는 理氣에 대한 구분도 분열도 氣를 응집시키는 작용도 없었다. 창조 이전이므로 당연히 氣의 이합취산(離合聚散)과 존재의 생멸 현상이 없다. 이치·법칙·원리 역시 있을 리 만무하다. 그런데 뜻을 발한 순간 하나님의 본체(太極, 太虛, 통합성)가 化되어 온갖 법칙을 결정하였다. 氣가 응축하여 만물을 산출했다. 理→氣→萬物化가 그것이다. 理氣와 만물 사이에 命化 작용만 더하면 드디어 창조 역사의 진행 루트가 완성된다. 그만큼 理氣론은 理의 작용 변화로 氣가 응축된 작용을 통하여 어떻게 만물화를 달성할 수 있었는가 하는 과정을 소상하게 밝혔다. 이 같은 각성을 근거로 우리는 동양의 선현들이 각인했던 본체론 내지 우주론이 하나님의 창조 역사와 결코 무관

---

88) 『주자학과 양명학』, 사마다 겐지 저, 김석근 역, 까치, 1993, p.98.

89) "太虛不能無氣, 氣不能不聚而爲萬物, 萬物不能不散爲太虛."-『정몽』, 태화편.

하지 않았다는 것을 알 수 있다. 그렇게 관련된 고리를 찾아내면 그 동안 미결로 남아 있었던 동서 창조론을 완성할 수 있다.

5) 창조 원리

지적한 대로 신앙인들은 하나님의 살아 계심을 전제하였다. 아우구스티누스는 말하길, "神은 만물을 단번에 창조한 다음 만물이 시간의 경과 속에서 전개되어 나가는 순서를 설정했다"라고 하였다.[90] 無로부터의 창조, 진화 등도 가정한 것은 마찬가지인데, 확인할 수 있는 것은 오직 있음은 있음으로부터, 좋은 종으로부터 존재하게 된 사실일 뿐이다. 단순한 것 같은 생명기관도 알고 보면 인공위성보다 구조가 더 복잡하다. 이것이 창조로 말미암은 것이라면 어떤 원리가 적용된 것인가? 창조 원리는 존재하고 있는 제반 결과들과 연관이 있을 것이다. 희랍의 파르테논 신전이나 중국의 자금성은 목적을 두고 세운 건축물이다. 만물도 다를 바 없다. 창조 원리만 알면 하나님을 전제하지 않아도 하나님에 대해 알 수 있다. 존재는 어떻게 有한 상태로 영원히 생성하는가? 이미 有한 본체로부터, 알파와 오메가 자체인 하나님으로부터 창조된 때문이다. 만물은 앞서 계신 하나님, 이미 有함, 처음부터 완전한 전체자로부터 창조되었고, 有가 有를 낳는 법칙은 뭇 생명체의 탄생 원리인 동시에 삼라만상의 거부할 수 없는 법칙이다. 바탕 없는 존재 없고 존재 없는 바탕 없다. 그리고 이같은 원리성을 제공한 분이 바로 하나님이시다. 전체로부터 개체가 있게 되는 것은 창조 역사가 낳은 필연적 법칙이다. 그래서 세상 가

---

90) 『영원한 지혜를 찾아서』, 모오티머 J. 애들러 저, 최혁순 역, 경영문화원, 1997, p.60.

운데서는 전체 없는 개체는 존재할 수 없게 된다. 열이 있기 때문에 하나도 비로소 있다. 하나가 진화하여 열이 될 수는 없다. 창조는 우주를 총망라할 수 있는 시스템을 갖추어야 하므로, 이것이 창조를 실현시킨 첫 번째 원리이다. 고대의 희랍인들은 "神들이 땅 속에서 흙과 불, 그리고 이 두 가지를 섞어서 존재들을 빚었다고 하였지만",[91] 그렇게 전해진 이야기 속에서는 어떤 원리성도 찾을 수 없다. 존재는 창조를 통하고 창조는 존재를 통해야 필요한 원리성을 도출할 수 있다.

두 번째 창조 원리는 분열 법칙이다. 총화된 통합성의 분열 운동으로 만상이 존재하게 되었다. 道, 太極, 물리적인 에너지, 인생 삶 등등 "우주가 처음 태어난 순간부터 입자와 반입자는 쌍으로 태어난 것으로 추측되는 바이며(분열)",[92] "우주의 시초에는 소립자들 사이의 네 가지 힘이 하나였는데 갈라졌다."[93] 첫 출발이 분열로부터 시작됨으로써 세상의 존재들도 분열하는 힘으로 있고, 분열은 생성으로 이어졌다. 분열하게 됨으로써 인식·역사·세계가 펼쳐지게 되었다.

세 번째 창조 원리는 팽창 법칙이라고 할까? 성장 원리라고 할까? 총화된 氣적 에너지를 축적시킨 통합성이 무한히 작은 씨알로부터 분열하기 시작하여(無形의 본질) 거대한 우주로까지 팽창하였다(有形의 존재). 만물은 하나인 씨알로부터 분화되고 분열하게 된 것이며, 씨알로부터 성장한 것이다. 첫 시작은 결코 현재의 모습과 같지 않았다는 것이 천만년 베일에 가린 창조의 비밀이다.[94] 수정된 생명

---

91) 『희랍사상의 이해』, 앞의 책, p.156.

92) 『우주의 탄생에서 종말까지』, 과학세대 편저, 벽호, 1998, p.200.

93) 위의 책, p.61.

94) 아무리 큰 숫자라도 제로를 곱하면 크기, 양, 시공간 인식이 일시에 사라지듯, 무한한 우주도 한순간으로부터 생성하여 이룬 존재 공간이다.

세포가 분열하는 것을 보면 마치 빅뱅과도 같다. 겨자씨 하나로부터 시작하여 숲이 이루어졌고, 거인도 태아로부터 성장하여 그렇게 되었다. 천체 물리학자는 "우주 탄생 10^{-44}초 후 우주가 無한 상태로부터 탄생하였다고 하였다. 호킹, 비렌킨의 이론에 따르면, 우주는 진공 속에서 10^{-34}cm의 크기로 존재하였는데 순간적으로 팽창해서 인플레이션을 일으키게 되었다고 하였다."[95] 소립자보다도 작은 불덩어리로부터 대폭발을 거쳐 지금과 같은 우주의 모습을 갖추었다. 우주와 세계가 창조된 원리에 따라 깊은 관계를 지니는데, 이것을 파악하는데 창조의 대 관점이 있다. 그리고 그 너머에 바로 이 같은 창조 역사를 계획한 하나님이 좌정해 계시다.

2. 무로부터의 창조

1) 유무 개념

有란 무엇인가? 無란? 존재란? 궁극적인 실재란? 핵심 본질은? 이런 개념들을 규명할진대 모두 창조와 연관되어 있다. 기독교인들은 無로부터의 창조를 주장하였지만 합리주의자들은 無로부터는 아무것도 창조할 수 없다고 반박했다. "서양은 有의 철학이고 동양은 無의 철학이라고 구분하기도 하는데",[96] 불교는 허무주의적인 상대적 無를 넘어서 절대무(絕對無)를 궁극적인 실재로 보기도 했다. 철학 영역에서는 존재를 無로 귀착시켜 有는 있을 수 없고 無는 존재해야 한다고 하였는데, 이것은 거꾸로 본 생각이 아닌가? 無는 없는

---

95) 앞의 책, pp.65~66.
96) 『중국사상사』, 앞의 책, p.91.

것인데 어떻게 존재하는가?[97] 도대체 有無를 가늠하는 기준은 무엇인가? 재고할 필요가 있다. 사전에서는 "有란 있는 것, 실재, 시간, 공간 안에 있는 존재이며 無란 없음, 현존하지 않음, 일반적으로 有에 대해 비존재, 곧 상대적인 無라고 풀이하였다."[98] 그러나 시공간 안에 있는 것이 有한 실재라면 그렇게 존재한 실재는 모두 생멸하지 않는가? 아우구스티누스는 시간은 창조됨으로써 있게 된 실재성이라고 하였다. 창조 이전에는 그 무엇도 존재하지 않았다는 뜻인데, 창조가 사전에 마련된 통합성 바탕에서 이루어진 것이라면 그것이 무엇인가? 인식할 수 없어 무형인 바탕을 無로서 판단하였고, 신비한 영역으로 가림막을 쳐 불교에서 말한 "궁극적인 근원으로서의 절대무"[99]는 세상이 지닌 질서 조건으로서는 인식할 수 없는데, 불타가 有에 가린 無란 존재를 깨달음을 통해 엿보았다. "동양적 직관, 신앙, 철학적 사유가 전제한 중심 이념도 無이고",[100] 상대적일 수 없는 無인 "묘유(妙有), 곧 진공묘유(眞空妙有)이다."[101] 無는 현재의 시공간 밖에 있어 세상을 통해 바라보면 그 자리가 궁극=無로서 파악되지만, 창조가 바로 그와 같은 차원 자리로부터 이루어졌다. 하지만 아직까지는 아무도 無에서 有를 있게 한 원인을 밝히지 못한 관계로 창조주가 개입될 수 없었는데, 이 연구가 有無에 대한 개념과 그 너머의 창조까지 판단하고자 한다. 有無를 규정한 본의에 입각하여 천지가 창조된 근거를 이끌어내리라.

97) 『신의 존재 증명』, 앞의 책, p.46.
98) 『새국어 사전』, 교학사 편집부, 교학사, 1997, 유무 편.
99) 『선과 종교철학』, 앞의 책, p.57.
100) 『불교의 공과 하나님』, 앞의 책, p.21.
101) 위의 책, p.155.

2) 유 창조

"無에서는 아무것도 생기지 않는다는 것이 아리스토텔레스를 포함한 고대 희랍의 사상이다."[102] "無로부터는 有가 생길 수 없다. 일체 존재는 자료[素材]와 형상(形相-이데아적 본질)에 의해서 생성된다고 하였다."[103] 원리로서 보아도 無로부터는 현재라는 무대 위에 아무것도 출연시킬 수 없다. 無로부터 물질(에너지)이 생성된다는 것은 열역학 제1 법칙에 위배된다. 세계가 현존하는 것은 본질이 존재한 때문이다. 有한 본질 세계 안에서는 無에 대한 근거를 찾을 수 없다. 형상이든 이데아든 열역학 제1 법칙이든, 그것은 모두 有로부터 생성된 근거를 인출하고자 한 노력이다. 본질이 존재를 구축하였는데 그곳에 바로 하나님이 계시다. 창조 역사는 원래 有한 하나님의 본체에 근거해서 실현되었다. 말씀이든 뜻이든 콧김이든 무언가가 사전에 존재하고 있었던 것이라, 有로부터의 창조는 확정적이다. 그래서 無로부터 천지가 창조되었다고 할 때 그 이면에는 하나님이 계셨던 것이다. 상식적인데 선재한 하나님을 알지 못한 것은 창조 메커니즘을 밝히지 못한 데 원인이 있다. 인식할 수 없는 곳에서 존재하고 있었다면 그와 같은 "神은 어쩌면 존재라고 말하는 것이 적합하지 않을 수도 있다. 그래서 神은 충만한 존재자인데도 현 시점에서는 일체 존재한 조건을 뛰어넘는 無이다. 神은 존재 세계를 초월해 있어 언표될 대상이 아니다."[104] 無하면서도 有한 것이 神의 특성이다. 존재와 無와 창조는 하나님의 '有 창조'가 뒷받침한다.

---

102) 『선과 현대철학』, 앞의 책, p.102.
103) 『선과 현대신학』, 아베 마사오 저, 변선환 역, 대원정사, 1996, p.44.
104) 『불교의 공과 하나님』, 앞의 책, p.161.

예외가 있다면 자기 원인력을 들 수 있는데(데카르트), 이것도 알고 보면 원인이 있어 有한 창조 메커니즘에 포함된다. 만물이 만물을 낳는다는 것은 상식이다. 알파와 오메가를 상실한 피조 세계 안에서는 그 무엇도 결정된 자체 원인력을 벗어날 수 없다. 이것은 존재를 유지시키는 생성 시스템이지 창조 시스템이 아니다. 無한 有를 볼 수 있어야만 비로소 有無에 대한 인식 구조를 맞출 수 있다. 정말 無로부터는 아무것도 창조할 수 없다. 창조는 반드시 근거가 있었는데, 化된 창조 역사가 有한 有로부터 有를 낳은 연결 고리를 끊어버렸다. 그래서 이것을 연결시키면 천지가 無한 有로부터 창조된 것을 비로소 알게 된다.

3) 무 창조

"無는 一者로서 모든 것의 처음이고 마지막이다. 無로부터 모든 것이 생성하고 다시 無로 돌아간다."[105] 無는 불교에서 말한 최상이자 궁극적인 원리이다. "無=神이다."[106] "神은 아무것도 규정되지 않은 것, 곧 무규정자이다."[107] 그런데 이 같은 주장을 증명한 자는 없다. 다른 영역에서도 無로부터의 창조를 내세운 통찰들이 있는데, 문제는 無가 어떻게 해서 만상을 이룬 궁극적 근거인지에 대해서는 설명이 없었다. 존재와 無가 실체적이라면 창조와도 연관이 있고, 충일한 無라면 충일하게 된 메커니즘을 밝혀야 한다. 이것을 창조 이전에 구축한 통합 본질이 해결할 수 있다. 없음이 있을 수 없는(없

105) 『헤겔연구(7)』, 앞의 책, p.125.
106) 『불교의 공과 하나님』, 앞의 책, p.98.
107) 『헤겔연구(7)』, 앞의 책, p.125. 無=창조 이전. 고로 무규정자=神임.

음은 없음) 有한 본질성을 추적하면 有로부터 有를 있게 한 실마리를 찾을 수 있다.[108] 無는 無한 형태로 존재하므로 영원할 수 있고, 현상계에서는 생멸 작용을 통해 진실로 만유를 있게 한 본원 자리가 될 수 있다. 현상적으로는 발하지 않는 잠재력이고 그 가능태이다.[109] 디오니소스와 플로티노스와 붓타에 의해서 각성된 無는 일체 근거가 오직 창조에 있다.[110] 존재한 모든 것은 無로부터 시작되었다. 천체물리학자들은 "진공이야말로 모든 물질의 근원이다. 아무것도 없는 상태인 진공이 사실은 無한 상태가 아니라고 하였다."[111] 無를 알지 못한 상태에서는 진공으로부터 물질이 창조된 것으로 볼 수도 있다. 진공의 어떤 부분에 우연히 에너지가 집중되면 입자가 생기고, 입자들이 모여 원자를 이루고, 나아가 물질까지 형성한다고 보았다. 그렇지만 진공, 공간, 시간마저 無로부터 있게 된 창조 작품이라면 어떻게 할 것인가? 생멸함이 있다면 진공이 물질을 창조하였다고 할 수 없다. 미세 물질로부터 거대 우주는 바로 무궁한 氣적 에너지를 함축한 無, 즉 통합 본질로부터 창조된 것이다. 우주의 탄생과 종말에 이르기까지 창조는 계획한 범위를 한 치도 벗어나지 않았다. 우주의 한가운데 존재한 특이점, "그 점은 크기가 0이면서도 밀도가 무한대인 장소이다."[112] 중력마저 무한대인 상상을 초월한 공간, 우주 법칙이 적용되지 않는 곳, 이것은 사실 無한 창조 메커니즘을 물리적인 관점에서 가늠한 것이다. 상상을 초월할 정도로 태초에 창조는 있었고, 그 니머에는 히나님이 존재하고 계신다.

---

108) 세계는 모든 것을 내포한 有적 본질로서 無는 有를 창조한 근원적 바탕임.
109) 창조의 실질적인 뿌리가 無에 있어 파악하지 못함.
110) 『신의 역사(Ⅰ)』, 앞의 책, p.233.
111) 『우주의 탄생에서 종말까지』, 앞의 책, p.57.
112) 위의 책, p.141.

4) 도 창조

"노자는 중국 최초로 '無'를 발견한 철학자라는 명예를 가졌다."[113] 그는 "천하 만물은 有에서 나오고 有는 無에서 나온다고 하였다."[114] 하지만 세인들은 無→有→천하 만물로 이어진 생성 루트에 대해서 얼마나 이해하였는가? 창조된 메커니즘을 모른다면 피상적인 판단에 머물 수밖에 없다. "有한 일상적 物의 세계를 제2적인 세계로 격하시키고 無를 절대적인 실체로 본 정도……."[115] 노자는 無가 천지의 시초이고 有는 만물의 근원이라고 했다.[116] 근원된 道인데 내용은 無하다. 無를 본체로 본 입장인데 여기서 더 보탤 것은? 無한 道는 정말 무엇인가? 無하면서 하나인 道는 "하늘과 땅 사이에 텅비어 있지만 쭈그러들어 없어지지 않고, 움직일수록 많은 것을 산출해낸다."[117] 다 밝힌 상태인데 그런데도 이해할 수 없다면 道의 작용 메커니즘도 알 수 없다. "근본을 無라고 한 것은 감각적인 지각을 초월한 것이고 논리적으로는 대상을 초월한 것인데",[118] 그렇다고 해도 개념상의 인식일 뿐이라 無에서 有가 생한 작용성 부분을 道만으로는 다 설명할 수 없다. 이것이 道가 내포한 한계성이다. 인류가 2천 년이란 세월을 더 기다린다 해도 달라질 것은 없다. 道만으로는 창조론을 완성할 수 없었나니, 하나님의 계시 본의를 알아야 했다.

---

113) 『중국사상사』, 앞의 책, p.91.

114) "天下萬物生於有有生於無."-『노자도덕경』, 40상.

115) 『헤겔연구(7)』, 앞의 책, p.70.

116) 『노자도덕경』, 1장.

117) 『노자도덕경』, 5장. 즉, 無는 허정(虛靜)하지만 동하면 만물로 확산되고, 일체유의 근저와 근본이 됨-『절대의 철학』, 앞의 책, p.181.

118) 위의 책, p.181.

5) 성경 창조

기독교인들은 하나님이 태초에 천지를 '無로부터 창조'하였다는 사실을 굳게 믿고 있다. "죽은 자를 살리시며 없는 것을 있는 것 같이 부르시는……",[119] "보이는 것은 나타난 것으로 말미암아 된 것이 아니니라"라고 하였다.[120][121] 神과 피조물과의 관계 면에 있어서도 神=무한이고 세계=유한이다. 절대적이고 전능하며 초월적인 하나님이 無로부터 천지를 창조한 사실을 당연하게 여겼다. 그런데도 정작 神이 어떻게 無로부터 천지를 창조하였는가 하는 데 대해서는 설명을 하지 못했다. 여기에 대해 포이어바흐는 "기적이 상상력의 행위이고 대상에 불과하듯 근원적인 기적에 속한 無로부터의 창조도 상상력의 행위이고 대상에 불과하다고 하면서 비판하였다."[122] "無에서도 천지를 창조할 수 있다고 한 것은 神의 절대적인 권능성을 강조하고자 한 의도이겠지만",[123] 사실은 "무제한적인 우주 지배로까지 높인 주관적 원리 외는 아무것도 아니다."[124] 창조는 神이 지닌 고유한 능력이고 특권이다. 하지만 문제는 '어떻게'였다. 지금 중요한 것은 믿음이 아니고 천지를 창조한 메커니즘이다. 그래서 이

---

119) 로마서 4장 17절.

120) 히브리서 11장 3절.

121) "無로부터의 창조라는 것은 후기 유대교의 외경(外經)인 제2 마카비서(기원 제1 세기 말기의 것으로 생각됨)에 있는 창조는 '有에서가 아니다'란 말의 라틴어 역에서 유래되었다고 한다."-『선과 현대철학』, 앞의 책, p.41. 그리고 "니케아 신조는 세계가 無로부터 창조되었음을 기독교 교리로 공식화한 최초의 문서가 되었다. 우리는 유일신, 전능한 성부를 믿습니다. 보이는 것과 보이지 않는 모든 만물의 창조주인 神을 믿습니다……"-『신의 역사(Ⅰ)』, 앞의 책, p.200. 그러나 "사실 '無로부터의 창조'라는 교리는 오랫동안 논쟁의 중심이 되어왔으며, 유대교와 기독교에 유입된 것은 비교적 최근의 일임"-위의 책, p.615.

122) 『기독교의 본질』, 앞의 책, p.198.

123) 『종교란 무엇인가』, 앞의 책, p.70.

124) 『기독교의 본질』, 앞의 책, p.198.

연구가 주어진 문제를 해결하고자 하였다. 즉, 천지는 창조되기 이전에는 존재하지 않았다. 창조 이전에는 無했다. 하지만 메커니즘 문제는 그렇게 無하다고만 해서는 풀어낼 수 없다. 그런데도 신앙인들은 오직 하나님이 천지를 창조한 행위 부분에만 초점을 맞추었다. 천지는 도대체 무엇을 근거로 하였고 어떻게 창조한 것인가? 궁금하기는 하지만 풀 수 있는 방도가 없으니까 의도적으로 문제를 회피해 버렸다. 하지만 이제는 계시된 본의를 통해 제기된 문제들을 해결할 수 있고, 이것은 그대로 하나님이 진리의 성령으로서 강림한 증거 디딤돌이 되리라.

3. 창조 유출 논리

1) 창조 문제

천지 만물은 어떻게 생겨났는가? 원래부터 있었던 것인가? 神이 창조하였는가? 진화되었는가? 이 연구는 어디까지나 神이 창조했다는 사실을 확실하게 증명하고자 한다. 그래서 앞서 본질의 작용 특성을 밝혔고, 본질이 뭇 현상의 궁극적인 원인인 것도 확인시켰다. 그렇다면 본질은 과연 무엇인가? 본질의 특성이 바로 창조주가 지닌 존재 본성이기 때문에 이것을 근거로 하면 神과 본질과 만물이 연결되고, 천지가 창조된 과정도 알 수 있다. 천지는 하나님의 존재 바탕인 본질이 뜻으로 인해 응집되는 과정을 통하여 氣→命化→만물화되었다. 하나님의 존재 본체가 뜻→축적→통합 본질·총화된 에너지 구축→命化→창조→생성→원리·법칙·이법 결정[氣化]→존재→현상→물질→우주→생명→의식→인간화되었다. 그런데 문제는 선각들도 이 같은 본질의 작용 과정은 감지하였지만 창조를 실현한 직접적인 원동력은 찾아내지 못했다. 그래서 선천에서는 하나님과 창조와 세계가 일치되지 못했다. 만물이 어떻게 창조되고 생성하고 존재한 것인지 알 수 없었다. 천지 만물이 무엇에 근거하여 어떻게 창조된 것인지를 아는 것이 창조 문제를 푸는 핵심 과제이다.

2) 만물의 소재

만물은 어디서 무엇을 근거로 하여 생겼는가? 지성들도 여기에 대해 많은 추측을 하였는데 본원은 밝히지 못했다. 플라톤은 "만물의 창조자를 '데미우르고스'라고 하고, 이데아(우주의 원질, 형상)를 가지고 코오라(질료)에 각인함으로써 만물이 생성되었다고 하였다."[125] 이와 같은 설을 통하면 원하는 창조 원리를 발견할 수 있는가? 창조자와 이데아와 코오라가 삼각관계를 이루고 있다. 이데아와 코오라에 대한 근본 출처가 모호하다. 뒤를 이은 아리스토텔레스는 "형상(에이도스, 코오라에 해당한 개체의 형태·구조·가능)과 휼레(질료-다만 그 개체의 소재, 재료)에 각각의 원인이 있다고 보고, 형상의 원인을 형상의 형상, 또는 제1 형상, 부동의 원동자라 하고 이것을 이성, 혹은 神으로 여겼다(질료의 원인을 제1 질료라고도 함)."[126] 동일한 대상을 두고 다르게 말한 것일 뿐(제1 형상만 神으로 인정함), 질료에 대한 근본 출처는 여전히 모호하다. 중세의 위대한 신학자이자 철학자로 불린 토마스 아퀴나스는 아리스토텔레스의 개념을 신학에 도입한 과정에서 神이 질료를 無에서 창조한 것으로 처리하였다.[127]

---

125) 『기독교 주체사상』, 장길성 저, 한그루, 1988, p.34.
126) 위의 책, p.35.

상황이 달라진 것은 없는데, 하나님의 전능함은 돋보이게 하였어도 질료를 유출시킨 궁극 소재는 역시 오리무중이다. 질료는 無가 아니고 有에서 창조된 것인데, 神은 존재계의 제1 원인으로서 형상은 물론이고 질료적인 요소도 갖추었다면 이것까지도 밝혀야 하는 책임이 있다. 그런데도 "物을 낳는 것은 아무것도 없다. 物은 자체 내부에 있는 근거에서 생긴다고 한 것은"[128][129] 자득(自得)을 강조한 중국의 사상가 곽상을 떠올리게 한다. 그리고 "조물주가 이미 있는 재료에 모양을 주어 만물을 형성하였다고 처리한 희랍적 사고와도 비슷하다."[130] 근원적인 소재를 밝혀야 만물의 존재성과 神의 절대성이 지닌 관계를 밝힐 수 있다. 아우구스티누스는 『고백록』에서 천지의 모든 것은 스스로 神으로부터 창조되었다고 하였다.[131] 이것이 뜻하는 것은? 神이 만물의 어미란 말인가? 하지만 누구도 소재를 확실히 밝히지 못했다. 無에서 창조되었다고 주장만 했다. 이것이 만물과 神과의 관계를 가로막고 있는 철벽이다. 그래서 세계는 神과 다른 별개로 존재하게 되고, 만물은 오히려 神과 대립된 것으로 판단했다. 그러니까 만물이 어떻게, 어디에 근거한 것인지 알 수 없었다. 메커니즘 문제를 풀어야 해결할 수 있다.

3) 창조 근거

중국에서는 "여와가 황토를 뭉쳐 사람을 만들었다고 하는 신화를

---

127) 앞의 책, p.35.
128) 『중국 사상사』, 앞의 책, p.166.
129) 사실이라면 그것이 바로 창조이고 창조주임.
130) 『종교란 무엇인가』, 앞의 책, p.70.
131) 위의 책, p.71.

전하였다."[132] 하나님이 흙으로 인간을 지었다고 한 창세기와 비슷한 발상이다. 그 외 출처를 찾아보지만 별다른 진전이 없는 것은 신화도 학문 영역도 비슷하다. 확실한 규명은 하나님의 본체가 세상 위에 드러나야 한다. 창조는 과거의 역사가 아니고 지금 살아 계신 하나님을 증거하는 것이다. 그래서 이 연구는 하나님이 밝힌 본질과 창조와의 관계를 통해서 고를 풀어 나가리라. 본질은 하나님의 본체를 이룬 구성 요소인데, 이것이 그대로 化하여 만물을 이룬 바탕이 되었다. 그래서 만물=본질=神이다. 만물의 근거는 神이라 만물의 본질은 神의 본질과 상통한다. 그렇다고 神의 본질과 만물의 본질이 100% 동일하다는 뜻은 아니다. 창조 메커니즘을 통해서도 밝힐 것이지만, 창조와 무관한 절대 본체와 창조를 위해 이행된 통합 본체와는 차이가 있다. 그리고 만물화로 내재된 존재 본체, 즉 바탕 본체와도 차이가 있다. 어떻게? 化한 것이 神이 됨이다. 神의 본질이 化한 것이 만물의 본질이고, 이것을 근거로 존재하게 된 것이 삼라만상이다. 그렇기 때문에 세계의 본질을 규명한 것은 만물의 궁극적인 실재를 규명한 것이기 이전에 하나님의 본질을 드러내는 전초 작업이었다. 어떤 경우라도 하나님이 창조주라는 것은 신앙인들이 지닌 연면한 믿음이다. 더하여 본질의 존재성과 존재의 구조성까지 알고 나면 천지가 하나님을 근거로 창조된 실마리를 가닥 잡을 수 있다. 창조를 통하면 하나님이 존재한 형태를 가늠할 수 있고, 만상의 구조를 통하면 하나님을 증명할 수도 있다. 만물이 창조된 근거를 인출할 수 있으리라는 것은 당연한 수순이다. 세상 법칙은 有함이 有함을 낳은 창조 원리에 근거했

---

132) 『신의 기원』, 앞의 책, p.72.

다. 그리고 이것을 가능하게 한 것이 바로 神의 선재 바탕으로부터 천지를 有하게 한 데 있다. 無로부터의 존재가 불가능한 것처럼 有한 근거를 바탕으로 한 창조 역시 불가피한 것인데, 이런 요구 조건 뒤에는 하나님의 선재성이 있다. 하나님의 존재성 뒷받침이 필요불가결하였다. 창조 이전에는 무엇이 있었는가? 하나님이 계셨나니, 그렇기 때문에 하나님은 그 자체가 천지를 창조한 근원이다. 그리고 그 본체에 해당하는 것이 창조 이전에 구축한 통합 본질이다. 神은 자체 존재를 변화시켜 천지를 창조하였다. 창조는 정말 특별한 역사인데도 세상 안에서는 다반사이다 보니까 당연한 것으로 여겼다.

선각들은 사전 창조 바탕 마련에 대해 다양한 시각을 가졌는데, 『노자도덕경』 4장에서는 '上帝之先'이라고 하였다. 道는 시간적으로 하나님보다 앞서 존재하는 만물의 최종 근원이다. 道는 본질이고 본질은 하나님이며 만물이 그로부터 비롯되었다는 것이다. 神=道=본질로서 만물을 이룬 결과가 결국 동일하다. 만물이 道로부터 생긴 것은 道가 곧 하나님의 존재 본질인 때문이다. "모든 모순이 사라지고 대립들이 소멸된 사물들이 가진 인과성의 중심이다. 道는 변화하는 현상들의 영구적인 관계를 귀속시키는 유일한 원리이다. 초월적인 동시에 내재적이라고 하는 데 대해"[133] 구체적인 설명이 없는 것은 안타깝지만, 창조 본질의 순수한 작용성을 道로서 포착한 점은 타당하다. 하나님이 세계를 자체 안에 포괄한다고 한 인식도 다를 바 없다.[134] 이해할 수 있기 위해서는 창조를 알아야 한다. 세계는

---

133) 『인간과 신에 대한 파스칼과 노자의 이해』, 앞의 책, p.151.
134) 하나님은 세계의 포괄화(complicatio)요, 세계는 하나님의 명시화(explicatio)-『기독교 사상』, 앞의 책, p.53.

神이거나 神의 한 부분인 神의 나타남이 되기 위해서는(범신론-Pantheismus) 神이 무한하다든지 창조 이전에는 神 이외에 아무것도 없었다든지 일원론(Monismus)을 통해 만물을 유출해야 하는데, 세상 안에서는 그것이 불가능하다. 이런 창조 경로를 지성들은 유출 논리를 통하여 해결하고자 하였다.

4) 유출 논리

만물이 神의 본질로부터 창조된 근거는 여러 가지 측면에서 확인할 수 있다. 우리는 세상 질서 안에서 아무리 근원적인 원인을 추적해도 "만약 생겨남이 존재한다면 그것을 다시 생겨나게 하는 것이 있어야 하는 무한소급 상황에 빠진다."[135] 왜 그런가? 천지가 하나님의 존재 본질을 바탕으로 창조되어서이다. 본질은 무궁하여 경계가 없다. 이 같은 본질에 근거하다 보니까 일체의 원인이 본질이란 경계선까지 미쳐 있다. 세계 안의 어디서도 시작과 끝을 찾을 수 없게 된 이유이다. 원래부터 존재한 하나님으로부터 천지가 창조되다 보니까 온통 有한 존재 안에서는 그 어디서도 시작점을 찾을 수 없다. 그리고 창조의 근원은 알파와 오메가가 함께한 통합성 본질이다. 마치 밝은 대낮에 촛불을 켜고, 어둠 속에서 수묵화를 그리는 것처럼……. 출발선이 선재한 有한 본질 속에 깊이 파묻혀 있다. 세상 가운데서는 알파를 찾을 수 없는 것이 천지가 바로 하나님으로부터 말미암은 근거이다. 만상은 생멸해도 본질적으로 영원한 것은 창조 이전부터 존재한 하나님 때문이다. 살펴보면 결정된 세계 구조도 동일한 여건

---

135) 『불교사상과 서양철학』, 앞의 책, p.103.

인데, 이것은 지성들이 펼친 다양한 유출 논리를 통해서 확인할 수 있다. 그리스의 철학자 플로티노스(205~270)는 一者로부터 만물이 유출되었다고 하였다. 모든 多가 一者에게서 출발되었다는 주장인데, 여기서 一者란 "만물에 앞서서 만물의 피안에 존재하는 초월적인 존재이고, 한정도 없는 절대 무한자이다."136) 一者는 통합성과 같은 본질체로서 천지를 창조한 바탕체이고 하나님이 본체를 변화시켜 갖춘 창조 본질이다. 그러기에 만물이 一者로부터 유출되었다는 것은 원인과 결과가 함께한 통합성으로부터 분열되었다는 뜻과 같다. 분분한 다원론을 통일하고 一者로부터 유출된 메커니즘을 설명할 수 있다. 一者는 숫자와도 같아 만수(萬數)가 모두 이 하나로부터 생겼다. 『노자도덕경』 42장에서 道가 一을 낳고 一이 二를 낳고 二가 三을 낳고 三이 만물을 낳는다고 했는데, "一은 무규정성이지만 결코 공허한 추상이 아니다."137) 천지가 창조된 과정을 도식화한 진언이다.

하지만 창조의 근거로서 제공된 하나님의 본질은 통체 본질화→命化→氣化→만물화 과정에서 차원적인 변화를 겪게 되어 세상 질서로서는 인식할 수 없게 되었지만, 본질적인 道를 인식 대상으로 삼은 동양인들에게서는 도출한 사유 논리가 풍부하였다. 그중 불교에서 논한 체용(體用)논리는 만물과 근원과의 관계를 밝혔다. "體란 근본적인 것, 1차적인 것이고, 用은 파생적인 것, 2차적인 것인데, 『대승기신론(大乘起信論)』에서는 원인과 결과는 바람과 파도 같은 관계이고, 體와 用은 물과 파도와 같다고 비유하였다."138) 體와 用은

---

136) 『무한과 유한』, 다께우찌게이 엮음, 김용준 역, 지식산업사, 1993, p.82.
137) 『헤겔의 신 개념』, 박영지 저, 서광사, 1996, p.88.
138) 『주자학과 양명학』, 앞의 책, p.8.

차이가 있지만 결국 일치하기 때문에 體는 곧 用이고 用은 곧 體다. 우리는 창조주를 궁극적인 因으로 보고 세계를 궁극적인 果로 본 관계로 神과 세계를 별개로 여겼다. 천지는 창조되었지만 근원은 無로부터라는 것, 하나님의 본체가 변용되었다고 주장하고 싶어도 확실한 유출 경로를 확인할 수 없는 상황에서는 섣불리 말할 수가 없었다. 그럼에도 불구하고 體用논리는 만물이 유출된 경위를 본질의 작용에 근거하여 잘 설명하였다. 『반야심경』에서는 色과 空이 다르지 않다고 하였듯, 體와 用을 일치시킨 것은 하나님과 만물이 다르지 않다는 것과 같다. 천지가 하나님으로부터 창조된 경로를 갈파하였다. 천지가 창조되었다는 것은 하나님의 주관력에 초점을 맞춘 것이고, 유출 논리는 만물이 연원된 소재를 명확히 한 것이다. 근원적인 것과 파생된 것은 모습은 달라도 결국은 같다. 이것을 알아야 근원적인 것과 파생된 것의 동질성을 분간할 수 있다.

유교에서는 창조 과정에서 순수한 하나님의 본질이 세분화된 氣의 변용 상태를 명시하였다. 氣는 다름 아닌 하나님이 천지를 창조하기 위하여 자체 존재를 변용시킨 결정 본질이다. 이것을 주자가 理와 氣 개념을 통해 "세상에는 理와 氣가 있는데 理는 形而上의 道로서 物을 낳는 근본이요, 氣는 形而下의 器로서 物을 낳는 재료로서 대별하였다."[139] 理가 物을 낳는 근본인 까닭은 하나님의 창조 본질과 대비되고, 物을 낳는 재료가 氣라고 한 것은 氣化된 존재 본질과 대비된다. 理와 氣를 분리시킨 이선기후(理先氣後)로서 파악하기도 하지만, 理化된 氣와 氣化된 理는 본래 하나이다[理氣不

---

139) 『주자대전』, 권58.

離]. 통합 본질은 이행해서 변용된 하나님의 몸 된 본질이다. 율곡 이이(1536~1584) 역시 理氣론을 통하여 천지가 창조된 유출 경로를 엿본 선각자이다. 기본적으로는 우주의 본체가 理와 氣로 구성되어 있지만 "理와 氣는 완전히 독립된 두 개의 것이 아니고, 하나이면서 둘이고 둘이면서 하나이다."[140] 즉, 하나가 변용되어 둘이 된 점을 특별히 강조하였다. 그렇다면 이이가 생각한 理氣란? 理는 化를 일으키게 한 계획 본질이고, 氣는 化한 결과(질료) 본질이다. 하나님의 본체를 변용시킨 창조의 대 바탕체이다. 주자는 理는 事에 앞서 존재한다고 보고 만물이 나타나기 전에 벌써 理가 존재하였다고 하였다. 그 理가 순수 작용적인 측면에서는 太極과도 같아 太極을 조물의 중추로 여기고 만물이 그곳으로부터 산생된다고 인식하였다.[141] 이런 사고적 논거는 관념론의 주류자인 플라톤과 헤겔에게서도 엿보인다. 그들도 太極과 대등한 개념으로서 이데아와 절대정신을 내세웠는데, 이 같은 개념은 관념적이기는 하지만 창조주 역할을 대행시킨 것이다. 사실 이념과 절대정신과 太極과 하나님은 동일한 것인데, 문제는 메커니즘을 설명하지 못해 관념화에 머물렀다. 그래서 율곡은 "理와 氣는 시간적으로나 공간적으로 분리할 수 없기 때문에 둘인즉 하나이고 하나인즉 둘인, 理는 조리(條理)하여 우주의 體이고 氣는 구체화된 우주의 用이다."[142] 理와 氣는 불가불리요, 理氣 비일비이(非一非二)하여 우주가 두 가지가 아니고 하나의 원칙에서 생성된 것이라고 정리하였다. 이기이원론과 이기일원론은

---

140) 『종교와 인간』, 앞의 책, p.82.
141) 『재미있는 철학강의』, 앞의 책, p.35.
142) 『종교와 인간』, 앞의 책, p.83.

본체로서는 하나이지만 창조된 결과 때문에 불가피하게 분리되었다. 理가 없으면 氣가 없고 氣가 없으면 理가 존재하지 않기 때문에 理氣는 서로 섞이지 않는다(理氣不相雜). 서로 분리되지 않는다(理氣不相離). 理가 먼저다 氣가 먼저다고 하였다. "理는 만상의 근거이고 논리적으로는 氣보다 앞서야 하지만 본질적으로는 선후가 없는"[143] 동일한 본질 안에서의 이행 변화이다. 만물을 이룬 존재 본질이든 창조를 이룬 통합 본질이든 하나님의 몸 된 존재 본체 안이라는 점에 대해서는 아무것도 달라진 것이 없다.

천지를 창조하기 위해 거친 본질의 변용 과정은 그와 같은 작용으로 창조된 만물의 특성 가운데 고스란히 투영되어 있는데, 이런 유출 경로를 유교인들이 인식하였다. 천지지간에는 理도 있고 氣도 있다고 하였듯, 창조 이전에 창조를 위한 근거로 마련된 理氣는 창조 이후에도 "온갖 사물을 포괄하는 보편적 원리이면서 다양한 개별 사물의 근거로 이행되어 보편에서 특수에로 化한 氣를 매개로 다양한 사물을 만들어내고 사물 개개의 원리가 되었다."[144] 원래 하나인 하나님으로부터 창조되었기 때문에 만물이 만화되었어도 별리되지 않았다. 萬個가 곧 一個이고 一個가 곧 萬個이다. "천지 전체가 太極의 一統體이지만 현상계에 나타난 만물을 통해서 보면 만물 각각이 一太極을 구유(具有)한 太極의 분지(分持)이다. 太極은 理一이면서 萬理인 一本之萬殊로서 양자를 종합한 것이 주자가 펼친 이일분수설(理一分殊說)이다."[145] 일체 만물이 하나인 통합 본질로부터 유출된 창조 역사에 대한 인증이다. 당연히 "한 사물은 그 사물의 소

143) 「주자 이기론의 연구」, 강현 저, 원광대학교대학원 불교학과, 석사, 1994, p.56.
144) 위의 논문, p.13.
145) 위의 논문, p.39.

이연지리(所以然之理)를 갖추고 있을 뿐 아니라 太極의 전체성도 함께 갖추었다. 太極의 理는 만물의 理의 통일체이다. 통일체이기 때문에 理가 一과 萬과 관계를 갖는다. 理를 중심에 두고 보면 理는 一이면서 萬이다. 一은 통일체이고 萬은 분화된 萬殊의 萬이다."146) 실로 萬個가 一個되고 一個가 萬個된 것이고, 만물이 하나의 太極이고 一物이 각기 하나의 太極을 구유했다. 이것이 理가 일반 사물의 보편적 원리인 동시에 초월적으로 절대적 근거인 이유이다. 만물이 하나인 본질체로부터 창조된 관계로 본질이 내재함과 동시에 초월할 수 있게 되었다. 理氣가 하나인가 둘인가 하는 것은 큰 문제가 아니다. 하나로서 萬이 되고 萬으로서 하나 되어 분리, 통일됨이 비일비라 초월, 내재됨이 자유롭다. 이 같은 본질을 근거로 한 하나님이시기 때문에 세계 안에서도 그 임함이 자유자재한 역사 공간을 확보할 수 있었다. 어떻게 소립자의 생성이 대우주의 생성과 맞먹고, 인간이 소우주로 승화될 수 있었는가? 一物이 통체 太極으로부터 분리되어 각기 太極을 구유한 상태인데도 통체 太極과 동일한 노선 위에서 자유자재한 존재 기반을 구축한 것은, 만물이 창조로 인해 萬殊되었지만 그것은 化된 모습이고, 아무리 萬殊되었어도 결국은 하나인 하나님의 존재 본질에 기반을 두고 있었기 때문이다. 氣卽理, 心卽理, 無內外, 知行合一, 性卽理 같은 인식은 한결같이 천지가 하나인 하나님으로부터 창조된 사실에 대한 본성적 통찰이다. 천지가 그렇게 존재하지 않고 있다면 선각들의 각성이 말장난에 불과하겠지만, 결코 그렇지 않기 때문에 선각들이 밝힌 道의 경로를 따라가면 하나님과 연결된 길을 찾을 수 있고, 모습을 뵈옵게 되리라.

---

146) 앞의 논문, p.39.

제8장 신의 창조 기준

"神은 전지(all knowing) 전능(all powerful) 전선(all good)한 분으로서 천지를 창조하였다. 천지는 창조되었기 때문에 환상이나 환각이 아니며, 실재적이고 존재는 善한 상태이다."[147] 그런데도 창조에는 항상 믿음이란 단어와 함께하여 이것을 빼버리면 神이 창조한 사실도 사라져버린다. 창조를 바라보는 세인들의 눈이 불완전하다. 믿음 없이는 창조를 확인할 수 없고 하나님도 볼 수 없다(창조는 가장 실질적인 근거임). 믿음을 가져야 "神이 無로부터, 혹은 원시적인 혼돈 상태에서 천지를 창조했다고 했을 때 수긍하고",[148] "중력이 우주 안에서 행성들을 작동시킨 것이지만 神의 능력이 개입되지 않고서는 행성 간의 운행이 불가능하다고 이해할 수 있다."[149] "우주는

---

147) 『기독교와 철학』, K. E. 얀델 저, 이승구 역, 엠마오, 1988, pp.9~10.
148) 『신의 역사(Ⅱ)』, 앞의 책, p.196.

작은 불덩어리로부터 순식간에 폭발하듯 팽창하였고 지금도 팽창하고 있는 중인데, 최초 불덩어리는 어디서 온 것인가? 우주의 시초는 왜 뜨거웠을까?"[150] 창조가 그 원인인가? 그렇다면 증명할 방법은? 판단할 기준은 무엇인가? 창조는 확실한 원인을 가지고 있는데 만물을 보고 판단할 수 있는 길은? 천지가 어떻게 창조되었는지를 알아야 하므로 이것을 이 연구가 해결해서 기준을 잡고자 한다.

창조를 판단할 수 있는 기준을 세우는 것은 천지가 창조된 메커니즘 문제와 맞물려 있다. 천지에는 창조된 원리, 바탕, 특성이 투영되어 있다. 그리고 그 근거는 창조 역사를 직접 주관한 하나님에게 있다. 먼저 하나님이 존재하셨기 때문에 그다음 삼라만상이 존재할 수 있게 되었다. 하나님은 전능하시다는 것이 전적인 이유는 아니다. 전능해도 뜻이 없었다면 어떤 능함도 발동할 수 없다. 그래서 뜻은 그대로 창조를 판단할 수 있는 기준이 된다. 하나님이 뜻했기 때문에 우리가 존재하게 되었다는 것은 전체로부터 개체가 생겨난 보편 원리에 입각했다. 有가 있어 有를 낳았다는 것은 有한 세계를 낳은 有한 전체자의 창조 권능을 대변한다. 하나님이 인간을 창조했다는 것은 하나님이 인간을 낳았다는 뜻과 같다. 그 같은 특성이 우리가 세상 가운데서 창조된 사실을 확인할 수 있는 판단 기준이다. 그러니까 우리가 창조된 능력 안에서는 능할 수 있지만 능력 밖에 있는 것은 불가능이란 벽에 부딪힌다. 창조는 오직 실현시킨 것 안에서만 능할 수 있게 한 시스템이다. 그런데 진화론은 이 같은 원칙 기준과 어긋난다. 놓인 계단은 누구나 제한 없이 오르내릴 수 있지만 없다

---

149) 앞의 책, p.536.
150) 『우주의 탄생에서 종말까지』, 앞의 책, p.44, 49.

면 그렇게 되지 않는다. 만물은 이미 모든 것이 창조되어 있기 때문에 그로부터 삼라만상이 현상화될 수 있게 된 존재 체제이다. 하지만 진화론은 세상 어디에도 마련된 바탕이 없고 계획조차 없는데, 없는 계단을 스스로 만들고 쌓아서 오르내릴 수 있게 하였다는 뜻이다. 불가능한데 가능하다고 여기는 것은 창조 원칙과 어긋난다. 생성 체제는 존재한 神[전체]의 본성을 반영시킨 지혜 시스템인데, 이것이 세계를 통해 창조된 사실을 확인할 수 있는 첫 번째 기준이다.

전체자인 하나님은 천지를 근거 없이 無로부터 창조하지 않았다. 그래서 밝힌바 자체 본질을 변용시킨 통합적인 본질 상태를 확인하는 것이 두 번째 기준이다. 창조를 실현하기 위해서는 당연히 사전에 모든 준비를 갖추어야 했다. 이것을 세상 가운데서는 처음부터 본유된 천부의 본성 형태로 파악하였는데, 곧 창조 사실을 확인하는 기준이기도 하다. 본질을 보면 창조를 알고 본질이 지닌 특성을 파악하면 神을 안다. 그렇다면 사전에 마련된 통합 본질은 어떤 존재 상태인가? 이것을 알면 만물의 알파성까지도 판단할 수 있다. 신앙인은 천지가 처음부터 완전한 상태로 창조된 것으로 믿는데 막상 세상을 둘러보면 그렇지 않다. 종은 변화가 관찰되고 있고 돌연변이도 발생한다. 완전성에 대해 석연찮음이 많다. 그런데 통합 본질은 처음부터의 완전함이 태초의 아득한 과거에 있지 않다. 태초에 만물이 완전하게 창조된 것은 맞지만 현 존재는 그와 같은 완전함이 다 드러나지 못한 생성 과정 속에 있다. 미래는 분명 존재하지만 미처 도래하지 않은 상태, 하나님은 존재하지만 모습이 다 드러나지 못한 상태이다. 이런 상황에서는 태초의 창조 역사가 상식과 달리 먼 과거가 아니고 먼 미래 속에 있다. 그래서 생성이 완료되지 못한 선천에서는 창조된 근거를 현 시공간 안에서는 찾을 수 없었다. 또한 구조상으로 알파와 오메가가 맞물려 있다 보니 더욱 그렇다. 시와 종은 있지만 그것이 맞물려 있는 구조 상태는 천지가 통합된 본질로부터 창조되었다는 증거이다. 우리는 씨와 열매, 닭과 달걀 중 무엇이 먼저인가 궁금한데, 사실은 동시에 출발하였다. 씨가 열매를 맺을 결과를 사전에 내포하였다. 그래서 예정 조화설은 이 같은 통합 본질에 대한 인식의 사례가 된다. "한 큰 예지의 존재자가 있어 만유보다 앞서서 일정한 목적을 가지고 모든 것을 창조하고 이것을 섭리하기 때문에 질서와 조화와 미관과 통일이 유지된다고 한 것이다."151) 처음부터 구조가 완벽하지 못하다면 창조될 수도 존재할 수도 없다. 최초의 완전함이 있어 뭇 존재가 그와 같은 상태를 지향할 수 있게 된 것이라고 할까? 진화론적인 관점에서는 도저히 접근할 수 없다. 있는 것으로부터 있는 것을 내세우는 것은 순리에 맞지만, 없는 것으로부터 있는 것을 내세우는 것은 역리이다. 생식 세포가 분열하는 것은 그 원동력이 통합 본질에 있다. 그래서 통합 본질 구축은 천지가 창조된 사실을 확인하는 확실한 기준이다. 세계는 어떤 경우에도 無로부터는 아무것도 이끌어낼 수 없다. 모든 것을 구유한 하나님적 바탕이 필수적인데, 이것을 만물이 지닌 본질 가운데서 확인할 수 있다.

세 번째는 만물을 분열시킨 통합 본질이 선재한 사실이다. 분열하는 과정에서는 생성을 일으킨 근원이 되고 시간적으로는 선재하고 있다는 것이 창조 사실을 판단하는 기준이다. 창조를 위해 시간적으로 사전에 계획하고 마련한 것이다. 그런데도 현실적으로는 가능한

---

151) 『철학과 종교의 대화』, 앞의 책, p.120.

잠재태로 존재한다. 지금은 분명 존재하고 있지 않지만 이미 존재하고 있고, 경과상으로도 앞서 있다는 것, 그리고 이런 선재 상태를 우리는 형태를 달리해서 세상 가운데서 파악할 수 있다. 즉, 세상을 이룬 온갖 이치, 구조, 원리가 절대적으로 영향을 미칠 만큼 뭇 존재를 사전에 결정했다는 사실이다. 법칙은 결코 진화하지 않는다. 불변한 결정 법칙이 뭇 존재의 생성 방향을 지침했다. 종들의 모습은 변할 수도 있지만 생명의 법칙은 불변하다. 세상 법칙은 과정을 통해 획득되는 것이 아니다. 통합성은 사전에 결정되어 현 존재를 형성시키는 체제이다. 우리는 결정된 물리법칙을 적용하여 전등을 밝히고 선풍기를 만든다. 뭇 생명체는 원리성을 지각해서가 아니고 본유한 존재 시스템을 갖추었다. 면역 기능·항체 형성·유전자 등등 사전에 마련된 계획, 목적, 역사 덕분이다. 오직 앞서 준비하신 하나님의 창조 역사 때문이다.

네 번째는 세계 본질의 영원성이다. 하나님은 창조 이전부터 존재하였기 때문에 만상은 생멸해도 바탕 된 본질은 영원히 존속한다. 현 존재는 현현된 모습이고 이면에는 본질 바탕이 자리 잡고 있다. 그래서 통합 본질이 세계의 有함성, 즉 영원성을 유지시키는 근원이란 사실을 알게 된다. 본질이 세계의 영원성을 뒷받침하고 있다는 것이 창조 사실을 확인하는 또 하나의 기준이다. 나아가서는 창조의 핵심 된 작용력(원동력·능동력·창조력·결정력)인 명화성도 있는데, 이것은 핵심 된 창조 작용이기 때문에 다음 장에서 다시 거론하리라.

제9장 신의 창조 특성

1. 개요

神이 천지를 어떻게 창조하였는가 하는 것은 창조 역사를 증거하는 기준이고, 그것은 만상 위에서 神의 창조 특성을 확인하는 근거이다. 창조 메커니즘과 기준과 특성은 서로 맞물려서 神이 존재한 사실을 증명한다. 이 같은 창조의 작용력과 경로를 총망라한 것이 존재한 생명체이다. 창조된 결정성, 그 특성이 세상 가운데 편만해 있다. 그런데도 우리가 이것을 보지 못해 창조 역사를 판단하는 데 어려움이 있었다. 神과 본질과 만물은 창조를 매개로 해야 동일한 판단 조건을 가진다. 동질이므로 상호 관통할 수 있다. 창조는 처음부터 전체적이고 통체적이기 때문에 완벽한 구조로 창조를 실현하였다. 세계가 영원한 것은 영원한 하나님을 근거로 했기 때문이고, 빅뱅 이론에서 우주씨로부터 팽창한다고 한 것은 통합성으로부터의 분열이다. "단한 개의 세포로 된 수정란(정자와 난자의 결합체)은 새 생명의 첫 세포인데, 수많은 분열을 거듭하여 아기가 태어날 때까지는 1조에 가까운 세포로 불어난다."[152] 현대 물리학이 봉착한 양자역학, 불확정성 원리, 상대·상보성 원리 등은 본질에 근거한 창조 특성을 알지 못했기 때문에 처한 어려움이다. 현상계적인 질서 기준만으로 이해하고자 하니까 속수무책이다. 물질을 물질적인 기준으로 보면 물질적인 특성을 포착하게 되고, 본질적인 기준으로 보면 본질적인 특성을 포착한다. 만물은 창조와 연관되어 있어 양자의 특성을 모두 내포한 존재 상태이다. 이처럼 만물과 진리와 본질이 가진 특성을 종합하고 보면 모두 창조된 결과로 인해 갖춘 결정성이다. 종은 다양하지만 공동 조상을 가졌고 늘 같은 것이 같은 것을 생산하는 것은 바로 창조가 이룬 결정성이다. 변화하는 것은 창조되었기 때문이고, 그런 가운데서도 시스템이 불변한 것은 본질에 근거한 증거이다. 세상 원리와 법칙이 모두 그렇다. "에너지의 총량이 일정한 것은(에너지 보존 법칙) 영원히 有한 본질 안이기 때문이고, 가없는 시공이 한순간에 일축되는 것도 본질 안이기 때문이다."[153] 물이 수소원자 2개와 산소원자 1개로 구성된 것은 그렇게 조직되도록 한 창조의 결정성 때문이다. 하나 됨과 본질의 동질성은 만상을 통해 확인할 수 있는 창조의 중요한 특성이다. 생물들의 유전 암호가 동일하다는 것은 어

---

152) <심리학 개론 방송강의>, 서봉연 교수 강의, 한국방송통신대학.

153) "1971년 미국 과학자들은 아주 정확한 동기 원자시계 두 개를 만들어 하나는 지면에 놔두고 다른 하나는 비행기에 장치해 지구를 한 바퀴 돌고 난 후 두 시계를 맞추니 비행기에 장치한 시계는 확실히 지면의 시계보다 59×10^{-9}초 차이가 났다. 즉, 공간과 시간이 물질 운동의 변화에 따라 변화한다는 것은 공간이 물질로부터 독립하여 존재하는 빈 상자가 아니라는 것을 증명한다."-『재미있는 철학강의』, 앞의 책, p.70.

떻게 해석되어야 하는가? "자연은 지극히 유기체적이고 합리적인 전체로서 하나의 우주이다."154) 자연이 그렇게 조화를 이룬 것은 창조된 정보를 공유한 때문이다. 예외는 없다. 일체는 神의 의지가 반영된 것이고 본질이 化한 것이고 뜻이 투영된 것이다. 이데아는 창조의 완전한 本으로서 분열하기 이전의 통합체이다. 그래서 만물은 선재한 本을 지향하고 있다. 창조는 실로 하나님의 존재 특성을 반영하기 위해 구축된 메커니즘 체제이다.

2. 분열적 특성

이미 有한 존재자로부터의 창조와 사전에 구유한 통합성으로부터의 분열은 만상을 이룬 오묘한 작용력이다. 서양에서는 현실의 대립과 모순이 세계를 추진시킨 원동력이라고 한 철학자도 있는데, 그것은 잘못된 판단이다. 통합성으로부터의 분열 상황을 알지 못했다. 만물은 통합성에 근거했지만 실질적으로 제반 특성이 결정된 것은 분열 메커니즘 때문이다. 존재자로서의 특성이 분열로 인해 가시화되었다. 그 대체적인 원리는 통합성이 하나로서 분열하였고, 그렇기 때문에 유기체적인 특성이 발효될 수 있었다. 그 하나는 곧 만으로서 크기·부피·수적 질서를 모두 포함했다. 하나가 생성으로 인해 만화(萬化)된 것이다. 그래서 통합성은 삼라만상을 분열시킨 근원적인 힘이다. 세계가 복잡한 것은 분열한 본질이 축적되었기 때문이고, 그렇게 쌓인 본질이 다시 통합적인 에너지를 구축함으로써 영원하

---

154)『현대와 후기 현대의 철학적 논쟁』, 한정선·안드레아스 호이어 저, 서광사, 1991, p.105.

게 생성한다. 이런 분열 운동을 통하여 우주의 운행 질서가 수놓아졌다.[155] 통합성이 어떻게 분열하여 만물을 구축한 것인가? 동양에서 말한 음양오행 원리가 바로 분열로서 이룬 만물 존립의 표본적 인식이다. 불교에서는 인간이 전생에 쌓은 업의 영향을 받아 태어난다고 하였지만, 창조주 하나님은 곧바로 太極인 동시에 음양이다.[156] 太極이 양의된 것은 하나인 통합 본질이 나뉘어 존재하게 된 형태이다. 하나가 양의되어 창조가 실현되었다. 통합성 상태로서는 그 무엇도 세계 안에 존재할 수 없기 때문에 양의되었다. 극이 양극화 구조를 이룸으로써 세계가 영원히 생성하게 되었다. 그렇다면 물질화된 만물은? 본질이 化한 것인데, 化했다고 해서 구성된 본질이 사라진 것은 아니다. 化했기 때문에 바탕 본질은 그대로 불변이다. 그래서 물질과 본질이 현 시공간 안에서 함께할 수 있다. 色即是空 空即是色이다. 물질과 본질 간은 차원적이지만 본질에 근거했기 때문에 비록 化했지만 결국은 동질이다. 하나가 만화된 것은 분열성이 피어낸 대 창조의 꽃이다.

3. 생성적 특성

세계는 창조로 인해 영원히 有한 본질을 이루었다. 통합 본질이 창출시킨 특성인데, 이것이 만상 가운데서는 생성적인 특성으로 나타났다. 생성 운동의 원동력은 통합성이 분열한 데 있지만, 만상은

---

155) "물질적인 우주는 정확한 수학적 용어로 표현될 수 있는 구조를 지니고 있다."-『영원한 지혜를 찾아서』, 앞의 책, p.61.
156) 『음양오행의 진리』, 앞의 책, p.208.

생성을 통해 구체화되기 때문에 생성이 세계를 이룬 실질적인 작용력이다. 창조와 생성은 차원이 다르다. 창조는 철저한 준비 과정을 거친 데 비하면 순식간에 이루어진 역사인데, 생성은 오랜 세월에 걸쳐 시스템적으로 운행되었다. 세계는 그냥 존재하지 않았다는 것, 세계가 확고한 기반을 구축하고 있는 것은 생성 운동 때문이다. 창조된 만상이 존재 체제를 유지할 수 있도록 운행하고 있는 시스템이 곧 생성 운동이다. 존재에는 생성이 있고, 생성에는 창조가 있고, 창조에는 오묘한 그 무엇이 있다. 그래서 지성들은 "우주의 끊임없는 운행 속에서 그 이면에 어떤 神性이 있다는 것을 예측했다."[157) 그것이 다름 아닌 통합성의 분열이고 만물 안에서의 생성 운동이다. 생성은 생겨난 것이지만 동시에 분열 에너지도 함축하고 있어 생성 운동은 분열을 낳고 분열 운동은 생성을 낳는다. 이 같은 특성을 세인들은 자화 시스템인 것으로 착각하고 있지만, 생성하는 세계는 통합성으로부터 발현된 창조 실현의 구체적인 모습이다.

4. 인과적 특성

통합 본질은 삼라만상을 유지시키는 우주적인 힘이지만 한편으로는 필연적인 인과법칙을 결정한 요인이기도 하다. 인과법칙이 어찌하여 세계를 지배하는 필연적인 법칙인가? 因이 果를 낳는 것은 창조된 세계의 보편적인 현상이다. 왜 그런가? 그럴 수밖에 없는 결정성이 통합 본질로부터 부여되어서이다. 창조는 원인인 동시에 결과

---

157) 『철학자의 신』, 에테엔느 질송 저, 김규영 역, 성바오로 출판사, 1972, p.46.

인데, 이런 因과 果가 통합적으로 존재하고 있어 세계 안에서는 필연성으로 연결되었다. 그러니까 세상 안에서 우연은 원칙적으로 없다. 그리하여 인과성은 창조가 이룬 결정적 요인이다. 통합 본질이 세계 안에서는 인과관계로 나타났다. 因과 果를 묶어놓은 보이지 않는 끈이 창조 안에 있다. 본래 하나인 인과(통합성)가 분열하여 나뉜 것이다. 이것이 현상적인 질서 안에서는 원인이 결과를 낳는 것으로 인식되지만 본질 안에서는 한 통속으로서 구분할 수 없고, 최초 원인도 찾을 수 없다. "이것이 있을 때 저것이 존재하고, 이것이 생기(生起)하므로 저것이 생기한다. 이것이 없다면 저것이 존재하지 않고, 이것이 사라질 때 저것도 사라져 우주 안에서 존재하는 것은 모두 동시에 발생하고 서로 제한하고 상생(相生)한다. 상호 의존하여 각자는 자체로서 동등하고 어느 것보다 먼저 존재한다고 말할 수 없다."158) 동시에 의존하면서 상생할 수밖에 없도록 인과법칙을 통하여 더할 나위 없는 실상을 구축하였다.

5. 명화적 특성

하나님이 마련한 통합적인 본질 가운데서도 직접 의지력을 발동시킨 것이 命化 작용이다. 만사를 이루게 한 작용력으로서 命은 창조를 실현시킨 핵심적인 작용력이다. 중국 역사에서 "天命이란 원래부터 존재하는 것이고, 인간은 그것을 보태거나 덜어낼 수 없다(固有天命 不可損益)는 결정론을 내세운 학파들이 많았다."159) 그것은 에

---

158) 『선과 현대철학』, 앞의 책, p.303.
159) 『천인관계론』, 앞의 책, p.115.

너지를 인간이 만들 수도 소멸시킬 수도 없고 오로지 형태만 바꿀 수 있을 뿐이란 법칙과도 같다. 만물은 지극히 수동적인데 명화만 오직 능동적이다. 명화는 하나님의 창조 의지를 반영한 작용력으로서 명화적 특성은 그대로 창조를 이룬 특성으로서 결정되었다. 그러니까 주어진 세상 법칙 역시 창조된 결정체이지 원동력은 아니다. 창조된 사실을 확인할 수 있게 하는 근거 범주이다. 이런 命을 결정한 것은 창조를 위해 제공된 하나님의 사전 뜻, 의지, 목적, 계획이다. 그러니까 세상 법칙은 일종의 부여된 의지 형태이다. 진리도 사실은 하나님이 뜻한 창조 의지의 이치화이다. 창조를 위해 규정하고 선별한 뜻의 결정체가 곧 진리라, 이 같은 의지가 삼라만상 가운데 망라되어 있다. 존재가 지닌 특성·성질·질서·규칙·구조·형태·변화·공리·공준(公準)·정리·공식·운명은 모두 명화로 인한 결정 모습이다. 이것이 만물을 통해 표출된 神의 존재 특성이다. 이런 命이 세계 안에서는 법칙으로 결정적이지만 통합 본질 안에서는 초월적이다. 지극히 주관적인 뜻이 창조로 인해 결정적인 법칙으로 化한 것, 그것이 곧 명화 작용이다. 이 같은 초월적 본질에 근거되었기 때문에 현 존재는 미래와도 통할 수 있고 결정성에도 영향을 미치는 창조의 제일 표층 층이다. 현재의 원인이 미래의 결과를 이루고 결정된 미래의 뜻이 현재의 과정을 수놓아 현재, 현 존재가 미래를 새롭게 창조할 수 있게 하는 원동 씨앗이다. 현재는 미래에 의해 결정된 상태인데도 원인과 결과가 한 통속이기 때문에 현재 이룬 과정이 시공을 초월하여 도래하지도 않은 미래에 영향을 끼친다. 선천에서는 이 같은 결정[命化性] 메커니즘을 알지 못해 하나님의 위대한 초월적인 역사를 배척하고 말았다. 통합성에 근거함으로써 초재

와 내재를 동시에 이루고, 결정된 세상 법칙도 자유자재할 수 있게
되어 창조가 하나님을 가장 하나님답게 하는 최대의 권능 발휘 역사
로서 확인되었다.

제10장 세계의 창조 근원

1. 존재 창조의 근원 관점

우리가 살고 있는 이 세계, 이 존재, 이 우주는 어디서부터 비롯되었는가? 이들을 있게 한 근원은? 이 질문에 대답할 진리적 키워드가 곧 창조이다. 나아가 지성들이 탐구한 궁극적 실재는 神이다. 이렇게 도달한 창조와 神에 근거하여 우리가 세상을 정확하게 이해하고 판단해야 한다. 어떻게 지상 강림 역사를 완수한 것이 인류 역사를 선천과 후천으로 가르는가 하면, 본의를 모른 선천에서는 세상의 알파를 찾지 못해 판단에 한계가 있었고, 자각한 지금은 잘못된 이해 관점을 바로잡을 수 있다. 이것이 타당한 관점일진대 천지창조 역사도 증명할 수 있다. 헤겔은 "어떻게 하나님이 세계의 모든 것을 다스리고, 그리하여 이 세계가 하나님의 세계로 되느냐 하는 문제를 종

교철학적 · 신학적으로 관심 있게 다루었다(神政論)."160) 하나님이
지난날 세계를 완전하게 다스리지 못한 것은 세계가 진리적으로 표
방되지 못해서이다. 정말 세계가 하나님의 온전한 나라가 되기 위해
서는 천지가 창조된 근원과 본의를 밝혀야 했다. 철학자 비트겐슈타
인은 "이 세상이 어떻게 존재하느냐가 아니라 세상이 존재한다는 것
자체가 신비롭다. 세상이 존재한다는 사실이야말로 경외적이지 아닐
수 없다고 하였다(『논고』)."161) 神과 본의를 모른 선천에서는 여건
에 따라 경외감을 견지해야 하는 것이 바람직한 것인데, 결정된 신
념을 가지고 창조 사실과 神을 부인한 것은 큰 잘못이다. 그 이유가
무엇인가? 기독교는 하나님이 천지를 창조하셨다고 했지만 확인할
수 있는 근거를 제시하지 못했다. 천지가 어떻게 창조된 것인지 말
한 자가 아무도 없다. 알아야 창조된 사실을 판단할 수 있다. 창조가
세계를 판단하는 기준이 되어야 하는데 선천에서는 어디서도 개안
을 이룬 자가 없다. 그러니까 잘못이 있어도 사실 여부를 판가름하
지 못했다.

실존주의자 사르트르는 '실존은 본질에 앞선다'는 명제를 내세웠
는데, 정말 실존이 앞선 것인지는 창조가 판가름한다. 그리스의 철
학자 아낙사고라스(Anaxagoras, B.C. 500?~428)는 모든 것에는 모
든 것의 일부분이 들어 있다는 색다른 주장을 폈다. 왜 색다른가 하
면 상식적인 감각으로는 있던 것이 없어지기도 하고 아무것도 없는
데서 뭔가가 생겨나기도 한다. 존재하는 것은 존재하는 것을 근거로
하나하나가 생겨나는데, 흙 속에 뿌리 내린 나무에서 잎이 나고 열

---

160) 『헤겔철학과 현대신학』, 김균진 저, 대한기독교출판사, 1980, p.37.
161) 『철학적 인간 종교적 인간』, 황필호 저, 범우사, 1990, p.205.

매를 맺는 것을 보고 흙과 물속에는 잎사귀나 열매가 될 수 있는 요소가 이미 들어 있다고 생각하였다.[162) 존재한 일체는 이미 있었다거나 하나하나가 비로소 생겨나게 된 것이란 생각의 갈래가 있거니와, 이것은 창조론과 진화론을 대립시킨 입장이기도 하다. 이미 있음이란 창조의 근원이 선재되어 있다는 뜻인데, 어떻게 확인할 수 있는가? 존재가 창조에 의해 생성, 변화, 각색되었다는 것을 자각함으로써이다. 창조를 있게 한 본체가 선재된 사실을 모르면 누구라도 진화론적으로 생각할 수 있다. 하지만 선재 사실을 자각하면 누구라도 진화가 있을 수 없다는 것을 안다. 생각에 따라 진화론과 창조론이 갈라지게 되었던 것이 선천이지만, 지금은 문제를 해결할 수 있게 되었다. 시간도 선재된 것은 마찬가지이다. 현재는 무엇인가? "시간은 과거에서 현재로, 그리고 미래로 옮겨간다. 마치 진화론처럼……. 그런데 불교의 유부에서는 미래에서 현재로, 그리고 과거로 흐른다고 했다."[163) 시간의 선재 상황을 말한 것인데, 정말 시간을 있게 한 뿌리는 미래 속에 있다. 시공간이 포괄하고 있는 모든 존재는 창조의 근원성이 갖춘 선재 질서 상황을 벗어날 수 없다.

중세시대를 풍미한 대표적 논쟁인 보편 논쟁 역시 알고 보면 존재론 영역에 있어 창조에 대한 이해가 미진한 것이 주된 원인이다. "실재론(實在論, Realism)은 개별적인 사물들을 하나로 묶는 보편자가 있을 뿐 아니라, 보편적인 것이 인간 정신과 이성 속에, 그리고 神의 속성에 내재해 있다고 보았다. 반면, 순수한 경험론에 기초한 유명론(唯名論)에서는 '사람' 같은 보편 개념은 단지 개체가 인간의

---

162) 『아리스토텔레스 & 이븐 루시드』, 김태호 저, 김영사, 2007, p.39.
163) 『존재론·시간론』, 사이구사 미스요시 저, 김재천 역, 불교시대사, 1995, p.182.

이성 안에 형성하는 개념을 나타내기 위한 기호내지 명사에 불과하다고 보고, 인간의 이성은 개체의 세계에 국한된다고 하였다."164) 선재성은 존재 창조의 근원인데, 이 같은 사실에 입각했는가의 여부에 따라 유명론과 실재론으로 갈라졌다. 실재론이 선재성을 증거하지 못하니까 유명론이 실상을 거꾸로 보고 왜곡하였다. 선재자, 전체자, 통합자가 존재한 사실을 거부하였고, 창조가 오히려 장벽을 쌓아 하나님을 볼 수 없었다. 이 벽을 허물어뜨려야 인류가 하나님에게로 나아가리라.

2. 창조 근원의 두 갈래 관점

불타는 깨달은 연기법으로 원인 없는 결과는 이루어질 수 없다는 상식을 전했다. 존재든 생성이든 작용이든 현상이든 근거 없이는 무엇도 생길 수 없다는 뜻인데, 그렇다면 창조는? 창조는 최초의 작용 요인으로서 말미암게 된 것과 다른 무엇이 또 있는가? 이 같은 근원적인 의문점에 대해 지성사에서는 두 갈래 관점이 있다. 하나는 특별함을 수용한 측면이고 다른 하나는 상식을 따른 측면이다. 특별함을 수용한 것은 창조론을 주장한 기독교인데, 대표자는 초기 기독교 교회의 저명한 교부신학자 아우구스티누스이다(354~430). 그는 하나님이 無에서 천지를 창조했다고 하였다. 이것은 신플라톤학파의 대표자 플로티노스(204~269)가 세계가 神에게서 흘러나왔다고 한 유출설(流出說)과는 반대편에 선 입장이다. 여러 가지 측면에서 서

---

164) 『세계철학과 한』, 김상일 저, 전망사, 1989, p.42.

로 대비되기 때문에 창조 근원에 대한 두 갈래 관점이라고 지칭하였다. 근원성에 대한 추적은 어떤 문화권에서도 있었다. 철학에서 다룬 제1 질료, 제1 원인, 부동의 동자에 대한 상정과도 연관이 깊다. 유교 사상에서 보면 "인간은 천성으로서의 中和의 氣를 받고 태어나는데, 그것이 곧 命이라고 하였다."[165] 전체적인 의미는 천지로부터 발생한 중화의 氣가 인간의 본성을 결정하였다는 뜻이다.[166] 거두절미하고 핵심은 만물과 인간이 천지의 氣를 받고서 태어났다. 즉, 하늘의 본성에 근거했다는 말이다. 하나님이 태초에 천지를 창조했다는 주장과 무엇이 다른가? 하늘과 하나님께 근거하였다는 것은 유출설과도 비슷한 사고 구조이다. 아우구스티누스도 하나님이 천지를 창조하였다고 하지 않았는가? 그러나 그는 창조에 있어서만큼은 중화의 氣를 단절시키고 유교에서처럼 人에 대한 天의 절대성을 앞세웠다. 플로티노스처럼 세계가 초월자인 神에게서 유출되었다고 본 생각과 달리 하나님이 無에서 천지를 창조했다고 하였다. "플라톤의 데미우르고스처럼 형상이 없는 제1 질료로부터가 아니다. 처음부터 질료와 형상을 함께 창조했다."[167] "神이 세계를 창조할 때 그곳에는 창조에 선행하여 존재한 어떤 질료 같은 것은 없었다."[168]

"아우구스티누스가 無에서의 창조 논거를 펼친 것은 두 가지 의도가 있다. 하나는 기독교의 창조론을 당시의 다른 창조론과 구별하려 한 것이고, 다른 하나는 하나님과 창조된 세계와의 차별성 의도

---

165) "民受天性之中以生 所謂命也."-『春秋左氏傳』, 成公 13년 조.
166) 『천인관계론』, 풍우 저, 김갑수 역, 1993, p.242.
167) 『아우구스티누스 & 아퀴나스』, 신재식 저, 김영사, 2008, p.79.
168) 「라이프니츠의 개별적 실체관에 대한 고찰」, 나영옥 저, 이화여자대학교대학원 철학과, 석사, 1989, p.46.

이다."[169] 아우구스티누스는 서방 라틴 기독교의 대표자로서 정통 신앙을 완성하고 중세 스콜라철학에 결정적인 영향을 끼친 인물이다. 그래서 그가 세운 無로부터의 창조관은 고·중세 시기를 거치면서 하나님과 세계를 창조주와 피조물의 관계로서 사유하는 데 큰 영향을 주었다. 결정적인 점은 하나님과 세계와의 관계를 無로서 단절시킨 데 있다. 이것이 어떤 문제점을 낳았는가? 하나님은 저편 강 건너에 계신데 찾아뵈러 갈 배편을 없애버린 격이다. 즉, 無로부터의 창조는 인간이 인식할 수 있는 일체 근거를 가로막아버린 것이다. 창조 메커니즘은 애써 구할 필요가 없어졌고 오직 전능한 하나님의 절대적 권능을 의심하지 않고 따르기만 하면 된다. 이런 창조설 채택 영향으로 세계가 영원히 神으로부터 격리되어 버렸고, 神을 증명할 수 없게 되었다. 기독교가 세운 가장 특징적인 교리 중 하나인 만큼이나 인간이 하나님에게로 다가갈 수 있는 길이 요원해져버렸다. 하나님은 결코 그런 존재가 아닌데 無 때문에 하나님에 대한 어떤 정보도 어떤 창조에 대한 정보도 파악할 수 없게 되어버렸다. 아우구스티누스는 말하길, "하나님이 세계를 자신의 본질을 가지고 창조했다면 창조된 세계도 하나님의 본질인 神性을 지녔을 것이다. 이것은 진정한 의미에서 창조된 세계라고 할 수 없다"라고 하였지만, 이것은 궁색한 변명이다. 지극히 주관적인 판단이다. 언급했듯 유교에서는 인간이 천지의 氣를 받아서 태어났고, 그중에서도 가장 적절하고 조화된 氣의 일부를 받아서 태어났다고 하였다. 자식이 태어나면 발

---

169) "無에서의 창조는 플라톤의 티마이오스에 나오는 창조론과 다르다. 플라톤의 창조론은 창조신 데미우르고스가 영원 전부터 존재해온 형태가 없는 물질, 즉 형상이 없는 제1 질료를 가지고 세계를 만든다. 그런데 無에서의 창조에서는 물질 그 자체도 하나님이 無에서 만든 것이다."-『아우구스티누스 & 아퀴나스』, 앞의 책, p.97.

가락이라도 닮았는지 확인하고 싶은데 거부하고 만 부작용을 어떻게 감당할 것인가? 세상에는 세계의 神性을 긍정하고 神性化를 궁극적인 가치 구현의 목적으로 삼은 사상도 있는데, 이것이 옳다면 인류가 언젠가는 긍정적인 창조관들을 수용해야 한다. 그리해야 인류의 장래에 희망이 생기고 지상천국도 건설할 수 있다.

그래서 이 연구는 일단 플로티노스의 유출설을 인정한 바탕 위에서 그가 미처 해결하지 못한 메커니즘 문제를 보완하여 새로운 천지 창조관을 세우고자 한다. 플로티노스는 "플라톤처럼 이데아라는 한 가지 전제에 의하거나 아리스토텔레스처럼 최고의 능동인에 의해서가 아니고, 一者로 충만해 있기 때문에 저절로 흘러넘친다고 한(유출-emanation) 만물파생론을 펼쳤다."[170] 이것은 아우구스티누스의 주장처럼 메커니즘 작용이 빠진 선천 창조관의 한계성 표출인데, 오죽하면 無를 앞세워 아예 거론할 싹까지 없애려고 했을까만, 유출설을 통해서는 일말의 가능성이 있다. 그것이 무엇인가? 一者로부터의 유출은 바로 "자기-변혁적인 우주 자체이다."[171][172] 一者는 자체로부터 유출된 다자와 긴밀하게 연관되어 있어 하나님과 창조란 개념 없이도 一者와 다자로서 추적된 동·서양의 다양한 창조적 사유들과 접할 수 있다. 살펴보면 시대와 문화권을 넘어서 동·서양의 지성들이 一者와 다자와의 관계에 대해 폭넓게 숙고하였다. 관계성 문제를 어떻게 바라보았는가에 따라 가치관과 세계관이 결정되었다. 다자는 一者의 나타남이다. 一者는 다자와 무관하다 등등 천지가

---

170) 『세계철학과 한』, 앞의 책, p.37.

171) 위의 책, p.20.

172) "노자의 道는 자기-변혁적 우주 자체이고, 다자는 一者인 道가 변혁되어 나타난 것이다."-위의 책, p.29.

존재한 것이 一者의 자기 변혁적 창조인가, 無로부터인가, 有적인 근거로부터인가에 대한 견해차는 있지만, 근원성에 접근하고자 한 사고 발상 구조는 같다. 이것은 도식화된 사고 형태로서 하나님과 창조 문제에 있어서도 예외는 없다. 여기에 창조 문제를 대입시키고 보면 하나님은 태초에 하나님 자체(존재 본체)에 근거해서 천지를 창조했다는 말이 된다. 즉, 천지창조의 근원은 하나님이고, 궁극적인 근거 내지 제1 질료도 하나님의 몸 된 본체이시다. 그래서 하나님은 반드시 창조 이전에 선재하셔야 했고, 만물에 대해서는 초월된 동시에 충만한 내재성 요구를 충족시켜야 했다. 자체 본체에 근거한 창조 메커니즘을 포함한 관점이므로 하나님의 존재 본성과 창조 특성을 설명할 수 있고, 일체의 세계적 근거까지 수용할 수 있다. 아우구스티누스는 하나님의 절대적인 권능을 강조하려고 하다 보니 세계와 격리시키고 말았지만, 이 연구는 자체 본체를 근거로 함으로써 하나님이 왜 불변, 불가분적이고 어떠한 다양성도 없는 절대자인데도 불구하고 변형체인 세계와 긴밀하게 연관된 것인지 설명할 수 있다. 미완에 거친 선천 신관과 창조관을 불식시키리라. 그동안 부정되었던 문제, 즉 "一者는 존재하는 어떤 사물들(다자)일 수 없으며, 모든 현 존재에 선행한다. 一者는 다자의 세계에 대해 배타적이다. 一者는 상대적인 변화나 세계와는 아무 상관이 없는 영원한 존재이다. 다자를 바탕으로 출발된 추론으로 一者에 도달할 수 없다. 神은 세계 내의 다자 세계를 초월하기 때문에 다자의 어떤 요소도 神을 서술할 수 있는 빈사(賓辭, Predicate)가 될 수 없다. 인간의 언어로는 神을 표현하는 것이 불가능하다. 神은 신비적 무아 경지에서만 도달할 수 있다는 견해들을 극복할 수 있다."[173] 이전에는 한결같이 불가능했지만 지상 강림 역사를 완수한 이후는 일체 조건을 역전시킬 수 있게 되었다.

3. 존재 창조의 근원성 추적

"밀레토스(Miletos) 출신의 학자인 탈레스는 우리가 살고 있는 세계는 무엇으로 어떻게 이루어져 있는가에 대해 몰두하다가 물이란 결론을 이끌어내었다. 탈레스 이후에도 그리스의 많은 철학자들은 한동안 세계의 기원에 관한 문제에 매달렸다. 세계가 무엇으로 되어 있는가에 대해 나름대로 견해를 덧붙였다."174) 근원에 대해 처음에는 물질세계로부터 가장 공통적인 요소를 추출하여 물, 불, 공기라고 하였지만 후기의 아낙시만드로스(B.C. 610~546) 같은 자는 "물과 같은 흔한 사물은 우주의 기원이 될 수 없다고 보고 '경계를 그을 수 없는 것,' 그리스어로는 아페이론(Apeiron)이 우주의 씨앗 노릇을 한다고 주장했다."175) 따라서 근원적인 문제는 결국 물질적인 것인가, 비물질적인 것인가로 압축되는데, 이런 사고 과정을 참고해서 보다 합리적으로 설명하기 위해서는 반드시 창조란 개념을 보태어 창조가 어떻게 이루어진 것인지를 밝혀야 한다. 그리해야 세계의 창조 기원이 결정적인지 비결정적인지를 판가름할 수 있다. 왜 물은 결정적이고 우주의 기원은 아페이론이 되어야 하는 것인지 알게 된다. 물질은 확실한 존재 근거를 확보하고 있다. 그런데 이 존재가 어

---

173) 앞의 책, pp.36~37.
174) 『아리스토텔레스 & 이븐 루시드』, 앞의 책, pp.34~35.
175) 위의 책, p.35.

떤 가공 절차도 거치지 않은 원 모양대로라면 현 존재는 그야말로 근원적인 바탕체이므로 물질 외 다른 요소가 개입될 수 없다. 이런 생각을 근거로 대류를 조장한 것이 유물론적 세계관이다. 물질을 근본적인 요소로 보고 다른 것은 부차적인 것으로 본 관점이다. 주장한 대로 창조가 없었다면 뭇 존재는 그 자체로 원질인 것이 맞다. 어떤 말미암음에 대한 과정도 없다. 그러나 세계가 갖춘 조건을 보면 뭇 존재는 결코 그렇게 존재하고 있지 않기 때문에 일체 말미암음에 대한 과정을 추적하면 그것이 그대로 창조된 사실에 대한 확인이 된다. 비록 생성, 변화, 진화, 변증성에 대한 논거들이기는 하지만 그 같은 운동을 일으킨 주된 원동력은 창조에 있다. 존재 이면의 形而上學적인 실체를 추적한 부류는 예외 없이 창조 문제를 탐문한 것이다. 플라톤이 주장한 이데아설, 왕필이 내세운 귀무설(이무위본),176) 아낙시만드로스가 말한 아페이론 등은 모두 세계의 창조 기원을 추적한 사고 유형이다. 칸트는 우주론적 神 현존 증명 방법을 모색하는 과정에서 "만일 무엇이건 그것이 현존한다면 절대적으로 필연적인 존재도 현존해야만 한다고 전제하였다."177) 현 존재자를 근거로 해서 절대적인 필연자를 추적한 것은 창조된 근원을 인식하고자 한 것이다. 현재의 존재가 그냥 존재하지 않았다는 사실을 추적한 필연성 인식이다. 현 존재와는 차원이 다른 神은 방정식을 푸는 것처럼 지금 존재한 사실을 근거로 조건화시킬 수 있다. 즉, 현 존재가 갖춘 결정성을 통해 창조의 근거를 추적하고 보면 神은 궁극

---

176) 以無爲本: 無를 근본으로 삼음.
177) 「칸트 순수이성비판의 신 현존 증명 불가능성에 관한 비판적 고찰」, 엄태영 저, 서강대학교 대학원 철학과, 석사, 2003, p.14.

적인 본체자로서 형태가 지극히 단순, 불가분적, 창조되지 않은 하나, 一者란 것을 알 수 있다. 존재는 無가 아니고 有란 사실로서도 창조를 강력히 시사한다. 세계는 창조로 인해 有했기 때문에 창조 이전의 근원은 無인 것이 맞다. 창조된 존재는 有이기 때문에 無한 데서 나타났다. 無와 有를 구분하는 데 창조가 개입되어 있어 無는 오히려 천지가 창조된 사실을 명확하게 하는 기준이다.[178] 無는 창조된 삼라만상과 인과관계를 끊어서 적멸케 한 차원적인 본질 벽이다. 그래서 세상에서 오직 有만 존재할 수 있게 한 창조 역사를 이루었다. 왜 유생어무(有生於無)인가? 창조 본질이 본래 有하기 때문에 창조 이전은 생성상, 논리상 無이다. 無가 곧 神이다. 一者, 하나도 無이다. 생성 이전이고 존재 이전이라 無이다. 왜 無가 근원된 것인지 알아야 선현들이 창조의 근원성을 추적하기 위해 치열한 논거를 펼친 것인지 알게 된다.

주자는 "사람이 자신 속에 본성이 있는 줄은 알면서도 그 근원이 하늘로부터 비롯됨을 알지 못하고, 또 어떤 사물에 그 도리가 있음은 알면서도 그 본성에서 유래됨은 알지 못하며……"라고 하였다.[179] 만물이 말미암은 존재이고 세계가 생성 중에 있다는 사실을 자각했다. 여행가가 세계를 일주하고 있는 중이라면 어제는 런던에서 전화를 했지만 오늘은 파리에서 할 수도 있다. 그래서 불교에서는 연기적으로 의존하기 때문에 현 존재는 고정된 실체가 아니라고 했다. 환(幻)이요, 일체법의 진실된 모습(諸法實相)은 空이고 무자

---

178) 존재를 가장 확실하게 부각시킬 수 있는 배경은 無임.

179) 『중용집주』, 一章註-『동양철학의 본체론과 인성론』, 동양철학회 편, 연세대학교출판부, 1990, p.36.

성(無自性)이다. 그런데 空의 진실된 모습은(實相)? "마음과 언어 작용이 끊어진 것이고, 남도 없고 멸함도 없고 적멸함이 열반과 같다."180) 제법실상 역시 알고 보면 연기법에 근거한 말미암음에 있다. 창조에 의해서만 가능한 창조 이전의 실상을 엿보았다. 왜 일체 인식이 끊어져 남도 없고 멸함도 없는 것인지 설해진 法을 보고서는 이해할 수 없지만, 본의를 통하면 창조 이전의 실상을 인식했다는 것을 알게 된다. 철인들은 자연의 질서와 합목적성을 통해 창조자를 추론하였는데, 창조를 모른다면 현 질서가 지닌 요건이 아무리 창조자를 시사할 정도로 조건을 갖추었더라도 추론하는 것 이상은 넘어설 수 없다. 천지를 창조한 근원성을 확인하기 어렵다. 그래서 有無는 세상 질서와 합목적성의 발생 여부를 가늠하는 기준이다. 근거한 실마리만 더듬어서는 끝까지 창조된 근원을 찾을 수 없다. 현 질서 이전에 존재한 사실을 알아야 神과 천지창조 역사를 증명할 수 있다.

이 같은 논거 사례로서는 위진시대의 현학(玄學)을 대표한 왕필(王弼, 226~249)에게서 찾을 수 있다. 『노자도덕경주』에서 그는 "만물 본체를 無로 삼아 여기에 의지하여 현상의 나타나는 것을 설명하였다. 만물이 나는 것은 無로부터이므로 無를 떠날 수 없고, 만약 떠날 수 있다면 근본을 떠난 것이기 때문에 죽은 것이라고 하였다. 사물이 존재한 양태는 달라도 모두 근본이 되는 하나[一]에 근거하고, 내재된 이치를 관통한다. 그래서 하나를 파악하면 세계를 파악하는 것이 된다."181) 하나인 근본으로부터 천지를 다양하게 한 본

---

180) 『중론』, 용수 저, 18: 7; 『원효와 하이데거의 대화』, 김종욱 저, 동국대학교출판부, 2014, p.93.
181) 「송대 이학의 본체론에 끼친 불교의 영향」, 권선향 저, 동국대학교대학원 불교학과, 박사, 2012, p.65.

말(本末) 관계를 명확히 했다. 천하 사물이 無를 本으로 삼았다(以無爲本)고 한 것은[182] 아우구스티누스가 주장한 無로부터의 창조설과는 성격이 다르다. 아우구스티누스는 창조의 근원을 無를 통해 끊었지만 왕필은 이었다. 우리는 그들이 각자 펼친 논거의 진의를 알아야 하는데, 아직까지는 부족한 점이 많다. 이유는 왕필 자신도 존재 창조의 근원성은 추적했어도 神은 보지 못했다. 노자는 말하길, "無는 천지의 시원이고 有는 만물의 어미다"라고 했는데,[183] 왕필은 여기에 더 보태어 "有는 모두 無에서 시작하므로 형(形)이 아직 없고 이름이 없는 것이 바로 만물의 시작이며, 形과 이름이 있을 때는 그것을 자라게 하고 길러주고 형통하게 하고 양육시켜 그 어미가 된다고 하여"[184] 有와 無가 지닌 차원적인 차이를 갈파하였다. 왜 無를 창조의 근원으로 삼았는가? 주자는 말하길, "주염계가 太極의 발단 시초를 無極이라고 한 것은 太極 위에 다시 太極의 근원을 찾지 못하게 하기 위함이다"라고 하였다.[185] 창조를 이룬 근원은 창조되었기 때문에 현 존재와는 차원이 다르다. 강물은 흐르고 흘러 줄기를 이루지만 그 발원지는 정작 땅으로부터 솟아오른다. 현 질서는 철저한 인과법칙으로 운행되지만 그 질서를 있게 한 근원은 인과 자체가 아예 없다. 그래서 창조를 실현한 근원 자리가 될 수 있다. 끊어진 상태이고 無하기 때문에 왕필은 "道가 無形, 無名으로 만물을 출발시키고 이루어 주었지만 만물은 그렇게 시작되고 이루어져 까

---

182) "天下之本 …… 以無爲本."-『노자주』, 40장, 왕필 저.

183) "無名天地之始 有名萬物之母."-『노자도덕경』, 40장.

184) 『노자도덕경주』, 1장.

185) 「주자의 본체관에 대한 연구」, 박종하 저, 성균관대학교유학대학원, 석사, 2009, p.41.

닭을 알지 못하므로 이런 道를 현묘하고 또 현묘하다고 하였다."186)
주자는 "성인은 천지 만물의 근원을 太極이라 하였고, 근원적 존재
가 지닌 상태는 소리도 없고 냄새도 없어 주염계가 無極으로 표현
한 것이다"라고 하였다.187) 궁극적인 근원은 오히려 형태도 없고 질
서도 없고 인과도 없다는 역설, 이것이 삼라만상이 갖춘 본 모습이다.
무언가가 역사되었기 때문에 그것이 창조이고, 창조되었기 때문에
존재가 있다. 천하 만물이 有에서 생기고 有는 無에서 생겼다.188)
道를 깨친 곳에 하나님의 계시가 있었고 말씀이 머물렀다. 그렇게
역사된 말씀의 진의를 아직도 이해할 수 없는가? 어차피 창조의 근
원은 無이므로 어떤 형체도 없다. 모습을 보고 말씀이 주어질 것을
기대할 수는 없다. 선각들의 치열한 깨달음 속에 뜻이 감추어져 있
었나니, 이것을 발견해서 알아차려야 한다. 하나님의 창조 역사는
존재론 탐구의 알파이고 오메가이다.

4. 존재 창조의 변증 시스템

『노자도덕경』 42장에서는 道生一, 一生二, 二生三, 三生萬物이
라고 하였다. 천지 만물이 어떻게 생성된 것인가를 밝힌 우주관적
도식화이다. 왜 천지 만물이 道로부터 一, 二, 三이란 과정을 거쳐
만물이 된 것인지 알 수는 없지만, 그렇게 도식화된 것은 무궁한 상
징성을 지녔다. 道는 一者, 空, 梵, 太極, 부동의 동자, 일원상, 한,

---

186) 「송대 이학의 본체론에 끼친 불교의 영향」, 앞의 논문, p.64.
187) 「주자의 본체관에 대한 연구」, 앞의 논문, p.41.
188) "天下萬物生於有 有生於無."-『노자도덕경』, 40장.

神 등등 궁극적인 실재 개념을 두루 내포하였고, 一로부터 二, 三으로의 진행 루트는 수억 년에 걸친 창조 세월을 내포했다. 곧 一의 절대적인 근원성이 어떤 변증 과정을 거쳐 다자화된 것인가를 밝힌 도식이다. 一이 어떻게 변화하여 다자화된 것인가를 알아야 一者, 道, 太極, 神이 천지 만물을 낳은 근원인 것이 입증된다. 하나님이 창조주인 것도 증명할 수 있는데 선천에서는 한계가 있었다. 노자는 道를 도식화시켜 一과 다자 안에서 이루어진 생성 과정을 모두 포함시켰지만, 그렇다고 해서 창조론을 완성시킬 수는 없다. 핵심은 역시 一이 어떻게 多가 되었는가 하는 것인데, 이것까지 밝혀야 가려진 창조 역사의 베일을 벗겨낼 수 있다. 실마리를 풀기 위해서는 인류가 일군 지혜를 총동원해야 한다. 즉, 주자는 말하길, "천지 만물이 一元인 太極으로부터 생성되어 만물이 되는 것은 만물이 一元 상태인 一氣가 음양의 분화와 취산(聚散) 작용을 거쳐서 氣가 분화되었기 때문이다"라고 하였다.189) 근원 바탕인 太極, 一元을 一氣로 도식화시킨 상태에서 一氣가 음양으로 분화되고, 극이 나뉘어 운동 작용을 일으킨 氣가 모이고 흩어져 만물화를 달성했다고 하였다. 노자는 언급한바 一의 다원화 이유로서 一, 二, 三으로의 변증성을 메커니즘으로 삼았다. 그리고 보면 道든 一氣든 만물화되기까지는 소정의 과정을 거친 것이다. 어떻게 一氣가 음양으로 분화하여 생성 운동을 일으키게 되었는가 하면 一氣는 극이 합쳐진 통합성이기 때문이다. 일원에서 다원으로서의 변화 요인에 생성 운동이 자리 잡고 있다.

　그렇다면 생성 운동은 어떻게 해서 일어난 것인가? 無極이 有極

---

189) 앞의 논문, p.89.

화된 太極이 되고, 一極인 太極이 음양으로 양극화되면 생성이 있
게 된다. 一을 다자화시킨 핵심 작용력은 분화 작용과 생성 운동이
다. 하지만 一이 생성 운동으로 다자화되기는 했지만 그렇다고 100%
다자화된 것은 아니다. 아무리 다자화되어도 一은 본체자로서 불변
하다. 이 같은 道가 천지 만물을 낳았다. 여기에 구축된 창조 역사의
위대한 시스템이 있다. 창조 역사는 지극한 지혜 시스템이다. 一의
다자화 창조에 시스템화가 있다. 창조를 일으킨 근원은 불변하고,
창조로 인해 드러난 만물은 변증된 化이다. 化되다 보니까 만물과
현상에는 생멸이 있게 되었다(본체가 아님). 불변은 본체자인 하나
님밖에 없다. 창조된 만물이 시스템적으로 구축되어 있다 보니까 분
열이 끝나면 극도 멸하여 無가 된다. 하지만 그것만으로 끝이 아니
다. 바탕 된 본질은 남아서 존재한 상태이다. 一者인 통합성이 삼라
만상을 생성시키고도 자체는 여여한 것처럼 만물도 그와 같다. 하나
님이 불변하시듯 본질에 근거한 만물도 영원한 것은 마찬가지이다.
化된 관계로 생멸은 있지만 바탕 된 본질까지 진멸한 것은 아니다.
절대자인 하나님은 一元으로서 생멸 없이 존재하고, 창조된 우리는
생멸 과정을 거쳐 생성 에너지를 끝없이 충전시킨다. 그것이 창조
역사로서 구축한 변증 시스템의 실상이다. 有한 본질은 온통 無로
둘러싸여 있어 사라진다 해도 소멸할 퇴로가 없다. 그러니까 창조는
오직 有만을 본질로 했다. 有할 수 있게 구안된 시스템으로 인해 一
元이 다원화되었다. 세계가 쉬지 않고 생성할 수 있도록 구조화된
것, 그것이 곧 창조이다. 그리고 삼라만상이 각양각색인 것은 一元인
본체가 창조를 위한 뜻과 목적을 위하여 분화, 분열, 결정되어서이
다. 一者와 다자와의 관계는 창조의 근원을 파고드는 문제와도 연관

되어 있어 一者가 다자화된 비밀에 하나님으로부터 구안된 창조 시스템이 있다. 이것이 곧 본의에 입각한 一者와 다자와의 관계 도식이다. 아리스토텔레스는 사물의 변화를 가능태에서 현실태로의 전화(轉化)로 파악했는데,[190] 이것도 알고 보면 무궁한 생성 작용이 원동력이 되고, 변화를 일으킨 근본적인 작용력은 化된 창조 시스템에 있다. 가능태가 절로 현실태로 전환된 것이 아니다. 一者인 통합성의 분화로 운행할 수 있게 된 변증 시스템이다. 그래서 생성 작용은 곧 창조의 본질을 이룬다. 생성 작용이 온통 시스템적으로 작용한 하나님의 지혜와 뜻과 의지와 원리성을 표출시켰다. 진화 시스템과는 질이 다르다. 이런 차이를 지성들이 감별할 수 있어야 했다. 혹자는 一者가 다자화됨으로써 "一卽多로 가는 길은 있지만 多卽一로 회귀하는 길은 없고, 인간이 神이 될 수 있는 길도 막혀 있다고 하였는데",[191] 만물을 창조한 근원 바탕이 어디에 있었는가? 하나님에게 속해 있기 때문에 우리는 반드시 하나님에게로 돌아갈 수 있는 길이 있다. 인간의 命이 다하고 나면 그것으로 끝나는 것이 아니다. 하나님의 품 안에 안기는 절차가 아직 남아 있다. 無를 근본으로 삼았던 왕필은 "생성자는 '하나'에로 돌아가나니 하나는 결국 없음이라고 하였다."[192] 無를 본체로 한 동시에 道로서도 보았다. 道는 생성 운동을 일으킨 근원이다. 장자는 "사람이 태어나는 것은 氣가 凝聚(응취)한 것이다. 응취하면 살게 되고 흩어지면 죽게 된다. …… 그러므로 만물은 하나이다. …… 천하에 一氣가 관통한다고 하였

190) 『세계관의 역사』, 고전 구 저, 편집부 역, 두레, 1986, p.34.
191) 『근대 동서 존재론 연구』, 배선복 저, 철학과 현실사, 2007, p.59.
192) 『생성의 도와 선』, 심재원 저, 정우서적, 2012, p.53.

다."193) 이런 유의 각성에 생멸에 대한 지혜가 감추어져 있는데, 그것이 눈에 보이지 않는가? 사람이 生하는 것은 氣가 모여서 된 것이다. 멸에 대한 이유도 마찬가지인데, 氣가 흩어지면 죽는다. 생멸은 氣가 취산(聚散)하는 작용에 있다. 生을 일으킨 氣는 소멸하지 않는다. 단지 모이고 흩어지면서 변화된 것일 뿐, 만물의 氣는 변함없는 하나이다. 천하는 一氣로서 관통된 일체이다. 생성 운동은 인간이 경험을 통해 감지할 수 있는 창조 역시의 모든 것이다. 그런데도 믿지 않는 자들 앞에 우주 역사의 한가운데서 태초의 창조 역사를 다시 한번 경험할 수 있는 때가 도래할 것인데, 그것이 바로 하나님의 권능으로 이룰 세계의 대 통합 역사이다. 태초의 창조 역사는 마련한 통합성으로부터 삼라만상을 분열시킨 역사이고, 오늘날 완수한 지상 강림 역사는 분열될 대로 분열된 선천 역사를 통합시킬 역사이다. 창조 역사가 분열된 선천 역사의 첫 시작이었다면 통합 역사는 후천 역사의 첫 출발선이다. 그것이 바야흐로 이룰 새로운 창조 역사이고, 인류가 풀어 나가야 할 향후의 대 역사적 과제이다. 통합 역사는 이 시대에 온 인류가 경험할 천지창조의 재현 역사이다. 하나님이 인류 사회와 진리 세계와 분파된 역사를 통합할 수 있다면 예나 지금이나 창조 역사를 주관한 절대적 권능자인 것을 완전하게 입증한다. 하나님은 一者로서 삼라만상 일체를 있게 한 전능한 창조주이시다.

---

193) 『장자』, 知北遊;『동양철학의 본체론과 인성론』, 앞의 책, p.51.

제11장 세계의 창조 원리

1. 존재 창조의 단계 구분

창조란 무엇인가? 창조는 차원적인 변화, 곧 化이다. 하나님의 존재 본체가 변화하여 化한 것이 만물이다. 본의를 알진대 어떻게 化한 것인지 그 단계를 구분할 수 있다. 구분하고 보면 세계와 존재의 본질을 속속들이 알 수 있다. 창조 역사는 본체를 化되게 하여 변화를 일으키게 한 것이 주된 작용인데, 이 같은 역사 과정을 선천에서는 알아채지 못했다. 만물은 차원적인 변화 과정을 거쳐 창조되었고, 하나님의 본체가 차원적인 변화 과정을 거쳐 만물화된 것이다. 창조 역사는 차원적으로 실현된 것이 전부이다. 왜 차원적인가? 무형인 본질로부터 유형인 존재로 이행되어서이다. 그러니까 萬化되었지만 주체는 어디까지나 하나님에게 있고, 하나님이 근본이다. 창조 이전에는 복잡한 수식 없이 근본은 하나이고 一者라 해도 무리가 없었는데, 창조로 인해 다자화된 것이 만물이다. 당연히 분화되고 분열한 과정을 거쳤지만 아무리 분리되고 나뉘어도 하나로부터의 나뉨이고, 수없이 생성되었지만 하나인 불변성은 어떤 변화도 없다. 그래서 생성된 과정 일체를 化로서 규정한 것이다. 이 기준만 확고하게 자리 잡고 있다면 선현들이 펼친 어떤 복잡한 창조 논리의 숲도 헤쳐나갈 수 있다. 주염계는『태극도설』의 우주도(宇宙圖) 아래에 '만물화생(萬物化生)'이라고 적고, "우주의 시초와 종말, 즉 無極과 太極에서 사물이 생겨나서 전체를 이루고 서로 움직이는 것에 대한 과정을 일관되게 표현하였다."194) 우주 만물이 화생된 과정을 단계적으로 구분한 것은 동서고금을 통틀어 성경의 창조설을 원리적으로 뒷받침한 최고의 탁견이다. 만물이 소정의 과정을 거쳐 화생되었다는 뜻인데, 그것이 곧 無極→太極→陰陽→五行→萬物로 이어놓은 생성루트이다. 만물이 존재하기 위해서 거친 변증 과정으로서 이 절차를 역으로 추적하면 태초의 창조 역사가 어떻게 이루어진 것인지 알게되고, 궁극적인 작용처로 존재한 하나님까지 엿볼 수 있다. 이것을 이 연구가 계시된 본의에 입각하여 無極=절대 본체, 太極=창조 본체(통합 본체), 陰陽(五行)=존재 본체로서 구분하고자 하거니와, 이것은 하나님이 자체 존재에 근거해서 천지를 창조함으로써 본체가 변화를 이룬 단계를 구분한 것이다. 아울러 천지가 창조된 과정 내지 원리성과도 맞물려 있어 어떻게 불변한 본체가 화생하게 된 것인지에 대한 이유도 되기 때문에 만물, 만상, 만생이 존재한 이유와 변화

---

194) 『주희 중국철학의 중심』, 조남호 저, 태학사, 2004, p.111.

과정을 판단할 수 있는 바로미터이다.

『태극도설』에서 명시하였는데도 불구하고 통상 "太極은 만물의 본체이고 음양은 최초의 현상 발현인 것으로 이해하지만",[195] 이것은 만물이 화생된 과정을 온전히 파악한 것이 아니다. 창조로 인해 현상계와 본체계로의 구분이 불가피하였던 것이기는 하지만, 그 같은 구분이 정확한 것은 아니다. 하나인 본체계가 창조되는 과정에서 현상계로 이행하게 되어 생겨난 개념이지 본체계 자체가 양분된 것은 아니다. 본체는 어디까지나 절대적인 존재라 근원성이 훼손될 수 없다. 따라서 太極으로부터 음양으로 양의(兩儀)된 것은 無極으로부터 이행된 無極의 극화 단계, 즉 太極의 창조 본체화 이행이다. 그래서 理氣 개념을 그냥 形而上과 形而下로 구분한다든지, 체용(體用)을 본체와 작용, 제1성 존재와 그 파생, 보편 초월적인 존재와 현상계적인 구체 존재로 규정한 것은 미비한 점이다.[196] 창조에 대해 상세한 단계 구분과 본의를 알아야 보편 초월적인 본체와 파생된 현상계적 구체 존재를 긴밀하게 연결시킬 수 있다. 선천 인식은 창조 개념이 미비된 관계로 본체와 현상, 체와 용이 따로국밥이었다. 본체는 절대적이면서도 일체의 현상을 일으키는 바탕 근거로 존재하나니, 절대 본체의 존재성과 창조 본체의 작용성을 구분하는 데 창조 역사의 대 원리 파악이 있다. 모든 원리 인식은 존재를 설명하기 위한 이론으로 창조 역사가 기본적인 바탕이다.

왕필은 「유무론」에서 "1단계는 원기(元氣)가 아직 形을 이루지

---

195) 「주자의 본체관에 대한 연구」, 앞의 논문, p.29.

196) 「주자의 체용이론에 관한 연구」, 용남 저, 성균관대학교대학원 동양철학과 철학전공, 박사, 1992, pp.1~2.

못한 상태이고, 2단계는 형은 이루었지만 이름이 아직 붙지 않은 상태이고, 3단계는 이름까지 정하여진 상태라고 하였다."[197] 존재로서 형을 이루고 이름을 명명하기까지는 반드시 소정의 과정을 거쳐야 했다는 뜻인데, 창조 역사도 그 같은 작업 과정을 거쳐야 한 것은 마찬가지이다. "공허 속의 무작위적 요동, 즉 無에서 존재로 변한 것처럼 보이지만",[198] 알고 보면 감추어진 사전 작업 과정을 거쳤다. 그것이 形而上學적인 근거가 된 것인데, 정확하게 표현하면 無極에서 太極으로의 이행, 즉 절대 본체로부터 창조 본체로의 변화 과정이다. 有無를 가른 창조를 기준으로 삼고 보면 그야말로 공허 속의 무작위 운동이고, 無로부터 갑자기 나타난 것처럼 보이지만, 하나님의 존재 본체가 선재해 있었다는 사실을 알면 본체 존재의 절대성을 시인할 수 있다.

이것을 창조된 절차에 따라 구체화시켜 보면, 하나님은 창조주로서 절대적인 권능을 지녔음에도 불구하고 창조를 뜻하지 않은 때가 있었는데 그것이 다름 아닌 無極인 본체 상태이다. 그런데 사랑을 발동하여 창조를 이루고자 자체 본체에 변화를 일으켰는데, 이것이 창조를 위해 사전에 거친 無極에서 太極으로의 이행 과정, 그러니까 절대 본체에서 창조 본체로의 단계적인 변화 작업 과정이다. 이로써 하나님은 창조에 필요한 소프트웨어적인 계획을 세우고 하드웨어적인 질적 바탕을 마련하였다. 이에 소프트웨어에 해당한 것이 하나님이 발한 창조 뜻이고 지혜이며 목적 의지이다. 그리고 하드웨어적인 요소는 하나님을 구성한 존재 본질로서, 구축된 유극화된 太極

197) 『생성의 도와 선』, 앞의 책, p.54.
198) 『세상은 왜 존재하는가』, 짐 홀트 저, 우진하 역, 21세기북스, 2013, p.60.

본체가 곧 창조 본체이다. 창조 본체는 창조를 실현하기 위해 모든 것을 구비시킨 통합성 본질로서, 지성들이 추적한 궁극적 실재, 즉 一元, 一者, 神이다. 이 같은 준비 과정을 거쳐 최종적인 命에 의해 천지가 창조되었는데, 결과로서 구축된 것이 만물의 바탕이고 근원 된 존재 본체이다. 존재 본체는 온갖 현상을 이루고 뭇 존재를 존재 이게끔 한 원리 법칙의 결정 인자이다. 창조를 실현시킨 단계 구분 은 정확한데 선천 진리론은 이것을 확실히 알지 못해 논란을 일으켰 고, 결론을 내리지 못하여 진리 세계가 안개에 가렸으며, 창조 권능 을 아무도 확인하지 못했다. 하지만 이 연구가 밝힌 구분은 확실한 창조 단계로서 선천에서 일군 창조 논리에 대해 잘잘못을 판가름하 는 심판 역할을 한다. 살펴보면 "一者의 철학자들은 모든 실재는 오 직 一者 하나뿐이라고 했는데",[199] 이것은 一者가 지닌 절대성을 강조하고자 한 의도이기는 하지만, 창조 단계를 무시한 관계로 세계 를 정확하게 판단한 것일 수 없다. 一者를 초월자로, 그리고 다자는 의존한 것으로 여긴 것이다. 의존한다는 것이 틀린 견해는 아니지만, 一者에게 가치를 집중시켜 기독교에서처럼 세계를 피조체로 보고 불교에서처럼 제행은 무상한 것이라고 여겼다. 동양의 선현들은 이 런 문제들에 대해 치밀하게 고심하였다. 一者를 절대 본체로 여긴 문제점에 대해 주자가 일침을 날렸는데, "無極을 말하지 않으면 太極은 현상계의 한 사물 같아져서 모든 변화의 근본이 되기에 충분하 지 않고, 太極을 말하지 않으면 無極은 공적(空寂)에 빠져 모든 변 화의 근본이 될 수 없다고 지적하였다."[200][201] 절대 본체와 창조 본

199) 『세계철학과 한』, 앞의 책, p.28.
200) 『주희 중국철학의 중심』, 앞의 책, p.112.

체를 구분해서 각자 지닌 존재 특성을 인식하였다. 이런 구분은 창조 이전에 존재한 절대 본체가 선재된 사실을 통해서도 확인할 수 있다.

주자의 영향 아래 있는 조선시대의 이황 선생은 "생성 현상 배후에 생성하지 않는 理를 본체로서 상정한 해석을 하였는데, 이것을 일명 주리론(主理論)이라고 한다."[202] 理가 만물을 있게 한 본체인 것은 맞지만 그것이 절대 본체인가, 창조 본체인가? 太極과 無極을 구분하는 것은 理가 無理인가, 有理인가의 여부에 달렸는데, 無極은 극의 발생 이전이고, 太極은 극을 갖춘 상태이다. 곧 太極은 有理를 갖춘 것이므로 理 본체와 동일시되며, 그 太極과 理는 다시 창조 본체에 해당된다. 이에 주자는 "무극이태극(無極而太極)을 무형이유리(無形而有理)로 해석하고",[203] 太極의 창조 본체 자리를 확고히 하였다. 이것은 창조 이전에 마련된 창조 과정과 존재한 본체가 있었다는 의미라, 太極이 자기 자리를 찾게 됨으로써 無極인 절대 본체 자리도 확정되었다. 理란 무엇인가? "理는 본말도 없고 선후도 없다. 그러므로 아직 감응하지 아니했을 때에도 먼저인 것이 아니며, 이미 감응했을 때에도 뒤인 것이 아니다."[204] 현상 세계에서는 본말과 선후가 있지만 理는 그렇지 않기 때문에 창조 이전, 생성 이전인 창조 본체이다. 아리스토텔레스가 현실 세계 이전의 잠재성을 인식한 것, 현상계의 배후에 形而上學적인 실체를 상정한 것도 주자처럼 창조 본체에까지는 못 미치지만 창조 이전의 본체 자리를 추적하고

201) 空寂: 만물은 모두 실체가 없어 생각하고 분별할 것이 없음.
202) 『생성의 도와 선』, 앞의 책, p.315.
203) 『주희 중국철학의 중심』, 앞의 책, p.115.
204) 『율곡전서』, 권10, 「답성호원」;『이황 & 이이』, 조남호 저, 김영사, 2013, p.72.

자 한 목적은 동일하다. 서양철학도 존재의 본질 자리를 염두에 두고 탐구하였던 것은 비슷하다. 이것을 비교하면 理는 그보다 한 단계 앞서 있는 창조 이전 단계이다. 우리가 인식하는 생성 질서 밖이고, 시간 개념과는 무관한 순수 본체이다. 시간적인 질서와 연관 짓는다면 '선재성' 개념도 도입할 수 있다. 만물은 자체로서 理와 존재할 수 있게 한 理로 구성되어 있는데, 그것을 所然과 所以然을 통해 구분하면, 그렇게 존재 혹은 작용하게 한 소이로서의 理가 반드시 필요하다. 되도록 가능하게 한 소이로서의 총체리(總體理)가 선재된 사실을 인정할 수밖에 없는데, 그 같은 창조 본체는 창조 역사와 하나님이 존재한 사실까지 증명한다. 법칙의 선재, 理의 선재, 본체의 선재, 하나님의 선재 사실로까지 이어진다. 神이란 무엇인가? 어떻게 표현할 수 있는가? "動해도 動하지 않고 靜해도 靜하지 않음이 바로 神이요, 神은 만물을 오묘히 통달시킨다."[205] 神이 神만으로 드러날 수 있겠는가? 영원히 불가능하다. 세상적인 질서를 배경으로 해야 존재한 모습을 나타낼 수 있다. 절대 본체-창조 본체-존재 본체 자리가 각자 지닌 자체 자리를 확고하게 다져야 가능하다.

> "오행은 하나의 음양이고 음양은 하나의 太極이며 太極은 無極에 근본한다."[206]

주염계가 오행과 음양을 궁극적 본체인 太極과 無極에 귀속시킨 것은 세계의 근본을 밝힌 것이고, 창조된 근원을 밝힌 것이며, 하나

---

205) "動而無動 靜而無動 神也物則不通 神妙萬物."-『통서』.
206) "五行一陰陽也 陰陽一太極也 太極本無極也."-『태극도설』.

님이 태초에 천지를 창조하시니라고 한 계시 뜻을 뒷받침한 것이다. 세계가 생성하고 있는 중이라면 극이 생겨서 생성하기 이전, 즉 有極인 太極의 존재 근원은 無極이다. 太極 이전에 無極이 존재했다는 것은 밝힌바 하나님이 창조를 뜻하지 않은 때가 있었다는 것으로 절대적인 존재 자리가 있은 것이 확실하다. 그것은 현상 세계의 생멸 작용과는 무관하다. 이 자리를 이 연구가 명백하게 확정 짓고자 한다. 이것을 어떻게 확인할 수 있는가? 존재가 생멸하고 나면 無로 돌아가는 것을 통해서이다. 멸하면 無化된다. 無極인 절대 본체로부터 말미암았기 때문에 생성이 다하면 다시 無極으로 돌아간다. 극이 다하여 돌아가는 것일 뿐, 존재를 있게 한 씨앗은 그대로이다. 이것이 절대 본체가 존재한 명백한 근거이다. 만물은 하나님의 본체가 化되므로 생성하는 과정을 지녔고, 하나님은 절대 본체로서 알파와 오메가를 가졌다. 그래서 우주가 시스템상으로 영원하게 생성한다. 근원된 본체가 불변한데 창조된 우주가 소멸할 리 있겠는가? 생멸 현상은 지혜로서 구조화시킨 시스템으로서 꽃이 피고 지는 것처럼 본체는 영원할 뿐이다. 현상계의 생멸 현상이 불가피한 것처럼 인류 역사가 선천 질서를 마감한 것은 종말이 아니다. 새롭게 피어나기 위하여 결실을 이룬 문명 역사의 씨앗이다.

근본적인 절대 본체 존재가 확고할진대 그로부터 갈래지어진 제 현상을 판가름하는 것은 부차적이다. 그래서 우리가 주목해야 하는 것이 주자학의 無極으로부터 발원된 창조 과정을 理氣론으로서 재해석한 것이다. 그렇게 해야 하는 필요성은 절대 본체가 창조 본체로 이행된 과정에서 창조의 직접적인 요인이 된 理와, 결과로서 드러난 氣와의 관계를 상세히 구분할 수 있기 때문이다. 주자의 선구자인 정호, 정이도 理와 氣를 중심 개념으로 삼고 존재론을 펼쳤고, 정이의 경우 "理를 본체적인 측면에서, 氣를 현상적인 측면에서 설명하기도 했다. 氣의 개념을 더욱 상세하게 파고들었는데, 氣는 理보다 하위 개념으로서 만물을 형성하는 질료이고, 음양의 움직임이라고 설명했다."207) 理氣가 무엇인가에 대해서는 구구한 해석이 있는데, 정확하게 초점을 잡지 못한 것은 선천 인식의 한계이다. 氣는 음양의 움직임이라고도 하고 만물을 형성하는 질료라고도 하는데, 『태극도설』에서 氣는 그 속내를 太極이 양의되어 음양화된 데 두었다. 창조 단계로서 설명하면 창조 본체로부터 존재 본체로의 이행 과정이다. 창조가 없었다면 理는 창조 본체인 단계에 머문다. 그런데 창조 역사의 실현으로 만물을 구성한 존재 본체 단계로까지 이행되었다.208) 그래서 氣는 만물을 이루어 만물의 바탕 본질인 존재 내 본질이 되었다.209) 존재의 구성 요소 중 소프트웨어 부분에 해당하고, 물질은 하드웨어적인 요소에 해당한다. 양 요소는 함께하고 있어 떨어질 수 없다. 어느 한쪽이라도 없으면 존재할 수 없다. 그래서 더 이상의 이행 과정은 없다. 본질 즉시 물질이고 물질 즉시 본질이다. 모든 나뉨은 창조 본체로부터 존재 본체로 이행됨과 함께 완료되었다. 동시에 존재하게 한 의지가 법칙화·원리화·질서화되었다. 이치는 물질이고 물질은 본질이다. 氣의 구구한 해석 가운데는 氣에 대한 유물론적 접근이 대류를 이루었는데, 氣도 그 전체적인 범주는 어디까지나 엄연한 본질적 영역에 속한다. 理가 창조 이전에 존재한

---

207) 「송대 이학의 본체론에 끼친 불교의 영향」, 앞의 논문, p.112.
208) 창조되었기 때문에 理氣가 생긴 것이고, 理氣로서 구분된 것임.
209) 창조 본체가 창조된 존재 안에서 氣化됨.

순수 본질이라면 氣는 만물과 함께한 만상의 특성을 결정지은 본질이다. 理가 이상을 담은 하나님의 뜻이라면 氣는 구체화된 하나님의 뜻이고, 뭇 존재를 뒷받침한 바탕 본질이다. 그래서 정호(명도, 1032~1085)는 음양은 소장(消長)하는 氣이므로 形而下者이기는 하지만, 形而下者는 形而上者와 떨어질 수 없다는 사실을 못 박았다.[210] 理는 진실로 物을 떠나서는 독존할 수 없다.[211]

주사학을 받아들인 조선시대에는 유명한 사단칠정 논쟁이 있었는데, 요지로서 이황은 사단(四端)은 理에서, 칠정(七情)은 氣에서 발동한다고 했다. 이에 대해 기대승은 사단과 칠정은 원래 둘이 아니다. 칠정 가운데 理에서 발동한 것이 사단일 뿐이라고 했다.[212][213] 이것을 좀 더 정확하게 판가름하기 위해서는 창조 단계에 대한 생성적 인식이 보태어져야 한다. 성품을 발동시키고 사단과 칠정으로 나눈 근본은 창조 본체, 즉 理이다. 理가 일체의 성품을 발동시켰다.[214] 근원적인 씨앗은 理가 취했다. 無極, 太極으로부터 陰陽, 五行, 萬物에 이르기까지가 모두 하나인 본체로부터의 이행 과정이다. 그래서 理氣는 아무리 분리되어 있어도 본체는 하나일 따름이다. 理로부터 氣로, 창조 본체로부터 존재 본체로의 이행 과정이다. 그런데 이황은 왜 사단과 칠정을 분리해서 각각 다르게 발동한다고 했는가? 그 이유는 바로 순수 본체인 理의 형통성과 존재 본체인 氣의 국한

---

210) 소장: 쇠하여 사라짐과 성하여 자라남.

211) 『동양철학의 본체론과 인성론』, 앞의 책, p.96.

212) 『율곡전서』, 권14, 「논심성정」;『이황 & 이이』, 앞의 책, p.55.

213) 사단: 仁에서 우러나는 惻隱之心, 義에서 우러나는 羞惡之心, 禮에서 우러나는 辭讓之心, 智에서 우러나는 是非之心. 칠정: 일곱 가지 감정(喜・怒・哀・樂・愛・惡・欲).

214) 일체는 하나인 理에서 발함.

성 때문이다. 仁·義·禮·智는 인간에게 부여된 이상적인 천성이다. 하지만 존재 본질 가운데는 사물을 이루게 한 제한성과 결정성과 국한성이 있어 상황에 따라 喜·怒·哀·樂·愛·惡·欲이 발생했다. 흔히 하나님이 세상을 선하게 창조하였다면 어떻게 죄악이 존재하는가라고 반문하는데, 죄악이 있는 것은 창조에 문제가 있어서가 아니고 인간이란 존재가 지닌 본질의 국한성 때문이다. 그늘진 인욕을 제하고 순수 理와 형통해야 하는데, 벗어나지 못한 제한성때문에 감정상에 굴곡이 생겼다.215) 창조 본체는 만유를 관통하는데 왜 세상 가운데서는 차별이 생기는가? 오직 하나인 본원으로부터 발원되었지만 창조로 인해 되돌릴 수 없게 된 결정성 때문이다. 절대본체와 달리 창조된 만상이 지닌 어쩔 수 없는 국한성이다. 일체가 理에서 발동하여 氣에까지 미치므로 理는 형통한데 氣는 국한이 있어 천지에 변화가 생겼다. 형통할 수 있는 바탕은 마련되어 있지만 형통하지 못하는 것은 인간이 쌓는 노력에 달렸다.216) 이것을 깨우쳐야 인류가 살아생전에 구원의 길을 찾을 수 있다. 사단과 칠정은 둘이 아니고 한 몸 안에서 발동한 것이지만, 개개인의 신념과 의지력에 따라 각각 다르게 발동된다. 여기서 무엇이 나뉜 것이고 속한 것인가 하는 것은 실체가 지닌 근원성을 따져보아야 하는데, 理氣는 분명 하나인 본체로부터의 이행이지 양의된 분화가 아니다. 단계가 이행되므로 실체, 개념, 인식적 구분이 있게 되었다. 근본은 하나인

---

215) "이황이 사단과 칠정을 理와 氣로 나누어 설명한 것은 사단은 순수하고 칠정은 그렇지 않다고 하는 데 기인한다. 사단은 도덕적인 감정이기 때문에 순선무악하고, 칠정은 감정 일반을 가리키기 때문에 善한 경우도 있고 惡한 경우도 있다."-앞의 책, p.47.

216) 理와 本然之性에 속한 사단은 자기 존재의 형통성에 의해 천성이 발휘된 것이고, 氣와 氣質之性에 속한 칠정은 자기 존재의 국한성에 의해 굴곡과 차별이 생겼다.

데 존재 본체에 이르러 온갖 분화와 분열 운동이 일어났다. 무엇이든지 첫 출발점은 一者이고 하나이다. 하나인 절대 理로부터 太極理와 존재 理[氣]로 이행한 것이지, 하나로부터 곧바로 理氣로 나뉘지 않았다. 창조 理가 시스템화된 것이 곧 氣이다. 사실상 존재한 본질은 창조 본체의 氣化이다. 그래서 모든 化가 생성을 마감한 즉시 본체계로 돌아갈 수 있다. 萬化되었지만 본체에는 아무런 변화가 없다. 그래서 化됨이다. 분리될 수 없는 理氣가 분리된 것은 하나가 나뉜 것이 아니며, 생성으로 인해 변화되었기 때문이다. 서양에서는 데카르트가 物心을 이원화시켰지만, 그렇게 해서 분리된 物과 心은 理氣와 달리 하등 근원적인 요소가 아니다. 존재를 구성하기 위해서 분화된 요소이다. 분화되었으므로 정신과 물질은 결국 일체이다. 플라톤은 이데아를 세워 현상계와 본체계를 이원화시켰고, 아리스토텔레스는 형상과 질료 개념을 통해 존재 안에 함께한다고 했지만, 양쪽 모두 구분한 것이 명확하지는 못했다. 플라톤의 이원론은 절대적·초월적 본체를 상정한 것이고, 아리스토텔레스는 세계 안에 있는 창조 본체의 존재 양식에 초점을 맞추었다. 어느 쪽도 부분적일 뿐이므로 삼라만상 존재를 모두 밝힌 우주론이 아니다. 하나님이 본체자로 강림하심으로써만 존재계의 비밀을 풀 수 있게 된 창조적 지혜를 얻게 되었다. 그분이 곧 인류를 모든 진리 가운데로 인도하리라고 약속한 보혜사 진리의 성령이시다.

2. 하나 창조 원리

"철학 영역에서는 동·서양을 막론하고 한 가지 공통된 관심사가 있었다. 다자(多者)가 궁극적 실재로서의 一者와 어떻게 관계된 것인가 하는 문제이다."217) 그중 경험 세계는 인간이 살아가기 편리하도록 인격신이 창조하였다고 하면 더 이상 보탤 말이 없다. 이런 신앙을 가진 기독교인들은 천지가 어떻게 창조되었는가에 대해 궁금하게 여기지 않았다. 철학에서도 우리가 경험하는 세계는 불변하고 절대적인 一者 내지 절대의 나타남이라고 보고218) 원리적인 해결 방안을 모색하지 않았다. 이것이 선천의 창조론이 벗어나지 못한 한계성이다. 철학 영역에서는 一者와 다자와의 관계를 추적하여 일정 부분 해소는 하였지만, 근접한 탐구 성과가 있었는데도 불구하고 신앙 체제와는 접목시키지 못했다. 선현들이 각성한 진리 인식이 하나님이 역사한 계시 활동인 것으로 확증하지 못했다. 그렇다고 하나님이 창조주가 아닌 것은 아닐진대 합당한 원리성은 반드시 추적되어야 한다. 지성들은 다자가 一者의 나타남으로 보고 다자를 추론하여 一者를 증명하고자 노력하였지만 구체적으로 이룬 성과는 없다. 창조된 실마리가 그렇게 먼 곳에 있는 것은 결코 아니다. 창조 원리는 어떻게 하나인 근원[一者]이 다양하게 되었는가 하는 묘법을 푸는 데 있다. "形而上學도 알고 보면 一者(the One)가 어떻게 다자(the Many)가 되고, 다자가 어떻게 一者가 되는가의 행위에 대한 서술이다."219) 어떻게 一이 多로, 多가 一로서 변신에 변신을 거듭하였는가? 창조 작용과 생성 역사 때문이다. 그런데 一이 절로 多가 되고 多가 절로 一이 되었겠는가? 세상 이치와 법칙과 구조가 치밀하게

---

217) 『세계철학과 한』, 앞의 책, p.19.
218) 위의 책, p.27.
219) 위의 책, p.12.

짜여졌다. 주자가 太極론을 펼쳤던 것도 알고 보면 形而上, 즉 一者와 形而下, 즉 다자와의 전개 문제에 있어서 본체인 理一과 현상계인 氣多와의 관계를 명석하게 밝혀 천지가 창조된 과정을 논리화시킨 것이다.[220] 그래서 세운 명제가 곧 太極은 오직 천지 만물의 理이다. 천지로 말하면 천지 속에 太極이 있고 만물로 말하면 만물 속에 저마다 太極이 있는데, 그것이 곧 理이다. 그리고 이것이 太極이 지닌 창조 원리이다. 太極이 천지 만물 속에서 저마다의 理로 존재하여 완전하게 太極화를 이루었는데, 理는 천지가 창조되기 이전부터 절대적으로 존재했다.[221] 눈을 씻고 살펴보아도 도대체 어디에 창조 원리가 숨어 있는가? 하지만 太極이 창조 이전에 존재한 선재 理로서 천지 만물의 理인 것은 확실하다. 창조 역사를 실현한 원리란 뜻이다. 어찌하여 그런가? 창조 이전에 존재한 太極, 즉 창조 본체가 창조 이후에도 세상과 함께하고 만물을 이룬 各具 太極으로서 함께한 때문이다. 부모의 유전 인자가 자식에게 전달되는 것처럼 천지도 그렇게 창조되었다. 그래서 창조란 하나님의 존재 본질을 만물을 통해 재현시킨 역사이기도 하다. 하나님의 본성 인자를 빠짐없이 반영하였다. 그렇게 해서 실현된 것이 하나님의 천지창조 역사이다.

주자의 선구자인 정이는 이일분수(理一分殊)설을 내세워 세상의 다양성을 설명하고자 한 논리를 펼쳤다. 세계는 다양한 형태로 존재하지만 그럼에도 불구하고 조화와 균형을 유지한 것은 보편 원리로서 존재한 理[理一] 때문이다. 하나인 理一이 분화하여 다양한 세계를 이룬 관계로 理一이 세계를 컨트롤할 수 있는 보편 원리가 되었

---

220) 「주자의 본체관에 대한 연구」, 앞의 논문, p.61.
221) 『주자어류』, 권1.

다. 만 가지를 조화시킬 수 있는 理一이 존재한 것은 만 가지가 理一로부터 말미암았다는 뜻이다. 여기서 理一이란 창조 본체이고 분수는 氣化된 존재 본체이다. 氣는 만물을 구성한 바탕 본체로서 구체적인 현상과 연관되어 있거니와 만물의 생성, 운동, 변화를 주도하는 존재 본체이다. 그러니까 理一과 분수는 본체와 현상에 해당되어 존재한 차원이 다르다. 당연히 창조를 이룬 주재자와 창조된 피조체도 존재한 조건이 다를 수밖에 없는데, 그것이 하나인 형태 대 다양화된 형태이다. 이것은 창조와 생성이 갈라놓은 구분일 따름이고, 실질적으로는 긴밀하게 병행하고 있다. 실과 바늘처럼 함께 따라 다닌다. 분수의 다양함이 理一에 기인했다. 정이는 "천하의 理는 하나이니 길은 달라도 귀결점은 같고, 생각은 수백 가지라도 일치점은 동일하다. 만물 가운데 만 가지의 다양함이 있고 一에 만 가지의 변화가 있더라도 하나로 모아지는 것을 위배할 수는 없다고 하였다."[222] 화엄에서는 "萬理가 一理로 돌아간다고도 하였는데",[223] 萬理가 하나에로 귀일할 수 있는 길은 오직 하나, 하나인 본체로부터 천지가 창조된 경우밖에 없다. 萬理가 萬理로 된 것은 一者가 변화된 때문이고, 변화하였기 때문에 변화가 끝나면 다시 一者로 돌아간다. 법칙은 그 무엇도 어긋날 수 없다. 萬理의 귀일점이 없고 돌아갈 수 없다면 그것은 창조와 무관하다. 一理로부터 창조되었기 때문에 萬理도 一理로 돌아갈 수 있다. 하나로 돌아가는 것, 그것이 곧 창조이다. 근본으로 돌아가는 것은 창조 본질이 목표로 삼은 구현 원리이다. 창조 논리이고 창조 원리에 대한 각성이라, 동양의 선각들

---

222) 「송대 이학의 본체론에 끼친 불교의 영향」, 앞의 논문, p.168.
223) 정이의 리일분수설은 화엄의 삼법계관에서 힌트를 얻었다고 함-위의 논문, p.168.

이 개척한 이 보옥과도 같은 통찰들이 천지창조 역사와 깊이 관련된 사실을 알진대, 만인은 동양에서 일군 道를 통해서 하나님을 알고 하나님과 함께할 수 있다. 진리 세계 안에서는 문화적 국경이 없다. 하나님은 온 인류를 백성으로 삼고, 온 인류는 격의 없이 하나님의 품 안에 안길 수 있다.

정이는 태초의 창조 역사와 함께하지는 않았지만 이일분수설을 통해 직접 엿본 것 못지않은 창조 논리를 펼쳤다. 천하의 모든 사물이 개별의 특수한 理를 구비한 동시에 개별적인 理는 보편적인 하나의 천리와 일치한다고 말한 것은 전체 우주를 아우른 창조 원리의 구체적 표현이다. 천하에서 모든 사물을 이룬 개별의 특수 理가 보편적인 천리와 일치한다고 지적한 것은 하나님이 천지를 창조, 주재, 함께했다는 말과 같다. 그렇게 가능할 수 있도록 하나님이 창조하셨다. 하나님[天理]이 천하 사물을 관장하셨다. 천지가 하나님의 본체에 근거해서 창조되었기 때문이고, 그렇기 때문에 사물은 개별의 理를 구비함과 동시에 개별의 理인데도 보편적인 天理를 구비했다. 하나님은 천지를 창조하셨지만 홀로 초월적이지 않다. 미물에 이르기까지 바탕성을 제공하였는데, 그것이 곧 절대 본체→창조 본체→존재 본체로까지 이어진 창조 루트이다. 개별 理가 천리를 본유한 것은 창조되었기 때문이고, 하나님의 본체에 근거한 때문이다. "한 사물의 이치가 곧 만물의 이치(一物之理卽萬物之理)이나니",[224] 하나님의 본체가 만물 가운데 편재되고 바탕 되었다. 이것은 하나님이 창조주이신 것을 확인할 수 있는 명백한 근거이다. 하나님 안에

---

224) 『정이』, 안은수 저, 성균관대학교출판부, 2002, p.58.

萬理가 내포되어 있다. 그래서 만물화되었지만 언제나 변함없는 하나인 님이시다. "一心에서 일체 法이 생하였다."[225] 삼라와 만상이 한 法으로부터 드러난 바이다. 한 法이란 곧 一心이다. 一心이 일체 세간과 출세간을 포섭하였는데, 이것이 곧 일법계대총상법문의 體이다.[226] 이 法이 곧 하나님이 창조를 실현하기 위해 자체 본체를 근거로 해서 구축한 원리 바탕이 아닌가? 자식이 옷을 바꿔 입었다고 해서 분별하지 못할 부모는 없다. 부처가 설법했고 부처의 입에서 나온 말이라고 해서 하나님과 전혀 상관이 없는 것은 결코 아니다. 法을 통해 하나님이 원리성을 분명하게 계시하셨고, 지성사에 아로새겨 놓으셨다. 천지를 향해 말씀하셨는데 단지 우리의 귀가 막혀 있어 듣지 못했던 것일 뿐……. 그래서 다시 강조하셨나니 화엄철학에서 설한 一卽多 多卽一, 一中多 多中一이 그것이다. 이 법문을 통하면 多가 하나로부터 창조된 사실을 곧바로 알 수 있다. 多만 있다면 多가 지닌 본질을 알 수 없겠지만, 一卽多이기 때문에 우리는 왜 一이 동시에 多이고, 多가 동시에 一인지 알 수 있다. 多가 一로부터 생성하여 多化되었다. 하지만 아무리 多化되었어도 일말의 여지 없이 즉각 一이다. 생성으로 化되었기 때문에 생성된 과정만 제하면 즉시 一이다. 왜 多가 생성을 통해 化된 것인가? 一은 창조 본체로서 원인과 결과가 함께, 동시에 존재한 것이다(통합성). 분열이 없는 상태로서 원인과 결과도 분리되지 않았다. 이후 존재 본체로 이행된 과정에서 비로소 원인과 결과로 분리되었고, 극도 나뉘게 되어 나뉜 인과가 다시 하나 되기 위해 운동하게 되었는데, 이것

---

225) 『동양철학의 본체론과 인성론』, 앞의 책, p.59.
226) 「송대 이학의 본체론에 끼친 불교의 영향」, 앞의 논문, p.87.

이 분열과 함께한 생성 운동이다. 그래서 존재 본체에서는 먼저 氣에 대한 양의 절차가 있게 되었고, 구축된 구조상 분열 운동이 불가피하게 일어났다. 이 과정에서 본질 내에 에너지가 축적된 관계로 분열하는 힘으로 통합되고 통합하는 힘으로 분열할 수 있었다. 이런 일련의 과정을 통칭해 '생성 운동'이라고 한다. 一과 多는 형태상의 모습일 따름이고, 본질은 아무런 변화가 없기 때문에 多卽一이 된다. 즉 一卽多는 분열이고 多卽一은 통합이다. 순서만 다를 뿐 결국은 하나이다. 인과가 나뉘므로 필연을 낳았고 온갖 세상 법칙을 결정하였다. 혹자는 一卽多 多卽一, 一中多 多中一은 부처의 일면성과 다면성이고 양면성이 서로 상보한 것이라고도 하였지만,227) 하나가 모든 것 속에 있다는 것은(One in All) 일체가 본체로부터 창조되었다는 뜻이고, 모든 것이 하나 속에 있다는 것은(All in One) 창조를 이룬 본체가 일체와 함께했다는 의미이다. 본체와 하나님은 세계와 떠나 있을 수 없다. 왜 一이 多이고 多가 一인가? 多化되었음에도 불구하고 一에는 어떤 변화도 없는가? 그것은 一卽多가 본질의 동일성을 계승한 때문이고, 그렇게 해서 실현된 것이 곧 창조 역사이다. 창조 역사가 하나와 일체를 매개하였다.228) 우주는 一과 多, 多와 一의 운동이고 변화이지만 근본은 하나이다. 一卽多 多卽一은 우주의 본질을 꿰뚫은 창조 원리의 도식화이다. 미비된 창조론을 보완하는 실마리이고 화두이며 一과 만물, 창조주와 세계와의 관계성을 품다. 화엄학은 부처의 입을 빌린 대 창조론이다. 사고의 동일성에 대한 물꼬만 틀 수 있다면 불교와 기독교의 이질성을 극복하

---

227) 『세계철학과 한』, 앞의 책, p.232.

228) 창조를 빼고 보면 삼라만상 일체가 별개이지만, 창조를 더하고 보면 삼라만상 일체가 연관된다.

고 부처님과 하나님을 연결시킬 수 있다. 하나님이 불교의 영혼들과도 함께할 수 있게 되었다.

　유교 영역을 살펴보아도 창조 원리에 대해 치열한 논리 인식과 자각 과정이 있었는데, 왕양명과 동시대를 살았던 나흠순(1465~1547)은 "천지 만물이 모두 一氣가 변화된 것이다. 대개 천지를 통하고 고금을 뻗쳐서 一氣 아닌 것이 없다. 氣는 본래 하나인데 한 번씩 동정, 왕래, 승강을 통하여 끊임없이 순환한다고 주장하였다."[229] 천지 만물을 一氣의 변화라고 한 것은 곧바로 창조를 말한 것이다. 一氣는 곧 천지 만물을 있게 한 바탕 본질이다. 一氣가 변화되었다는 것은 본체에 근거해서 창조되었다는 뜻이다. 어떻게? 순환할 수 있도록 시스템화되었다는 것이 그것이다. 一氣가 만물화되어 순환하는 것은 이행된 존재 본체가 지닌 특성이다. 그래서 창조 원리 면에서 다시 주목해야 하는 것이 만물화된 一氣의 존재 정체성이다. 一氣가 만물 속에서 시스템적으로 순환해도 본래 하나인 氣라고 한 것은 一氣, 즉 본체의 불변성을 강조한 것이다. 부모는 자식을 낳지만 부모는 그대로인 것과도 양상이 다르다. 부모와 자식 간은 유전인자를 물려주는 관계이지만 하나님은 동시적이다. 절대 독립적이면서도 한 치도 빈틈없이 내재화를 달성하셨다. 존재와 본질로서 함께하고 계시다. 동일한 존재 방식이기 때문에 一氣, 一者, 본체의 불변성이 만물의 변화와 化된 창조 본질을 결정했다. 본체의 불변적 특성은 창조를 실현시킨 핵심 근거로서 한민족이 자랑하는 『천부경』이 정확하게 명시하였다. 一析三極無盡本으로서 삼극이 다자를 대표한다

---

229) 『동양철학의 본체론과 인성론』, 앞의 책, p.130.

고 볼 때, 一者가 나뉘어 아무리 다자화되어도 근본인 一은 늘어나거나 줄어든 변화가 없다.[230] 비교하건대 물리 세계에 있는 결정적인 작용 현상과는 다르다. 왜 그런가? 절대 본체→창조 본체→존재본체→만물화된 과정이 결국 하나님 자체의 본체를 변증시킨 과정이기 때문이다. 둘도 아니고 셋도 아니다. 본체가 만물화된 것인데도 본체가 불변한 것이라면 우리가 거한 삼라만상 세계는 도대체 무엇인가? 형태상으로 변화한 것이다. 인간은 나이를 먹으면 모습이 변하지만 그것은 자체의 정체성을 유지시킨 한에서의 변화이다. 본체의 불변성에 너무 치중하다 보니 만물화된 가치가 훼손되기는 하였지만, 그것보다는 존재와 창조에 의한 본질 규정의 비중이 더 크다. 一者는 불변이고 독립된 실재인데 그런 一者가 나타난 것이 만물인 것이라면 논리상으로 모순된 것이 아닌가? 만물이 환상이고 거짓이란 말인가? 이런 의문점 때문이라도 창조 원리를 확실히 알아야 한다. 왜 본체는 불변인가? 불변해야 다자를 낳고 다자를 조화, 통일시킬 수 있다. 본체가 변한다면 전체 세계가 존속할 수 없다. 그래서 만물은 化되었어도 化를 일으킨 본체는 그대로이다. 化는 幻이 아니다. 창조 역사는 시스템화이다. 이것이 법칙으로 결정되어 생성 운동을 일으켰다.

장재는 말하길, 太虛는 氣의 본체이고 氣는 그 작용이다. 따라서 太虛와 氣의 근본은 하나이다. 氣가 응집하면 만물이 되고 만물이 흩어지면 太虛로 돌아간다고 하였다. 즉, 만물은 氣의 응집과 산실로 인해 일시적으로 형체를 갖춘 것이라 가유(假有-실재로 존재하는

---

230) 『세계철학과 한』, 앞의 책, p.209.

것이 아님)이고, 太虛와 氣가 실유(實有)인 것처럼 생각할 수도 있지만,[231] 이곳에 정말 실체가 있고 이치가 있고 진리가 스며 있다. 太虛와 氣의 불변성을 기준으로 존재한 만물의 밑바닥을 살펴보라. 본질적인 참모습이 보이지 않는가? 세상은 결코 제행무상하지 않다. 하나님의 사랑(본체)으로 피어난 아름다운 창조 꽃이다. 하나님이 살아 계시기 때문에 그 위에서 삼라만상이 현란하게 춤을 출 수 있다. 본질의 불변성이 오히려 존재의 변화를 다양하게 하였다. 본질이 불변해야 이것을 근거로 삼라만상이 영원히 존속할 수 있다. 불변성을 바탕으로 하면 현상 세계의 다양한 변화를 꿰뚫을 수 있다. 본체는 하나이고 불변한데 어떻게 삼세 간을 변화시키고 과거-현재-미래로 구분할 수 있는가? 분열 질서란 열차를 탄 인간들이 구분한 것이다. 본체란 열차 자체는 하나로서 여여할 뿐이다. 내가 열차를 타고 세상을 바라본다면 자신이 움직이는 것인가, 열차가 움직이는 것인가, 세상이 움직이는 것인가? 나도 세상도 움직이지 않지만 열차가 움직이니까 그 열차 속에 몸을 싣고 있는 나도 바깥세상도 움직이는 것처럼 느껴진다. 저기 흩날리고 있는 깃발은 깃발이 움직이는 것인가, 바람이 움직이는 것인가, 내 마음이 움직이는 것인가?(육조 혜능) 파도는 어떻게 일어나는가? 아무리 거대한 태평양이라도 결국은 하나로서 연결된 한바다이다. 그런 특성을 지닌 바다 위에서 파도가 한 번 일었다. 그것이 지금의 순간에 존재하고 있는 파도의 본질이다. 이 순간에 접하고 있는 시간도 마찬가지이다. 한 번 일은 파도가 흔적 없이 사라지는 것처럼 이 순간도 지나버리면 먼 시공간 속에 파묻혀

---

231) 「송대 이학의 본체론에 끼친 불교의 영향」, 앞의 논문, p.106.

버린다. 삼세는 현상계를 구분 짓는 감각적인 경계일 뿐, 시공간 전체는 하나일 뿐이다. 一과 多, 본체계와 현상계, 하나님과 피조 세계가 모두 그렇다. 그래서 일으킨 하나의 변화 원리는 그대로 하나의 불변적인 원리가 되고, 창조 원리가 되며, 존재한 원리가 된다. 이 순간에 파도가 한 번 일었기 때문에 지금의 바다와 과거의 바다와 미래의 바다가 구분되지만, 사라지면 과거의 바다도 미래의 바다도 함께 사라진다. 그런데도 파도는 왜 수없이 다시 일어나는가? 아이스크림은 먹으면 녹아 없어진다. 그렇다면 이후로는 아이스크림이 지구 상에서 모두 없어져버리는가? 냉장고 문을 열면 똑같은 아이스크림이 또 들어 있다. 그마저 다 먹었다면 다시 채워놓으면 된다. 그것이 化된 세계의 본질이다. 그렇다면 도대체 무엇이 불변한 것이고 무엇이 변화한 것인가? 변화를 통해 불변한 것을 보고 불변한 것을 통해 변화한 것을 볼 수 있어야 한다. 생멸했다고 해서 없어진다고 생각하는 것은 무지이고 실로 어리석은 망념이다. 그 무지, 그 망념을 걷어내어야 하나가 아무리 만개했어도 불변한 이유를 각성할 수 있나니, 이것은 오직 하나가 자체의 본체를 변화시킨 것 외 다른 방도는 없다(창조 원리). 아무리 다양화되었어도 一이 설정한 테두리 안이다. 一은 一者이자 전체자이고, 하나는 하나님의 존재 테두리, 곧 몸 된 품 안이다. "一者가 본체를 분화시켜 창조 역사를 실현한 관계로 사실성이 불변한 것이고, 자기 충족적·총체적인 그 무엇이다."232) 본체의 분화이므로 아무리 만개했어도 늘고 줄어듦이 없다(一者 그대로임). 세상 가운데 나타남으로써 양태화되고 가현하였지

---

232) 『세계철학과 한』, 앞의 책, p.194.

만 그것은 큰 문제가 아니다. 실상이 곧 현상이고 현상이 곧 실상이다. 원칙적으로는 실상을 통해 현상을 보아야 하는데, 이전까지는 현상을 통해 현상만 보았다. 현상을 통해 실상까지도 볼 수 있어야 한다. 여기에 인식이 불가능하다고 한 실상까지도 볼 수 있는 지혜가 필요하다. 이런 지혜를 세상 가운데서 구할 수 있는 길은? 천지 만물의 일체성(한 몸)과 유일한 본체성을 확인하면 가능하다. 그 길은 어렵지 않다. 천지가 하나인 하나님으로부터 창조된 관계로 만물은 일체이고 일체이기 때문에 하나 될 수 있다. 一卽萬은 위대한 창조 원리의 도식적 표현이고, 萬卽一은 하나님이 유일한 본체자인 사실을 강조한 표현이다. 그래서 유학에서는 학문 추구의 궁극적인 목적을 만물과 일체를 이루는 데 두었다.233) 자체를 분화시켰기 때문에 만물도 일체가 될 수 있다. 만물일체설은 하나, 一者론에 대하여 화려한 옷을 입힌 격이다. 나아가서는 세계가 한 몸을 이룬 존재자란 뜻이기도 하나, 이 같은 사실에 입각해서 동양인들도 하나님의 존재성에 근접하였다. 서양 기독교는 하나님을 절대자로 봄으로써 오히려 하나님과 격리되고 말았지만, 동양인은 만물일체관을 지녔기 때문에 하나님과 함께할 수 있었고, 몸 된 본질성과 창조성을 道로서 각성하였다. 동양의 진리 하늘 아래에서도 하나님이 존재하고 있었다는 뜻이라, 동양의 제민들도 깨닫기만 한다면 하나님을 창조주로서 뵈올 수 있다.234) 하나님을 영접할 수 있는 진리적 기반을 터 닦았던 것이니, 진실로 안목만 틔운다면 즉시 동양의 영혼들도 하나님

---

233) "동양의 유기체적 세계관은 한마디로 말해 만물일체적이다."-「주자의 본체관에 대한 연구」, 앞의 논문, p.3, 81.

234) 하나님이 세상에 존재하지 않고 동양의 제민들과 함께하지 않았던 것이 아니다. 그러므로 존재하고 함께한 사실을 깨닫는 곳에 지상 강림 역사 의미가 있음.

에게로 나아갈 수 있다. 구원될 수 있다.

3. 천인 동일성과 분리성 원리

서양에서는 神이라는 개념을 통해, 동양에서는 天이라는 개념을 통해 천지 간에 존재한 근원성과 파생성을 추적하였는데, 그 가운데서도 동・서양 공히 天[神]과 인간이 동일한 것인가, 아닌가 하는 문제에 대해서는 견해가 분분하였다. 천인 간이 동일한가, 분리인가 하는 것은 천지가 어떻게 창조된 것인가를 묻는 것과 같은 것으로서 우주론의 큰 갈래이다. 창조를 알아야 대답할 수 있는 문제이다. 각자의 주장이 있었는데 어떤 입장을 가진 것인가에 따라 우주론, 인성론, 가치론이 달랐다. 어떤 양상인가 하면 "신플라톤주의를 원용한 중세기 기독교 신학은 一者와 다자를 현격하게 구별해서 선과 악으로 대립시켰고, 에크하르트는 나와 하나님은 하나로서 神과 세계가 상호 분리된 것으로 보지 않았다. 하나님은 만물에게 골고루 나누어주고 만물은 하나님 안에서 모두 동등하며 하나님 자신이라고 하였다."235) 무엇이 옳은 것인가? 앞으로 나아갈 방향은? 다자는 一者와 구별할 수 있는가? 질적인 차이를 극복할 수 있는가? 철저히 구별해야 한다는 입장을 취한 것이 기독교 신앙인데, 여기에 대해 아우구스티누스도 한몫하였다. 하나님(궁극적 존재)을 초월적인 것, 현실 세계와 별개의 어떤 존재인 것으로 규정하였는데, 그렇게 되면 하나님이 정말 초월자가 되어버려 더 이상 인식할 수도, 근거를 찾

---

235) 『세계철학과 한』, 앞의 책, p.47.

을 수도, 증거해야 할 필요성까지도 없어져버린다. 창조주와 피조물로 갈라져 에크하르트처럼 평등성, 동등성을 운운할 수 없게 되고 만다. 믿음만 요구될 뿐이다. 동일성을 취한다고 해도 왜 동일한 것인지에 대한 확인 작업이 필요하고, 증명하기 위해서는 창조된 본의를 알아야 한다. 천인 간의 유사성과 비유사성 문제도 동일성과 크게 다른 것이 없다. 서양철학과 기독교에서는 대개 철저하게 분리시킨 입장을 취했지만, 동양은 견해가 달랐다. 동일성적인 입장을 견지했는데, 단지 왜 동일한 것인지에 대해서는 합리적인 설명을 하지 못했다. 유교에서 펼친 인성론에서는 "인간과 天은 하나인 까닭에 인간의 본성과 天의 본질은 동일하다고 하였다."[236] 동일한 까닭으로서는 天과 人이 하나이기 때문이라고 했는데, 문제는 바로 그 하나에 있다. 하나에 대한 문제를 푸는 데 유구한 선천 세월이 필요했고, 인류의 지혜가 총동원되었다. 대개는 선언한 수준 이상을 벗어나지 못했다. 하나인 그곳에 창조의 비밀이 있는데 그 고를 끝까지 풀지 못했다. 이런 문제를 이 연구가 가닥 잡아서 해결하고자 한다. 온전하지는 못하지만 그래도 동양의 선각들은 동일하다고 본 덕분에 사상 전반에 걸쳐 동일성적 논리를 펼칠 수 있었고, 태도 면에서도 天・地・人과 합일성을 지향하는 데 둘 수 있었다. "以天合天의 경지에 이르면 천지는 나와 함께 生하고 만물은 나와 더불어 하나가 된다."[237] 천인합일에 대해 가능성을 시사한 것은 오직 하나님의 본체에 근거한 창조 역사가 해답을 지녔다. 천인 간이 동떨어져 있다면 어떻게 합일할 수 있겠는가? 창조가 매개 역할을 해야 성취할 수

---

236) 『천명과 유교적 인간학』, 송인창 저, 심산, 2012, p.67.
237) 『동양철학의 본체론과 인성론』, 앞의 책, p.246.

있다. 궁극적인 존재와의 합일은 창조주와 피조체의 관계가 긴밀해야 가능한데, 그 근거가 바로 근원의 동질성이고 세계의 존재성이며 시원의 창조성에 있다. 그래서 "신비가들은 기도와 자기 부정의 고행 속에서 오랜 수련을 쌓은 후에 빛나는 확신의 순간을 경험하였다."[238] 그것이 곧 나와 대우주가 하나이고 일체란 사실을 깨닫는 것이다. 인간은 피조체이지만 하나님으로부터 말미암았기 때문에 일체될 수 있다.

물론 동양에서도 분리성을 주장한 견해가 없었던 것은 아니다. 유교 정주학파의 천인관계론은 두 가지 측면을 지녔는데, 첫째는 하늘과 인간이 동일하다는 면이고, 둘째는 서로 대립된다는 면이다. 하지만 주류는 역시 동일성 관점이다. 본체가 무엇인가에 대한 개념은 견해가 다를 수 있지만 하늘을 우주의 본체로서 인식한 점은 비슷하였다. 하늘에 대해 理이다, 氣이다, 心이라고는 하였지만, 결국 구성한 등식은 동일하였다. 太虛卽氣이다. 一者卽多者, 天卽人과 같은 뜻이고, 동일한 우주론에 근거한 관계로 학문을 추구한 목적도 만물 일체 내지 천인합일을 달성하는 데 두었다. 인욕을 최대 장애 요인으로 보고 수행을 병행하였다. 인욕을 제거하면 天과 합일할 수 있으리라고 굳게 믿었다. 인간은 天으로부터 부여받은 본연지성(本然之性)을 갖춘바 그것은 "인간이 부여받은 천리요, 자연의 본체인 천도와 본래 동일한 理이다."[239] 기질지성(氣質之性)과 비교되는 본연지성은 명백히 존재 본체와 대비된 창조 본체를 본유한 것이다. 본의를 깨우친 자 인간은 창조된 존재이고 그 근거가 하나님에게 있

---

238) 『철학의 의미』, 조셉 G. 브렌넌 저, 곽강제 역, 학문사, 1966, p.178.
239) 『동양철학의 본체론과 인성론』, 앞의 책, p.266.

다는 사실을 알아차린 것이다. "인간의 생존방식[人道]을 궁극적으로 천지자연[天道]을 본받아 설정한 것이라",[240] 천도론=인성론이고 창조론=피조론이다. 동일성은 파생된 것들이 모두 한 원천으로부터 비롯되었다는 뜻이다. 그렇지 않다면 관계성이 성립될 수 없다. 신즉자연은 자연이 神에 근거했다는 뜻이고, 궁극적인 도달점은 바로 신인합일에 있다.

하지만 동일성은 어디까지나 피조체를 기준으로 근원성을 추적한 측면이고, 하나님 입장에서는 그 격이 다르다. "스피노자는 신즉자연이라고 하여 一과 多를 동일하게 여겼는데",[241] 이것은 피조체의 입장에서 神과 자연을 100% 동일하게 본 견해이다. 그러니까 多 속에 一이 파묻혀버려 神의 절대적인 본성까지 자연 속에 완전히 동화되어 버렸다. 본말을 전도시키고 化된 본질마저 망각한 판단이다. 선천 세계관의 한계성이다. 창조는 근거와 변화 동인이 本에 있다. 세계는 그 어디에서도 창조 본체와 함께한다. 그러니까 神은 자연과 동일한 동시에 바탕 된 본체로서 차원을 달리할 수 있다. 같은 데도 달라 인간으로서는 취하기 어려운 존재 양식이기 때문에 神을 초월자라고 하였다. 그래서 에크하르트는 "神과 인간을 구분하지 않은 (합일) 범신론과 입장을 달리하면서 분별을 전제한 합일과 통일성을 주장한 것인데",[242] 아이러니하게도 창조관이 미비된 기독교는 이런 주장을 수용하지 않았다.

그렇다면 왜 지금은 동·서양의 지성들이 고민했던 천인 동일성

---

240) 앞의 책, p.77.
241) 『세계철학과 한』, 앞의 책, p.52.
242) 위의 책, p.49.

과 분리성 문제를 해결해야 하는가? 기독교가 동일성을 거부하고 절대성을 추구한 결과로 인류가 하나님의 위대한 창조 역사를 엿볼 수 있는 안목을 잃어버린 때문이다. 복음을 땅 끝까지 전파하였지만 진리력이 한계점에 이르러 신학적으로 종말을 맞이하였다. 동일성을 확인하고 그 근거를 추적해야 인류가 빠짐없이 구원될 수 있고, 하나님과 함께한 지상천국을 건설할 수 있다. 선현들이 갈망하였고 예시한 유토피아 건설은 인간이 뒷짐만 지고 있는데 하나님이 뚝딱 지어줄 것 같은 요술 궁전이 아니다. 천인 동일성을 반드시 증거해야 하고, 이것이 지상천국을 건설하는 현실적인 방안이다. 재림 문제 역시 마찬가지이다. 예수는 믿은 바대로 하늘로부터 구름 타고 오실 것인가? 어떻게 부활하고 재생, 영존할 수 있는 것인가에 대한 세계관적 근거를 밝혀야 한다. 마치 하나님이 창조 이전부터 절대적인 본체자로 존재했던 것처럼……. 그러나 현재 기독교가 지닌 절대 분리성 신앙으로서는 재림 역사를 실현하기 어렵다. 이 문제를 어떻게 풀 것인가? 들을 귀를 지녔고 판단할 수 있는 사고력을 갖춘 자, 이 연구가 강조한 주장에 대해 관심을 가져야 하리라.

4. 존재 창조의 바탕 원리

神이 초월적인가, 내재적인가 하는 문제는 신론을 세우는 데 있어 관심을 가져야 하는 중요 화두이다. 극단에 치우친 관점 사례로서는 이신론(理神論)과 범신론(汎神論) 등이 있는데, 이신론은 神의 초월성을 주장한 측면이 있고, 범신론은 神의 내재성을 강조한 측면이 있다. 나름대로는 사실성에 근거했지만 본의를 모두 밝힌 것이 아니므로 보완이 필요한 신관이다. 그렇다면 神이 초월된 이유는 무엇인 가? 神이 창조주인 때문이다. 神이 내재된 이유는 무엇인가? 神이 창조 역사를 실현했기 때문이다. 당연히 초월적인 동시에 내재화 되어야 하는데, 측면만 엿본 것은 선천 신관이 지닌 한계성이다. 흔히 神은 인식할 수 있는 대상인가, 아닌가란 문제를 두고 논란을 벌이는데, 神을 인식할 수 없다는 것은 초월자라서이고, 인식할 수 있다는 것은 내재자라서이다. 神은 절대자로서는 인식할 수 없지만 천지를 지은 존재자로서는 인식할 수 있다. 자연신학은 성경 말씀에 의존하지 않고도 神을 인식할 수 있다고 한 관계로 강한 반발에 부딪혔다. 캘빈은 자연신학적인 神 관념을 공격했던 대표적인 신학자인데, 그 이유는 타락한 인간은 전적으로 무능력하여 절대적 계시에 의존한 사색을 통해서만 바른 神 인식에 이를 수 있다고 못 박아서이다. 절대 진리의 표준은 철학도 과학도 아니며, 오직 하나님의 정확무오한 계시 말씀밖에 없다.[243] 이런 기준으로 우리는 神을 얼마나 이해하고 자연 속에 충만된 일반 계시를 분별할 수 있었는가? 부정적일 수밖에 없기 때문에 하나님이 강림하여 창조된 세계를 판단할 수 있도록 역사하셨는데, 그것이 곧 神이 내재된 동시에 초월적인 이유와 작용 원리를 밝힌 데 있다. 神이 초월자인데도 인식할 수 있는 것은 내재된 때문이고, 내재할 수 있는 것은 창조된 때문이다. 창조가 실현되지 못했다면 내재할 이유도 없고, 자연신학도 존재할 필요가 없다. 그래서 내재하는 근거를 찾을 수 있다면 神이 초월자인 것을 확인할 수 있다. 중세 후기의 토마스 아퀴나스 사상에서도 볼

---

243) 『신 존재에 대한 바른 이해』, 백영풍 저, 성광문화사, 1988, p.175.

수 있고 바티칸 공의회에서도 인정했던 것처럼(A.D. 1870) 자연신학의 가능성을 시인한 것은 神의 내재성을 긍정한 입장이다. 神을 인식할 수 없다고 부정한 초월성 계열은 가만히 두면 당연히 神을 인식할 수 없다고 단정할 것이므로, 내재된 이유를 밝혀야만 초월성을 입증할 수 있다. 자연신학적 神 관념을 무조건 공격만 해서는 안 되고, 성경의 말씀을 특별 계시로 믿는다고 해서 해결될 문제도 아니다. 창조에 근거하여 神이 초월적인 동시에 내재된 작용 메커니즘을 밝혀야 비로소 신론을 완성할 수 있다.

"神은 우주를 창조하고 우주와 자연을 통치하며 그 안에 계시고 (내재) 또한 자연 밖에 계시며(초월) 우주를 창조하기 전 자연이 있기 전에 존재한, 영원부터 살아 계신 원인이 없는 최초의 원인이며, 전능한 권능자로서 섭리하신 역사의 처음과 나중이 되는 하나님이시다."244) 하나님은 시공간에 대해서도 자유자재하신데, 그 근거는 절대 본체가 창조 본체와 존재 본체로 이행되어 온 누리에 편만해 계시기 때문이다. 천지가 하나님의 본체에 근거하여 창조되었고, 세계를 구성한 바탕체가 됨으로써 내재하는 동시에 초월하게 되었다.245) 神이 절대적인 초월자로서만 존재할 수 없도록 내재화되었고, 한편으로는 완전한 내재자로만 존재할 수 없도록 초월화되었다. 창조가 없었다면 神이 내재될 것도 초월될 것도 없다. 창조로 인해 바탕체화된 관계로 이것을 근거로 초월성이 부각되었다. 빛이 없다면 그림자도 생길 근거가 없는 것처럼, 초월성은 神이 내재하고 있

---

244) 앞의 책, p.176.

245) 초월성은 본질에 근거한다. 초월성이 분열하는 시공간에서 성립하는 것은 바탕 된 본질이 존재하기 때문이다. 전체가 존재하기 때문에 개물이 있듯, 바탕 된 본질이 있기 때문에 초월성이 있을 수 있다. 존재하는 모든 것을 뒤에서 떠받치고 있는 본체 말이다.

기 때문에 세계 안에서 발휘할 수 있게 된 절대 권능이다. 神이 바탕 된 전체자로서 편만해 있지 않다면 초월성은 사막 위에 피어오른 幻이요, 신기루와도 같으리라. 작용할 수 있는 근거가 어디에도 없다. 동·서양을 막론하고 초월적인 본체자를 상정했던 것은 그 근거가 오직 창조 실현에 있다. 바탕 없는 근원은 존재할 수 없다. 초월은 초월성을 성립시킨 바탕 본체가 있다는 것이고, 본체가 있기 때문에 존재도 있다. 바탕 없는 본체는 있을 수 없는 것처럼 존재 없는 본체 역시 있을 수 없다. 이와 같은 작용이 가능할 수 있도록 실현시킨 분이 창조주 하나님이시다. 스피노자는 "만약 神이 무한자이고 그런 神이 이 세계를 만들었다면 神은 초월적 원인으로 남아 있을 수 없다고 하였지만",246) 이런 생각은 神의 창조 권능과 본체에 근거한 세계 내에서의 바탕성 계승 역사를 간과했기 때문에 그렇게 판단한 것이다. 바탕 위에서 건재한 神의 주재성, 정체성, 초월성을 상실한 신관이다. 神은 창조와 함께 만물화되었지만 그렇다고 아예 흔적도 없이 세계화되어 버린 것이 아니다. 본체는 어디까지나 그대로이고 세계는 化한 모습일 뿐이다. 창조는 시스템적으로 化된 것이기 때문에 神은 세계 안에서 내재됨과 동시에 초월될 수 있었다. 이신론의 경우 창조와 함께 神을 우주 또는 자연과 완전히 분리시키고 격리하여 세계와 무관하다고 한 것은 본체를 통해 이어진 창조 고리를 찾지 못해서이다. 꼬리가 자신에게 달린 몸의 일부분인지도 모르고 잘라버리려는 것처럼……. 내재성을 없애버리면 초월성이 부각될 수 있을 것 같지만 내재성 없는 초월성은 작용할 근거 자체가 아

---

246) 『주희 중국철학의 중심』, 앞의 책, p.122.

예 사라져버린다. 세계 없는 초월성 없고 초월성 없는 창조, 창조 없는 神은 없다. 따라서 神이 내재한 것은 그대로 神의 창조 역사를 입증하고, 神의 초월성까지 입증한다. 이런 논거 주장에 대해 아직도 이해할 수 없는 자가 있는가? 구축된 창조 원리가 아직도 묘법으로만 비치는가? 그렇다면 그 이유는 아직 이 연구의 표현력이 부족해서일 것이므로, 계시된 본의를 더욱 철저히 설명할 수 있도록 노력하리라.

제12장 세계의 창조 근거

1. 창조와 존재의 판단 관점

브루너와 바르트란 신학자는 20세기 초엽(1934)에 하나님이 누구인가를 알 수 있는 계시가 인간이나 세계의 자연(혹은 본성) 속에도 있는가, 아니면 오직 예수그리스도에게만 있는가란 문제를 놓고 논쟁하였다. 신학의 대표적 방법인 자연신학과 계시신학에 관한 문제이기도 한데, 두 사람이 가진 공통적인 관심사는 루터가 말한 '오직 은혜로서만이!'란 진리를 인정한다, 그리스도만 세계의 구원자다, 오직 성서만이 옳고 그름을 판단할 수 있는 규범이라고 한 신앙 문제 등에 관한 것이었다.[247] 그리스도만 구원자이고 성서를 통해서만 하나님을 알 수 있다고 하는데, 그런 자들은 그렇다면 하나님을 얼마나

---

247) 『헤겔철학과 현대신학』, 앞의 책, p.164.

알고 나타내었는가? 하나님을 판단할 수 있는 안목과 관점을 제대로 제공하였는가? 예수와 성서에 의탁해야 한다고 하였는데, 우리도 그렇게 예수를 믿고 성서를 연구하면 답을 얻을 수 있는가? "하나님은 그가 창조한 자연 속에도 계시되어 있지만 성서 속에 더 분명하게 계시되어 있어 성서는 자연계시를 위한 렌즈 혹은 확대경이라고 하였는데",248) 신학자들은 그와 같은 수단을 통하여 神을 온전히 보았는가? 성서는 렌즈 역할을 제대로 하였는가? 명쾌하게 밝힌 것이 하나도 없다. 이 연구가 세운 창조와 존재의 판단 관점은 그런 유가 아니다. 인류가 자연과 우주와 인간에 대하여 밝힌 본질 구조를 이해한 즉시 하나님을 볼 수 있고 창조된 본의를 판단할 수 있다. 렌즈와 확대경이 하는 역할과는 격이 다르다. 세운 기준을 적용하면 곧바로 천지가 창조된 사실 여부를 가늠할 수 있는 일종의 해석판적 기능이다. 자연신학을 긍정한 브루너(「자연과 은혜」)와 계시신학을 옹호한 바르트(「아니요!」)가 논쟁을 결말짓지 못한 것은 마땅한 창조 관점을 세우지 못해서이다. 예수와 성서에 의탁할 것이 아니고 인간 자신이 가져야 하는 안목이다. 그럼에도 불구하고 조건을 충족시킬 관점은 하나님이 내린 계시이고 밝혀주신 본의인데, 그것을 이 연구가 제시하리라. 창조를 볼 수 있는 눈이 인간에게 있다면 어떻게 하나님에 대해 논란을 가지겠는가? 조건을 갖춘 관점 확보 여부가 선·후천 세계관을 구분 짓는다. 본의가 계시되기 이전에는 예수가 중심이고 성서가 역할을 도맡았지만 완전하지 못하여 진리의 성령이 하나님으로서 강림하기까지는 오직 믿음만으로 바라보아야 했다. 태초

---

248) 앞의 책, p.170.

의 창조 역사를 오늘날에 이르러 추적한다는 것은 쉬운 일이 아니다. 하나님도 알아야 하고 세상도 모두 알아야 한다. 그리고 창조 역사를 판단하기 위해서는 더더욱 천지가 어떻게 창조되었는지 알아야 한다. 그래서 쉬운 일이 아니었다. 그 실마리를 도대체 어디서부터 찾아야 하는가? 어린 주자가 스승에게 "하늘 위에는 무엇이 있습니까?"라고 물었다. 이것은 유형의 하늘 위에 무형의 理가 있다는 것을 염두에 둔 질문이다.[249] 하늘은 우리가 보는 것이 전부인데 그 위에 또 무엇이 있는가? 하늘 끝이 그대로 끝인데 그 끝 다음에 또 무엇이 있는가? 세상 모든 것의 끝인 창조 시원에 대한 궁금증이다. 유형의 하늘을 있게 한 무형의 理, 즉 본질성을 추적한 것이다. 창조와 존재를 판단하는 관점은 무형인 본질이 어떻게 유형화된 것인가를 밝힘으로써 확보할 수 있다. 천지가 어떻게 유형화되었는가 하는 과정을 추적하는 것이 창조 역사를 실현한 메커니즘을 밝히는 것이고, 그렇게 해야 정확한 본의에 입각하여 뭇 존재를 판단할 수 있다. 주자가 하늘 위 그 이상의 것을 물은 것은 차원이 다른 그 무엇, 즉 창조 근원에 대한 탐문이었다.

철학자들이 궁극적인 실재를 추적한 것은 주자처럼 하늘 위의 그 무엇에 대한 근원을 추적하여 현상계의 배후를 살폈던 것이다. 하이데거는 "존재자가 존재자로서 드러날 때 거기에는 언제나 존재의 현전(現前, Anwesen)이 있으며, 이런 의미에서 존재는 존재자의 존재 근거라고 하였다."[250] 존재가 존재자의 현전으로서 존재하기 이진에 뭇 존재자를 있게 한 근원이다. 존재자를 있게 한 근원이 있다는 것

---

249) 『주희 중국철학의 중심』, 앞의 책, p.30.
250) 「하이데거에서의 형이상학 극복」, 정재연 저, 이화여자대학교대학원 철학과, 석사, 1993, p.5.

은 존재자가 존재로부터 말미암았다는 뜻이라, 존재가 거친 모든 것이 곧 존재자의 본질을 결정한다. 나타난 것이요, 化된 것이 그것이다. 존재론의 본질을 탐구한 과정에서 하이데거는 "존재가 존재자에 의해 은폐됨으로써 망각되었는데, 그 존재 망각의 원인은 자신을 개시하면서 동시에 은폐하는 존재 자신의 본질에서 비롯된 것이라고 하였다."251) 존재는 존재자를 통해 언제나 자신을 개시했는데도 불구하고 어떻게 존재자에 의해 은폐되고 말았는가? 그 원인이 어디에 있는가? 존재자가 존재로부터 말미암아서이다. 존재자의 근원은 존재자를 추적하는 것만으로는 알 수 없다. 근원은 상대, 즉 존재한 본질 속에 있다는 말이다. 이런 논거 추적을 통해 우리는 창조를 있게 한 존재의 절대적인 자리를 확인할 수 있다. 왜 존재가 존재자에 의해 은폐되었는가? 창조되어서이다. 근거를 상대가 지녔다는 것은 그로부터 말미암았고 창조되었다는 뜻이다. 창조된 근거가 본질 속에 있다는 말인데, 그것이 곧 하나님의 창조 본체이다.

본질은 천지를 있게 한 원판이다. 알루미늄 원판은 늘어뜨리는 작업을 통해 많은 종류의 양은그릇을 생산할 수 있다. 본질도 창조적인 요소를 함축하고 있어 지닌 특성이 그대로 神의 모습을 구성해서 완성시킨다. 뭇 존재는 확실히 창조에 근거했고, 창조는 神에 근거했다. 존재가 지극히 形而上學적인 이유이다. 존재는 그냥 보면 아무것도 알아낼 수 없다. 명확한 관점을 가져야 하는데, 그것이 곧 존재의 근거가 창조에 있고, 창조의 근거가 본질에 있으며, 본질의 근거가 神에게 있다는 사실을 아는 데 있다. 존재는 무엇이고 창조는

251) 앞의 논문, p.9.

또 무엇인가? 창조와 존재와의 상호 관계, 즉 존재가 지닌 특성을 가지고 창조를 밝히고, 창조가 지닌 특성을 가지고 존재를 밝혀야 한다. 어차피 세계는 존재하는 것이 전부일 수 없다. 말미암게 한 근거는 바로 본질이 지녔다. 空의 근거는 色에 있고 色의 근거는 空에 있다. 그래서 色空은 분열 중인 세계 안에서는 영원히 일치될 수 없었다. 그럼에도 불구하고 神의 참모습은 언젠가는 세상 가운데서 드러날 수 있고, 세상의 참모습은 바로 神을 통해 알 수 있다. 이 말은 존재의 근거가 창조에 있고 창조의 근거가 존재에 있다는 사실에 근거한 당연한 결과이다. 천지가 창조된 본의 관점만 확보할 수 있다면 누구라도 세상 구조를 통해 창조를 알고 神도 알 수 있다. 하나님인들 알 수 없겠는가? 인류가 창조 세계, 곧 모든 진리 세계로 인도되리라. 그것이 과연 무엇인가? 본의를 꿰뚫는 관점은 복잡할 수 없다. 지극히 단순하다. 창조란? 존재란? 창조는 존재한 삼라만상 세계를 하나로 관통한다. 있음 자체가 창조라 창조는 있음과 없음 여부 하나로 판가름 난다. 有無 여부가 관건이다. 있는 것이 일체의 창조 사실을 대변한다. 존재한 것 자체가 창조된 근거이다. 우리가 존재하는 것은 창조된 때문이다. 창조되지 않았다면 존재할 수 없다. 창조 말고는 삼라만상이 존재한 방도를 찾을 수 없다.252) 천지는 처음부터 존재하지 않은 것이다. 그런데도 지금 우리가 존재하고 있다면 그 이유는 창조뿐이다. 창조는 삼라만상을 있게 한 유일한 길이다. 이해할 수 있을진대 그것이 곧 창조 여부를 판가름하는 관점이다. 이치를 안다면 즉시 창조 여부를 알 수 있다. 그것은 신속하고도

---

252) 존재가 존재할 수 있는 조건은 오직 창조가 충족시킴. 그것이 무엇인가? 세상 가운데서는, 세상을 통해서는 구할 수 없는 조건임.

명백하다. 존재는 無가 아니다. 有이다. 無와 구분된다는 것이 바로 창조이다. 천지가 존재한 사실은 창조 역사를 강력하게 증명한다. 주자는 사물이 있는 곳에는 반드시 理가 있다고 하였다. 사물만으로는 사물을 가늠하기 어려운데, 理가 있어 창조 사실을 확증할 수 있다. 왜 사물은 사물만으로 존재하지 않고 理와 함께하는가? 理가 존재한 이유에 창조가 있었기 때문이다. 理가 존재한 근거는 창조이다. 理가 존재하지 않았다면 사물도 창조되지 않았다.[253] 理가 존재한 이유를 아는 데 창조 비밀이 숨어 있고, 창조 바코드가 새겨져 있다.

조선의 성리학자인 이이는 "대저 발동하는 것은 氣이고 발동하는 근거는 理다. 氣가 아니면 발동할 수 없고, 理가 아니면 발동하는 근거가 없다고 하였다."[254] 발동의 근거=존재의 근거=창조의 근거이다. 발동이 있었다는 것이 곧 창조를 시사한다. 창조되지 않았다면 발동이 있을 리 없다. 이이는 발동하는 것은 氣이고, 발동하는 근거가 理라고 하여 명쾌하게 구분하였는데, 理는 창조 본체로서 결정 이전, 창조 이전이다. 아울러 氣는 결정 이후, 창조 이후로서 존재를 구성한 본질체이다. 그래서 氣가 발동되었다. 理가 아니면 氣가 발동할 근거가 없다고 한 것은 창조가 없으면 천지가 존재할 수 없다는 말이다. 뭇 존재는 태초의 명백한 창조 역사로서 건재하다. 이이는 "理와 氣의 관계를 리통기국(理通氣局)을 통해서 설명하였는데, 理는 통하고 氣는 국한된다는 뜻이다."[255] 왜 그런가? 理는 국한 이전이라 원융하게 통하지만 氣가 국한된 것은 창조 본체가 존재화로

---

253) 그럴 리가 없기 때문에 理가 있는 것은 모종의 역사가 있었다는 뜻임.
254) 『이황 & 이이』, 앞의 책, p.70.
255) 위의 책, p.71.

이행되어 결정되어서이다. 즉, 창조되었다는 뜻이다. 주자가 理를, 이이가 리통기국을 말한 것은 모두 창조 역사에 대한 인식이다. 물론 그것만으로 창조 역사를 증거하는 데까지로 영향을 미치지는 못했지만 그런 진리적 여건은 기독교도 마찬가지이다. 선천이 처한 세계관적 한계성이란 사실을 감안한다면 동양에서 펼친 儒・佛・道도 모두 창조 진리와 연관이 있다. 동서 사상을 통합할 수 있는 컨트롤 타워를 창조가 지녔다. 동서고금을 통틀어 공통적인 탐구 주제를 구분할 수 있는 것이 존재의 비밀을 밝히는 열쇠라는 사실을 알 때, 그렇게 하여 추출한 판단 기준은 삼라만상 일체의 된 바를 투영시킬 진리 해석판이 될 것이 틀림없다.

2. 본체와 현상과의 관계

철학은 一과 多를 어떻게 구분하고 어떻게 관계를 밝히며 어떻게 일치시킬 수 있는가를 탐구한 유구한 지적 전통이다. 그중 플라톤은 一과 多를 이데아와 사물로 구분한 최초의 서양철학자이다. 一과 多를 어떻게 연결시키는가 하는 것은 화엄 불교 철학의 핵심 과제이기도 하며,256) 一과 多, 즉 본체와 현상을 일치시키려 한 것은 세계의 철학 사상과 종교 진리관에서 큰 줄기이다.257) 지적했듯 "플라톤은 현상계와 이데아계를 구분하였지만 아리스토텔레스는 질료계와 현상계를 다소 모호하게 하여 세계는 하나뿐이라고 주장했다."258)

---

256) 『세계철학과 한』, 앞의 책, p.35, 267.

257) 『동양철학의 본체론과 인성론』, 앞의 책, p.53.

258) 『아우구스티누스 & 아퀴나스』, 앞의 책, p.130.

플라톤은 이데아가 현상계를 초월해 있다고 하였는데, 아리스토텔레스는 사물들 속에 들어와 있다고 생각했다.[259] 불교에서는 법계의 초월적인 면을 理라 하고 내재적인 면을 事로 구분한 다음 현상계를 사법계(事法界), 본체계를 이법계(理法界)라고 하여 理와 事 간의 관계에 따라 이것을 또다시 나누었다. 그중 이사무애법계(理事無礙法界)는 理와 事가 둘이 아닌 것을, 사사무애법계(事事無礙法界)는 현상계의 事 자체가 상호 연관된 것을 강조하였다. 플라톤과 아리스토텔레스처럼 지칭한 이름은 달랐지만 사고된 구조는 비슷하였다. 플라톤이 이데아계와 현상계를 구분한 것도 화엄 불교가 理와 事가 둘이 아니라고 한 것도 모두 창조를 증거한다. 세계를 이데아와 현상계로 나눈 것은 세계가 그렇게 창조되었다는 뜻이고, 理와 事가 둘이 아닌 것은 본체계와 현상계가 연관된 때문이다. 곧 창조되었다는 뜻이다. 또한 현상계인 事가 상호 연관되어 있다고 한 것은 존재 본체에 근거하여 삼라만상이 상호 연결된 연기적·시스템적인 실상을 엿본 것이다.[260] 천지가 창조된 과정에 대한 분명한 인식이다. 이사무애법계는 理와 事, 즉 창조 본체와 존재 본체 간의 관계가 서로 연결된 상황에 대한 설명이고, 사사무애법계는 아리스토텔레스처럼 창조 본체로부터 존재 본체로 이행된 결과로 존재 안에 事와 理가 함께한 상황, 즉 理를 바탕으로 한 事와의 상호 관계를 밝힌 것이다. 理事 간은 창조 이전으로서 창조 이후에 생긴 事와

---

259) 이데아가 현상계와 함께하며 존재 안에 내재되어 있음.

260) "이사무애법계란 一과 多, 즉 理와 事가 결코 별개로 나누어져 있는 것이 아니라는 것, 즉 양자는 물과 파도의 관계와 같아서 둘은 하나이면서 둘이고, 둘이면서 하나라는 것을 두고 하는 말로서, 一과 多는 서로 장애되지 않고 원융하게 조화 속에 존재하고 있다. 사사무애법계는 一과 多의 관계뿐만 아니라 산과 나무, 돌 같은 개별적 사물들 사이도 상호 간에 아무런 장애 없이 원융 회통함을 두고 하는 말이다."-『세계철학과 한』, 앞의 책, p.267.

연결시킨 것이고, 事事 간을 긴밀하게 연결한 것은 창조 이후에 理
와 事가 함께한 존재 안에서의 밀접한 관계성을 강조한 것이다.

한편 宋代 이전의 전통적인 본체론은 아리스토텔레스처럼 현상과
본질 간을 구분하지 않았고, 실재를 본체와 현상과의 합일 상태로서
파악하였는데(직관적 사유 체계), 宋代의 성리학(=주자학)에서는 본
체와 현상을 이원적으로 나누고, 현상 파악의 근거를 본체로부터 도
출한 논리 구조와 사유 체제로 구축했다. 그렇게 해서 세분화시킨
음양론이 곧 현상 파악이고, 理氣론은 본질 파악이었다. 그래서 본
질론은 본질과 현상의 인과적 관계 작용에 관한 존재 원리를 밝힌
것이고, 본체론은 현상의 근원을 본체를 통해 규명한 것이다.[261] "宋
代 성리학의 이론적 해석학의 구조는 하나의 물리적 현상(자연현상)
을 주어진 현상 그대로 파악하지 않고, 현상의 본질 내지 원인[所以
然]을 요구한 데서 비롯된 것인데",[262] 왜 그렇게 요구하게 되었는
가 하는 필연적인 이유가 창조에 있었다. 창조가 없었다면 어떤 요
구도 없다. 본체와 현상은 합일 상태인데 창조 때문에 구분된 것이
다. 본체가 현상으로 이행되었다. 太極과 만물이 化生 관계를 이루
었다. 선현들은 본체와 현상의 본질 문제는 물론이고 그 관계를 밝
히기 위해서도 많은 고민을 하였는데, 등식 성립과 격리성 주장을
넘어 '어떻게'가 가미된 문제를 해결해야 정말 창조 역사의 실마리
를 풀게 된다. 이런 이유로 창조에 관한 문제는 어떤 문화권에서도
사유되었고, 범세계적인 영역에서 개념화된 과정을 거쳤다고 볼 수
있다. 그런데도 끝내 본체와 현상의 본질을 명쾌하게 밝히지 못한

---

261) 「주자의 본체관에 대한 연구」, 앞의 논문, pp.34~35.
262) 「송대 성리학의 해석학적 구조」, 송항용 저, 『중국학보』, 1987, p.33.

것은 창조 메커니즘이 미비된 선천 세계관의 한계성 때문이다. 유물론, 진화론, 과학주의는 본체와 현상 간을 의도적으로 단절시켰는데, 그 이유는 본의를 알지 못했기 때문이다. 창조를 모르면 본의를 모르고 본의를 모르면 본체가 존재한 사실을 간과하고 만다. 神을 인정할 리 만무하다. 알아야 본체와 현상 간을 연결시킬 수 있다. 이에 모든 가능성을 결정하는 것이 창조이다. 본체와 현상 간을 단절시키는 것은 꽃과 씨앗이 별개라고 우기는 것과 같다. 이런 無明 상황을 벗어나기 위해 이 연구가 존재↔(X)↔본체로 이어진 루트(X자리)에 창조를 대입시켰다. 천지가 어떻게 창조된 것인가를 알면 천지가 어떻게 존재하게 된 것인가도 안다. 격리된 초월자, 창조주, 절대자는 이 세계와 무관하다. 그런데 동양인들은 어떻게 현상계와 밀접한 道를 말하였던가? 현상과 관계된 道, 즉 본체가 창조와 직결된 때문이다. 이것이 바로 동양의 하늘 아래 희망이 보이는 이유이다. 기독교 신앙은 하나님의 영광을 위하여 창조주와 피조체를 엄격하게 단절시켰는데, 그로 인해 인류는 하나님과 함께할 수 있는 길이 막혀버렸다. 반면, 동양의 道는 관계된 본체와 내재된 道, 無極으로부터 만물로의 차원적인 변증 루트를 개척한 덕분에 강림한 하나님의 본체성을 뒷받침할 수 있는 기반을 마련하였고, 하나님께로 나갈 수 있는 길을 열었다. 동양에서 펼친 본체와 현상에 대한 일체 논거들이 동양식 창조론이자 우주론으로서 승화되었다. 이것을 어떻게 하면 확인할 수 있는가? 본체와 현상이 연관된 것은 천지가 창조되었기 때문이고, 세상과 道가 함께한 것은 삼라만상 일체가 道를 근거로 창조되어서이다. 그런데도 본체와 현상에 대한 초점이 불분명한 것은 정확한 창조 본의를 모른 것이 주된 이유이다.

문제의 요지는 존재와 존재자, 즉 본체와 현상은 구별되는데 어떻게 상호 의존적으로 유지되고 있는가? 존재와 존재자를 구별하고 차이를 인정한 것은 창조주가 존재자가 된 때문이고, 관련성을 확보한 것은 근거하게 된 사실에 대한 인정이다. 그렇게 되어야 존재가 존재자를 보증하고 존재자를 존재할 수 있도록 한 과정을 통하여 자체 본체를 드러낼 수 있다. 이런 관점에서 볼 때 "세계는 神의 얼굴이고 현현이다."[263] 가현설(假現說, vivartavada)처럼 一者, 즉 브라만이 유일한 실재이고 다자는 허상에 불과하다는 주장은 올바른 판단이 아니다. 다자는 一者에 내재해 있다가 변화되어 나온다고 한 전변설(轉變說, parinamavada)도 역시 메커니즘이 결여된 상태인 것은 다를 바 없다. 그렇다면 바른 관계 설정은? 현상, 즉 나타남에 대한 본질을 파고들어야 한다. "나타남으로서의 현상은 어떤 것이 없는 나타남이 아니고 무엇의 나타남이다. 대상의 구성이 대상의 산출은 아니기 때문에 그 같은 구성을 가능하게 하는(촉발시키는) 그 무엇(물자체)에 대한 존재 요구가 필수적이다. 촉발하는 자와 촉발되는 자와의 관계 속에서 현상의 근거인 물자체가 인정될 수 있고, 그렇게 되어야 현상이 가상이 되지 않으며 철저한 주관적 관념론(버클리)과도 차별화시킬 수 있다."[264] 칸트는 현상계를 근거로 본체계와 연결시킬 수 있는 문 앞까지 갔는데, 그 앞에서도 물자체는 확인하지 못하였다. 현상계와 물자체 간에 가로 놓인 차원의 장벽을 걷어내지 못했다. 현상계가 제공하는 현상계 자체의 본질을 파악하지 못했다. 무엇을 파악하지 못한 것인가? 현상은 물자체의 나타남이기는

263)『세계철학과 한』, 앞의 책, p.115.
264)『원효와 하이데거의 대화』, 앞의 책, p.349.

하지만 완전한 상태로 세상 가운데서 존재하고 있는 것이 아니다. 그렇다면? 化된 방식이요, 化를 실현시킨 그것이 창조이다. 물자체는 인식할 수 없을 뿐 아니라 물자체인 상태로서는 세상 가운데 나타날 수도 없다. 이것을 칸트가 미처 알아차리지 못했다. 물자체가 化되어 나타난 것이 현상 세계이고 삼라만상 존재이다. 나타남은 결코 본질을 감추지 않았다. 훤하게 나타내었는데 그것이 다름 아닌 드러난 현상의 본질이다. 이에 본질을 통하면 현상을 있게 한 물사체를 인식할 수 있다. 나타남은 순수한 물자체가 아니기 때문에 현상은 지극히 제한적이고 물자체의 정보를 한꺼번에 파악할 수도 없다. 부분적이다 보니 자칫 그릇된 판단까지 유발할 수 있다. 그래서 불교에서 일갈한 本體卽現象, 現象卽本體[천태의 제법실상설, 화엄의 법계연기설]는 결과적으로는 즉할 수 있어도 과정상에서는 즉할 수 없다. 신즉자연이라고 한 범신론 사상 역시 조건은 같다. 나타남은 나타남을 있게 한 본질을 통하여 본체가 드러나는 것이지 나타난 현상 자체가 그대로 본질인 것은 아니다. 그렇다면 정말 나타남이란? 본체에 근거해서 변화를 일으킨 본체의 化이다. 현상의 본질이 현상을 있게 한 본체의 본질을 결정하였다. 그래서 온갖 나타남을 있게 한 본체는 나타난 온갖 것들을 연결시키는 끈으로서 작용했다.[265]

현상이 나타난 것일진대 우리는 그렇게 나타나게 한 본체의 존재 근거를 확인할 수 있다. 동양본체론이 접근한 본말 관계가 그것이다. 삼라만상은 모습이 현란하지만 본체는 여여하다. 무엇이 本이고 무엇이 末인가? 본체가 本이고 제 현상이 末이다. 새삼스러운 것은 하

---

265) 『존재와 무』, 사르트르 저, 정소영 역, 동서문화사, 2010, p.13.

나도 없다. 당연한 사실인데 왜 覺者는 산은 산이고 물은 물이라고 하였는가? 현상계의 본질에 대한 직시이다. 현상은 현상이고 본체는 본체로되 "현상은 사물의 표상이다."[266] 그렇다고 해서 현상을 통해서 본체를 전혀 알 수 없는 것은 아니다. 현상은 현상의 본질을 드러내는 것이므로 본체가 직접 드러날 수가 없었던 것뿐이다. 그렇다면 본체는? 현상이 분열을 완료하면 그때 드러난 전모를 통해 판단할 수 있다. 세계는 변하고 변하기 때문에 유한하고 우연적인 것 같지만 사실은 영원하고 필연성으로 충만해 있다. 왜 그런가? 불변인 본체와 다변한 현상과의 긴밀한 관계성 때문이다. 그리고 이것을 연결시킨 것이 곧 창조이다. 一者가 창조를 통해 다자화됨으로써 필연화되었고, 다자가 一者화된 과정에서 생성 운동이 일어났다. 운동은 확실히 본체로부터 시작하여 현상에 머문다. 그래서 一은 多化되어 多卽一이 될 수 있지만, 多가 즉시 一이 될 수는 없다. 多는 一의 化이다. 無極卽太極, 一卽多, 신즉자연인데, 그렇게 즉한 것은 즉한 이유가 있었다. 선천에서는 아무도 감추어진 비밀을 알지 못해 무엇은 무엇이다 하는 등식을 성립시켰다. 그 사이에 무엇이 빠져 있는가? 즉할 수 있게 한 메커니즘 체제, 바로 천지창조 과정이 있다. 상식과 다른데 어떻게 즉할 수 있는가? 같은 것이 다르게 되었고 다른 것이 같아진 것이다. 근원과 파생된 일체가 一者로부터 말미암았다. 진화론의 주장처럼 근원적인 것이 점차적으로 이질화된 것이 아니다. 원래의 모습으로 돌아가기 위한 변화이다. 그것이 곧 化이고, 化를 이룬 시스템이 창조이다. 창조는 본체의 본질과 현상의 본질을

---

266) 『원효와 하이데거의 대화』, 앞의 책, p.347.

모두 포함해서 본체와 현상과의 관계를 매개했다. 그런데도 선천에서는 神을 보지 못하여 본체를 무시하고 色 일변도로 치달은 결과 종말을 맞이하고 말았다. 하지만 形而上學적인 본체계는 영원히 강 건너 불구경 하듯 상정, 신앙, 요청할 수밖에 없는 차원 밖의 존재가 아니다. 지상 강림 역사가 완수된 오늘날은 본체성을 접하고 인식하고 볼 수 있는 여건이 마련되었다.

3. 창조 본체의 존재 근거

유형적인 것은 눈으로 보고 확인할 수 있지만 무형적인 것은 이치를 보고 판단할 수 있는 기준과 안목을 세워야 한다. 창조 본체는 절대 본체의 변용으로서 천지를 있게 한 근원이다. 하나님이 창조에 대해 뜻을 가짐과 그렇지 못한 차이 때문에 창조 본체와 절대 본체로 구분되었듯, 창조 본체는 창조에 대해 命이 있는가, 없는가에 따라 다시 존재 본체와 창조 본체로 구분된다. 천지가 창조된 최초 시작은 분명히 있었다. 우리가 그은 직선의 첫 시작은 점이다. 하지만 긋기 전에는 그 점이 마음속에 있는데, 손으로 그음과 함께 임의의 점이 직선을 이룬 첫 시작 선이 된다. 창조도 마찬가지이다. 삼라만상은 창조로 인해 유형화된 것이지만 그렇게 되기 이전에는 일체가 준비된 바탕 본체로 있는데, 이것을 일컬어 창조 본체라고 한다. 형태상으로는 무형이고 과정상으로는 창조 직전이다. 이런 본체적인 실체를 파악하기 위해서는 창조 과정을 이해하고 판단할 수 있는 근거를 추적해야 한다. 어느 모로 보나 창조된 존재 근거와 창조를 있게 한 존재 근거는 판단 기준이 다르다. 전혀 상반된 것인데 그 이유는 오직 창조에 원인이 있다. 왜 神은 지금의 존재 조건과 다르고 역설적이기까지 한가? 하지만 그와 같은 상반성은 결코 대립된 본성이 아니다. 神은 자체 본체에 근거하여 천지를 창조한 만큼, 그 목적은 자신과 같은 제2의 자식을 태어나게 하기 위해서이다. 그래서 하나님은 처음부터 끝까지 사랑을 다해 창조 역사를 주관하셨다. 삼라만상과 인간은 하나님에 근거한 본성의 발현이기 때문에 결코 대립될 수 없다.

그렇다면 하나님은 불변한데 왜 우리는 변화하고 하나님은 영원한데 왜 우리는 유한하며…… 극한된 차이를 지녔는가? 이런 문제를 풀기 위해서는 창조된 본의 파악과 관점부터 확보해야 한다. 뜻한 목적을 위해 구분된 존재 방식상의 차이이다. 형태상으로는 변화하고 유한한 것처럼 보이지만 사실은 구조적·시스템적으로 불변성과 영원성을 반영시킨 체제이다. 그 같은 化가 가능하도록 한 것이 천지창조 역사이다. 하나님은 뒷짐을 지고 말씀만으로 命한 것이 아니다. 가시적으로 변화를 일으키기 위해 직접 자체 본체를 이행시키셨다. 이런 역사가 없을진대 하나님은 절대 본체에 대해 어떤 변화도 없어야 했다. 하지만 하나님은 창조 역사를 실현했기 때문에 우리가 그 근거로서 창조 본체를 추적할 수 있다. 그렇다면 확실하게 이룬 창조 본체를 알 수 있는 근거는 무엇인가? 세상 안에서 확인할 수 있는바 원인, 운동 동인, 목적, 바탕 본질, 本, 이치 등이 존재하기 이전에 이미 결정된 상태로 본유되었다는 것을 통해서이다. 동인성 여부는 창조 본체와 나아가서는 神이 존재한 사실을 증명할 수 있는 조건이 된다. 神과 존재는 창조를 매개로 한 동인성 여부가 판단 기준이다. 창조 본체가 함유된 상태이기 때문에 창조 동인이 발동하지

않았다고 해서 창조 본체가 존재하지 않은 것은 아니다. 무형의 형
태로 선재하였다. "神은 세상 어떤 존재보다도 먼저 있었고 앞으로
도 계속 그러할 것이다. 우주에 존재한 무엇보다도 먼저 있었고, 무
형으로서 유형인 물질의 세계, 물리 세계보다 먼저 있었다."267) 이
같은 특성은 어디까지 적용하여 확인할 수 있는가 하면 인간은 천부
의 본성을 지녔다고 한 인성론, 인간은 선한가, 악한가 한 가치론,
데카르트의 본유관념을 기준으로 한 영국 경험론과 대륙 합리론의
갈래, 보편 실재는 관념에 불과하다고 한 유명론, 창조론을 거부한
진화론, 실존이 본질보다 앞선다고 한 실존주의, 자연현상을 탐구
대상으로 삼은 근대 학문과 과학주의, 물질의 1차성을 내세운 유물
론, 神은 존재하지 않는다고 선언한 무신론 등을 모두 잠재운다. 인
류가 일군 유형무형의 정신문화를 두루 해명할 수 있다. 본의에 입
각한 창조론은 삼라만상을 포괄한 우주론이고 근원된 세계관이다.
이런 판단 기준을 누가 하루아침에 세울 수 있겠는가? 선현들이 세
월을 바쳐 일군 사유 업적이 있었다.

선천의 지성들이 일군 진리 탐구의 주된 목적은 어떻게 하면 만물
의 이치를 밝혀내어 분별할 수 있는가 하는 것이었다. 하지만 창조
본체가 존재한 사실을 확인한 지금은 어떻게 하면 발견한 만물의 이
치를 일관시킬 수 있을 것인가에 주력해야 한다. 그것을 가능하게
하는 관건은? 바로 창조이다. 판단 대상은? 현상을 보면 분별할 수
있고 본체를 보면 일관할 수 있다. 여기에 대한 기준 사례로서 성리
학에서는 "理로서 보면 天人은 하나로 일관되고 氣로서 보면 천인

267) 『진리론』, 이은참 저, 운주사, 2010, p.18.

간에 분별이 생긴다고 하였다."[268] 일관된 理와 분별된 氣가 있다는 것이 창조 본체가 존재한 근거이다. 일관된 理는 분별된 氣와는 존재하는 조건과 차원이 다르다. 변화하는 것은 모두 창조된 것이고 변화를 있게 한 본체는 창조 이전의 존재로서 불변하다. 불변한 본체는 창조되지 않은 순수 본체이다. 장재는 『정몽』에서 "太極卽理를 氣로 보고 氣를 생성의 근원자로 여겼다. 氣란 실체를 순수한 운동력으로 삼고 모든 변화의 기초가 된다고 하였는데",[269] 이것은 氣가 지닌 존재 본체로서의 작용력을 선명하게 부각시켜 창조 본체인 太極의 존재 자리까지 명확히 한 것이다. 즉, "太極을 일물양체(一物兩體)로 규정하고 一物인 太極, 즉 氣는 原氣이고, 二體는 음양二性으로서 화생만물한다고 한 것이다."[270] 理 대신 太極을 일물과 원기로 본 관점상의 차는 있지만, 太極을 일물 양체라고 한 것은 창조 본체와 존재 본체를 정확히 분별한 것이다. 즉, 일물은 창조 이전의 근원이고 양체는 창조 이후에 존재화된 창조 역사의 실현 근거이다. 一物은 양체를 분화시킨 통합 본체이고, 양체는 삼라만상을 분열시킨 다원화 시스템의 근원이다. 一物卽太極은 양체와 그로써 창조된 삼라만상에 대하여 변증, 일관, 필연, 연기, 인과를 결정지은 근원성으로 존재한다.

　서양에서 창조 본체에 대한 근거를 찾고자 한 노력은 주로 철학, 신학 영역에서 이루어졌다. 그중 두드러진 사례로서는 원인성, 운동성, 목적을 통해 최초, 제1, 사전 존재의 필요성을 각인한 데 있다.

---

268)「주자의 본체관에 대한 연구」, 앞의 논문, p.93.
269) 위의 논문, p.31.
270) 위의 논문, p.31.

그들은 神을 증명하기 위한 노력의 일환으로서 '제1 원인'의 필요성을 역설하였다. 생성 중인 세계 안에서는 원인을 낳은 원인의 원인이 무한하게 소급된다. 즉, "전통적인 제1 원인론에 따르면 우주 내의 존재는 예외 없이 인과법칙의 지배 아래 있다. 모든 것은 그 존재를 설명해주는 원인이 있어야 한다. 각각의 원인은 그 자체가 선행하는 원인의 전제된 결과이다. 그래서 이와 같은 관계 고리를 따라 무한정 되돌아가다 보면 궁극적으로 神에 해당한 제1 원인에 도달한다."271) 철인들은 그 제1 원인을 곧바로 神이라고 단정하였는데, 존재 상황과 질서를 창조와 무관하게 본체, 혹은 神이라고 한 것은 선천 세계관의 한계이다. 무한소급 상황을 단절시키는 제1 원인이 神이라는 결정은 사전에 전제한 조건이 너무 포괄적이기 때문에 주어진 결론 역시 너무 추상적이다. 여기에 대한 이유는 다시 거론하기로 하고, 지금 밝히고자 하는 것은 제1 원인을 왜 부각시켰는가 하는데 있다. 창조 세계가 지닌 원인의 원인 소급 상황과 어떤 원인 조건 없이도 존재하는 제1 원인은 분명 존재한 상황이 다르다. 왜 그런가? 원인이 소급되는 현 세계는 창조된 세계이고, 어떤 원인도 없이 원인을 무한 소급하게 한 제1 원인은 일체 원인을 발동시킨 창조주이기 때문이다. 이런 조건 상황을 분별해야 제1 원인이 비로소 神이 될 수 있는 합당한 자격을 가진다. 아무런 원인도 없는 상태에서 원인을 있게 하였다면 그것은 바로 창조를 말한 것이고, 그렇게 한 주체자는 바로 하나님이시다. 이런 이유로 제1 원인은 창조 본체로서 지녀야 하는 필연적 조건이다. 당연히 창조 이전에는 어떤 원인도 발

---

271) 『우주에는 신이 없다』, 데이비드 밀스 저, 권형 역, 돌을 새김, 2010, p.90.

생하지 않았다. 창조와 함께 비로소 첫 원인이 발생하게 되므로, 그 첫 발동인이 인식상으로는 無로부터 발생한 원인, 즉 자체 원인을 스스로, 절로 있게 한 제1 원인으로 지칭된다. 하지만 제1 원인도 사실은 원인이 되는 근거를 지녔는데, 그것이 다름 아닌 창조 이전에 일체를 스탠바이시킨(통합성 상태로 함축함) 창조 본체이다. 창조 역사가 실현된 이상 원인 없이 첫 원인을 발생시킨 제1 원인은 분명히 존재하였다. 노자도 비슷한 사유를 하였는데 "인간은 땅을 본받고, 땅은 하늘을 본받고, 하늘은 道를 본받고, 道는 저절로 그러하다고 한 것이다."272) 天·地·人이 본받음을 통해 존재하게 되었다. 그런데 道는 그 같은 본받음 없이 저절로 존재하였다고 하였다. 왜 그런가? 창조된 피조물이 아니기 때문이다. 여기서 道는 제1 원인 자리로서 창조 본체에 해당한다. 세계는 모두 본받음을 통해서 존재하는데 道는 근원자로서 그 같은 본받음이 없고, 그런 존재 양식을 일컬어 '저절로 그러하다'고 하였다. 사실 저절로 그러한 존재는 세상 안에서는 어디서도 찾아볼 수 없다. 창조 밖에 있기 때문에 창조 이전인 창조 본체 자리를 지칭할 수 있다. 이것이 모든 본받음 법칙을 성립시킨 창조 본체가 확실하게 존재한 이유이다.

한편 부동의 동자라고 하는 운동의 원동력을 찾는 문제에 있어서도 상황은 다를 바 없다. 일찍이 아리스토텔레스는 실체에 대해 "움직여지는 실체와 움직여지지 않는 실체로 구분하고, 움직여지는 것이 있으면 움직이는 것이 있어야 한다. 즉, 영원히 운동되게 하는 운동자가 필연적으로 있어야 한다고 하였다."273) 부동의 동자, 혹은 원

---

272) "人法地 地法天 天法道 道法自然."-『노자도덕경』, 25장.
273) 「아리스토텔레스의 실체관」, 이국화 저, 경희대학교대학원, 석사, 1993, p.20.

동자는 일단 스스로는 움직이지 않지만 모든 것을 움직이게 한 동인이란 뜻이다. 세계는 마치 자동차와도 같다. 자동차는 스스로 움직일 수 없다. 운전자가 필요하다. "그 어느 것도 선행 원동자 없이는 움직일 수 없다. 이런 조건 속에서 그 이유를 설명할 수 있는 유일한 탈출구는 神 뿐이다."[274] 하지만 여기서도 창조 역사가 개입되지 않으면 어떤 결론도 비약적이 되고 만다. 운동의 동인면에서 본다면 부동의 동자는 세상 가운데서는 찾을 수 없다. 창조된 세계는 일체가 생성 작용을 통해 운동하고 있다. 이 운동은 도대체 어떻게 해서 일어난 것인가? 자체 안에서는 어떤 원인도 발견할 수 없다. 부동인이 있어 움직이게 된 것이 틀림없다. 이것이 곧 창조이고 가능하도록 했기 때문에 부동의 동자는 그대로 神과 같다. 어디에도 없는 운동을 최초로 일으켰기 때문에 그것이 창조이다.[275] 첫 움직임이 있게 된 것은 처음 이전부터 부동하면서 부동한 자체 본체를 영원한 움직임으로 시스템화시킨 창조 역사가 있었기 때문이다. 작용과 움직임을 있게 한 일체 동인이 모두 창조 이전이기 때문에 無한 움직임, 즉 부동한 움직임이다. 그리고 이 같은 본질성을 반영하여 창조화시킨 것이 세계가 지닌 영원한 생성 운동이다. 부동한 창조 본체가 존재 본체로 이행되는 과정에서 영원한 생성 운동으로 시스템화되었다는 사실을 누가 알 수 있었겠는가만, 그 이유는 하나님의 본체가 강림하지 않았기 때문인데, 강림 역사가 완수된 지금은 알 수 있는 문이 활짝 열렸다. 창조 본체가 존재한 근거를 확인할 수 있다. 창조가 없었다면 세계에 어떤 움직임도 없고, 움직임을 있게 한 최

---

274) 『만들어진 신』, 리처드 도킨스 저, 이한음 역, 김영사, 2009, p.122.
275) 아무 원인이 없는 데서 최초 원인을 있게 한 그것이 창조임.

초 동인, 곧 부동의 동자도 알 수 없다. 그러나 천지는 분명 창조되었기 때문에 현재의 움직임을 있게 한 제1 동인 역시 창조 이전에 부동한 동자 형태로 존재해야 했다. 부동한 동자가 일체의 움직임을 無한 상태로부터 발동시킨 관계로 이 같은 역사를 일컬어 창조 역사라 하고, 주체자를 하나님이라고 한다. 그 외에도 사전 계획성, 목적의 필연성, 관념 속에 내포된 완전성에 대한 개념을 통해서도 창조 본체가 존재한 근거를 확인할 수 있지만, 이것은 神을 증명하는 문제와도 맞물려 있기 때문에 다시 서술하리라. 창조의 근원인 창조 본체는 그 형태가 무형이고 지극히 形而上學적이지만 본의에 입각하면 지혜를 얻을 수 있고, 작용된 근거를 추적할 수 있게 되나니, 이것이 강림하신 하나님이 진리의 성령으로서 이룬 확실한 변화 역사이다.

4. 존재 창조의 판단 기준

뉴턴은 왜 사과가 땅으로 떨어지는 것인지에 대해 의문을 품고 고심하다가 만유인력의 법칙을 발견하였다. 밀물과 썰물은 왜 생기는 것인지 사계절은 왜 있는 것인지 원리와 법칙을 발견하여 자연에서 일어나는 제반 현상들을 이해하고 설명할 수 있게 되었다. 그렇다면 그와 같은 법칙들이 어떻게 결정되고 현상들이 일어나게 된 것인지를 묻는다면 천체물리학자, 생물학자, 고고학자들이 대답할 수 있을까? 제반 이유가 창조 때문이란 사실을 판단할 수 있는 관점과 해석 기준은 인류가 지금까지 가지지 못한 세계를 바라보는 제3의 눈이다. 세계가 어떻게 창조된 것인지를 알아야 가질 수 있는 눈이다. 그것이 무엇인가? 선현들이 일군 지혜를 살펴보아야 하는데, "동·서양의 모든 철학은 변화하는 것을 추구하는 철학과 변화하지 않는 것을 추구하는 철학으로 대별할 수 있다."[276] 여기서 변화와 불변이 뜻하는 것은? 선천 안목으로서는 대답할 말이 궁한데, 이 연구가 밝히고자 하는 것은 본의에 입각한 전혀 새로운 관점이다. 변화하는 것은 당연히 창조와 연관이 있지만, 변화하지 않는 것 역시 창조와 연관이 있다. 천지가 창조로 인해 존재한 것일진대 우주 안에 존재한 것은 창조 역사와 연관되지 않은 것이 하나도 없다. 이런 사실을 증명할 수만 있다면 그것이 곧바로 창조된 사실을 확인하는 관점이 된다. 즉 변화=창조, 불변=본체로서 구분할 수 있다. 변화하는 것은 창조되었기 때문에 일어나는 결과 현상인데, 그럼에도 불구하고 변화하지 않는 것이 있는 것은 변화를 일으킨 본체이기 때문이다. 하지만 본체가 아니라도 변화하지 않는 것들이 있는데, 그것은 창조로 인하여 결정되었기 때문이다. 불변한 본체에 근거하여 불변하도록 化되었기 때문에 이치, 원리, 법칙, 진리 등이 영원할 수 있다. 즉, 창조 실현은 불변한 본체의 결정화에 있다. 세계가 영원할 수 있도록 하기 위하여 본체의 불변성이 시스템적으로 구조화되었다(창조됨). 그래서 본체의 불변성은 그대로 本體即不變이고, 창조를 통한 영원성은 이치화·법칙화·원리화·진리화된 불변성이다. 이런 化됨이 결정적이지 못하였다면 창조를 달성한 하나님의 본체성도 허물어지리라. "천지라는 사물과 천지 안에서 생성되는 모든 사물, 즉 만물은 항상 변화하는 과정 속에 있어 이 과정은 한시라도 멈추지

---

276) 『생성의 도와 선』, 앞의 책, p.29.

않는다."277) 세인들은 통상 사물의 변화하는 모습만 보아 전체 사물이 예외 없이 변화하는 과정 속에서도 생성 운동이 영원성, 법칙성, 결정성을 이룬 사실은 간과하였다. 변화 속에 불변성이 투영되어 있는 것인데, 이것을 꿰뚫는 것이 창조 역사를 보는 눈이다. 이런 안목을 가져야 세계=창조란 사실을 즉각 알 수 있다. 결정성은 천지가 창조된 것을 확인할 수 있는 첫 기준이다. 존재란 무엇인가? 바로 창조로 인해 이루어진 결정성이 아닌가? 이 같은 창조 기준이 서야 진리에 관한 문제들을 판단할 수 있다. 창조는 존재를, 존재는 진리를, 진리는 세계를 결정한다. 창조는 존재를 있게 한 것이기 때문에 창조를 판가름하는 것 역시 결정성 대 비결정성 여부에 달렸다. 결정성은 존재 본체로부터 구축된 창조 역사의 큰 실마리이다.

천지를 있게 한 실질적 근원인 太極화된 통합 본체는 그 근거를 추적하기 어렵지만, 창조 본체가 존재 본체로 이행된 관계로 세계 안에서 만물의 구성된 경위를 추적하면 바탕 본체로서 함께하고 있기 때문에 가능하다. 창조 본체가 이행된 과정을 알아야 성리학자들이 太極론과 理氣론을 통해 펼친 우주론의 진면목을 엿볼 수 있다. 統體一太極이 어떻게 개개 사물 속에서도 존재한 各具 太極으로 이행된 것인지, 理는 천지보다 선재한 절대 理인데 어떻게 만물들이 이런 理를 함유할 수 있게 된 것인지 본의에 입각하면 즉시 이해할 수 있다. 보편 원리인 理는 현실 세계와 분리될 수 없다. 내재하는 원리라고 한 것은 즉시 창조를 실인한 인식 형태이다. 구체적인 현실 속에서 발생한 변화의 근원인 理를 상정한 것은 일원론적인 성격

---

277) 앞의 책, p.29.

을 훼손하지 않고 담보하면서 形而上學적 체계를 추구한 宋代 신유학의 특징인데,[278] 理를 세계의 본원으로 본 근거가 바로 理는 현상 세계와 분리되지 않고 理와 氣가 존재 안에서 함께하고 있다는 판단에 있다. "만물은 모두 하나의 理를 갖는다. 사물과 하나의 일에 이르기까지 비록 작은 존재라 할지라도 모두 理를 소유한다고 한 것인데",[279] 이것은 理가 세계의 본원인 것을 시사하는 것은 물론이고, 理를 소유한 자연현상과 사회현상들이 모두 창조되었다는 것을 뜻한다. 세계가 神적 본질을 본유하고 창조 본체를 지녔다는 말이다. 창조되었기 때문에 만유가 理를 함유, 소유, 공유하였다. 理가 존재와 분리되지 않고 함께한 것은 곧바로 창조된 사실에 대한 확인이다. 그렇게 판단할 수 있는 눈을 우리가 가져야 한다. 성리학자들이 왜 애써 理氣론을 펼친 것인지 의도를 알아야 한다. 진리 세계를 탐구해서 창조 원리를 인식한 것은 보편적인 행위라, 사유한 목적은 동일하다. 근원된 창조 본체에서 존재 본체로 이행된 과정에서 理가 존재를 구성한 氣로 化하여 理+氣가 함께하였다. 본원인 理를 만유가 공유하게 된 창조 특성에 대한 인식이다. 그렇게 해야만 창조 역사가 실현되고 세계가 구성된다. 그래서 존재가 구성한 理氣합체 본성은 천지가 창조된 사실을 알 수 있는 또 하나의 판단 기준이다. 또한 理가 만물 가운데 공통적으로 존재하고 있는 것도 창조를 시사하는데, 그 이유는 理는 하나인 본체인데 만물이 그 같은 理를 낱낱이 본유한 것은 만물이 理란 본체로부터 창조되었기 때문이다. 그래서 주자는 "天人一道에 바탕한 理의 동일성을 근거로 만물이 일체란

---

278) 『정이』, 앞의 책, p.55.
279) "萬物只是一理 至如一物一事 雖小皆有是理."-『이정유서』, 권3.

관점을 세웠다. 천지 만물과 인간은 근본에 있어 하나이다. 一體로서 연결되어 있어 만물은 모두 하나인 이치 속에서 나오는 원리성을 갖추었다."280) 성경에서 밝힌 천지창조 선언이 창조론에 대한 대 전제라면 주자가 접근한 만물일체관은 전제 사실을 입증하는 세부 각론이 되고, 이 연구가 펼친 주장은 대단원에 걸친 판가름 작업이다. 인류는 선천 세월을 다 바쳐 진리로서 각론을 펼쳤다. 만물을 통해理의 동일성, 공유성, 통합성, 일치성을 확인할 수 있었나니, 이것이理의 본체성과 창조성을 시사하는 확실한 근거이다.

한편 이기호발설(理氣互發說)도 창조 역사를 실현한 동인을 추적한 논거이다. 氣가 운동성을 가진 것을 당연하게 생각한 것은 氣가 운동성을 가질 수 있도록 창조되었기 때문이다. 문제는 理의 발동성인데, 理는 氣를 발동시킨 보다 근원된 본체이다. 운동은 理에도 있고 氣에도 있지만 理는 氣를 있게 한 원천적인 창조 본체이고 氣는 수동성, 국한성에 머문 존재 본체이다. 그래서 이황은 사단칠정을理와 氣에 배당시키고, 사단은 理의 발동이요, 칠정은 氣의 발동이라고 하였는데, 그렇게 생각한 이유로서 사단은 고유한 창조 본질, 즉 순수하고 고결한 天性에 기인시킨 때문이고, 칠정은 존재를 구성한 본질, 즉 기질에 기인시킨 때문이다. 氣는 생성 시스템에 에너지를 공급해서 뭇 존재에 변화를 일으킨 존재 본질로서 인성적인 영역에 있어서도 기질, 즉 칠정으로 변화를 일으켰다. 이처럼 성리학자들이 氣의 운동성을 인정하면서도 理의 자발성과 구분한 것은281) 명백히 창조 상황에 대한 인식이다. 세상의 되어진 이치를 살피면

---

280) 「주자의 본체관에 대한 연구」, 앞의 논문, p.88.
281) 앞의 책, p.64.

다각도에 걸쳐 창조 사실을 확인할 수 있는데도 어려움을 겪었던 것은 창조성의 분열이 완료되지 못하여 세계관적으로 한계성이 있었기 때문이다. 창조 사실을 확인할 수 있는 또 하나의 기준인 이치와 법칙의 선재성 여부도 마찬가지이다. 한 가닥 실마리를 붙들기 위해서는 창조된 메커니즘 체제를 발견해야 했다. 한 송이 국화꽃을 피우기 위해 봄부터 소쩍새가 울고, 천둥이 먹구름 속에서 요동친 것만으로는 부족하다.[282] 동·서 간에 걸친 지성들이 세월을 바쳐 기다리고 노력해야 했다.

"신학에서는 神이 대체적으로 어느 것에도 의존하지 않는다고 하였다. 神은 곧 스스로 존재하는 자이다. 존재하는 데 있어 어느 것도 필요로 하지 않는다. 스스로 충족적이고 스스로 완전하다. 그래서 神은 무엇보다 먼저 있었고 가장 원천적인 존재자가 되었다. 반면에 물질세계는 능동적·자발적이지 못하다. 지극히 수동적이다. 물질은 스스로 발생될 수 없고, 스스로에 의해 변화하거나 존속될 수 없어 외부 의존적이고 타율적이다."[283] 결론으로서 물질세계는 2차적이다. 원천적인 神의 본성과 2차적인 물질세계의 특성은 차원이 다르다. 순서로는 2차적인 것이 맞는데, 그 이유가 전능한 창조주가 아니고 피조체인 데만 있는 것은 아니다. 창조 동인은 오직 하나님만 지니고 있기 때문에 피조체는 상대적으로 의존성, 타율성, 수동성을 피할 수 없게 되었다. 창조 동인은 존재 속에 내포된 氣[존재 본체]도 동일한 상황이다. 본질로서는 공통, 바탕, 관통된 특성을 지니고 있어 차이가 없지만, 창조를 일으킨 동인[命]은 오직 하나님만 취했

---

282) "국화 옆에서", 서정주.
283) 『진리론』, 앞의 책, p.18.

다. 이런 사실을 알아야 객차와 기관차의 역할을 구분할 수 있는 것처럼 삼라만상이 지닌 수동성을 통하여 즉각 창조 여부를 판단할 수 있다. 스스로 움직일 수 없는 존재가 지금 움직이고 있고, 스스로 존재할 수 없는 존재가 지금 존재하고 있다면 그것은 바로 창조 때문이다. 자존성만으로는 아무것도 분간할 수 없다. 의존성이 있기 때문에 우리는 자존으로부터 비롯된 창조 사실도 알고 神도 안다. 자존한 본체에 근거한 피조체는 그렇게 의존되어 있기 때문에 자존성을 가질 수 없다. 자존성은 神만 지녔다. 피조체가 수동성을 벗어날 수 없는 이유이다. 아무것도 의존됨이 없는 본체로부터 삼라만상을 있게 하였기 때문에 이것을 일컬어 창조라고 한다. 최초 근원인 자존, 부동, 제1 원인으로부터 의존, 운동, 원인이 소급된 천지 만물이 있게 되었다. 창조는 無로부터가 아니다. 창조=因인데, 그 因은 아무 원인 없이 존재한 因이고, 무한하게 소급된 因을 있게 한 첫 因이다. 無한 因으로부터 발생되었기 때문에 첫 因으로부터 발생된 모든 것은 필연적으로 창조된 결과물이 되고, 창조를 발생시킨 첫 因은 필연적으로 창조를 있게 한 神이 된다. 창조와 동시에 결정되었기 때문에 세계 안에서는 더 이상 "에너지를 스스로 늘려갈 수 없고 그 양을 줄일 수 없다."[284] 이것이 창조로 인해 결정된 에너지 보존 법칙이다.

한편 통합체인 太極[창조] 본체는 창조와 함께 음양으로 양의되었다고도 하였는데, 一元인 太極이 양의됨으로써 세계 안에서는 극이 갈라져 대립하고, 이로 인해 세계가 무궁히 생성할 수 있게 되었

---

284) 앞의 책, p.27.

다. 존재 본체인 氣가 운동성을 가지게 된 것은 전적으로 氣가 양의
된 때문이다. 물질과 정신, 남과 여, 해와 달, 플러스와 마이너
스……. 이들은 지극히 상대적이고 결코 한 극성만으로는 존립이 불
가능하므로, 하나인 본원이 나뉜 것은 분명하다. 양의되었기 때문에
분열 운동이 일어났고, 본질적으로는 분열하는 힘으로 통합적인 에너
지를 축적하여 통합된 힘으로 만사와 만물을 분열시키게 되었는데,
이와 같은 과정에서 현상 세계가 생멸을 반복하였다. 이런 이유로
만사에 걸쳐 극이 나뉘고 대립, 상대, 이원화된 것은 모두 창조를 증
거한다. 생멸이 있고 무수한 변화를 거듭하는 것은 그 이유가 모두
창조 때문이다. 그런데 대립과 변화와 생멸 현상을 목격하고서도 본
의를 모를진대 영원히 변화와 생멸의 끝을 알 수 없다. 유한한 세계
관을 벗어날 수 없다.

하이데거는 존재를 독립적으로 보지 않고 시간과의 연관성을 논한
철학자인데, 선천 세월이 존재와 관련하여 시간의 본질에 대해 궁구
한 세월이었다면, 지상 강림 역사를 완수한 이후부터는 존재가 시간
을 가진 이유에 대하여 창조와 연관된 사실을 판단할 수 있어야 한
다. 삼라만상은 생성 법칙을 벗어날 수 없다. 시간은 생성 운동과 밀
접하게 연관되어 있다. 하이데거는 존재를 밝히려고 시간과 관련시
켰다면, 이 연구는 존재를 밝히기 위해 창조와 관련시켰다. 하이데거
는 "존재를 본질적으로 시간성 속에서 해석하였고, 시간성 속에 있
는 현 존재는 이미 존재에 대한 이해를 가지고 있다고 보았다."[285]
하지만 아무리 관련성을 따져도 창조에 대해서는 알지 못했다. "일

---

285) 『행위와 존재』, 본회퍼 저, 김재진 · 정지련 역, 대한기독교서회, 2010, p.75, 80.

체는 시간 속의 존재이고 시간 속의 생성이라고 보고"286) 시간의 존재성 여부에 대해 초점을 맞추었지만, 이것을 떠받치고 있는 창조 뿌리는 보지 못했다. 실로 "존재는 모두 시간이라고 함에(도원)",287) 여기에 합당한 해명이 있어야 했다. 우리는 시간 속의 존재로서 시간이 없다면 존재도 없는데, 왜 그런가? 하이데거는 시간 내 존재라고 하여 존재가 독자적이지 않은 관계성에 대해 지적했지만, 이 연구는 왜 존재하게 되었는가 한 '있음'의 문제에 대해 거론하고자 한다. 단도직입적으로 말하면 존재가 시간을 가진 것은 창조된 것이 주된 원인이다.288) 창조가 없으면 존재가 없고 존재가 없으면 시간이 없다. 존재한 이유를 알기 위해서는 그것을 거꾸로 추적해 들어가야 한다. 시간이 있는 것은 존재가 있기 때문이고, 존재가 있는 것은 시간이 있기 때문이다. 따라서 창조만 타당하게 밝힐 수 있다면 존재한 이유도 타당하게 해명할 수 있다. 神은 구하고 경험하는 것만으로는 모습을 볼 수도 본체를 파악할 수도 없다. 존재와 시간도 마찬가지인데, 본질성을 파악하기 위해서는 세계 원리적인 통찰이 필요하다. 그런데 이런 요구 조건을 충족시킨 것이 바로 창조이다. 창조를 모르면 안다고 해도 아무것도 모른 것이 되고, 창조를 알면 그동안 해명하지 못한 모든 것을 알게 된다. 이것이 곧 천지가 창조된 분명한 근거이다.

아우구스티누스는 "창조 이전에는 어떤 시간이 있었는가라고 묻는 것은 무의미하다. 왜냐하면 시간은 세계와 함께 창조된 것이기

---

286) 『존재론·시간론』, 앞의 책, p.13.
287) 위의 책, p.13.
288) 必因이 창조라면 必證도 창조임. 만사에 걸친 시간도 예외가 없다.

때문에……"라고 하였다.289) 창조는 시간을 이해하는 중요한 근거가 되기는 하지만 그렇게 설명하는 것만으로는 끝이 아니다. 시간이 왜 세계와 함께하는 것인지를 알기 위해서는 천지가 창조된 과정을 알아야 하는데, 여기에 대한 정보가 선천에서는 전무하였다. 시간이 있다는 것 자체가 창조된 것이란 사실과 연결 짓지 못했다. 하지만 본의에 입각해서 창조와 존재가 가진 관계를 통하면 시간이 一元인 창조 본체가 창조와 함께 극이 양의됨으로써 생성을 이루게 되었다는 것을 알게 된다. 즉, 생성을 일으킨 근거 흔적이 곧 시간이다. 창조→생성, 그리고 그 결과로서 시간이 존재하게 되었다. 이것이 존재와 세계와 우주가 시간과 함께한 이유이다. 존재가 창조되다 보니 시간이 함께하게 된 것이다. 시간은 존재가 곧바로 창조되었다는 뜻이다. 뭇 생멸 현상을 통해서도 확인할 수 있는 것처럼 시간이 없으면 존재가 없고, 존재가 없으면 시간이 없다. 시간과 존재는 빛과 그림자처럼 구분되면서도 한편으로는 일체이다. 따라서 엄격하게 따져 본다면 시간은 창조된 것이 아니고 창조로 인해 부수되었다. 창조된 결과 현상임과 동시에 창조된 결과 흔적이다. 化로 인해 드러난 전형적인 현상이기도 하다. 시간은 어떤 실체성도 지니고 있지 않다. 化로 인해 지탱되고 있는 본질 분열의 지속적인 과정일 뿐이다. 一元인 太極이 양의되고 극이 분화되어 본질적으로는 음과 양으로, 생성적으로는 함께한 원인과 결과로 나누어졌다. 결정된 원인과 결과, 그리고 분화된 음과 양으로 인해 세계가 생성, 분열, 생멸 과정을 거치게 됨으로써 시간이 존재할 수 있었다. 시간이 실체 없이 엄

289) 『폴 틸리히의 기독교 사상사』, I. C. 헤넬 저, 송기득 역, 한국신학연구소, 1985, p.163.

밀한 질서 형태로 우리에게 다가오는 이유이다. 시공간적으로 본다면 장(場)이라고도 할 수 있는데, 한 점이 팽창해서 우주 공간이 되었듯, "一과 多는 場의 나타난 한 측면과도 같다."290) 一이 多로 펼쳐지는 과정에서 유형적으로는 우주의 공간을 채운 에너지적 場을 이루었고, 무형적으로는 생성 운동과 그렇게 나뉜 과정이 시간이 되었다. 다시 한번 곰곰이 생각해보라. 시간은 천지가 창조된 사실을 증명하는 결정적 근거이다. 모든 면에서 천지는 창조된 근거 특성인데, 시간은 그 한 부류에 속할 따름이다. 시간이 없다면 창조도 알 수 없을 텐데, 세계는 존재와 함께한 시간이 존재하고 있어 창조도 알고 神도 안다. 시간은 오직 창조된 존재가 가지고 있는 생성 운동의 결과물이다. 이런 이유로 우리가 통상 시간이 과거→현재→미래로 흐른다고 한 생각은 재고해야 한다. 창조와 함께한 삼라만상 우주는 시간 전체를 이미 함유했다. 세상 위에 드러난 시간은 존재한 통합 본체가 분열하게 됨으로써 나타난 것이기 때문에, 사실상 시간은 미래→현재→과거로 흐르고 있다(유부의 三世實有觀). 현재는 이미 존재한 전체 시간의 일부가 분열함으로써 주어졌다. 영화를 디스플레이(display)시키면 현재까지 상영한 시간과 남은 시간이 막대기로 표시되는 것처럼, 생성 중인 시간도 그와 같다. 존재와 함께 모든 시간은 이미 실재하였다.291) 그렇게 존재한 시간의 풀어지고 있음이 현재이고, 우리가 지금 접하고 있는 이 순간이다. 그래서 시간은 창조를 지침하는 결정적인 증거이다. 세계 안에 시간이 있다는

---

290) 『세계철학과 한』, 앞의 책, p.189.

291) 영화는 이미 제작되었고 완성되었다(세계). 그 결정성, 완성성, 선재성, 통합성이 천지 만물이 창조되었다는 사실에 대한 진정한 의미임.

것은 창조된 결과로서 생성이 있게 되었다는 뜻이고, 세계가 살아 있다는 증거이다. 시간이 존재 세계에 결정적인 영향을 미치고 있는 것이 바로 창조 사실을 입증하는 바로미터이다. 태고로부터 삼라만상은 시간과 함께 생성되었고, 앞으로도 그 시간에 의해 거두어질 것이다. 생성 운동을 일으킨 핵심적인 원동력이 창조에 있다. 이런 존재가 시간과 함께한다는 것은 창조화로 인한 시스템적 운행이다. 그래서 시간은 결국 세계가 化된 시스템인 것을 증거하는 운용 상황 체제이다.

세계 안에서 발견하고 확인하고 각인한 원리와 법칙과 道는 유형무형인 것을 막론하고 결정성을 지닌 것인 한 창조와 연관되어 있고, 본의 관점에 입각한 만유 해석판을 통하면 판가름할 수도 있다. 그중 현상계가 결단코 벗어나지 못하는 인과법칙은 창조 사실을 더욱 확실하게 증거한다. 창조 이전에는 원인과 결과가 함께한 통합 본질 상태를 이해하기 어렵지만, 인과법칙이 성립될 수 있는 유일한 근거는 본질적으로 하나인 因果가 나뉜 것 외는 다른 이유를 찾을 수 없다. 현상계 안에서는 因이 果를 낳고 果가 因을 이루는 순환 고리를 이루지만, 누구라도 확인할 수 있는바 결국 因은 果이고 果는 因이다. 因이 果를 낳고 果가 因을 이루는 것은 필연적인 법칙이기 때문에 因果는 결국 하나이다. 경과상 이루고 미처 이루어지지 않은 차이는 있지만, 그 이상은 없다. 통합 본체가 창조된 결과로 존재하게 된 것이 因果가 나뉜 형태이고, 하나가 나뉘었으니까 다시 결속된다. "아리스토텔레스는 4원인설을 들었는데",292) 그렇게 추출

292) 『인간은 만물의 척도인가』, 루번 아벨 저, 박정순 역, 고려원, 1995, p.32.

한 실질적인 이유도 창조에 있다. 이들 요인이 하나인 것을 알 수 있는 것은 형상이면 형상, 질료면 질료만으로는 존재를 구성할 수 없기 때문이다. 이렇듯 우리는 삼라만상이 존재하고 있는 양상을 통하면 그들이 하나인 본체로부터 창조되었다는 것을 알게 된다. 因果도 마찬가지이다. 因果는 한 세트로 이루어져 있어 하나인 것을 알 수 있고, 하나가 세트로 나뉜 것은 창조된 결과 모습이다. 왜 세계는 因果적인 관계를 가지고 긴밀하게 연결되어 있는가? 묻고 또 물어보아도 명쾌하지 않았는데, "因果의 총체가 일체(一體)적인 관계로 존재한 이유를 알면 즉각 해명할 수 있다."[293] 그 일체가 곧 하나님의 창조 본체이다. 창조(통합) 본체가 나뉘었기 때문에 因果가 생성하는 현상계 안에서 필연성을 띠었다. 창조란 무엇인가? 현상계가 因果로 나뉘어 존재하게 된 것 자체이다. 그래서 일체 근거는 창조 본체에 있게 되고, 因果는 化된 존재 본체 시스템이 된다.

因果는 숱한 경험을 통하여 因과 果란 두 극단 과정이 필연성으로 연결된 것을 확인한 인식 개념인데, 불타가 깨달은 연기법 역시 지금 일어나고 있는 무수한 因果들이 철저한 법칙에 따라 지극히 상의상관 속에 있다는 것을 지적한 것이다.[294] 이런 연기법이 의미하는 것은? 연기법을 각성한 覺者는 일체 존재가 무상, 무아인 것으로 보았고, 연기에 의해 존재한 일체를 空으로 규정하였는데(공관), 더 바란다면 연기를 통해 창조를 보고 神까지 볼 수 있어야 했다. 존재를 파고들면 결국 궁극 본질인 창조성과 접하고, 접하고 보면

---

293) 「주자의 본체관에 대한 연구」, 앞의 논문, p.16.
294) "원시불교의 연기관에서는 존재하는 모든 '有'는 결코 독존하는 것이 아니라, 상의상관에 의해 이루어져 있다고 주장한다."-『세상은 왜 존재하는가』, 앞의 책, p.95.

神이 존재한 사실을 알게 된다. 통상 연기는 원인에 의해 결과가 일어난다는 뜻이므로 일체는 정말 연기적이라고 할 수 있지만, 깨달은 자들은 그 이상의 의미까지도 찾아내어야 한다. 불타가 유독 강조한 것도 연기를 보라고 한 설법이 아니었던가? 현 존재를 넘어서 존재하고 있는 모든 것은 발생된 것이란 사실을 깨달아야 한다.[295] 하이데거가 존재를 세계-내-존재라고 한 것은 존재가 독자적으로 존재할 수 없기 때문이다. 세계와 함께하므로 전체적인 테두리인 시간과 병행시키고 보면 연기적이라는 뜻과 같다. 혹자는 "연기법은 온 우주가 한 몸인 유기체 우주의 인과법이다. 불타는 세속을 초월한 절대적 경지를 본 것이 아니고 우리가 살고 있는 유기체 우주의 실상을 본 것이라고 하였다."[296] 과연 그런가? 불타는 연기법을 통해 하나인 본체계, 곧 초월적인 존재성을 부각시킨 것이다. 하나인 통합체가 因果로 나뉜 것이므로 생성 중인 因과 果도 연결된 고리를 지녔다. 그래서 발생한 수많은 因들이 결국은 하나에로 귀결된다(인과법칙). 현상의 본질 역시 연기가 되어 연기인 한 그와 같은 因을 있게 한 최초의 因이 필요하게 되었다. 이에 좌우 식이 등식(=)으로 성립된 것은 모두 연기적이 되고, 이런 이유로 연기는 그 자체가 바로 창조를 있게 한 최초의 因을 요구했다. 우리가 현상계에서 因의 필연성을 인식하는 것은 있음, 즉 有한 창조 상태를 인식한 것이 되며, 有는 존재이고 존재는 그대로 창조를 인식한 것이 된다. 이것이 있어 저것이 있고 저것이 있어 이것이 있다. 이것이 없으면 저것이 없고 저것이 없으면 이것이 없다. 창조된 최초 因이 있어 너와 내가

295) 『연기론』, 신용국 저, 하늘북, 2009, p.167.
296) 위의 책, 책 표지 글.

존재하고, 세계가 쉼 없이 돌아간다. 연기는 因을 통해 有를 긍정한 상태라 반드시 무엇이 있어야 무엇이 있다, 혹은 무엇이 없으면 무엇도 없다(無는 없다)란 논거로 천지가 창조된 사실을 인정하였다. 연기법은 일종의 생성 과정에 대한 파악인데, 알고 보면 化된 창조 역사를 이치적으로 인식한 것이다. 우리가 존재한 것은 결코 독자적이지 않다. 그런데 저것이 있기 때문이라고 하는 연기적 법칙성을 我, 혹은 실체를 부정하는 수준으로 내몰아서는 안 된다. 본의에 입각한 눈으로 연기를 보라. 하나가 사라지면 모든 것이 사라지고, 하나가 존재하면 모든 것이 존재하는 것이 시사하는 것이 진정 무엇인가? 인연의 고리가 연기적으로 꿰어진다는 뜻이 아니고 무엇인가? 한 인간의 외침이 우주 공간에 공명되고, 한 인간의 고통이 온 인류에게 전달된다. 삼라만상이 하나를 이루고 있는바 그것을 확인할 수 있는 길이 바로 이것이 없으면 저것이 없고, 저것이 없으면 이것이 없다고 한 연기법이다. 삼라만상이 다양한 모습을 하고 있지만 결국은 하나인 모습이다. 불타가 깨달은 연기법의 본질은 천차만별한 삼라만상이 하나라는 사실에 대한 확인이고, 본체로부터 천지가 창조되었다는 사실에 대한 통찰이다. 불타는 누구보다도 천지 만물이 창조된 진상의 깊이를 헤아리고 또 헤아렸다. 이것을 아는 것이 각성의 목적이고, 불법을 부활시켜 뭇 인류를 구원하는 길이다. 불법을 통해서도 하나님을 뵈올 수 있게 되었나니 창조는 化이요, 연기법이 앞장서 일체 실상을 대변하였다.

CHAPTER

03

신 존재론

궁극적 실재=形而上者+形而下者이다. 일체의 시작이고 일체의 근원된 자리로서 현 시공간과 맞닿아 있다. 뭇 존재와 함께하지만 동시에 걸림 없이 현상계를 초월해 있다. 결코 불가시(不可視), 불가사의(不可思議), 불가인지(不可認知)하지 않다. 세계의식을 통해 접할 수 있다. 궁극적 실재는 생성상으로는 차이가 있지만 본질적으로는 광범위하게 맞닿아 있다. 실재가 곧 본질이다. 神은 상대가 단절된 절대 대명사로 일컬어져 인간이 인식하는 시공간과 존재성을 초월해 있지만, 그 같은 본성을 우리 역시 일부 점유하고 있다는 점에서, 神과 인간은 동질인데 단지 전체자와 부분자란 차이가 있을 뿐이다. 인간은 神이 지닌 본성을 化된 형태로 본유한 고귀한 존재자이다.

-본문 중에서

제13장 개관

　기독교를 통해 드러난 하나님의 끊임없는 인류 사랑과 구원 역사는 고스란히 하나님의 존재성을 나타내는 근거이다. 성령을 통한 계시, 사역된 종, 현실 사회를 주도한 교회, 이성에 근거한 신학 등등 그만한 세월을 두고 역사되었으므로 지금쯤은 하나님의 존재성을 밝힐 때도 되었다. 그런데 세인들은 성경을 읽고 신학을 배우고 열띤 설교를 듣지만 하나님에 대해 얼마나 알고 있는가? 신앙과 믿음과 교회 사역을 통하면 하나님을 볼 수 있는가? 기대해도 되는가? 안타깝지만 존재성은커녕 계시도 원리화시키지 못했다. 하나님에 대한 표현이 어려운 상황에서[1] 아브라함 때부터 神을 어떻게 인식할 것인가 하는 것은 제일 큰 신학적 과제였는데 진척이 없었고, 神을 인식한 역사는 그대로 神을 관념화시킨 역사가 되어버렸다. 유대 부족장

---

1) 『신의 역사(Ⅰ)』, 카렌 암스트롱 저, 배국원·유지황 역, 동연, 1999, p.22.

의 神, 선지자의 神, 철학자의 神, 신비주의자와 18세기 이신론자들의 神은 이념상의 추구 대상이었을 뿐, 각각 말한 神에 대한 개념은 서로 달랐다. 그렇다면 유태인, 기독교인, 무슬림에 의해 경배된 하나님이 전혀 다른 神이었단 말인가? 관점이 다른 실정인데 神을 객관화시키기란 사실상 어려웠다. 하나님이 다양한 모습으로 드러난 것도 사실이지만 끝내 모습을 통일시키지 못한 것은 안타까운 일이다. "神은 어떤 철학, 종교, 이성, 감정, 관념, 고뇌하는 대상이기 이전에"[2] 자존한 실체라, 존재한 모습이 현현되기 위해서는 세계 원리적인 작용 기반을 다져야 했다. 신앙, 계시, 기적 등은 하나님이 존재한 상황과는 차이가 있고, 직접 규명하지도 못했다. 철인들은 자신이 존재한 사실을 기준으로 神의 실상을 이해하려고 했지만, 자신이 존재한 근원도 모르는 상황에서는 그릇도 없이 물을 담으려고 한 무모함과 같다. 자신이 존재한 근거를 찾을 수 없다면 神이 존재한 근거도 찾을 수 없다. 神이 존재한 근거를 확정 지어야 우리의 존재 근거도 확정 지을 수 있다. 물질에 근거한 것이면 지금쯤 기라성 같은 물리학자들이 존재한 본질을 백일하에 드러내었으리라. 하지만 그들은 존재에 대해서 물질에 대해서 생명에 대해서 무엇을 밝혀내었는가? 횡설수설, 핵심을 잡지 못했다. 지금 있는 존재조차 확실하게 알지 못하면서 어떻게 神에 대해서 알 수 있겠는가? 神의 본질을 규명하는 것은 인류가 반드시 해결해야 하는 진리적 과제인데, 풀기 위해서는 세계 작용적인 원리성에 입각해야 했다.

인간이 판단할 수 있는 세계 안에서 존재가 있다는 것은 실로 신

---

2) 『기독교의 본질』, 루드비히 포이어바흐 저, 김쾌상 역, 까치, 1993, p.281.

비이다. 본질은 창조를 이룬 근원 뿌리인데, 이 뿌리가 너무 깊숙이 파묻혀 있다 보니까 세상 위로 모습을 쉽게 드러낼 수 없었다. 확실하게 알기 위해서는 세계 원리적인 기반부터 다져야 했다. 무조건 신앙하는 것만으로 神의 존엄한 모습이 드러날 수는 없다. 전체적인 진리를 통해 총화된 체제를 이루어야 한다. 그래서 이 연구는 신학의 신론처럼 神 존재를 이론적으로 논증하지 않았다. 직접 경험한 하나님의 본체 역사를 완성시키고자 하였다. 선지자들은 하나님의 부름을 입고 말씀을 대언했지만 그런 역사를 경험하고서도 하나님의 모습을 드러내지는 못했다. 사도들은 그리스도의 기적을 목격하였고 함께했지만, 그럼에도 불구하고 하나님을 입증하지는 못했다. 그러나 이 연구는 엄존한 시공의 질서 안에서 성령의 역사를 직접 경험한 당사자로서 하나님을 진리적으로 형상화시키려 한다. 존재론에 입각하여 설정한 주제들을 하나하나 풀어 나가리라.

제14장 신의 존재 본질

1. 개요

神은 무엇인가? 존재한 본질은? 이런 물음에 대하여 우리는 막막한 마음을 금할 길 없다. 말하고자 하지만 본 적이 없고, 설파된 이론들을 참고하고자 해도 관점이 서로 다르다. 神＋존재＋본질 영역을 합쳐야 궁극적인 문제들을 풀 수 있다. 神은 神만으로 드러날 수 없다. 세계를 이끈 주관 목적만 전부가 아니기 때문에 창조와 연관한 존재 영역과 총화를 이루어야 한다. 이를 위해 지성들이 쏟은 노력이 얼마인가? 우리는 세상을 얼마나 알고 있는가? 생명이란? 물질이란? 우주란? 이 같은 문제를 탐구하는 데만도 수많은 세월이 흘렀는데 하물며 神에 관한 문제는? 그럼에도 불구하고 가능한 방법이 있다면 그것은 지금의 존재를 근거로 해서 실마리를 찾아야 하고,

창조와의 관계를 파악해서 기본적인 근거를 확보해야 한다. 확인한 바 성경에 있는 기록을 통해서도 하나님이 존재한 상태는 가늠할 수 없다. 하나님은 일반 존재와도 상통한 실재자이기 때문이다. 말씀은 기록으로 남아 있는 형태이지만 존재는 그 외에도 모종의 확실한 근거를 지녔다. 그것이 무엇인가? 우주의 바탕 된 실체자로서 존재한 것이 틀림없다. 내재적이든 초월적이든 존재한 사실과 관련된 것이라, 여기에 착안점을 두고 神에 관한 문제를 풀어 나가리라.

2. 존재론이란

"존재론(Ontology)은 존재자 일반에 관한 학문인데, 철학의 일부분으로서 존재학이라고도 한다."[3] 본체론(本體論) 또는 실체론(實體論)이라고도 하며, Ontologia란 어원은 희랍어의 onta(존재하는 것)와 logos(법칙·논리·학문)와의 합성어이다.[4] 통상 존재라고 하는 것은 "자신이 보고 만져서 감각적으로 확인할 수 있는 사물이라든지 존재의 현재 있음 상태를 상식적인 기준으로 삼는데",[5] 그 외 "의식을 떠나 외계에 객관적으로 실재하는 것일 수도 있고, 形而上學적으로는 현상의 전변(轉變)의 근저에 있는 그 무엇에 대한 지칭일 수도 있다."[6] 눈으로 확인할 수 있는 온갖 대상들, 깜박이는 별, 옆에서 재잘거리는 친구들이 존재라고 여기지만, 우주 현상의 본질적 실재,

---

3) 존재론은 세계에 있는 모든 존재자, 즉 존재하는 것의 본질적인 근본 구조와 그것들의 시초적 근거를 문제 삼음.『세계대백과사전』, 두산동아, 존재론 편.

4) 『사물의 본질성에 근거한 철학원론』, 김항배 저, 사초출판사, 1986, p.100.

5) 『철학의 이해』, 한전숙·이정호 저, 한국방송대학교출판부, 1996, p.32.

6) 『새국어 사전』, 교학사출판부, 1997, 존재편.

본체 영역 등도 포함할 때는 문제가 복잡하다. 더군다나 세계관에 따른 갈래인 "유물론·유심론·다원론·일원론·기계론·생기론· 결정론·비결정론까지 존재론적인 탐문 영역에 속한다면",[7] 존재를 어떻게 보는가에 따라서 진리관이 달라지는 이유도 알 수 있다. 존재론은 있다고 말해질 수 있는 모든 것을 '존재자'로 보고 존재 방식, 존재 근거, 존재 계기, 존재 양상을 다각적이면서도 비판적으로 고찰하여 참으로 존재가 무엇인지에 대해 재고하게 한다. 어떻든 하나님은 신앙으로 존재하고, 책상은 물질적으로, 하다못해 언어는 상상 속에서라도 존재한다. 온갖 존재자를 헤아려서 범주를 따져 묻는 작업이 이성적으로 어떻게 가능한 것인지는 의문이다. 실재와 이념은 존재된 방식상 무엇을 기준으로 삼는가? 물질적인 존재와 심적인 존재와의 구분선은? 영혼과 생명의 존재 방식은?[8] 이런 의문은 파고들면 들수록 모호함만 더해지고, 단정해버리면 유물론과 유심론처럼 대립성만 연출된다. 그러니까 존재론 영역을 탐구하여 이룬 것은 존재 일반에 대해 조망한 관점의 목록표 정도라고나 할까? 심원한 본질까지는 드러내지 못했다. 神의 존재를 거부한 무신론, 물질을 근원적으로 삼은 유물론 등은 전체 존재 상태를 무시한 비정상적인 존재론이다. 드러난 일면을 보고 세계를 판단한 병폐가 있었다. 존재는 끊임없이 변화하였고 지금도 변화하고 있는 중인데, 일정한 부분만 보고 고착화되어서는 안 된다. "철학사만 살펴보더라도 파르메니데스(Parmenides)와 제논(Zenon)은 감각의 대상인 자연 세계는 변화무쌍한 허상의 세계이고, 진정 '있는 것'은 부동의 形而上學적 '一

---

7) 『철학의 이해』, 앞의 책, p.35.

8) 위의 책, p.34.

者'라고 여겼는데, 어떤 철학자는 形而上學적 一者는 침묵해야 할 바 무의미한 것이고, 있는 것은 다만 감각적 경험으로 확인 가능한 자연적 실재라고 하였다."9) 인류가 존재 영역을 탐구한 지가 언제인데 아직도 실체에 대하여 기준조차 잡지 못하고 있다. 이에 전체적인 입장에서 관점을 통일하고 그 본질을 규명할 때가 되었다.

3. 존재와 변화

사람을 알기 위해서는 직접 겪어보아야 하는 것처럼 존재를 알기 위해서는 존재하는 상황을 낱낱이 관찰해야 한다. 오해가 생기는 것은 서로에 대해 잘못 알고 있어서이듯, 존재 역시 모르면 오류를 범한다. 그렇다면 우리는 무엇을 보아야 바르게 보고 이해하였다고 할 것인가? 바로 '변화'이다. 어떤 존재도 생명체도 절로 존재한 것은 없다. 헤라클레이토스(Hērakleitos)의 주장처럼 "세상 어떤 것도 고정된 것은 없다. 끊임없이 생성하고 소멸하는 과정 속에 있다."10) 변화하고 있는 존재를 무엇이라고 단정 지을 수는 없다. 인생 과정에는 꽃다운 청춘 시절이 있지만 인생 전체가 청춘이라고 할 수는 없다. 존재는 부단하게 변화, 생성, 소멸하고 있어 "존재하는 것은 존재하는 동시에 존재하지 않는다란 주장을 전격 부인할 수 없다."11) 대개는 고정불변한 존재로부터 변화성을 추출하여 진면목을 판단하지만, 사실상 각 사물에 있어서의 변화 상태는 천차만별하다. 하지만 모두

---

9) 앞의 책, p.32.

10) 앞의 책, p.115.

11) 『재미있는 철학강의』, 한수영 외 저, 중국청년출판사 간, 1989, p.49.

변화하고 있다는 사실만큼은 불변한 사실이다. 그래서 어떤 사상가는 이 같은 특성을 온갖 변화를 주도하는 바탕성으로 보고 "불가변적인 실체를 연구하는 것이 바로 존재론의 과제라고도 했다."[12] 현상계는 가변적이라 본질을 포착하기 어려우므로 보다 근원적인 실체를 구하고자 하였다. 하지만 불변적인 요소는 현 존재의 영역을 벗어나 있기 때문에 변화 중에서도 변화를 일으킨 주체 요인을 발견하려고 하였다. 그래서 우리는 변화를 존재를 판단하는 데 장애물로 보지 말고, 변화를 통해 본질을 볼 수 있는 지혜를 가져야 한다. 변화는 다름 아닌 창조와 함께 각자의 존재 모습을 유지하기 위해 일으킨 생성 과정이다. 창조는 무위(無爲)한 것이 아니다. 지극히 유의(有意)하다. 이 같은 특성을 지닌 생성성을 보고 유물론자들은 만물을 있게 한 원동력인 것처럼 착각해서 "사물이 양적 변화를 토대로 질적인 변화를 일으킨다고 보고, 낡은 질이 새로운 질로 전화(轉化)하여 전진하고 발전한다고 여긴 변증법을 세웠다."[13] 그것은 어디까지나 有한 존재가 쌓아 올린 토대 위에서의 변화일 뿐 차원적인 변화가 아니다. 그래서 변화는 창조를 실현시킨 직접적인 원동 요인이 아니다. 창조된 결과로 인해 구축된 존재 유지 시스템이다. 이 같은 변화의 본질을 알고 전체성을 관망할 때 만인은 비로소 존재가 지닌 창조의 대 비밀을 풀어낼 수 있다.

---

12) 『사물의 본질성에 근거한 철학원론』, 앞의 책, p.101.
13) 『재미있는 철학강의』, 앞의 책, p.106.

4. 존재와 무

존재는 끝없이 변화한다. 그래서 존재에 대한 진정한 판단은 존재가 존재하는 순간만 아니고 생성·소멸하는 전반까지 살펴야 한다. 그리해야 "실재한 존재를 변화 자체에 초점을 맞출 수 있다."[14] 변화는 존재에 있어서 역동적인 그 무엇인 것이 틀림없지만, 생과 멸이 어디로부터 와서 어디로 잠적하는지를 알아야 본질적인 요소를 추출할 수 있다. 니체의 영원회귀나 동양인들의 순환·윤회 사상 등도 고려할 만한 것인데, 정말 존재는 어디로부터 와서 어디로 가는 것인가? 존재에는 창조된 비밀이 내포되어 있는데, 아직 풀지 못한 상태이므로 창조로부터 존재까지 이어진 절차를 알아야 한다. 그래서 다시 살펴보면 나라는 존재는 온갖 변화 과정을 겪었지만 처음부터 지금과 같은 모습으로 존재하고 있지는 않았다. 그래서 존재는 無와 연관되어 있다. 無로부터 출발하게 되었다는 것이 곧 존재가 지닌 비밀이다. 無를 자각하면 존재 문제가 무량한 形而上學 속에 휩싸여 있다는 것을 알 수 있다. 그러면 다시 이어지게 되는 문제, 즉 "모든 존재가 無에서 나왔다면 존재를 가능하게 한 無는 또 무엇인가?"[15] 불교는 여기에 대해 "모든 사물의 내면적 본질인 절대는 空이고 無이며 일반적 의미에서 존재하지 않는다고 하였다."[16] 하지만 有無를 따진 것은 상태에 따른 잠재성과 有의 상대된 개념으로서 無를 말한 것이다. 존재가 어떤 근거도 없는 無로부터 창조되었을

---

14) 「니체의 초인사상에 대한 연구」, 나상순 저, 원광대학교대학원 서양철학, 석사, 1993, p.24.
15) 『신의 역사(Ⅱ)』, 카렌 암스트롱 저, 배국원·유지황 역, 동연, 1999, p.665.
16) 『신의 역사(Ⅰ)』, 앞의 책, p.159.

리는 없다. 존재론이 문제 삼은 無는 창조와 깊이 연관되어 있다. 존재할 수 있게 한 메커니즘이 실재하기 때문에 그 같은 사실을 기준으로 실효성을 구분하였다는 것, 인식이 그렇고 통합성으로부터의 분열이 그러하며 알파와 오메가, 결과와 원인이 존재한 이유가 그렇다. 그래서 하이데거는 "인간이 無를 인식함으로써 존재를 경험하게 된다고 하였다."[17] 無는 존재를 이해하는 근원적인 그 무엇인 것은 물론이고, 가장 중요한 존재를 창조한 근원까지 추적할 수 있게 한다. 존재의 오고 감이 無에 귀착될진대, 드러난 존재는 변화를 통해서, 변화는 생멸의 궁극성인 無를 통해서, 無는 존재와 경계를 이루면서 총화된 창조를 통해서 본질을 드러낸다. 존재는 본질이 결정하고, 본질은 창조가 결정하기 때문에 존재는 창조된 비밀을 모두 담고 있다. 존재를 추적하면 변화로 이루어진 무수한 숲을 만나고, 그 숲을 지나면 다시 무수한 생멸이 잠적한 無한 숲과 만나는데, 이 숲속에 바로 만물의 특성을 결정한 창조 역사가 있다. 창조 역사 앞에서는 삼라만상이 본연의 모습을 드러내지 않을 수 없다.

5. 화된 존재

존재는 창조에 뿌리를 두고 있기 때문에 창조가 무엇인가에 따라 본질이 규정되는 운명을 지녔다. 그만큼 존재를 떠받친 세계가 무한하여 판단이 어려웠다. "헤겔은 순수한 존재는 역시 비존재라 하였고, 사르트르는 순수한 존재와 순수한 無는 똑같은 한 물건이라고 했

---

17) 「하이데거의 존재 사유와 신 문제」, 박종환 저, 연세대학교대학원 신학과, p.1.

다."[18] 존재가 선행된 무규정 상태로부터 출발되었다는 것은 존재의 창조성을 엿본 통찰이다. 하지만 존재도 원래는 아무것도 없었던 것이 맞다. 그런데 어떻게 존재할 수 있게 되었는가? 창조와 함께 본체가 이행된 역사 때문이다. 온갖 변화와 생멸 현상은 바로 본체가 이행하여 化된 특성을 지녔다. 불교에서는 인생 전체를 허무적멸한 것으로 평가절하 하는데, 생자필멸이란 법칙 아래서는 化된 상태가 생멸할 수밖에 없다. 베르그송은 이 같은 존재 상황을 '순수 지속'이란 말로 표현하기도 하였다. 시간이 있는 한 "오직 당면하고 있는 현재의 의식만 실재로서 인정하였다."[19] 존재하는 생명에 대하여 시간의 순수한 지속 상태만이라도 직접적이고 구체적인 실재로서 인정하려고 한 것이다. 하지만 지속은 말 그대로 지속되고 있는 과정일 뿐이라 영속성이 보장되지 않는 허무 속에 빠져버린다. 존재가 지속되는 동안 존재가 지닌 알파와 오메가는 생과 멸에 의해 완전히 뜨여 있다. 그래서 지속도 결국은 일부분 化된 본질 상태를 나타낸 것이다. 그렇다고 化됨이 실체가 없는 허상이란 뜻은 결코 아니다. 존재한 상태는 맞지만 化되었다는 것, 化된 체제로서 운위되고 있는 일종의 존재 방식이다. 문제는 化되게 한 원래의 원천이 무엇인가 하는 것인데, 이것을 알아야 영원한 神의 실존성을 가늠할 수 있다. 존재는 神의 본질이 化된 것이므로 神도 존재처럼 化된 본질의 추적 과정을 거친다. 즉, 神은 化를 있게 한 근원적인 실재로서 세상적인 존재와 철저하게 구분되면서도 결국은 동질성인 본질을 지녔다. 존재와 神은 창조로 인해 차이가 생겼지만 결국은 같을 수밖에 없다는

---

18) 『신의 존재 증명』, 김상렬 저, 한누리미디어, 1996, p.167.
19) 『철학과 종교의 대화』, 채필근 저, 대한기독교서회, 1973, p.57.

역설? 이것이 神과 존재가 창조로 인해 끊을 수 없게 된 관계성이다. 하나님은 뭇 존재자와 경계를 이루면서도 뭇 존재와 함께한 창조주로서 실재하신다.

6. 신의 본질

만물이 化된 것이라면 化되게 한 神도 본질적으로 모종의 형태를 갖추고 있는 것이 분명하다. 그런 사실을 우리는 만상을 통해 확인할 수 있다. 단지 化됨에 따른 형태상의 변화가 무궁무진하기 때문에 이것을 애써 추적해야 한다. 왜 하나님이 우리와는 존재한 차원이 다른지 이유를 알아야 한다. 化되었는데도 불구하고 神과 만물 간에는 일맥상통함이 있다. 상통함과 차이성을 분별하는 것이 만물을 통하여 神의 본질을 추적할 수 있는 길이다. 형태, 실체적인 측면에서 化됨은 존재의 본질이다. 그래서 존재가 無한 상태로부터 化된 것이라면 하나님도 無한 상태로부터 化를 있게 한 존재자로서 규정된다. 원래 化됨이 존재한 본질이라 化하기 이전인 무형은 본체자인 神이 갖춘 존재 형태가 된다. 오리지널한 것은 오히려 무형이다. 이런 통찰은 존재가 창조에 있고 창조가 化되었다는 사실에 근거한다. 이것을 이해해야 무형인 神의 본질을 속속 표출할 수 있다. 만상 가운데 편만된 세계의 본질이 하나님이 취한 존재 형태이고, 이것은 그대로 총화된 하나님의 모습이다. 神이 세계 안에서 어떻게 존재하는가 하는 것은 창조된 존재가 지닌 특성과 대비하면 판단할 수 있다. 독자적으로는 어떤 가능성도 없다. 즉, '나'라는 존재 상태와 비교할 때 하나님은 부족함이 없는 분, 무한히 가짐으로써 무한히 줄 수 있는 분이시다. 만상은 무궁하므로 神은 그 무궁성까지 관장한 강력한 그 무엇이다. 무궁성은 어디에도 한계가 없는데 창조가 그 같은 본질적 특성을 규정하였다는 것, 그래서 神은 化된 존재에 대해서 절대적인 의지 규정자로서 존재한다. 化된 존재와 무궁성을 규정한 神의 권능에 따라 본질이 神과 동일한 실체자의 반열에 선다. 존재는 본질에 의해서 본질은 존재에 의해서 존재한 상태가 결정되므로 우선순위는 없다. 神의 본질을 규정하므로 神이 세상 가운데 드러날 수 있게 되고, 神이 드러남으로써 神의 본질을 규정할 수 있다. 그것이 결국은 그것으로서 神의 본질=神의 존재이다. 神은 존재 자체이고 우리는 神의 본체가 化된 존재이다. 化는 일시적이지만 본질은 神이 지닌 영원한 실체이다. "神은 모든 존재의 기초요, 근원이요, 본질을 규정한 근거의 제공자이다."20) '존재한다'란 표현은 일반 존재물에만 국한되고 神에게는 사용하지 못하는 것이 아니다. 존재 방식의 격이 다를 뿐이다. 神도 존재이고 존재자도 존재이지만, 神은 개개 존재자를 아우른 전체자이다. 이런 차이로 인해 神을 파악하는 데 어려움은 있지만, 그렇게 존재해야 오히려 일체 존재를 영속시킬 수 있다. 존재하는 세계를 떠받친다. "神은 존재하는 모든 것인 동시에 존재하는 그 어느 것도 아닌 오묘한 실재이다."21)

이 같은 神을 다시 일반적인 존재와 연관시켜 보면, 모든 존재의 근거로 지칭된 통합성이 곧 神의 존재성을 대변한다. 존재성을 함유한 神은 그렇기 때문에 일체를 완비하여 관장한 상태이다. 완성자이면서도 "처음도 끝도 보이지 않는 영존자(永存者)인데",22) 전체 존

---

20) 『종교철학개론』, 존 H. 힉 저, 황필호 역, 종로서적, 1980, p.29.
21) 『개혁주의 신론』, 헤르만 바빙크 저, 이승구 역, 기독교문서선교회, 1992, p.124.

재를 감싸고 있다 보니까 파악이 어려웠다. "神이 無로서 파악된 것은 이해할 수 없는 객체로 존재해서가 아니다. 존재 이상인 근원자로 존재한 때문이다."[23] 존재의 수많은 특성들을 결정한 총체자이다 보니까 파악이 쉽지 않았다.[24] 이런 상황에서는 "神을 아무리 최고의 존재자라고 규정해도(아리스토텔레스)"[25] 결국은 形而上學적일 수밖에 없었고, "나는 스스로 있는 자니라(출 3: 14)"라고 선언했지만, 모습은 누구도 볼 수 없었다. 神은 化된 창조 과정을 추적해야 판단할 수 있다. 존재한 모습을 구체화시켜 실인할 수 있다.

22) 『종교의 철학적 이해』, 김형석 저, 철학과 현실사, 1992, p.44.

23) 『신의 역사 I』, 앞의 책, p.343.

24) 『철학자의 신』, 발터 슐츠 저, 이정복 역, 사랑의 학교, 1995, p.108.

25) 위의 책, p.81.

제15장 신의 존재 규명

1. 존재 밝힘

　神이 인간을 알고 있는 것만큼 인간은 神을 얼마나 알고 있는가? 지극한 신앙인들이 있는데 그들은 神에 대해서 어떻게 알고 있는가? 神은 파악하기 어려운 세계 작용적인 여건을 지녔다. 그래서 神이 역사상 현현하지 못했다. 성경에서는 하나님이 인간과 대화하고 홍해를 가르기도 했지만, 그렇다고 그것이 전부는 아니다. 우리는 어떻게 하면 神을 알 수 있는가? 神이 물질이라면 입자 가속기에 넣어 분석할 수도 있겠지만, 어디에 계시는지조차 모르는 상태에서는 무모하기만 하다. 神을 밝히고자 한다면 어떤 과제부터 해결해야 한다고 했던가? 세상의 구조부터 파악해야 한다. 생멸의 끝인 무한성의 경계에 도달해야 모습을 어느 정도 엿볼 수 있다. 본질은 존재에 의해서 존재는 본질에 의해서 완전하게 밝혀질 때까지 기다려야 했다. 神은 어떻게 밝힐 수 있는가? 창조된 세계가 분열을 완료했을 때이다. 앞에서는 神의 본질을 규명하기 위하여 존재 일반에 관해 탐문하였지만, 그렇게 했기 때문에 진리·인식·존재가 어느 정도는 세계관으로서 모습을 갖추었다. 神의 본체는 통합적인 상태라 분열을 완료하기까지는 끝까지 구도자적인 자세가 필요하였다. 神은 세계 안에 편재되어 있어 총화를 이루어야 존재한 근거를 확보할 수 있다. 神은 창조주인데도 정작 존재성을 뒷받침할 수 있는 진리적 기반은 허술하였다. 그래서 지성들이 한결같이 세계를 탐구하였고, 이런 노력들이 神의 존재 본성을 분열시키는 데 기여하였다. 동·서양이 진리 영역을 분담해서 탐구했던 이유도 여기에 있다. 분담했던 것이라면 언젠가는 다시 종합해야 하는데, 그렇게 하면 神도 모습을 완성할 수 있다. 형상화시키고 형태 지을 수 있게 된다.

2. 존재 근거

인간이 사물을 인식하는 것은 사물이라는 객체에 대하여 인간의 의식이 교감하기 때문인데, 이 같은 작용 상태를 즉각 알아차리지 못하는 것은 인식의 주체성을 망각해서이다. 즉, 사물을 인식할 수 있는 전적인 근거는 무엇보다도 자신이 존재하고 있다는 데 있다. 데카르트는 생각으로 존재한 근거를 확신하였는데, 인간이 존재한 것은 어떤 형태로든 확실한 근거가 있다. 존재가 사고를 가능하게 하고, 사고를 통해서는 만유도 포괄할 수 있다. 그런데 이런 사고 작용과 육신을 애써 구분해버리는 것은 지극히 속류적이다. 그렇다면 조건을 충족시켜 존재한 사실을 확실하게 확인할 수 있는 근거는 어디에 있는가? 인식은 존재를 전제하는 것처럼 우리도 만물을 통해 神을 가늠할 수 있어야 하는데 현실은 그렇지 못하다. 하지만 본의를 파악하면 정말 神이 창조주인 것을 만상 가운데서 확인할 수 있다. 알고 보면 神이 존재한 근거는 세상 위에 고스란히 남아 있다. 천지가 존재한 것이 바로 神이 존재한 가장 확실한 근거이다. 다양한 형태인데 세상 법칙으로서, 진리로서, 엄밀한 질서로서, 주관된 섭리 의지로서 존재하는데 제대로 찾지 못했던 것은 본질로서 내재되면서 통합적으로 초월적인 것이 주된 원인이다. 법칙이면 법칙, 질서면 질서 그것이 神의 모습이 아니고, 작용을 일으킨 주체 의지가 본질적으로 형태를 이루고 있어 분별하기가 어려웠다. 하지만 존재는 반드시 현상을 수반하고, 현상은 본질 작용이 뒷받침된 법칙을 수반한다. 그래서 본질의 작용 근거 역시 확고한데, 단지 정보가 부족하다 보니까 같은 형태로 존재한 神도 파악하기 어려웠다. 이것을 이 연구가 통합성의 본질 작용에 근거하여 일체 근거를 추적하리라. 걸림돌은 바탕 된 본질이 초월적이기 때문이라 이것만 해결하면 神을 만상을 통하여 확인할 수 있다.

3. 존재 실체

존재는 化됨으로 인해 변화되었지만 神은 化되지 않은 절대 존재자이다. 그렇다면 化되지 않은 神은 어떤 모습으로 존재한 것인가? 온갖 변화로부터 연면하면서도 온갖 생멸 현상을 주관하는 영원한 본체이다. 본체는 말 그대로 실질적인 그 무엇인데, 그것은 사물의 온갖 성질을 발생시킨 근원적 실체이다. 스피노자는 실체에 대하여 "스스로 존재하는 것, 즉 독자적으로 존재하며, 어떤 것에 의존하지 않고 자체를 통하여 이해되는 것이라고 하였다."[26] 하지만 이것은 존재의 생성성을 간과한 관점이므로 실질적으로 현 존재가 일으킨 변화를 근거로 궁극적인 상태를 추적해야 한다. 생성 작용과 동떨어진 실체는 확인할 수 없고, 神으로서 갖춘 조건으로서도 자격미달이다. 이데아(Idea)는 현 존재의 생성 작용을 빠뜨린 대표적인 실체 개념이다. 그래서 관념적이다. "불교에서는 궁극적인 실체를 空이라고 했는데, 空도 실체로서 지닌 작용 메커니즘을 충분히 갖추지 못한 것은 마찬가지이다. 비어 있는 상태라면 제아무리 '절대무'로서 덮어씌워도 실체성이 묘연하다."[27] 神은 이데아나 空적인 실체로서 표현될 수도 있지만 묘연한 개념 상태대로 영원히 있을 수는 없다. 神은 어떤 대상보다도 분간하기 쉽고 확실히 인식할 수 있는 실체로서 당연히 추적할 수도 있다.

그래서 神은 지성들이 구한 궁극적인 실재를 통해서도 가능할 수 있는데, 神은 그렇게 해서 도달한 궁극적 실재이다. 化된 존재가 변화를 마감하고 極이 合一된 자리이다. 그래서 궁극적이다. 통상 뭇 존재를 둘러싼 시공간은 간과하고 있는데, 정작 실체는 궁극적인 분열을 마감한 시공간이 合一된 곳에 있다. 시공간이 통합된 자리이다 보니 현재의 분열 시공과는 차원이 달랐다. 현 존재는 분열하는 세계 안에서 분파되어 나타난 단일체이고, 궁극적인 실재는 시공간이 분열을 완료함으로써 규합된 통합적 본질체이다. 원래는 하나인데

---

26) 『맑스, 엥겔스의 종교론』, 라인홀트 니버 엮음, 김승국 역, 아침, 1988, p.43.

27) 『선과 현대신학』, 아베 마사오 저, 변선환 역, 대원정사, 1996, p.120.

시공이 분열하다 보니 존재한 본질이 편만되었다. 궁극적인 실재는 요소적인 결집체이므로 지극한 단일체로 존재한 것처럼 생각하기 쉽지만, 사실은 시공간의 생성 과정을 총화시킨 실체 덩어리이기도 하다. 이런 궁극적 실재를 이 연구는 '본질'과 동일시하였는데, 神은 바로 그와 같은 상태로 존재한 통합적 본질체이다. 化된 실체와는 차원이 다르기 때문에 세계 안에서는 동시적이고 초월적이다. "無極이 있는 곳에 궁극이 있고, 궁극이 있는 곳에 太極이 있었나니, 그것은 세계의 상대성을 초월한 자리요",28) 그 같은 자리가 곧 神이 존재한 자리이다. "존재의 밑바닥에 깔려 있는 궁극적 차원이다."29) 현상이 현 시공간을 점유하고 있는 상태라면 神은 삼세 통합체로서 현 시공간을 초월해 있다. 근원된 실체이면서도 초감각적·초자연적이라 "눈으로 보아도 알아볼 수 없고(視之不見) 귀로 들어도 알아들을 수 없으며(廳之不聞) 손으로 잡아도 획득할 수 없어(搏之不得) '상태 없는 상태(無狀之狀)'이고 '형상 없는 형상(無象之象)'이다."30) 이처럼 묘연한 실체가 어떻게 존재할 수 있는가? 천지가 창조되다 보니까 아울러 세계를 규합할 수 있는 절대·초월적인 神도 필요하였다. 궁극적 실재=形而上者+形而下者이다. 일체의 시작과 일체의 근원된 자리로서 현 시공간과 맞닿아 있다. 뭇 존재와 함께 하면서도 걸림 없이 현상계를 초월해 있다. 결코 불가시(不可視), 불가사의(不可思議), 불가인지(不可認知)하지 않다. 세계의식을 통하면 접할 수 있다. 궁극적인 실재와의 合一[천인합일]은 우리가 창

---

28)『증산도의 진리』, 안경전 저, 대원출판사, 1985, p.15.

29)『종교와 인간』, 서광선 저, 이화여자대학교출판부, 1995, p.67.

30)『노자도덕경』14장;『절대의 철학』, 신오현 저, 문학과 지성사, 1993, p.67.

조를 통해 하나님과 연결되어 있어 가능하다. 궁극적 실재는 생성상으로는 차이가 있지만 본질적으로는 즉시 맞닿아 있다. 실재, 즉 본질이다. 神은 상대와 단절된 절대 대명사로서 인식과 시공간과 존재성을 초월해 있지만 그 같은 특성을 인간도 일부분 점유하고 있다는 점에서, 神과 인간은 동질인데 단지 전체자와 부분자란 차이가 있을 뿐이다. 그럼에도 불구하고 종국에는 神의 실체가 인간이 본유한 실체이다. 神이 지닌 존재 본성을 인간이 化된 형태로 갖추고 있다. 神은 바탕 된 본질체로서 인간과 함께한 창조주이다.

4. 존재 의지

시공간을 자유자재로 점유한 神은 우리가 보통 감촉할 수 있는 구조와 조직을 갖춘 존재자가 아니다. 현 존재는 化됨으로 인해 神의 본체가 변용된 것이라 세계 안에서는 살아 있는 존재 의지와 뜻이 기력화된 의지 형태로 존재한다. 命化를 실현시킨 근원적인 본질체이다. 쇼펜하우어(A. Schopenhauer, 1788~1860)는 세계의 본질은 비합리적인 의지라고 하였다.[31] 표상된 변화무쌍한 현상 세계와 달리 이것을 부단히 창조해 나가는 불가변적인 물자체를 일컬어 의지라고 하였는데, 그와 같은 측면에서 본다면 의지는 근원적인 요소인 것이 맞다. 神의 뜻으로 천지가 창조된 이상 추적할 수 있는 궁극적 실재도 결국은 비합리적인 요소이다(의지). 이 요소가 化되어 결정된 것이 세상 법칙이고, 가시화된 것이 천지 만물이다. 하나님의 창

---

31) 『사물의 본질성에 근거한 철학원론』, 앞의 책, p.28.

조 의지가 뭇 존재를 본성화·질서화시켰고 세계를 결정, 섭리, 주도하였다. 본질적인 실체에 의지가 더하여져 神의 존재 면모가 구체화되었다. 의지는 표상된 객체에 대하여 어느 모로 보나 영원한 인식 대상이다. 形而上學의 실증성에 대하여 본질이 분명한 근거를 가지는 것은 세계 의지를 수반하였기 때문이고, 불변성에 대한 감지도 실체화된 의지가 생멸 현상을 주도하는 바탕체로서 역할을 하기 때문이다. 만물의 알파와 오메가를 관장하였나니, 의지는 삼세 간에 걸쳐 있어 이미 나를 이룬 요소로서, 현재의 나를 이루는 요소로서, 앞으로의 나를 이룰 요소로서 작동한다. 이런 존재 특성이 세상 가운데서는 주관된 섭리 형태로 표출되었다. 섭리 역사가 의지로서 주관되어 시공 가운데서 운위되었다. 세계를 이루는 데 있어서 결정적인 동시에 비결정적인 요소를 모두 지녔다. 그래서 섭리 의지가 삼세 간을 초월하여 주재될 수 있었다. 이런 의지 작용을 시공간이 뒷받침하고 있기 때문에 神도 의지로서 역사된 시공의 질서 메커니즘을 통하여 지각된다. 이런 의도로 神이 모든 가능한 전례를 존재를 드러내는 역사 수단으로서 동원하였다. 神의 존재 의지는 세계 안에 충만되어 있어 시공간을 주도한다. 그러니까 존재 의지는 神의 모습을 나타내는 가장 神적인 요소라, 이것을 형상화시킨 것이 곧 神의 실체이다. "존재는 본질로서 이루어진 의지의 결정체 외 다른 것이 아니다."32) "인류가 찾아 헤맨 궁극적인 알파가 의지이고, 의지는 세계를 이룬 바탕이다."33) 온갖 현상은 창조로 인해 化되어 가변·가합된 모습이므로 실질적인 의지가 참된 모습이다. 그래서 의지적

---

32) 앞의 책, p.59.
33) 앞의 책, p.81.

인 작용으로 완수된 것이 바로 성령의 역사이고, 참된 실체자로서 역사하였기 때문에 神이 본체자로 강림할 수 있었다.

5. 존재 형태

하나님이 나와 똑같은 모습으로 존재하신다면 굳이 찾아 헤맬 필요가 있겠는가? 삼세 간에 걸쳐 존재하신 하나님이 만상의 근거가 되기 위해서는 나와 같은 모습을 취할 수 없다. 창조되기 이전의 모습은 무형이고, 무형이어야 온갖 형태를 취할 수 있다. 자체가 결정되어 있는 상태에서는 더 이상 만물의 근원이 될 수 없다. 무형은 하나님이 천지를 창조하기 위해 취한 불가피한 존재 형태이다. 우리가 지닌 본질적 요소인 마음·정신·영혼이 그러하듯, 이들은 공통적으로 지닌 비공간적 요소들이다. "존재자 중 가장 확실한 것은 어떤 공간을 차지한 물질적인 존재라고 생각하지만 비공간적인 의식, 정신도 분명 실재하고 있는 존재이다."[34] 우리는 육신만으로 존재한 상태를 판별하지 않는다. 존재 내 본질은 분열하기 때문에 오감으로 판별하는 것 이상인 그 무엇이 내재되어 있다. 그런데 인간은 이런 존재 상태는 분별하면서도 하나님에 대해서만큼은 고지식하다. 현존재가 취한 형태는 일시적인 모습이나 하나님은 무형으로서 영원한 실존성을 대변한다. 이런 본성을 갖춘 하나님과 교감하고 말씀을 받들 수 있다면 그런 사실 자체가 하나님의 실존성을 나타낸다. 하나님은 무소부재한 통합자로서 완전한 의지자로서 엄밀한 질서의

---

34) 『철학의 이해』, 앞의 책, p.38.

관장자로서 존재한다. 무형은 하나님이 전능한 권능성을 발휘할 수 있는 존재 형태이다. 의지로 실재하고 섭리로 실재하고 무궁한 은혜로 실재할 수 있다. 이런 하나님을 성경에서는 무형인 영적 존재자로 규정하였다.[35] 영성은 본질적인 생명력으로서 하나님의 뜻을 대변하는 의지체이다. 의식과 함께하는 초감각적인 본성이다. 자아가 의식을 통하여 세계의 운행 질서와 함께할 수 있듯(세계의식), 하나님은 의지를 수반한 성령의 역사를 통하여 인간과 함께한다.

6. 존재 형상

인류는 하나님을 형상화시키기 위해서 어떤 노력을 기울였는가? 신앙인들은 믿음을 지켰고 구도자는 진리를 구했으며 과학자는 자연현상을 탐구했다. 그렇게 바친 정열은 하나님과 무슨 상관이 있는가? 관련성을 찾지 못하므로 하나님을 형상화시킬 수 없었다. 이유는 하나님이 세계 안에서 존재한 실존 형태에 있기 때문에 이 연구는 하나님의 실존 형태가 세계적인 영역에 걸쳐 관여되었다는 사실을 밝히고자 한다. 즉, 하나님이 존재한 모습을 형태 짓기 위해서는 존재의 본질과 생명의 비밀을 밝히고자 한 방법과 무관하지 않다. 하나님이 세계와 무관하였다면 홀로 현현될 수도 있겠지만, 하나님은 창조주이기 때문에 존재 형태를 형상화시키는 문제도 만유의 현상을 수단으로 삼아야 했다. 아울러 인류가 안고 있는 정신적 고뇌인 진리의 현안 문제도 함께 해결해야 한다. 진리의 본질, 존재의 본질,

---

35) "하나님은 영이시니 예배하는 자가 신령과 진정으로 예배할지니라."-요한복음 4장 24절.

세계의 본질 등등 하나님은 존재해도 한꺼번에 현현될 수는 없다. 그래서 분열을 위한 경과와 판단할 수 있는 인식 기반을 두루 갖추 어야 했다. 지성들이 세계에 대해 품은 한없는 의문과 진리를 탐구 한 노력이 송두리째 하나님의 모습을 형상화시키는 데 바쳐졌다.

7. 존재 모습

일찍이 이 연구가 진리 세계를 통합하는 과정에서 하나님의 모습 을 현현시킨 것이 사실이라면, 이제부터는 만인 앞에서도 객관적인 모습을 확인시킬 수 있어야 한다. 이런 과제를 이 연구가 과연 해결 할 수 있겠는가? 지금까지 세상에 그려진 하나님의 모습은? 神이 영 성적인 뜻과 의지체라면 어떤 형태로든 실체를 지닌 존재라고 할 수 있다. 단지 제 진리 세계를 규합한 통합체이다 보니 쉽게 드러날 수 없었던 것뿐이다. 예를 들어 "인간은 神의 모습을 닮았다[神人同形 同性論]는 주장도 있지만",36) 한편으로는 어떤 물질화된 우상을 세 우지 말라는 경고도 있다(성경). 우상은 무엇 하나 섬김 받을 수 있 는 하나님의 형상이 아니며, 물질적인 형상으로서는 결코 드러날 수 없다. 우상은 세우면 언젠가는 허물어지고 살아 있는 눈빛을 볼 수 없는 허망한 존재이다. 오죽하면 인류가 그 모습을 앙망했을까만 그 것은 참모습을 구하는 과정에서의 시행착오였을 따름이다. 하나님은 실로 형상이 없지만 살아 계신 분이고, 만질 수 없지만 존재하고 계 신 실체다. 그렇다면 그 모습은 도대체 어떤 형태인가? 바로 진리 세

---

36) 『신의 역사(Ⅰ)』, 앞의 책, p.99.

계를 통합함으로써 현현된 전모자 모습이다. 진리 세계를 통합하고 나니까 하나님의 모습이 드러났다는 것, 그래서 진리의 완성된 모습은 그대로 하나님의 모습이고, 진리로서 구성된 모습은 그대로 하나님의 형체이다. 세계가 곧 하나님의 모습으로 형상화된 것이라고 볼 수 있는데, 천지가 하나님의 본체로부터 창조되었기 때문에 주어진 당연한 결과이다. 그런데도 우리는 현실 속에서 살아 있는 진리로서의 생명성을 존재 형태로서 감지하지 못하고 있는 상태이다. 진리의 전모는 하나님이 갖춘 모습이기는 하지만 생명력까지 확인하기 위해서는 역사된 의지가 천지를 운행한 질서 형태를 통하여 표출된 과정까지 살펴야 한다. 그리하면 섭리 역사의 일관성을 거의 전능에 가까운 지혜 형태로 인식할 수 있다. 통합적인 시공간 안에서의 운용 특성이다. 하나님은 세상 질서를 통해 어쩔 수 없이 순차적으로 현현되지만, 하나님의 존재 의지 자체는 시공간보다 앞서 있기 때문에 주관된 역사 의지를 전능한 지혜 형태로 감지할 수 있다. 그래서 시공의 엄밀한 운행 질서는 하나님이 이룬 역사의지를 확인하는 근거이다. 부분적이면서도 전체 세계와 통하고 알파와 오메가가 연결되어 있다. 생각 하나하나에 하나님의 뜻이 함께하므로 믿음이 믿은 바대로 이루어졌다. 주도면밀한 역사로 삼라만상을 주관한 의지적 형상을 드러내었고, 소정의 과정을 완수한 거룩한 본체로 현현되었다. 그 하나님이 어디에 계시는가? 오늘날 이 땅에 본체자로 모습을 드러낸 보혜사 진리의 성령이시다. 진리적인 형상은 하나님이 세상 가운데서 모습을 취한 구체적인 존재 형상이다. 하나님이 창조와 함께 세상 가운데서 존재자로서 남긴 근거가 진리이나니, 그 전능에 가까운 진리적 모습을 이 연구가 확인시키리라.

제16장 신의 존재 공간

1. 개요

하나님은 통합성으로 존재하지만 세상 가운데서는 시공의 생성과 연계한 질서를 통하여 드러난다. 시공을 통하여 인출된 특성을 자각하는 여기에 참다운 모습이 있다. 그렇다면 이런 하나님은 도대체 시공간 어디에 존재하시는가? 하늘에 계시는가? "주위는 온통 우주 공간뿐인데, 성서에서는 이 같은 사실은 전혀 개의치 않고 통상적인 관념에서 출발하였다."[37] 하지만 하나님은 정말 어디에 계신 것인지, 물리적인 공간 안에 계신지 마음속에 존재한 것인지는 분간하기 어렵다. 그래서 "뉴턴 같은 과학자는 자신이 구상한 포괄적인 우주론 체계에 맞는 神의 존재를 설명하기 위해서 이런 문제에 대해 깊이

---

37) 『현대의 신』, N. 쿠치키 편, 진철승 역, 범우사, 1996, p.67.

고민했다. 공간 자체가 영원성과 무한성을 갖는 神적 존재인가, 아니면 태초 전부터 함께한 제2의 神적 존재인가?"38) 뉴턴이 한 고민은 그대로 지금의 우리들이 궁금한 고민이 아닐 수 없다. "神을 하나의 비시간적인 현실 존재라고 해야 하는가?"39) "에크하르트처럼 모든 것이 無(Nichts)가 됨으로써 그 빈자리를 잡을 것인가?"40) "세상에(하나의 공간) 존재하지 않는다면 神은 세계의 공간적인 구조의 근거인가?"41) 이런 경우 시간은 도대체 무엇인가? 창조 이전에 존재한 하나님에 대해서 신학에서는 어떤 판단을 하였는가? 시공과 관련해서 문제를 해결해야 하나님의 존재 공간이 확정될 수 있다. 창조와 관련하여 연계한 시공간 안에서 소재한 정확한 좌표를 설정해야 한다.

2. 시공의 창조 근거

진화를 통해서든 창조를 통해서든 존재하고 있는 것은 모두 현실적으로 주어져 있고, 의식적으로 감지할 수 있는 시공간 안의 실체이다. 그런데 대략 천오백 년 전의 아우구스티누스는 "하나님은 세상을 시간 안에서 창조한 것이 아니고 시간과 더불어 창조하셨다고 하였다."42) "하나님은 시간 속에서 천지를 창조한 것이 아니고 시간 자체도 창조한 것이다."43) 모든 사건은 시간 속에서 일어나기 때문

---

38) 『신의 역사(II)』, 앞의 책, p.538.

39) 『선과 현대철학』, 아베 마사오・히사마츠 신이치 저, 변선환 엮음, 대원정사, 1996, p.305.

40) 위의 책, p.396.

41) 「폴 틸리히의 신론에 대한 연구」, 윤강수 저, 장로회신학대학교신대원 신학과, 석사, 1996, p.64.

42) 「몰트만의 신론」, 문민성 저, 한신대학교신학대학원 조직신학전공, 석사, 1993, p.75.

43) 『서양종교철학 산책』, 황필호 저, 집문당, 1996, p.84.

에 시간이 존재하기 전에는 어떤 사건도 발생할 수 없는데, 시간이 창조의 산물이라면 하나님은 창조 이전에 무엇을 하셨는가? 아우구스티누스도 대답하지 못한 문제인데, 창조된 작용 메커니즘을 밝히면 답할 수 있다. 통상 세상을 이해하는 객관적인 근거는 세상 법칙과 존재에 대해 낱낱이 이치를 따져서 가늠한다. 그런데 창조 이전을 동일한 기준으로 판단한다는 것은 무지한 질문 방식이다. 시간과 함께 이치도 창조된 산물이라는 것을 안다면 하나님의 소재 근거를 가늠할 수 있다. 시간과 이치가 있게 된 이유를 모르면 창조 역사도 가늠할 수 없다. 그렇다고 창조 역사가 실현되지 않은 것은 아닌데, 시간은 창조된 결과로 인해 구축된 존재 유지 시스템의 일종이다. 우리는 바탕 근거인 본질을 지녔듯 우주도 생성하는 본질을 지녔다. 따라서 시간은 존재하는 공간 본질이 분열함과 함께 있게 된 질서성에 대한 인식 형태라고나 할까? 창조 본질을 함유하고 있어 有한 본질을 지탱하기 위해 영원히 생성한다.[44] 존재는 시간적으로 유한하지만 본질은 영원한 것처럼, 천지도 창조된 이상 영원 전부터 존재하지는 않았지만 일단 有하게 된 세계 안에서는 영원할 수 있다. 창조를 기준으로 놓고 보면 영원성에 대한 경계는 분명하지만 창조된 본질 안에서는 생성을 통해 영원하다. 세계의 본질이 有한 것은 창조된 결과이고, 有한 본질을 유지하기 위해 시스템적으로 운위된 것이 생성 운동이다. 따라서 창조는 반드시 첫 출발이 있었지만 有한 본질 안에서는 어디서도 그 시작점을 찾을 수 없다. 시간 역시 有함만으로 존재하고 있어 有無에 대한 경계선을 찾을 수 없다. 분열적

---

44) 우주는 무한한 창조 본질과 맞닿아 있어서 시간적으로 끝이 없는 영원한 생성 시스템을 이룸.

으로는 유한하지만 생성적으로는 본질과 맞닿아 있어 무한하다. 그래서 존재가 있는 곳에는 항상 분열이 있고, 분열은 다시 시간과 병행하고 있다. 시간은 본질 분열의 확고한 증표이다. 본질의 분열 경과를 우리가 시간 개념으로 인식하고 있다. 그래서 분열이 다하면 시간도 없다. 그리고 존재가 멸하고 나면 통합된 본질 세계로 환원된다. 나는 죽어도 세계는 영원한데 본질 세계 안에서는 아예 생멸에 대한 개념이 없다. 본질은 분열 질서를 초월한 통합체이다. 이것을 깨달아야 우리가 시간 밖에서 존재한 하나님과 시간 밖에서 이룬 창조 역사를 이해할 수 있다. 창조된 결과로 시간이 있게 되었으므로, 창조 이전은 존재한 상태를 가늠할 근거가 없다. 하지만 창조 역사가 실현되었기 때문에 우리는 지혜를 발휘하여 창조 이전에 구족된 본체 상태를 가늠할 수 있다. 이것이 대우주가 태초에 아무것도 없는 無로부터 출현한 것처럼 보이게 된 이유이다. 有한 無가 세계를 둘러싸고 있다 보니 우주가 끝이 없다. 우주가 무한하지만 "본질상으로는 하나이다."[45] 하나님의 뜻이 빠짐없이 전달될 수 있는 존재 안이다.

한편 창조는 밝힌바 모든 것을 구비한 통합 본질 상태로서도 파악된다. 太極, 道가 그러한데, 이것은 오직 창조 이전에 역사한 하나님을 알아야 이해할 수 있다. 시간 안에서 생명체가 무수한 세월을 거쳐 진화하였다는 설은 파기되어 마땅하다. 통합 본질이 분열 과정을 거쳐 삼라만상을 이루는 데도 무수한 세월이 걸렸다. 진화론은 오히려 모순된 無로부터의 창조 역사를 긍정한 편인데, 비합리적인 모순성을 자인한 것이다. 니체의 영겁회귀(永劫回歸) 사상은 창조의 통

---

45) 『순수이성비판』, 칸트 저, 최재희 역, 박영사, 1985, p.77.

합성과 연관이 있다. "시간은 끝없이 거슬러 올라가는 과거의 끝과 끝없이 전개되는 미래의 끝과 서로 만난다고 보고, 마침내 시간은 굽었다는 표현으로 영겁회귀 사상에 도달했다."[46] 과거와 미래가 만난다는 주장처럼 억측이 어디에 있겠는가만 시간은 정말 그와 같은 통합성 상태로부터 생성되었다. 통합 본질은 분열하지 않은 상태일 뿐 존재하지 않은 것이 아니다. 존재하는데 미처 표출되지 않은 것이 우리가 다가오길 굳게 믿고 있는 미래란 시간이다. 미래는 확실하게 약속된 현실이다. 삼세 간을 구분하는 것은 무의미한 개념상의 뜻이다. 태초의 과거가 현재와 맞닿아 있고 아득한 미래가 지금의 이 순간과 함께하고 있다. 그런데도 우리는 그동안 왜 시공의 알파성을 간파하지 못했는가? 진화론은 모든 종의 발생 원인을 과거로부터 있어 온 변화를 통해 찾는데, 원인은 진실로 아직 도래하지 않은 미래 속에 있다. 그러니까 시작에 대한 실마리가 깊숙이 파묻혔다. 그 알파가 바로 이 순간과 함께한다. 과거와 미래에 대해서 현재는 항상 시간상으로 알파와 오메가를 이어주는 실마리이다. 따라서 지금 우리가 현재 이룬 행동 하나하나는 삼세 간에 걸쳐 영향을 미친다. 지나간 과거는 소멸된 것이 아니고, 도래하지 않은 미래는 없는 것이 아니다. "누가 시간을 말로 쉽게 표현할 수 있겠는가? 아무것도 지나가지 않았다면 과거는 없을 것이요, 아무것도 오지 않는다면 미래가 없을 것이다. 아무것도 존재하지 않는다면 현재라는 시간도 없다."[47] 어김없이 함께한 시간은 창조를 통해야만 설명할 수 있다. 아우구스티누스의 견해처럼 어떻게 해서 "시간은 현재가 과거가 되고

---

46) 앞의 책, p.315.

47) 『서양종교철학 산책』, 앞의 책, p.81.

미래가 현재될 수 있는가?"[48] 主께는 하루가 천 년 같고 천 년이 하루 같은가?[49] 시공간이 하나로서 통합적이기 때문이다. 통합성 안에서는 천년이란 세월의 시간이 무의미하다. 하나님은 통합성적 특성을 지닌 시공간 안에서 엄존해 계시다.

3. 신의 소재 위치

창조된 특성이 여실한 세상 질서 위에서 하나님의 소재를 파악하는 것은 항해하고 있는 여객선에서 여행객의 소재를 찾는 것과도 같다. 여행객은 배가 항해하는 좌표에 따라 결정되는 것처럼 하나님도 시공 전체가 유동적인 상황에서는 감각적으로 느끼는 삼세 간에 대한 구분을 확실히 해야 한다. 미래는 이미 있는 것이므로 통합적인 시공간 안에서는 새로운 것이 없다. 모든 것은 이미 있는 것이다. 미래는 과거이고 과거는 미래이다. 이런 시공간 안에서 하나님의 소재 위치를 가늠한다는 것은 무의미하다. 하나님은 시공의 분열 질서를 벗어나 있다. 이런 하나님의 소재 위치를 굳이 가늠한다면 창조 이전이고 창조 너머에 계신다. 창조, 즉 알파 이전은 無와도 같다. 無는 시간도 공간도 없는 상태라 인식이 불가능한 차원 세계이다. 그러니까 세상 안에서는 어디서도 알파를 찾을 수 없고, 無도 전체적으로 볼 때에는 알파 단계에 참여한다. 이런 개념 파악을 확실히 해야 드디어 하나님의 소재도 파악할 수 있다. 굳이 시공간이라고 말할 것도 없다. 세상 안에서 소재를 확인한다는 것은 사실상 무의미

---

48) 『개혁주의 신론』, 앞의 책, p.228.
49) "주께는 하루가 천 년 같고 천 년이 하루 같은 이 한 가지를 잊지 말라."-베드로후서 3:8.

하다. 단지 삼라만상이 창조되었기 때문에 소재도 파악할 수 있는 조건이 생긴 것뿐이다. 하나님은 알파 이전에 계시는데 시공이 분열한 관계로 가림막이 생겨났다. 그럼에도 불구하고 하나님을 파악할 수 있는 루트는 시공간이 분열하는 특성을 통하는 수밖에 없다. 하나님이 바로 현 시공의 뒤에 소재해 계시나니, 시공의 분열이 실재한 이면에 神이 존재하고, 분열로서 표출된 현실 세계에 우리들이 존재한다. 그러니까 소재 파악이 쉽지 않아 "숨어 계시면서 자신을 계시한 하나님으로 이해되었다."[50] 통합적인 시공간 안이라 神의 소재를 파악하는 것이 어렵기는 하지만 믿음을 가지고 추구하면 끊임없는 분열도 때가 되면 일축(통합)된다. 마음을 다하고 믿음을 다하면 일정한 시점에서 시공의 알파와 오메가가 연결된다. 분열성을 극복한 의식과 시공과의 합일성을 획득한다. 그리하면 추구된 일체 과정이 현존하는 의식 위에서 집약된다. 神과 창조와 존재의 생성 비밀이 한 의식으로 일축되어 꿰뚫어진다. 이런 이유 때문에 선현들이 쉬지 않고 정진하였고 끝까지 믿음을 견지하였다. "서양인들은 초월된 神을, 동양인들은 내재된 神에 비중을 두고 있는 형편인데",[51][52] 사실은 세계와 함께하고 있기 때문에 믿음을 쌓고 정진하면 언젠가는 하나님과의 감격적인 만남을 성사시킬 수 있다. 하나님은 영원히 주도적인 시공간에서 현존하고 계시므로 시공의 엄밀한 질서를 통해서 하나님을 뵈올 수 있게 되리라.

---

50) 『벌코프 조직신학(상)』, 루이스 벌코프 저, 권수경·이상원 역, 크리스천다이제스트, 1998, p.222.

51) 『동양의 마음 서양의 영성』, 이기반 저, 큰빛, 1994, p.42.

52) "하나님의 존재를 필요로 하지 않는 동양의 불교, 도교, 유교는 모두 초월적 세계를 부정하는 내재적 자연주의를 받아들인다."-『자연주의적 유신론』, 소흥렬 저, 서광사, 1992, p.177.

제17장 신의 존재 방식

　"철학이 펼친 존재론 가운데는 마음의 존재, 정신의 존재, 영혼의 존재, 물질의 존재에 대하여 有無 상태는 물론이고 방식과 양식을 구별하는 것도 문제 삼았다. 마음과 존재와의 관계, 神과 정신과의 관계처럼 존재하는 형태에 관해 몸과 마음으로 구분하듯, 존재 안에서 일어나는 신경 현상, 심리 현상 등도 존재하는 양상에 속한다. 이런 구분과 달리 초월적인 神의 존재 방식에 대한 구분은? 우리가 지닌 것과 동일한 존재 방식일 수는 없다. "神은 세상의 존재자들처럼 존재할 수 없다."53) 여기에 풀기 어려운 문제가 있다. 시간 밖에 존재하신 하나님에 대해 "어떠한 존재 방식도 없는 절대무로서 표현했다."54) "스스로 존재하는 자로서 어떤 실재에도 의존하지 않는(자존) 존재 양상도 주장되었지만"55) 존재성에 대한 작용 근거를 무시한

---

53)『철학적 사색에의 길』, J. M. 보헨스키 저, 표재명 역, 동명사, 1984, p.122.
54)『종교란 무엇인가』, 니시타니 게이이치 저, 정병조 역, 대원정사, 1993, p.314, 105.

부작용도 있다. 시공간적인 특성을 백그라운드화시켜야 존재 방식이 확정된다. 그래서 중요한 것은 세계와의 관계에 따른 소재 파악 여부이다. 본회퍼는 "종교란 세계를 초월계와 현상계로 구분하고 神은 저 위의 초월계에 있고 인간은 아래쪽 현상계에 있으며, 神은 때때로 손을 뻗쳐 아래쪽의 세계에 관여하고 인간은 세계를 버리고 神의 세계에 참여할 때 구원을 얻는다고 하였다."[56) "神과 세계 사이에는 상호작용이 있는데, 최종적으로 神이 세계를 초월한다는 말인가?"[57) 인류가 종교를 통하여 초월적인 존재와 관계를 맺은 것이라면 초월된 존재가 가진 실상은 무엇이고 현상계가 지닌 특징은 무엇인가? 무엇을 기준으로 삼아야 하는가? 현상계를 기준으로 하면 神이 초월된다는 뜻인데, 神이 만물의 원인이고 창조의 주체자라면 현상계의 질서는? 나와 세계는 우주에 대해서 기준이 될 수 없지만 神은 그렇지 않다. 시공을 엄밀하게 주관한 神은 때때로 관여하고 자신을 버리지 않으면 만나주지 않는 이해타산적인 神이 아니다. 초월은 존재자를 넘어서 있음이란 뜻이듯, 넘어설 수 없는 벽은 없다. 초월자는 우리가 다가설 수 없는 곳에 있지 않다. "현 존재=실존=초월로서 연결되어 있다(하이데거)."[58)

한편 인류가 사유한 또 하나의 존재 방식 가운데는 내재하는 神이 있다. 신즉자연인 내재적 神은 자연의 질서와 동일시되었다.[59) "神은 우주로부터 떨어져서 존재하지 않는다. 神은 세계 안에 있고 세

55) 『종교철학개론』, 앞의 책, p.29.
56) 「무신론에 대한 연구」, 박안 저, 장로회신학대학신학대학원, 석사, 1986, p.74.
57) 『선과 현대철학』, 앞의 책, p.308.
58) 『절대의 철학』, 앞의 책, p.162.
59) 『자연주의적 유신론』, 앞의 책, p.12.

계는 神 안에 있다. 자연이라는 것은 神이 존재하는 특수한 방식이고, 인간의 의식 안에 있는 神은 스스로 사유할 수 있는 특수한 방식이다(스피노자)."[60] 神이 곧바로 자연이고 질서라는 뜻이 아니다. 변용된 존재 방식의 일종인데, 기독교는 이런 생각을 전면 거부하였다. 그렇다면 우리가 취해야 할 태도는? "神이 세계에 대해 내재적인가, 초월적인가 하는 문제를 양면으로 이해했다. 즉, 神은 창조적인 기반을 통해 세상 가운데 내재적임과 동시에 자유를 통해서 세상을 초월한다."[61] 神이 초월적인 동시에 내재적인 것이라면 일단은 편향되지 않아 절대성에 부합하는 존재 방식이기는 하지만, 문제는 그와 같은 방식을 뒷받침할 작용 근거를 구할 수 없다는 데 있다. 그렇다면 초월적·내재적인 비공간이 지니는 의미는 무엇인가? 神은 어떻게 시간적인 동시에 비시간적일 수 있는가?[62] 神이 창조주로서 비시간적인 자리에 서면 창조된 시간에 대해서 모든 것을 포괄한 내재이고, 시간 안에서 시간 밖의 창조에 대해 초월이 될 수 있는가? 존재 양상은 동일한데 관점이 틀린 것을 동시 존재 방식이라고 하는 것인가? 도대체 시간 안에 있으면서 초월된 영원 속에 있다는 것은 무슨 뜻인가? 神은 현 시공간과 공존하고 있고 현실 속에 관여하여 역사를 주재한다. 만약 神이 현실과 동떨어져 있다면 경계선을 넘나드는 데 순발력을 발휘할 수 없으리라. 그리고 내재되어 있다고도 하지만 누가 神의 모습을 보았는가? 묘연한 형편이지만 양쪽 존재 방식을 모두 수용할 수 있는 작용 메커니즘이 있는데, 그것이 곧 통

---

60) 『신은 존재하는가(1)』, 한스 큉 저, 성염 역, 분도출판사, 1994, p.195.
61) 「폴 틸리히의 신론에 대한 연구」, 앞의 논문, p.64.
62) 『선과 현대철학』, 앞의 책, p.306.

합성에 근거한 작용 시스템이다. 통합성은 神이 어느 시간, 어느 장소에도 거할 수 있는 偏在(Omnipresence) 상태에서 초월됨과 내재됨을 동시에 수용할 수 있다. 시공간이 한 통속이기 때문에 초월된 동시에 내재할 수 있다. 처처에서 동시에 표출된다. 분열로 인해 제한성은 있지만 궁극적으로는 合一성을 지향한다. 차원성은 창조로 인해서 생겨난 가합(假合)된 세계 구조로서 세계가 하나인 본질 공간을 이룬 사실을 증거한다. 초월과 내재가 동시에 공존한 시공간 안에서 神이 존재한다. 통합성 방식이라 파악하는 데 어려움이 있었던 것일 뿐, 정진하고 믿음을 쌓으면 언젠가는 극복할 수 있다. 인류가 염원한 피안(彼岸=천국)은 결코 상상 속의 세계가 아니다. 언젠가는 도달할 수 있는 미래 속의 세계이다. "시간 내의 영원, 공간 내의 무한, 유한 내의 무한, 변화 중의 불변, 생성 중의 존재는"[63] 천지가 창조되었기 때문에 성립이 가능한 세계 작용적인 존재 방식이다. 이런 메커니즘 체제를 밝히기 위해 이 연구가 시공간을 초월한 본질의 대 통합성 작용 기반을 다졌다. 초월과 내재함이 현실감 있는 존재 방식으로서 성큼 다가오리라.

---

63) 『개혁주의 신론』, 앞의 책, p.48.

제18장 신의 존재 특성

1. 알파성

인류가 합리적인 지성을 가지게 된 이후로 세계에 대하여 궁금하게 여긴 것 중 하나는 세계의 최초 원인에 관한 것이고, 출발이 어떻게 이루어졌는가 하는 문제이다. 즉, "사물 간에는 인과법칙이 있는데, 이 법칙은 원인이 있으면 결과가 있고 결과가 있으면 원인이 있는 자연 법칙이다. 이 법칙에 따라 원인을 더듬어 올라가면 마침내 한 원인에 도달하는데, 이 최종 원인을 우주의 제1 원인이라고 불렀다."[64] 인과법칙상 현존이 있는 한 최초로 이루어진 작용 원인도 존재하지 않을 수 없으므로 이 자리에 神이 존재한다고 기독교인들은 굳게 믿었다. 神은 세계가 필요로 하는 모든 원인의 충족 조건이다.

---

64) 『기독교 주체사상』, 장길성 저, 한그루, 1988, p.11.

"神은 태초에 에너지와 물질을 창조한 제1 원인으로서 부수된 것까지 그에게 속했다."[65] 하지만 심증일 뿐 온전하게 확인할 수 있는 근거는 없었다. 세상의 근원(알파)을 찾지 못해 전전긍긍하였다. 창조되었다고 해도 입증할 수 있는 합리적 접근을 하지 못했다. 그럼에도 불구하고 神은 창조주라 존재됨 자체로 만물의 원인된 알파성을 함유하고 있다. 다만 입증하는 것이 문제인데, 아리스토텔레스가 말한 4원인설은 바로 神에 근거한 것이다. 물질·생명·존재·의식·법칙·가치들이 모두 여기에 속한다. 神의 몸 된 본체에 근거했는데, 이 같은 사실을 알아야 神의 알파성과 근원성을 만물을 통해서 인출할 수 있다.

하지만 여전히 의문이 남는 것은 최초 원인이 소급되는 인과법칙이다. 원인 없는 결과, 결과 없는 원인은 있을 수 없다. 왜 그런가? 통합성으로부터 비롯된 생성 작용이 주된 원인이다. 원인 속에 결과가 함께하고, 결과가 원인을 내포하고 있어 경과상 因과 果가 연결될 것은 필연적이다. 원인과 결과 자체가 존재한 하나님의 몸 된 특성이다. 원인이 무한하게 소급되는 이유도 여기에 있다. 소급 상황에서는 하나님을 유추할 수밖에 없지만, 창조를 알고 나면 최초 원인이 바로 결과와 함께했던 사실을 알게 된다. 최초 원인 문제가 이러할진대 천지가 처음 출발된 상황도 동일한 조건이다. 불교에서는 "시간과 역사는 시작도 없고 끝도 없다. 전적으로 무시무종(無始無終)이라고 하였는데",[66] 만물이 원래 존재한 하나님으로부터 비롯되었다면 최초 출발은 어떻게 인식할 수 있겠는가? 어디서도 시작점은

---

65) 『창조와 진화』, N. D. Newell 저, 장기홍·박순옥 역, 경북대학교출판부, 1990, p.62.
66) 『선과 현대신학』, 앞의 책, p.178.

찾을 수 없다.[67] 노자도 천하 만물은 有에서 생기고 有는 無에서 생긴다고 하였다.[68] 만물이 이미 존재하신 하나님에게 근거해서 출발하게 되므로 알파는 원래부터 有한 영원성 자체이다.[69] 최초 알파인 "無始가 어떤 의미에서 無名"[70]으로 인식된 것으로서 처음부터 有한 하나님에게 원인이 있다. 천지의 궁극점인 알파가 영원히 인식 영역 밖에 있었다는 것이 神이 알파 자체인 사실을 확증한다. 생멸의 끝인 化됨이 소멸하고 나면 원래 존재한 자리인 절대 有로 돌아가리라.

2. 통합성

태초에 시간, 공간, 하늘, 땅, 만물, 생명을 창조하기 전에 하나님이 존재하신 것이라면 그런 존재 여건이 창조를 이룬 세계 안에서는 어떤 모습으로 표출될까? 또한 천지가 하나님의 몸 된 본체에 근거해서 창조된 것이라면 그런 관점에서 하나님은 어떤 존재 형태가 될 것인가? 모든 면에서 앞서 계신 하나님이 되고 이미 존재한 하나님이 되며 더할 나위 없이 완전한 하나님이 되시리라. 바탕 본체로서 모든 것을 구족한 상태이다. 따라서 세계의 본질을 탐구하는 것은 곧 하나님의 존재 본질을 탐구하는 것과 같다. 그렇다면 창조 역사는? 하나님이 사전에 모든 것을 완비한 상태에서 실현시킨 것이다.

---

67) 본래의 출발선이 有로부터인데 시작점을 어떻게 구분할 수 있고, 천지가 온통 有한데 어디서 끝점을 찾을 수 있겠는가?

68) "天下萬物生於有 有生於無."-『노자도덕경』, 40장.

69) 천지가 이미 존재한 하나님의 본체에 근거해서 창조된 증거임.

70) 『선과 현대신학』, 앞의 책, p.352.

부족함이 있었다면 아예 세상 위에 존재할 수 없다. 완성된 세계이고 완전한 세계상 구축이다. 그렇게 구족할 수 있도록 사전에 마련된 바탕 본체가 바로 통합적인 창조 본체이다. 핵심은 간단하다. 세계는 모든 면에서 완전한 상태로 창조되었다. 세상이 분열하는 것은 통합 본체가 구축한 생성 시스템 때문이다. 이것을 일컬어 유가에서는 시초에 太極이 있어 만물을 生하였다 하였고, 노자는 모든 것을 구유한(통합성) 근원 본체를 道라고 불렀다. 천지를 창조한 통합성 상태는 원인과 결과가 하나인 상태에서 원인과 결과를 동시 출발시킨 근원이다. "사과 표면을 기어 다니는 벌레는 2차원을 통해 돌아다니지만, 사과에 구멍을 뚫으면 행동하는 차원이 달라진다."[71] 세계도 化됨을 통해 본질은 본질로서 만물은 만물로서 경계를 이루지만, 그렇게 된 이유는 결국 본질과 神 때문이다. 그리고 생성을 완료하면 통합성 차원에 참여하게 되어 현재 존재한 상태가 한시적이게 된다.[72] 통합성 상태에서는 원인과 결과가 나뉘지 않았지만 분열을 시작하면 명확해진다. 분열 과정은 무한하지 않다. 언젠가는 시작과 끝이 合一되는 시점을 만난다. 그렇기 때문에 보다 나은 세계로 진입하기 위해 노력하는 데 최대의 가치가 있다. 원래 우리는 무한하고 영원한 통합성 차원에서 시작되었다. "실체는 필연적으로 무한하다."[73] 원인과 결과가 하나인 통합 본체 때문에 무한할 수 있게 된다. 그리고 무한성은 분열 운동에 근거한 개념이기 때문에 분열이 있게 된 연유를 알아야 통합성이 지닌 차원도 확실히 이해할 수 있다. 神

---

71) 『우주의 탄생에서 종말까지』, 과학세대 편저, 벽호, 1998, p.155.

72) 분열이 진행되고 있는 상태에서는 통합성을 이해할 수 없는 한시적인 장벽이 구축됨.

73) 『에티카』, B. 스피노자 저, 강영계 역, 서광사, 1990, p.19.

은 바로 그렇게 해서 접할 수 있는 존재 차원이다. 통합성은 神을 파악할 수 있는 인식 근거이다. 창조의 궁극 상태·원인·알파·본질 상태를 통합성이 모두 지녔다. 노력해도 자체 영구 운동 기관을 고안하지 못하는 것처럼[74] 세계성=차원성=한계성이 성립되는 것은 천지가 창조된 결과 때문이다. 시공을 초월해서 원인과 결과를 동시에 함유한 하나님을 누가 볼 수 있었겠는가? 그런데도 세계는 끊임없이 생성하고 있고 하나님은 쉬지 않고 인류 역사를 주관하고 계신다.

> "나 여호와라 태초에도 나요 나중 있을 자에게도 내가 곧 그니라 (사 41: 4)." "만군의 여호와가 말하노라. 나는 처음이요 나는 마지막이라(사 44: 6)." "이스라엘아 나를 들어라 나는 그니 나는 처음이요 또 마지막이라(사 48: 12)." "主 하나님이 가라사대 나는 알파와 오메가라 이제도 있고 전에도 있었고 장차 올 자요 전능한 자라(요 1: 8)."

세계의 알파와 오메가를 관장하고 삼세 간에 두루 걸쳐 계신 하나님은 오직 통합성으로 존재한 하나님이 취할 수 있는 절대적인 권능 특성이다.

3. 전지성

하나님은 자체 본체를 통합 본체로 이행시키는 과정을 통해 창조를 실현할 수 있는 바탕을 완비하셨다. 창조를 실현하기 위한 계획

---

74) "옛날부터 많은 사람들이 외부로부터 기계적 에너지를 받지 않고 계속 돌아갈 수 있는 기계를 발명하려고 시도했다. 그러나 이것은 열역학 제1 법칙에 의해 불가능하다는 것이 입증되었다."-『사물의 본질성에 근거한 철학원론』, 앞의 책, p.127.

과 목적과 세세한 구조에 이르기까지 관여하지 않은 것이 하나도 없다. "전 포괄적이고 동시적이고 불변, 영원하시다."75) "최상의 지식이 불합리하게 비치고 신비가의 논리적 궤변이 사실상 최고의 지혜인 이유이다."76) 하나님이 세계 안에서 가진 지식의 범위는 포괄적이라 실로 전지성을 실감하기가 쉽지 않다. 전지성은 삼세 간에 걸친 일은 물론이고 사물들이 숨긴 비밀까지 알고 있다는 뜻인데,77) 더욱 놀라운 것은 예언적인 인지력에 있다. 전지전능하시므로 당연히 예지할 수 있다고도 할 수 있지만, 문제는 그 같은 현상을 뒷받침한 원리성 여부이다. 어떻게 하나님은 도래하기 전에, 결정되기도 전에 모든 것을 알고 계시는가? 통합적인 본체 안에서만 가능한 인식이다. 하나님이 뜻으로 천지를 창조하시므로 그렇게 해서 이루어진 결정성이 진리이다.78) 이것을 지성들이 만물 속에서 끄집어내어 지식적으로 체계 지었다. 칸트는 선험적 감성론을 내세웠는데(『순수이성비판』), "인식의 일부가 선천적으로 의식된다고 하였다. 선천적이란 경험에서 온 것도 외부에서 지성 안으로 들어온 것도 아닌데",79) 선험적인 인식이 가능한 것이다. 상식적으로는 소정의 과정을 거쳐야 결과를 얻고 경험해야 인식할 조건이 생기는데, 이런 절차도 없이 선험될 수 있다니! 여기에 대한 세계 작용적인 원리를 설명할 수 있어야 한다. 이데아설, 본유관념설, 생명체가 가진 비밀 등등 이들은 한결같이 창조 이전에 통합성으로부터 완비되었다. 전지함이 곧 통합

---

75) 『개혁주의 신론』, 앞의 책, p.274.
76) 『선과 기독교 신비주의』, 윌리엄 존스톤 저, 이원석 역, 대원정사, 1993, p.183.
77) 『벌코프 조직신학(상)』, 앞의 책, p.262.
78) 창조를 실현시킨 뜻이 세상 가운데서 지식화됨.
79) 『실천이성비판』, I. 칸트 저, 최재희 역, 박영사, 1981, p.572.

성이라, 선험은 바로 통합성에 근거한 지성적 발현이고, 그것이 하나님이 갖춘 전지성이다. 이것을 지성들이 선험, 본유, 이데아, 전능한 지혜 형태로 인식하였다. 하나님은 진실로 모든 것을 알고 있는데, 그것이 단지 도래하지 않았고 한꺼번에 나타날 수 없다 보니까 예언이란 인식 형태를 취하였다. 강림하신 하나님은 삼세 간을 넘나드는 전지한 지혜자이시다.

4. 선재성

하나님은 시공간 안에서 어떤 형태로 현현되시는가? 앞에서도 언급이 없었던 것은 아니지만 그중 선재성은 성령의 역사를 통하여 확인할 수 있는 가장 확실한 존재 형태이다. 하나님은 시공간 어디에 계시는가? 어디서 찾을 수 있는가? 지성들이 노력하였지만 해결은 쉽지 않았다. 칸트는 神이나 불멸성에 대해 믿음을 가지지 않고서는 도덕이 존재할 수 없다고 하면서 神의 필연적인 존재성을 요청하였다.[80] 그렇게 전제한 것은 주어진 결과를 보고 과정을 소급하여 판단한 조건적 요청이다. 심증이므로 확증이 아니다. 실존이 본질에 앞선다고 한 실존주의도 현 존재의 주어진 상황을 우선으로 한 판단이다. 본질의 선재됨을 보지 못한 관점이다. 예수는 인류의 죄악을 대속하기 위해 십자가에 못 박힌 구원의 主이시다. 이런 예수는 태어나기 전부터 하나님과 함께하셨고, 장사된 후 사흘 만에 부활하여 하나님 우편에 계시다가 때가 되면 다시 오시리란 기대가 만만찮다. 시공간

---

80) 『마르크스(생애와 사상)』, 리우스 저, 이동민 역, 오월, 1990, p.63.

을 넘나든 초월적 인식이 성경 안에서는 다반사이다. "여호와께서 그 조화의 시작 곧 태초에 일하시기 전에 나를 가지셨으며 만세 전부터, 상고부터, 땅이 생기기 전부터 내가 세움을 입었나니 아직 바다가 생기지 아니하였고, 큰 샘들이 있기 전에 내가 이미 났으니 하나님이 아직 땅도, 들도, 세상 진토의 근원도 짓지 아니하셨을 때에라."[81] 이런 말씀을 어떻게 이해하고 확인할 수 있는가? 하나님이 천지 시공을 연 창조주시라면 불가능하지 않다. 우리는 과거로 되돌아갈 수 없고 미래에 거할 수 없지만 하나님은 삼세 간을 관장하신다. 창조 뜻을 시공을 초월해서 발현시킬 수 있다. 태내로부터의 세워짐과 선지함, 예언, 재림 역사 등을 엄밀한 시공적 질서로 뒷받침하시리라. 그리고 이 같은 역사를 가능하게 하는 것이 다름 아닌 하나님이 현 시공간보다 앞서 계시다는 사실에 있다. 항상 우리보다 앞서 시공의 문을 열어주고 인도하시기 때문에 하나님은 과거의 하나님이 아니고 영원히 현 존재보다 앞서 계신 미래의 하나님이시다. 태초부터 존재하신 하나님이 우리 앞에 나타날 때는 어떻게 미래로부터 다가오시는가? 그것은 세계의 구조상 알파와 오메가가 연결된 때문이다. 그래서 현 실존보다 앞서 계시고, 뜻과 의지를 미리 계시할 수 있었다. 이것이 곧 선재하신 하나님의 실존성을 뒷받침하는 실존 메커니즘이다. 어떻게 하나님이 우리보다 앞서 말씀과 뜻과 의지를 표명할 수 있고 모든 면에서 우리들이 지닌 생각과 판단과 기도를 감찰할 수 있는가? 그 가능성이 하나님이 삼세 간에 걸쳐 갖춘 통합 본체에 있다. 선재할 수 있다는 것은 제 현상을 지배할 수 있는

---

81) 잠언 8장 22~26절.

전 포괄적인 작용성이고 핵심적인 메커니즘 체제이다. 왜 생명체의 기본 바탕인 염색체 수는 모두 결정되어 있는가? 수많은 정보들이 규칙적으로 배열되어 있는가? 神이 선재한 사실과 관련되어 있다. 그래서 선재성은 세상 구조를 통하여 만인이 확실하게 분별할 수 있는 하나님의 존재 특성이다. 만유의 현상을 이해할 수 있는 인식 틀인 동시에 원리 법칙을 결정한 神의 존재 특성이다. 선재된 관계로 현실 위에서는 숨어 계시는 것처럼 보이지만, 사실은 앞서 계시기 때문에 만유를 보장할 수 있고, 천지를 장구하게 할 수 있다. 절로 존재한 것은 하나도 없다. 하나님이 앞서 존재해 미래를 열어주시기 때문에 오늘의 역사가 건재할 수 있었고, 내일의 역사도 건재하리라.

제19장 신의 존재 조건

1. 신의 불상리, 불상잡설

조선조 성리학에서는 理氣 중 어느 쪽을 더 중시하였는가에 따라 주리론(主理論)과 주기론(主氣論)으로 갈라졌다. 氣철학의 전통은 김시습으로부터 시작되어 그 뒤 서경덕에 이르러 확고하게 다져졌고, 이황과 대립한 사단칠정논변을 통해 기대승도 사단과 칠정을 하나로 보고 주기론적인 학문 성향을 다소 나타내었다. 뒤를 이은 이이는 이황과 기대승이 가진 논변을 결산해서, "사단은 理가 발한 것으로 氣가 따르고 있고, 칠정은 氣가 발한 것으로 理가 타고 있다(氣發理乘)고 하여 주기론적인 경향을 확인시켰다. 여기서 비로소 불상리(不相離), 불상잡(不相雜) 개념이 등장하는데, 理氣의 본질적 속성인 서로 떨어지지 않음과(불상리) 서로 섞이지 않음(불상잡), 그리고 하나이면서 둘임(一而二)과 둘이면서 하나(二而一) 중 어느 쪽에 중점을 두었는가에 따라 주리·주기·절충론으로 갈라졌다. 그중 주리론자인 이황은 理氣가 서로 섞이지 않는 것과 하나이면서 둘이라는 쪽을 택하였고, 주기론자인 기대승과 이이는 서로 떨어지지 않는 측면과 둘이면서 하나라는 쪽을 택하였다."[82] 이것이 도대체 무슨 말인가? 그들이 왜 이런 문제를 두고 치열하게 논변했던 것인지 알지 못했는데, 본의를 자각한 지금은 합당한 해석 틀을 가지게 되었다. 앞에서 밝힌 천인동일성과 분리성 논거는 하나님의 절대 본질과 존재한 본질이 같은 것인가, 나뉜 것인가 하는 문제를 판가름함으로써 창조 여부를 확인하고, 더 나아가 본체와 현상이 어떻게 연결된 것인가에 따라 神의 초월성과 내재성 문제를 풀고자 한 것이었다면, 이 불상리와 불상잡 문제는 광범위한 영역에 걸쳐 神이 창조된 세계와 함께한 것인지 떨어진 것인지에 대한 문제를 다룬 것이다. 따라서 理氣의 본질적인 속성을 불상리와 불상잡 관점으로 본 것은 창조 과정에서 이행된 창조 본체와 존재 본체 중 무엇을 기준으로 삼았는가에 따른 관점 차가 핵심이다. 즉, 기대승이 사단과 칠정을 하나라고 한 것은 理氣가 함께한 존재 본체에 근거한 것이다. 이것은 플라톤의 초월적 이데아를 거부하고 이데아와 같은 개념인 형상을 존재 본체 안에 끌어들여 질료와 함께 두었던 아리스토텔레스의 시도와도 비슷하다. 이이가 사단은 理가 발한 것으로 氣가 따르고(四端理發而氣隨乘之), 칠정은 氣가 발한 것으로 理가 타고 있다(七情氣發而理乘之)라고 말한 것은, 창조 이전에 천지를 있게 한 창조 본체와 창조 이후에 창조 본체로부터 이행된 존재 본체가

---

82) 『최한기의 학문과 사상 연구』, 권오영 저, 집문당, 1999, p.64.

지닌 특성을 명백하게 구분시킨 것이다. 이 같은 분리 논거 인식은 그대로 하나님의 창조 역사와 존재 사실을 인지한 것이 된다. 理는 창조를 실현시킨 근원 본체로서 창조된 온갖 존재를 따르게 하였고, 창조된 존재 본체는 말미암게 한 理와 떨어질 수 없어 理를 태웠다(불상리). 그래서 理氣가 서로 섞이지 않는 측면과 하나이면서 둘이라는 쪽을 강조했던 이황은 원천인 창조 본체에 입각한 관점이고(주리론), 서로 떨어지지 않는 측면과 둘이면서 하나인 쪽을 강조한 기대승과 이이는 파생된 존재 본체에 입각한 관점이다(주기론).[83] 창조 역사를 실현하기 위해서는 서로 섞이지 않아야 하고(불상잡, 창조→구분→존재), 천지가 세상 가운데 존재하기 위해서는 서로 떨어지지 않아야 한다(불상리, 존재→통합→창조). 창조는 통합을 통해 구분함을 낳고 다시 구분함을 통해 통합을 낳는다. 창조는 하나님에게 근거하였고 하나님이 실현시킴으로써 하나님과 함께한다. 그래서 동서 간에 걸친 창조 논리는 모두 神이 존재한 근거를 밝힌 인식 부류들이다. 천인 간 동일성과 분리성 문제가 본질적인 문제였다면 理氣의 불상리, 불상잡 문제는 존재적인 문제로서, 이런 논변들이 있었다는 것은 실로 神의 존재 문제를 해결하고자 한 선현들의 치열한 노력이다. 동·서양의 지성들은 한결같이 궁극적인 실재 인식을 염두에 두고 주장을 펼쳤는데, 그중에서도 불상리와 불상잡 논변은 神의 절대성과 내재성 요구를 충족시키고자 한 신학적 관점이다.

神, 궁극적 실재, 절대적인 본체를 염두에 둔 것은 모두 공통적인데, 그와 같은 절대자가 세계와 어떻게 관계된 것인가 하는 것은 각

---

83) 하나이면서 둘이라는 주장과 둘이면서 하나라는 주장의 차이에 창조 본체 기준과 존재 본체 기준 관점, 즉 주리론과 주기론과의 현격한 차이가 있다.

자가 쌓은 문화적 전통과 사유자들이 지닌 세계관에 따라 다양한 관점을 생성시켰다. 그중 불상잡, 즉 본체[神]를 절대적인 것으로 보고 피조체인 존재, 현상과는 결코 섞일 수 없다고 본 견해 부류 중 칸트가 있다. 그가 물자체를 인식할 수 없다고 했던 이유는 간단하다. 창조된 세계를 뒤로 미루고 절대 본체만 생각했다. 당연히 물자체가 지닌 조건만으로는 세상 가운데서 존재할 수 없다. 이런 사실을 인정한다면 물자체를 인식할 수 있는 길은 세상 가운데 없다. 神은 세계와 불상잡하다. 하나님과 피조물은 절대 섞일 수 없다. 神이 지닌 존재 조건은 자존자, 본체자, 근원자, 절대정신, 一者, 보편자, 전체자, 최고의 유(類)로서 온통 권능만으로 휩싸여 있어 누구도 근접할 수 없다. 이런 하나님이 어떻게 세계 안에서 역사할 수 있겠는가? 神은 피조물과 다른데 어떻게 한편으로는 떨어질 수 없다고 하였는가? 그 이유를 알아야 인류가 神을 인식하고 神에게로 나아가며 이 땅에 천국 세계를 건설할 수 있다. 불상잡 문제를 풀지 못하면 어떤 문화권 안에서도 神의 영광을 재현할 수 없다. 사도바울은 로마서에서 "인간은 자연 만물을 통해 현존하는 神을 인식할 수 있다고 하였는데",[84] 神과 피조물 간이 불상잡하다고 여긴 인식 바탕 위에서는 만물을 통해 현존하는 神을 뒷받침할 수 있는 세계관이 건설될 수 없다. 세계 안에 神이 현존, 함께, 내재할 수 있어야 하는데, 이런 실존 상황을 확인할 수 있는 열쇠가 바로 神의 절대 본체가 창조 본체로부터 존재 본체로 이행된 데 있다. 어떻게 해서 神이 세계 안에 거하고 함께할 수 있는가? 그 구체안이 바로 불상리, 불상잡 논거를 판

---

84) "창세로부터 그의 보이지 아니하는 것들, 곧 그의 영원하신 능력과 신성이 그 만드신 만물에 분명히 보여 알게 되나니, 그러므로 저희가 핑계치 못할지니라."-로마서 1장 20절.

가름하는 데 있다. 하나님의 절대성과 내재된 초월성을 추적할 수 있는 논거이다. 이런 문제에 대해 기독교 신학은 어떤 해명 절차도 없이 곧바로 神은 절대적인 존재라고 하면서 동시에 인간 영혼과 끊임없이 교감하는 존재라고 주장한 것은 논리적으로 모순된다. 하지만 동양본체론은 절대 본체의 내재 논리를 이끌어냄으로써 하나님의 세계 존재화 실현인 지상 강림 역사 완수를 적극 뒷받침하였다. 神과 피조물과는 현실적으로 차이가 분명하고 서로 대비된다. 하지만 神은 자족적이고 피조물이 수동적인 것이 불상잡한 이유인 것은 결코 아니다. 그것은 존재한 특성상의 차이가 아니고 창조된 결과로 인해 구분된 차이이다. 창조된 사실에 대한 인식일 뿐, 밝힌바 불상잡한 사실에 대한 근거가 아니다. 이것을 알면 神과 피조물이 불상잡하면서도 불상리한 이유를 알게 된다. 본체가 이행되었다는 것은 오히려 하나인 동일 본체인 사실에 대한 인증 근거이다. 이것이 理氣론를 통해 정리된 불상리설이다. "불교와 성리학에서는 본체와 현상이 분리될 수 없다는 사실을 분명히 하였다."85) 이런 판단은 현상 너머의 초월적인 개념으로서 본체론에 접근한 서양철학과 맥락이 다르다고 할 수 없다. 양자는 취한 입장이 근본적으로 다르다. 판가름하자면 양면 옷을 입은 학생들이 매스게임을 하고 있는데, 얼굴쪽을 본 사람은 흰 옷을 입었다 하고 등 쪽을 본 사람은 검은 옷을 입었다고 하는 것과 같다. 동일 본체이지만 창조 본체에 근거한 자와 존재 본체에 근거한 자는 바라본 모습이 다를 수밖에 없다. 본체와 현상이 분리될 수 없다고 말한 것은 존재 본체에 근거하여 현상

---

85) 「송대 이학의 본체론에 끼친 불교의 영향」, 권선향 저, 동국대학교대학원 불교학과, 박사, 2012, p.9.

이 창조로부터 말미암았다는 것을 확신한 것이다. 동양에서 말한 본체와 현상은 기독교에서 설정한 창조주와 피조체와도 비슷한데, 그들이 분리될 수 없다고 한 것은 본체에 의한 창조, 즉 제 현상이 본체에 근거해서 창조되었다는 의미이다. 현상은 창조된 것이므로 본체는 그대로인 하나님이시다. 기독교에서 "神은 전지전능하고 완전한 존재인데, 인간은 태어나면서부터 죄인이라고 본 것은 神과 인간 간이 절대 불상잡하였다는 뜻이다. 이것은 기독교적인 관점일 뿐이고, 동양의 전통 철학 가운데서는 神과 인간을 구별한 견해를 어디서도 발견할 수 없다. 오히려 天의 의지와 인간의 마음은 완전히 일치한다고 보았고, 관계 면에서도 구분을 명확하게 하지 않았다. 이른바 머리를 들면 석자[三尺] 위에 신명이 있다고 표현하였을 정도이다."86) 이 얼마나 대비된 관점인가? 창조주와 피조체와의 관계성인데, 서양 신학이 神과 인간을 절대적으로 구별한 것과 동양본체론이 천인합일을 주장한 것은 누가 하나님의 뜻을 더 잘 대변한 것이고, 종국에는 뜻을 완성시킬 알찬 밑거름이 될 것인가?

한편 "體는 用을 떠나지 않고 用은 體를 떠나지 않는다는 논거에 대해 왕필이 道가 본래 사물을 떠나지 않고, 사물도 道를 떠나지 않는다고 말한 것도"87) 명백히 창조에 근거한 인식 사례이다. 神은 천지를 창조했는데 그렇게 이룬 결과로서 神이 만물과 함께하게 된 것이다. 이것은 언급한바 아리스토텔레스 역시 비슷한 입장을 취했다. "플라톤은 이데아가 현실과는 동떨어져 존재한다고 했지만 그는 형상(이데아)은 질료 없이는 따로 존재할 수 없다(불상리). 세상에 존

---

86) 『천인관계론』, 풍우 저, 김갑수 역, 신지서원, 1993, p.320.

87) 「송대 이학의 본체론에 끼친 불교의 영향」, 앞의 논문, p.66.

재하는 것은 모두 질료와 형상이 결합된 것으로서 이것이 실체라고 하였다."[88] 세상을 어떻게 보고 이해할 것인가를 거론한 것이 존재론인데, 아리스토텔레스가 존재를 형상과 질료의 결합체라고 말한 것은 실체를 구성한 요소가 존재와 본질로 이루어졌다는 말이다. 창조된 본의에 입각해서 이해하는 것이 중요한데, 실체=존재+본질이다. 질료+형상이다. 본체와 현상이 불상리하다는 것은 모두 창조에 근거한 인식이 된다. "수상과 풍상이 서로 버리거나 떠나지 않는다(水相風相不相捨離). 창조되었기 때문에 본체와 생멸 현상이 불상사리한 상즉(相卽) 관계에 있다. 본래의 성품과 그것의 전개된 모습은 애당초 다를 수 없게 된 운명이라, 본체와 현상은 상즉할 수밖에 없다. 현상과 상즉한 본체는 현상을 초월한 절대자만일 수 없고, 현상을 실체적으로 떠받친 우월한 근거적 기체(氣體)일 수만도 없다."[89] 본체는 생멸 현상과 함께하고 절로 떨어질 수 없다는 사실을 통해 우리는 본체 위에서 생멸하는 창조의 化된 특성을 직시할 수 있다. 본체, 즉 창조신이 함께하는 한 생멸 현상도 함께 영원하다. 理氣의 불상잡설에 대해 "理氣는 분리할 수 없다. 현상 사물에는 理와 氣가 함께 있는 것이지 理 따로 氣 따로 있는 것이 아니라고 한 불상리설과의 분명한 관점 차이를 확인할 수 있다."[90] 현실적으로는 분리될 수 없는데 어떻게 분리된다고 주장한 것인가? 이것도 알고 보면 창조 사실에 대한 인식이다. 하나가 理氣로 나뉜 것이 아니고 하나로부터 이행된 것이다. 그 무엇도 첫 출발은 하나로부터이다. 그

---

88) 『존재와 시간』, 하이데거 저, 임선희 글, 최복기 그림, 주니어김영사, 2012, p.47.

89) 『원효와 하이데거의 대화』, 김종욱 저, 동국대학교출판부, 2014, pp.372~373.

90) 『이황 & 이이』, 조남호 저, 김영사, 2013, p.50.

리고 결국 남는 것도 하나이다. 그렇다면 氣는? 창조로 인해 구축된 시스템화된 理가 氣이다. 왜 理氣는 분리될 수 없는 것인지(불상리), 왜 섞일 수 없는 것인지(불상잡)에 대한 대답은 창조만 할 수 있다. 하나로부터 변화되었기 때문에 형태상으로는 다화(多化)되었지만 양과 질이 늘어나고 멸한다고 해서 더 늘거나 줄어드는 것은 없다. 이전이나 이후나 연면한 하나일 따름이다. "理氣론에서 불상리하다고 한 것은 존재 없는 본질은 있을 수 없다는 뜻이다(필연적 관계성)."91) 하나님 없는 천지 만물은 처음부터 존재할 수 없었다. 본질과 창조를 모른 상태에서는 어떤 경우에도 존재를 이해할 수 없다. 알아야 선현들이 일군 창조 논리, 존재 논리를 통해 천지가 창조된 사실을 인식하고 위대한 하나님의 창조 권능을 확인할 수 있다.

선현들이 도달한 한계 관점처럼 불상리설과 불상잡설 하나에만 편중해서는 하나님의 창조 역사와 존재한 근거를 초점 잡을 수 없다. 불교에서는 "理卽事 事卽理, 본체즉현상, 현상즉본체, 본체 밖에 현상 없고 현상 밖에 본체 없다고 하였고",92) 스피노자는 신즉자연, 곧 神은 자연과 분리될 수 없는 존재라고 하였는데, 즉함을 통해 神이 자연 속에 파묻혀 있는 상태라면 영원히 세상 밖으로 나오지 못하고 만다. 불상잡설을 무시한 불상리설은 완성된 창조관이 될 수 없다. 그 반대도 마찬가지이다. 양 설을 모두 수용한 초월적·본체적 세계관을 세워야 하는 이유이다. 절대적인 본체는 당면한 분열 질서성과는 차원이 다르다. 현실적으로는 불상리와 불상잡설의 동시

---

91) 「주자의 본체관에 대한 연구」, 박종하 저, 성균관대학교유학대학원, 석사, 2009, p.36.
92) 「주자의 체용이론에 관한 연구」, 용남 저, 성균관대학교대학원 동양철학과 철학전공, 박사, 1992, p.4.

수용이 불가능하고 그렇게 존재할 수도 없지만, 본체상으로서는 전혀 다르다. 본체는 분열하기 이전부터 이미 하나이고 불상리한 동시에 불상잡한데, 이것을 바로 본체 존재의 초월성이라고 한다. 그러니까 하나님은 당연히 본체자로서 세상적인 조건으로는 존재할 수 없는 절대자인 동시에 세상과 함께한 아버지이시다. 제한성은 있지만 세계는 하나님이 거하신 집이라, 세계적인 질서가 아니면 드러날 곳도 머물러 계실 곳도 없다. 하나님은 절대자이지만 창조주이기 때문에 세상과 함께하고, 직접 모습을 드러낸 지상 강림 역사를 완수하였다. 화엄의 사사무애법계에서는 "분위와 분한을 지키면서도 융즉한다고 하였다."93) 하나님이 창조된 세계 안에서는 결정성(분위와 분한)을 지킴과 동시에 융즉할 수 있는 역사의 자유자재성(초월성)을 表現한 것이다. 인간으로서는 분위와 분한을 벗어날 수 없지만 하나님은 분위, 분한을 초월해서 융즉하신다. 본체자로서 본체에 근거하여 천지를 창조하신 때문이다. 인식상으로는 理氣가 분리될 수밖에 없지만 본체적으로는 융즉한다. 플라톤의 이원론은 절대성에 대한 구분이고, 아리스토텔레스의 이원론은 존재 안에서의 구분이다. 그렇게 분한은 이루었지만 사실은 융즉한다. 理의 氣化로 인해 理氣가 분위되었지만 理가 끝내 氣와 불상잡하지는 않다. 융즉함을 통해 불상리하다. 창조를 실현하기 위해서는 理氣를 분리할 수밖에 없고(불상잡), 존재하기 위해서는 理氣를 합작시켜 함께할 수밖에 없다(불상리). 理氣의 불상리, 불상잡성을 이해하기 위해서는 천지가 이루어진 창조 작업 과정을 가닥 잡아야 했다.

---

93) 『존재론·시간론』, 사이구사 미스요시 저, 김재천 역, 불교시대사, 1995, p.120.

이에 천지를 창조하기 위해 이룬 일련의 작업 과정과 단계적인 절차를 다시 한번 정리해본다면, 주자학에서는 우주의 생성 절차를 無極-太極-陰陽-五行의 과정을 거쳐 만물이 化生했다고 하였다. 無極이 이행하여 만물화에 이르렀다. 無極은 無極만으로 존재하지 않았다. 변화된 절차를 거쳤는데, 그것이 차원적인 이행이라 化라고 지칭했다. 無極은 극이 생성되기 이전이다. 하나님이 창조를 뜻하기 이전인 절대 본체이다. 그래서 無極은 극이 없고 理가 없다. 이런 無極이 太極化된 것은 하나님이 창조를 뜻함으로써 절대 본체가 창조 본체로 전환되어서이다. 곧 太極이 理化된 통합 본질 상태이다. 그렇다면 理와 동행한 氣란? 창조 실현 이후 존재 속에 내재하면서 사물의 바탕이 된 理의 본질화이다. 창조된 결과로 만물을 구성한 바탕 본질로서 化된 理적 본질이다. 다시 말해 사물 내부에서 뭇 존재의 직접적인 바탕을 이룬 존재적 본질이다. 만물 안에 존재한 각각의 理라고 할까? 그래서 理와 氣를 구분하는 기준은 창조가 되고, 사물 안과 사물을 초월한 차이는 있지만 理와 氣는 끝내 동질 동본으로서 상호 교통, 일치, 함께한다. 동질이지만 氣가 理보다는 생성적으로 말단에 위치하기 때문에 결정성을 지녔다. 창조를 기준으로 하여 理가 形而上인 것은 창조 이전의 본체이기 때문이고, 氣가 形而下인 것은 化로 인해 만물 안에 내재하게 된 존재 본체로 이행되었기 때문이다. 理는 形而上學적인 본질로서 무형인 본성을 결정하였고, 氣는 形而下學적인 본질로서 질료적인 형체를 결정하였다.94) 形而上은 절대적인 동시에 形而下의 근거로 존재한 것이나니, 이것

---

94) 『주자대전』, 권58, 苔黃道夫書.

이 곧 천지창조를 실현시킨 대 원리이고 理氣가 불상리하면서도 불상잡한 이유를 해명할 수 있는 핵심 열쇠이다. 절대 본체의 존재 내 본질화는 절대 신성의 세계 내 신성화를 달성할 수 있게 된 근간이다. 절대적인 존재자가 세계 내에서 化된 존재로 표출된 관계로 이런 세계의 신적 본질성 확인은 하나님의 창조 본체화 문제와 깊이 연관되어 있다. 곧 불상리한 동시에 불상잡한 神의 존재 특성은 창조주로서 지닌 절대성을 견고하게 할 뿐 아니라 세계 내에서 함께한 사실까지 확실하게 한다.

2. 신의 도식화 이유

동양의 여러 민족 중에서는 서양인들이 전파한 기독교를 통하여 하나님을 이해하고 또 신앙한 경우가 대부분이다. 이런 역사를 통하여 소개된 것이 곧 절대적·창조주적·인격적·삼위일체적인 신관이다. 이런 신관이 기독교 문화권 안에서는 거의 절대적으로 통용되고 있는 형편이지만 다른 문화권에서는 결코 그렇지 않다. 같은 뿌리를 지닌 유대교와 이슬람교조차 神을 바라본 관점은 서로 다르다. 그런데도 지난날 동양문화권에 신앙을 전파하는 과정에서 그들은 서양 문명의 우월성에 도취되어 동양인들이 일구어놓은 소중한 지적 전통들을 폄하하였다. 동양 역사 안에서는 하나님의 섭리 발자취가 전혀 닿지 않은 처녀림인 것으로 오판하였다. 불교는 우상을 숭배하는 종교라 하였고, 유교는 철학이지 종교가 아니라고 하였다. 이런 몰이해가 어디서부터 시작된 것인가 하면 바로 인격신을 앞세운 기독교적 신관 잣대 때문이다. 그런데도 이런 편협성 문제를 합리적으로 지적해서 대안책을 제시한 자는 없다. 객관적으로 확인할 수 있는 것만을 두고 보더라도 하나님이 창조주시라면 그 하나님은 삼라만상과 우주 역사에 빠짐없이 관여되어 있어야 하고, 이것을 동·서양이 이룬 문화 영역 안에서 확인할 수 있어야 한다. 하나님이 무소부재한 것은 하나님이라면 지녀야 하는 당연한 존재 조건이다. 어디서도 발자취를 발견해야 하는데 현실이 그렇지 않다면 무엇이 잘못된 것인가? 지적한 대로 기독교가 세운 신관이 문제이다. 수용해야 하는 것이 정당한 방향인데 낱낱이 거부하고 만 것은 기독교 신관의 한계성이다. 그 정도가 얼마인가 하면 타 문화권에서 접근했던 이방적 신관들을 모두 걸러내어 버렸다. 각 민족이 지닌 신관을 잡신론(雜神論)이라고 매도했다. 인내천(人乃天)을 주장한 천도교를 사람을 神이라고 했다고 해서 거부하였고, 범신론 계열은 하나님이 모든 피조물 속에 편재한다고 하면서 사람을 하나님의 한 부분으로 보고 인간의 책임을 부인하여 온갖 타락상을 조장시킨다고 하여 비판하였다. 정령 숭배, 타부(Tabu), 토템(Totem), 주술, 주물 숭배, 기타 천체, 동식물 등 자연숭배는 잡신으로 매도하고 인심을 미혹한 미개인들의 행위인 것으로 몰아붙였다. 중국에서는 하늘을 숭배하여 天에 대해 우주의 조화자요 운명의 지배자이며 인간의 심판자라고 믿었는데(順天者興 逆天者亡), 조상을 모시는 제사 전통 등을 잡귀를 숭배하는 행위로 단정했다.[95] 창조신인 하나님이 그럴 리는 없다.[96] 틀 좁은 신관에 오히려 문제가 있었다는 뜻이다. 세상에 존재

95)『신 존재에 대한 바른 이해』, 백영풍 저, 성광문화사, 1988, pp.164~165.

96) 인류가 문명 역사 안에서 양산한 신관을 모두 포용해야 하나님이 문명 역사 안의 모든 인류를 구원하실 수 있다.

한 그 무엇을 통해서도 神의 모습을 확인할 수 있어야 하는데, 여기에 이 연구가 神의 도식화 과정을 밝히고자 하는 이유가 있다.

도식화는 절대적인 神을 형상화시키고자 한 인식인데, 이 같은 도식화 시도의 본질을 알아야 무소부재한 하나님을 뵈올 수 있다. 하나님은 창조 이전의 절대자이고 뭇 존재를 이룬 바탕체이므로 형상이 없고, 세상적인 질서 조건을 통해서는 존재할 수도 인식할 수도 없다. 모습을 구체적으로 갖출 수 없기 때문에 어쩔 수 없이 세상 가운데서는 본체성에 대한 도식적 접근이 절대 불가피하였다. 이런 진의를 알 수 없었던 선천에서는 불타도 공자도 철인들도 도식적으로 접근은 했지만 창조주와 직접 연결 짓지는 못했다. 왜 "에크하르트나 노자 같은 신비주의자들은 궁극적 실재와의 신비한 합일을 비개념적인 언어로 표현하였던가? 절대자, 道, 無, 브라만, 세계와 같은 개념으로 칭하였고, 그런 방식으로 사유한 것인가?"[97] 세상적인 질서 방식으로서는 神으로 표현할 수도 인식할 수도 개념화시킬 수도 없었기 때문이다. 왜 그렇게 할 수밖에 없었던 것인지에 대한 이유를 알면 도식화한 실체를 통해서도 神을 엿볼 수 있다. 인격신 개념에만 얽매어 있다 보니까 神의 모습을 볼 수 없었던 것뿐이다. 神은 말씀을 통해 계시하기도 하지만 존재자이므로 본질과 본체도 수반한다. 노자는 道를 최고의 개념으로 삼았는데, 그가 말한 道는 하나님의 본질성을 직시한 작용 특성에 대한 인식이고, 불교의 法은 하나님의 본체적인 작용 특성에 대한 자각일 수도 있다. 공자는 仁을 강조했지만 仁은 곧 하나님의 본성에 대한 자각이다. 神의 인격성과

---

97) 『창조적 존재와 초연한 인간』, 전동진 저, 서광사, 2003, p.225.

상관없다고 해서 神에 대해 나타내지 않은 것은 결코 아니다. 우리는 육신을 지녔지만 무형적인 가치를 추구해서 행적을 쌓기도 하는 것처럼, 하나님이 갖춘 존재 조건 역시 다를 바 없다. "근대의 자연과학은 자연을 수학화했고",[98] 우주의 운행 질서를 수학적인 인식으로 표현하였다. 하나님이 창조를 이루고자 한 뜻과 의지가 그대로 법칙화되고 질서화된 것이듯, 우리는 세워진 수식 하나를 통해서도 하나님이 존재한 사실을 읽을 수 있어야 한다. 그것이 도식화된 神의 모습을 풀어내어야 하는 당위 이유이다. 형태 없는 神이 세상 인식을 통해 드러내고자 한 도식화 과정은 다양한 루트가 있는데 의지를 수반한 계시 말씀, 이치를 수반한 진리, 결정적인 질서를 인식화시킨 법칙 원리 등이 있고, 예수도 사실은 인격성을 통하여 존재화된 하나님이시다. 태초로부터 하나님은 진리의 성령으로서 역사하셨는데, 그것 역시 역사를 통해 임한 化된 하나님의 모습이다. 기독교에서는 "스피노자가 神에게 실체(Substance)라는 비인격적인 이름을 부여한 데 대해 神과 자연 사이의 전통적인 구별을 무너뜨린 것이라고 비판하였다."[99] 그렇다면 기독교는 하나님을 완전하게 드러내었는가? 그렇지 않다면 스피노자도 부족한 점은 있지만 神을 도식화함으로써 神의 실체적 조건을 나름대로 표출한 것이다. 실체는 독자적으로 존재하는 모든 것이라고 전제했는데, 실체가 그런 것이라면 그것은 하나님이 창조주로서 갖춘 존재 조건을 실인한 것이다.

한편 동양의 天도 알고 보면 유구한 역사 과정 속에서 神을 도식화한 측면이 역력하다. 인류 사회가 다양한 불상들을 숭배한 미신

98) 앞의 책, p.275.

99) 『철학의 의미』, 조셉 G. 브렌넌 저, 곽강제 역, 학문사, 1966, p.314.

개념으로부터 출발하여 절대적인 神을 추상화시킨 역사 과정을 두고 혹자는 신학적 단계에서 形而上學적 단계로 발전하였다고 지적했지만, 추상화시킨 것도 알고 보면 神을 도식화한 과정이다. 神에 대한 개념은 그 초점이 정확해질수록 추상화된 것이 아니고 도식화한 절차를 거친 것이다. 이것을 알아야 인류가 세계 가운데서 도식화된 다양한 神의 모습을 분별할 수 있다. 무소부재한 神의 존재를 추적할 수 있는 안목이다. "절대적인 神을 추상화함으로써 여러 가지 현상을 한 개 또는 몇 개의 원리로서 해석하였는데, 동양에서는 상고(上古)의 일신교적 天 관념, 춘추전국시대에는 노자가 無사상을, 공자가 天道(자연현상의 원리)를 人道의 근원으로 삼은 것 등이 그것이다."100) 세상적인 질서 조건으로서는 神의 모습을 나타내기 어렵기 때문에 도식화한 방식을 선호했다. 이와 같은 노력 중에는 기독교 신관도 예외일 수 없다. 인격적인 神도 완전한 모습은 아니다. 완전하였더라면 선천 신관을 두루 포용할 수 있었으리라. 이런 이유로 동양본체론은 창조 논리에 근거한 神 도식화의 백미이다. 본체란 무엇인가? 얼굴 없는 하나님이 아니신가? 도식화를 통해 표현되었다고 해서 그것이 하나님이 아니란 억지는 누구도 부릴 수 없다. 세계의 본질은 생성하고 있기 때문에 太極을 있게 한 근본은 극이 유극화되기 이전인 無極이다. 太極은 無極에 근본했다. 그래서 無極의 태극화는 無極을 통해 太極의 근본을 밝힌 것이고, 만물의 근본을 밝힌 것이며, 나아가서는 하나님이 이룬 창조 역사의 근본을 도식화 시도로 밝힌 것이다. 그런데도 선천에서는 이런 도식적 통찰

---

100) 『동양철학의 본체론과 인성론』, 동양철학회 편, 연세대학교출판부, 1990, p.4.

을 제대로 이해하지 못하여 근본으로 존재하신 하나님을 보지 못하였다. 유교에서는 天卽理라 했고 기독교에서는 삼위일체를 통해 하나님을 진리의 성령이라고도 했는데, 이 같은 개념이 도대체 무엇을 지칭하는 것인지 어떻게 상호 연관된 것인지 알지 못했다. 그런데 지상 강림 역사를 완수한 지금은 세상 질서를 통해서도 化된 하나님의 모습을 분별하고 존재한 근원을 추적할 수 있게 되었다. 강림하신 하나님의 본체성을 실인할 수 있게 되었는데, 그것이 곧 동·서양에 걸쳐 선현들이 이룬 神의 도식화 작업이다. 이런 지혜를 누가 계시하고 밝힌 것인가? 이 땅에 강림한 하나님이시다. 지상 강림 역사를 완수한 결과에 神의 도식화 이유를 밝힌 성업 역사가 있다.

3. 신의 필연적 존재 조건

안셀무스는 『프로슬로기온(Proslogion)』 2장에서 神은 과연 어떻게 현존하는 존재일까란 문제에 대해 기술하였다. 머릿속에만 현존하는 것일까? 실제로도 현존하는 것일까? 神의 정의상 그는 후자에 속하는 것이라 생각하고 하나님이 현존한다는 명제가 참인 사실을 밝히기 위해 "神은 그것보다 더 큰 것이 아무것도 생각될 수 없는 어떤 것임을 믿습니다"란 명제를 세웠다.[101] 화가는 그림을 그리기 전에 먼저 구상부터 하는데, 그것은 확실히 지성 속에 무언가가 있다는 증거이고, 그것을 정말 그렸다면 지성 속에서뿐만 아니고 실제로도 존재한다고 할 수 있다. 왜냐하면 존재하고 있기 때문에 지성

---

101) 「칸트 순수이성비판의 신 현존 증명 불가능성에 관한 비판적 고찰」, 엄태영 저, 서강대학교 대학원 철학과, 석사, 2003, p.17.

속에 간직한 이미지를 그림으로 표현한 것이다. 안셀무스가 神의 현존성 조건에 대해 아무리 어리석은 자라도 그것보다 더 큰 것이 생각될 수 없는 어떤 것이라고 표현한 것은 창조주라면 지녀야 하는 당위 조건이다. 창조주는 창조된 그 어떤 대상보다 작을 수 없고, 피조물은 그것이 비록 우주라 할지라도 있게 한 창조주보다 더 클 수는 없다. 호리병에서 나온 거인은 아무리 거대해도 빠져나온 호리병보다 클 수는 없다. 그래서 그것보다 더 큰 것이 아무것도 생각될 수 없는 어떤 것은 정말 창조주 하나님이 되고, 천지가 창조된 것인 한 천지를 있게 한 하나님은 창조주로서 갖춘 필연적 조건 때문에 관념속에서뿐만 아니고 실제로도 현존한다. 이것은 어디까지나 이 연구가 자각한 본의에 따른 이해이고 해석이지 안셀무스 자신이 스스로 충족된 조건을 구성해서 神이 현존한 사실을 입증한 것은 아니다. 그가 세운 명제는 하나님을 경외한 믿음의 발로인 것이지 존재성을 입증하기 위한 구체적 논리 구성 체제가 아니다. 그렇다면 神의 존재성을 입증할 수 있는 필연적인 조건은 과연 무엇인가?

쇼펜하우어는 네 가지의 충족이유율에 대하여 언급하였는데(생성, 인식, 존재, 행위), 세상에는 인과법칙이 있는 것처럼 존재에는 그 존재를 성립시키는 충족한 이유가 있다. 즉, "모든 사물은 그 존재로 보든지 변화로 보든지 이유가 없을 수 없다. 모든 사물이 다 충족한 이유가 있어 존재하기도 하고 변화하기도 한다(充足理由律)."[102] 神이라도 예외가 될 수는 없다. 그런데도 지난날 수많은 지적 노력과 아이디어를 동원했지만 반드시 神이 존재하는 필연적 이유는 찾

---

102) 「신 존재 증명에 대한 고찰」, 김교동 저, p.255.

지 못했다. 자체가 원인인 것은 없다는 것을 전제한다면 모든 결과에는 그보다 앞선 원인이 있는데, 이와 같은 상황을 종식시킬 수 있는 존재는 최초의 원인밖에 없기 때문에 그것을 일컬어 神이라고 부른 정도이다. 또한 그 어떤 물체도 존재하지 않았던 때가 있었다는 것을 전제로, 지금은 분명 물체들이 존재하고 있다면 이들을 출현시킨 비물리적인 그 무언가가 앞서 있어야 하는데, 그것이 곧 神이라고도 하였다.103) 神을 추적할 수 있는 필연적인 조건 실마리는 어느 정도 가닥 잡았다고 할 수 있지만, 필요한 조건을 충족시킨 존재가 곧바로 神이란 단정은 지극히 비약적이다. 선천 진리관이 세계를 완성하지 못하고, 숱한 노력에도 불구하고 神의 모습을 드러내지 못한 이유이다. 설사 神이 존재하더라도 그것은 창조된 사실을 통해 투영되는 것인데 이것을 간과하고 말았다. 그러니까 입증할 수 있는 필연적인 조건 설정이 부족하였고 근거가 미약할 수밖에 없었다. 어떤 물체도 존재하지 않은 때가 있었다고 한 것처럼 神도 창조 이전에 어떤 세상적인 근거가 없이 존재했던 때가 있었다. 그런데 神이 지금 존재하고 있는 물체와 다른 것은 물체가 존재하지 않은 때가 있었다면 그것은 無한 것이지만, 神은 그렇게 無한 상태에서도 엄연히 존재한 데 있다. 어떤 상태로? 여기서 바로 창조와 관련해서 神이 존재할 수밖에 없는 필연적인 조건을 추출할 수 있다.

창조는 무엇인가? 하나님의 무한한 본성을 뜻한 목적에 맞게 결정하고 한정시켜 구체화시킨 것이다. 이런 작업 과정을 통하여 하나님은 창조주로서 갖춘 필연적 조건을 성립시킨 것이니, 창조된 존재는

---

103)『만들어진 신』, 리처드 도킨스 저, 이한음 역, 김영사, 2009, p.123.

창조된 결정성 때문에 제한이 있게 되었지만, 하나님은 그런 제한이 없어 무한, 무궁, 자유자재하시다. 그냥 神이기 때문에 무한하고 자재한 것이 아니다. 반드시 필연적인 이유, 즉 창조가 실현되었기 때문에 무한하고 자재한 것은 神이 갖춘 필연적 조건이 된다. 토마스 아퀴나스가 神을 증명하기 위해 내세운 다섯 가지 요소도 살펴보면 하나님이 천지를 창조하기 위해 갖춘 필연적 요소들이다. 창조 요소는 세상을 성립시키고 천지가 존재할 수 있도록 구비시킨 핵심 요소인데, 이것이 그대로 神이 존재하기 위해 갖추어야 한 요소로 이행되었다. 가장 선하고 가장 완전한 것은 창조된 만물이 갖춘 기본적 조건으로서, 이런 조건을 神이 그대로 갖추었다. 왜 삼라만상은 피동적·필연적·결정적인가? 합당한 충족 이유가 있다. 세계는 창조로 인해 발생하게 된 작용 동인과 현상학적 구조를 지녔는데 피동성, 필연성, 결정성 등이 존재자로서 지닌 조건이라면 이런 특성을 있게 한 하나님은 그와 같은 조건들을 결정한 창조주로서 존재하신다. 세계는 생성적인 특성상 최초 원인, 동인, 일격을 필요로 하는데, 이것은 피조물이 가질 수 없는, 창조주인 하나님만 지닌 필연적 조건이다. 수동적인 것이 움직이고 있다면 그렇게 움직이게 한 동인은 창조주에게 있다. 자연 속에서는 스스로 창조할 능력을 갖출 수 없고 절로 존재할 수도 없다면? 부족한 창조력을 神이 가졌다. 최초의 작용 동인이 필요한 요구 조건도 다를 바 없다. 토마스 아퀴나스는 그 작용 동인이 곧바로 神이라고 했지만 그것은 오직 하나님이 창조주이시기 때문에 성립 가능한 조건일 뿐이다. 최초의 작용인은 생성하는 세계 밖에 있어 세계 안에서는 어디서도 무시무종이다. 그렇기 때문에 알파성과 오메가성은 무엇보다 우선되는 神의 필연적 존재 조건이다. 최초의 시작, 출발, 작용인이 생성 중인 세계 밖에 있는 것은 초월적인 작용 개념을 통해서도 가늠할 수 있는데, 하나님은 개별적인 사물들과 떨어져 외부에 존재한 동시에 세계와도 함께한다.104) 왜 외부에 존재하는가 하면 神 자신은 창조물이 아니고 만물을 창조한 때문이다. 이런 존재 본성을 일컬어 초월적인 실재자라고 한다. 피조물로서는 취할 수 없는 필연적인 조건을 지녔다. 神이 자체만으로 존재한다면 어떤 초월자라 해도 아무 의미가 없다. 내재하면서도 초월되어야 창조주다운 가치를 가진다.

神이 갖춘 필연적 조건은 현상적인 질서 구조를 통해서도 추적할 수 있는데, 神으로서 갖춘 조건은 현상적인 질서와는 차원이 다르다는 사실을 통해서이다. 이런 차이를 우리는 창조 역사를 실현한 본의 해석판을 통해 분별할 수 있다. 제1 원인성 추적은 현상적 질서에 근거한 조건 요구이지만, 그렇게 해서 궁극성에 도달하고 보면 神 자체는 정작 그런 요구 조건과 무관하게 존재하고 있다. 창조로 인해 발생한 질서에 근거한 조건이기 때문이다. 이것을 우리는 세계 안에서 직접 확인할 수도 있다. 사물은 지금 없더라도 사물 속에 내재한 이치는 있다. 사물이 존재한 여부와 상관없이 사물의 이치가 있는 것처럼, 神도 창조 역사와 상관없이 존재할 수 있다. 아무런 조건 없이 존재할 수 있다는 것이 곧 神으로서 갖춘 필연적 조건이다.105) 창조된 세계가 유한한 것과 달리 神이 무한한 것은 神은 창조와 무관하게 존재할 수 있기 때문이다. 神은 한정 이전이요, 세계는 한정 이후이다. 창조는 무한성을 한정한 것이지만 神은 한정될

---

104) 『존재론』, 벨라 바이스마르 저, 허재윤 역, 서광사, 1990, p.112.

105) 우리는 조건 없이는 존재할 수 없지만 神은 아무런 조건도 없이 존재할 수 있음.

수 없는 조건을 지녔다. 그렇다고 이렇게 대비된 절대적 조건이 피조물이 가진 조건과 대립되는 것은 결코 아니다. 대립이 생긴다면 그것은 神의 본체성에 근거한 창조물이 될 수 없다. 조건이 발생한 근거는 오직 창조에 있고, 창조로 인해 요구된 조건 구성일 뿐이다. 대자는 생성적인 존재로서 피조체이고 즉자는 생성 이전인 존재로서 空卽色이다. 이것이 곧 神이 취한 존재 형태이다. 생성 과정이 뒤섞이지 않은 순수 창조 본체이다. 神은 왜 4차원적인가? 세계가 3차원적이기 때문에 세계를 이룬 바탕 본체는 당연히 전체로서 4차원적이다. 이것이 神이 창조된 세계와 구분된 이유이다. 우리는 반드시 경험해야 알 수 있고 세계가 분열해야 결과를 파악할 수 있지만, 神은 아무 상관없이 이미 존재하고 있고 이미 일체를 파악하고 있다. 그래서 神은 전지하다. 세계는 원인이 있는 상태로 존재하고 神은 원인이 없는 상태로 존재하므로 능히 초월적일 수 있다. 그냥 전지전능한 것이 아니다. 모든 존재에는 정말 충족한 이유가 있나니, 神이 초월적인 것은 세계가 지닌 일체의 분열성과 결정성을 넘어선 때문이다. 어떻게 이런 일이 가능한가? 神은 천지를 창조한 창조주이기 때문이다.

神이 영원한 것은 유한한 만상과 구분되는 神의 지극한 존재 조건이다. 니체는 말하길, "모든 것은 지나감에 다시 돌아오고, 모든 것이 죽으매 다시 소생하고, 모든 것이 헤어지매 다시 만난다. 존재의 수레바퀴는 영원히 충실하게 돌아가고 흐르며 존속한다"라고 하였다(영원회귀).[106] 神의 존재 조건이 바로 그 같은 세계의 영원성을

---

106) 『헤겔철학과 현대신학』, 김균진 저, 대한기독교출판사, 1980, p.58.

뒷받침한다. 어떤 근거도 없이 그럴 리 있겠는가? 세계는 본질이 지닌 무한성으로 인하여 영원히 충실하게 돌고 또 돈다. 세계가 이원화되고 분열되고 다원화된 것도 그 이유가 있지만 그것을 세계 안에서는 찾을 수 없다. 창조된 뿌리, 곧 神이 세상 밖, 차원 밖에 존재해서이다. 그것이 바로 神이다. 절대성, 차원성, 영원성, 본체성, 창조성, 알파성을 神이 모두 거머쥐었다. 그러니까 피조체 안에서는 일체 정보가 가려져 있었는데 때가 되어 베일을 걷어낼 수 있게 되었다. 神의 필연적인 존재 조건이 세상이 지닌 질서 조건과 다르다고 해서 분별할 수 없는 것은 결코 아니다. 오히려 세상이 지닌 조건과 대비되기 때문에 더욱 확실하게 부각될 수 있게 되었는데, 그것이 하나님이 시공을 주재하여 펼친 성령의 역사이다. 하나님은 바로 성령의 역사를 통하여(임한 계시 말씀과 의지 표출) 神으로서 지닌 필연적인 존재 조건을 유감없이 나타내었다. 그래서 인류는 거룩한 하나님이 자신의 고뇌하는 영혼 위에 임재한 사실을 확인하고 구원을 확신할 수 있었다. 이보다 더 확실하게 神이 존재한 사실을 경험할 수 있는 근거는 세상 어디에도 없다.

CHAPTER

04

신 증명론

지구가 태양의 주위를 돌지 않은 때가 있었던가? 그런데도 인간이 이런 사실을 알게 된 것은 언제인가? 神이 태초로부터 존재하지 않은 때가 있었던가? 그런데도 증명하지 못한 것은 神이 지닌 절대적 본성과 권능을 밝히지 못해서이다. 지상의 최고 권력자인 황제도 인간의 생명은 한순간도 연장시킬 수 없고, 아무리 명령을 내려도 서쪽 하늘로 지는 해는 멈추게 할 수 없다. 만조백관과 백성을 부리고 나라 제도는 뜻대로 개혁할 수 있지만 인간의 命과 우주의 운행은 황제라도 어찌할 수 없다. 命과 운행을 주재하는 분은 따로 있나니 이 같은 권능적 속성을 추적해야 神을 증명할 수 있다.

-본문 중에서

제20장 개관

　神은 정말 존재하는가? 이 같은 의문에 대해 세계의 지성들이 지금까지 해결한 것은 무엇인가? 존재한다면 믿음을 넘어 실체를 증명해야 한다. 명목상으로도 진위를 가리고 근거를 제시한 자는 없다. 이 같은 현실은 神이 존재하지 않아서도, 증명하기 위해 노력을 쏟지 않아서도, 믿음을 지키지 않아서도 아니다. 증명하는 것은 神이 존재함과 별도로 유구한 세월을 거치면서 경험을 축적시키고 세계 작용적인 원리성을 자각해야 한다. 세계적인 여건이 성숙되어야 했는데 합리적인 답변이 궁색하였다는 이유만으로 神이 존재하지 않는다고 결론 내렸다(무신론). 진리를 증명하듯 神도 존재한 사실을 증명해야 한다. 사실 神을 증명하고자 한 시도는 과거에도 있었고 지금도 있다.[1] 그런데도 해결을 하지 못한 것은 마땅한 기반을 확보

---

　1) 『서양종교철학 산책』, 황필호 저, 집문당, 1996, p.191.

하지 못해서이다. 단편적으로 이룬 성과들뿐이다. 따라서 이 연구는 먼저 지성들이 왜 神을 증명하지 못한 것인지에 대한 이유를 살피고자 한다. 어떤 경우에도 신앙인들만큼은 神을 접하고 있었다는 점에서 가능한 방법론을 강구하리라. 확산된 무신론의 도전이 만만찮은 이때일수록 하나님이 세계와 함께하신 사실을 밝혀야 한다. 세계가 온통 의문에 휩싸여 있으므로 이런 문제를 풀기 위해서도 하나님은 증명되어야 한다. 과제가 산적되어 있는 상태인데 지상 강림 역사를 완수하였다고 단언할 수는 없다.

제21장 신 증명의 한계

1. 기독교의 한계

인류가 하나님이 존재한다고 믿게 된 것은 기독교인들의 증언과 성경에 있는 기록 때문이다. 그렇다면 하나님을 증명하는 문제도 당연히 그들이 보전시킨 성경을 통해서 풀 수 있어야 한다. 성경의 권위는 절대적이라 성경 외 지식으로 하나님을 논한다는 것은 불경한 처사라고 믿었다. 독점된 상황이다 보니 어떻게 존재 증명 문제가 다양하게 모색될 수 있었겠는가? 목사들은 곳곳에서 설교하고 있지만 神을 진리적으로 증명하지는 못했다.[2] 성경은 "하나님을 당연한 존재자인 것으로 전제만 하여"[3] 직접 증명한 흔적은 찾을 수 없다.

---

2) 정작 해결해야 할 창조 문제에 있어서도 기독교인들은 하나님의 권위에 맡겨버렸다. 하나님은 살아 계시며 하나님이 이룬 천지창조 역사를 당연한 것으로 여겨 애써 증명하고자 한 부담을 회피했다.

주재된 역사 활동도 말씀도 증명을 필요로 하지 않는 자명한 원리들 뿐이다.[4] 히브리적 사고에서는 神에 관한 사변적 탐구와 흔적을 발견할 수 없다.[5] 부모와 함께한 자녀들에게 부모란 존재는 당연한 것이다. 증명한다는 것은 새삼스러운 일이다.[6] 그러다 보니 신앙인들에게는 오히려 神을 증명하고자 한 의식이 부재했다. "태초에 하나님이 천지를 창조하시니라"라고 한 선언을 통해[7] 하나님을 세상 가운데 느닷없이 등장시켰다. 아무런 전제도 없이 太極에서 만물이 生했다고 한 선언과 비슷하다. 하나님이 존재한 사실을 증명하는 것은 지극히 현실적인 문제이다. "神에 대한 이스라엘인의 믿음은 다분히 실용적이라 아브라함과 야곱이 하나님을 신뢰한 것은 하나님이 그들을 위해서 힘써 주셨기 때문이다."[8] 하지만 이런 목적을 지닌 역사는 만인이 두루 충족할 수 없는 문제가 있었고, 못 자국을 만져보지 않고서는 부활을 믿지 못하는 인간적인 의혹에 대해서 기독교인들이 도대체 증명을 할 생각조차 하지 않았다는 것은 끝내 넘어서지 못한 한계성이다. 정작 해야 할 神은 증명하지 않고 땅 위에 궁전 같은 성당만 쌓아 올린 것은 부족한 것을 채우고자 한 미봉책이다. 예수를 통해서 神을 알고 믿음은 가질 수 있었지만 神을 증명하기 위해서는 먼저 세계가 지닌 핵심 본질부터 규명해야 했다. 神은 사실상 우주적인 바탕 원리를 통해 증명되어야 하는데 여건이 부족하

---

3) 「무신론에 대한 연구」, 박안 저, 장로회신학대학 신학대학원, 석사, 1986, p.9.

4) 『철학과 종교의 대화』, 채필근 저, 대한기독교서회, 1973, p.102.

5) "구약이나 신약의 그 어떤 저자도 하나님의 존재를 증명하거나 시도한 적이 없다."-『기독교의 이해』, 한중식 저, 숭실대학교출판부, 1990, p.177.

6) 『종교의 철학적 이해』, 김형석 저, 철학과 현실사, 1992, p.36.

7) 창세기 1장 1절.

8) 『신의 역사(Ⅰ)』, 카렌 암스트롱 저, 배국원·유지황 역, 동연, 1999, p.49.

니까 증명 문제를 믿음의 문제로 돌려버렸다.

집필을 하다가 참고할 자료가 필요해 서점에 들렀다. 마침 목사한 분이 있어 자문을 구하니까 "어떻게 하나님을 증명한 책이 있겠습니까?" 아래위로 쳐다보면서 저의를 살폈다. 불경스럽다는 눈치였다. 목사라면 신학을 접하였고 남다른 지식을 가졌으리라고 기대했는데 실망하고 말았다. 사과가 아래로 떨어진다는 것은 상식인데 이런 당연함에 대해서 뉴턴은 남다른 의문을 가져 만유인력이란 대 법칙을 발견했다. 크리스천이라면 누구나 당연시한 하나님에 대해 의문을 가지고 세상 어떤 문제보다도 중요한 이슈라는 사실을 사명으로 자각했다. 전제와 당연하게 여기는 태도를 통해서는 영원히 神을 증명할 수 없다. 그래서 이 연구가 다각도로 증명하기 위한 방법을 강구하게 되었다.

2. 철학의 한계

기독교가 세운 교리 체계가 여러모로 합리적이었다면 그 안에서 따로 궁극적인 진리를 추구한 철학적 노력을 동원할 필요는 없었으리라. 또한 철학이 진리 문제를 철저하게 해결하였더라면 세계의 알파 자리에 神을 개입시키지 않았으리라. 모두 조건을 충족시키지 못했기 때문에 기독교 문화권 안에서는 철학이 따로 추구되었고, 하나님을 신앙한 진리권에서도 神 증명 문제는 해결할 수 없었다. 철학 영역에서는 성과가 있을 것을 기대하였는데 오히려 부정적인 결론만 내리고 말았다. 神을 증명하는 문제는 "철학에 입각하거나(포이어바흐) 사회학적 비판과 이론에 비추거나(마르크스) 심리학 및 심

충심리학 측면에서 보더라도(프로이트) 여전히 토론할 여지를 남긴다."9) 학문적으로 객관적 입장인 철학 영역만큼은 보다 구체적으로 문제를 다룰 필요가 있었다. 그래서 역사적으로 하나님을 증명하고자 한 시도도 많이 있었다. 그런데도 아직 하나님을 증명할 수 없다고 믿는 지성들이 있는데, 이런 생각은 논리적인 증명의 한계를 알고 있는 현대 철학자들과 인간이 가진 지식의 한계를 알고 있는 성서학자들이 동의하였다.10) 철학 영역에서까지 한계성을 인정한 것이라면 그 이유는 도대체 무엇인가? 헛된 세월을 보낸 것이 아닐진대, 종국에는 神을 증명하는 데 유익한 디딤돌이 될 것이다. 창조된 본의가 드러나면 확인할 수 있는 성과들이다. 神 증명에 기여는 하였지만 직접적이지 못한 것이 문제였다. 사물의 궁극적인 구조는 밝혔지만 정작 중요한 神을 증명하는 문제와는 초점이 어긋났다. 이성, 논리, 합리성, 객관성이란 사유 도구를 사용하였는데, 이들은 사실 사물의 궁극성을 추출하는 데 적합한 인식 수단이었다. 데카르트는 명료하고 뚜렷한 것이 아닌 것은 진리가 아니라고 선언했다. 神을 판단하는 진리 기준과는 거리가 멀었다. 그래서 도달하고 만 불가지론은 神이 존재한 사실과 상관없이 철학이 지닌 자체 사유 방식 때문에 부딪힌 한계성이다. 급기야는 칸트가 나타나 "神의 존재 증명 문제에 대해 종지부를 찍었는데",11) 그것은 순수 이성을 통해 神을 인식한 수단상의 결론이었다. 이성과 경험을 통한 증험론(證驗論)에 의탁해서는 神을 파악할 수 없는 것이 당연하다.12) 연역적·

---

9) 『신은 존재하는가(Ⅰ)』, 한스 큉 저, 성염 역, 분도출판사, 1994, p.457.

10) 『종교철학개론』, 존 H. 힉 저, 황필호 역, 종로서적, 1980, p.89.

11) 『기독교의 본질』, 포이어바흐 저, 박순경 역, 종로서적, 1986, p.2.

귀납적인 방법은 엄밀한 분열 질서를 파악하는 데는 적합하지만 통합적인 神에 대해서는 무용지물이다. 그런데도 흄은 "수학이나 논리학에서 사용하는 언어와 경험적으로 실증할 수 있는 언어 이외인 실체·우주·영혼·영원·초월·신비·神 등은 무의미하기 때문에 여기에 대해 논한 책들은 모두 불태워버려야 한다고 강변했다."[13] 神에 대해서만큼은 못 말리는 문외한이었다.

이것은 세계와 神의 본체가 드러나지 못한 것이 주된 원인이다. 그런데도 이론상으로만 神을 추구하다 보니까 관념성을 벗어나지 못했다. 즉, 神이 실재하는지를 알 수 없었고, 실재하더라도 神과의 의사소통이 일체 불가능하다는 식으로 회의했다(흄).[14] 근대의 서양철학자들은 직업적인 강단 철학자들이 대부분인 것도 문제라 神에 대해서 논하려면 직접 神을 통하여 얻은 정보를 활용할 수 있어야 한다. 포이어바흐는 "종교의 토대는 인간학이라고 단정하였는데",[15] 神을 증명하기 위해서는 인간 영역을 포함해서 세계적인 영역까지 포괄해야 한다.

3. 신학의 한계

현대와 같이 무신론이 확산되고 있는 추세에서 감성적으로 무조건 신앙만 강요하고 있는 기독교를 통해서는 하나님을 포괄적으로

---

12) 『영원한 지혜를 찾아서』, 모오티머 J. 애들러 저, 최혁순 역, 경영문화원, 1997, p.222.

13) 『종교와 인간』, 서광선 저, 이화여자대학교출판부, 1995, p.51.

14) 『세계관의 역사』, 고전 구 저, 편집부 역, 두레, 1986, p.92.

15) 『기독교의 본질』, 앞의 책, p.530.

증명할 수 없다. "이성적 탐구로 하나님의 초월성적 정체를 밝혀내려고 한 철학"16) 역시 불가지론적이라는 장벽에 부딪혔다. 그렇다면 하나님을 증명해야 하는 입장에 있는 신학은 어떤가? 기대할 만한 성과가 있었는가? 뚜껑을 열고 보면 신학마저 기독교가 지닌 한계성의 연장선상에 있다.17) "계시가 이성을 초월하고 종교가 철학을 초월하고 신앙이 논리를 초월한다고 한 것은"18) 증명 문제를 회피한 것이란 인상마저 준다. 신학은 한때 "최고의 원인을 연구하는 학이었는데",19) 당연한 임무에 대해 "하나님은 믿음의 대상이지 증명의 대상이 아니다."20) 성경은 과학적인 지식을 알려주기 위해서 쓰인 책이 아니라고 하면서 神의 존재 증명 문제와는 거리를 두었다. 그렇지만 정말 신학이 풀지 못한 문제점은 다른 곳에 있었다. 신학은 현상적인 문제들에 대해 변명하기에 급급하여 神을 증명할 수 있는 체제를 제대로 갖추지 못하였다. 神이 생멸하는 현상계에 대해 의연한 존재라면(초월) 이 같은 사실을 뒷받침할 만한 세계 원리적 근거를 마련해야 했다. 그런데도 과제는 미루어둔 채 대두된 종교 다원주의 문제 등에 대해서만 촉각을 곤두세웠다.21) 만유의 하나님을 "철학자와 현자의 神과 대치시킨 결과를 초래했다."22) 때가 때인 만큼 신학은 어디에도 걸림이 없어야 했는데 여기저기 경계선을 그어

---

16) 『변증법이란 무엇인가』, 황세연 편역, 중원문화, 1984, p.24.

17) "성서는 하나님의 실재를 증명하기는커녕 그의 실재를 당연한 것으로 받아들일 뿐 아니라, 성서를 기록한 자들에게 있어서 하나님의 존재를 증명한다는 것은 실로 우스운 일이었다."-『종교철학개론』, 앞의 책, p.92.

18) 『서양종교철학 산책』, 앞의 책, p.197.

19) 『철학자의 신』, 에테엔느 질송 저, 김규영 역, 성바오로 출판사, 1972, p.86.

20) 『신비한 인체창조 섭리』, 김종배 저, 국민일보사, 1995, p.261.

21) 『레마 제7집』, 총신대학교 11대 신학과, 학생회 편, 1996, p.213.

22) 『철학자의 신』, 앞의 책, p.15.

놓은 것은 신학이 지닌 문제점이다. 그 이유로서 기독교 신학은 먼저 희랍 사상의 영향을 받았다는 것, 희랍 사상은 오늘날의 물질문명을 일으킨 문명인만큼이나 세계 구조를 파고드는 데 용이했지만 본질적으로 존재한 하나님에 대해서는 접근이 곤란하였다. 토마스 아퀴나스는 하나님을 "존재 자체, 순수 활동, 자기로부터의 존재, 가장 완전한 존재라고 하였는데",23) 이런 하나님을 그렇게 아는 것과 증명하는 것은 다르다. 神이 자존한 실재라면 더더욱 자증될 수 없다. 어떻든 증명할 기반은 현실 안에서 모색해야 한다. 그런데도 기독교인들은 신앙만 하였을 뿐 합당한 기반은 닦지 못했다. 어려움이 있으니까 급기야는 "하나님을 증명하는 것은 소용없는 일이고 성공할 가망이 없는 일이라고 체념해버렸다."24) 신·구약 66권을 정경으로 확정 지은 이후부터는 살아 역사한 계시 역사에 대한 접근 루트마저 원천 봉쇄하고 말아 하나님에 대한 정보가 더 이상 수용될 수 없게 되어버렸다. 무한한 경외와 믿음에 대한 요구는 오히려 자주적으로 교감되어야 할 영성의 활로를 막아버렸다(神의 흑암지대). 이런 제약성을 풀어헤쳐야 神을 온전히 증명할 수 있는 길을 틀 수 있다.

---

23) 『기독교 사상』, 김광식 저, 종로서적, 1984, p.47.
24) 『벌코프 조직신학(상)』, 루이스 벌코프 저, 권수경·이상원 역, 크리스천 다이제스트, 1998, p.207.

제22장 신 증명의 해결 과제

1. 신 존재 증명의 필연적 요청

비단 철학자들에게만 해당되는 것은 아니겠지만, 神에 대한 연구보다 더 철학자들의 가슴을 뛰게 하는 것이 있을까? 명백한 방식이든 암묵적 방식이든 인간이란 존재는 모두 궁극적으로 우리가 하나님이라고 부르는 절대자, 혹은 무한자에 대해 동경과 갈망을 품고있다. 실제로 인류 역사를 살펴보면 무수히 많은 철학자들이 고대, 중세를 거쳐 근세를 지나 물질주의의 어둠이 모든 것을 잠식해버린 듯 여겨진 오늘날까지도 神에 관한 문제를 자기 학문 탐구의 목적, 혹은 핵심으로 삼고 궁구해왔다. 학자들의 수만큼이나 많은 의견들이 개진되었다.[25] "神 존재 증명 문제는 神의 사망을 선고한 니체

---

[25] 「성 안셀무스의 하나님 존재 증명에 대한 성토마스 아퀴나스의 비판」, 한현택 저, 대전가톨릭

이전 근대 철학자들의 가장 중요한 화두이기도 하였다."26) 특히 "神의 존재 증명과 神의 본질에 대한 논의는 중세 신학의 탐구 과제였다. 그런데 근세에 이르러 인간 중심으로 회귀하자는 인본주의가 다양한 분야에 걸쳐 제기되면서부터 철학도 존재론에 치중한 관점에서 탈피하여 논의 초점을 인식론으로 돌리고 말았다."27) 많은 철학자와 신학자들이 神 존재 증명 문제에 매달린 것은 "神의 현존을 설명하고 증명할 수 있다면 그대로 이 세상의 모든 것을 설명할 수 있다고 믿었기 때문이다. 그래서 세상의 모든 것을 설명하고자 한 形而上學은 필연적으로 神의 현존을 보고자 주제 삼을 수밖에 없다."28) 이런 기대를 가지고 논거를 펼친 것이 곧 우주론적 · 목적론적 · 본체론적 · 도덕적 · 역사적 · 신학적 神 존재 증명 시도이다. 우리는 그렇게 해서 이룬 결론을 보고 神을 확인할 수 있었는가? 하나님에게로 나갈 수 있는 길은 틔웠는가? 기독교 신앙의 합리성을 증명하는 데는 도움이 되었지만,29) 神 증명 노력은 한마디로 실패했다고 해도 과언이 아니다. 그 이유는 본체가 미처 드러나지 못한 시기상조적인 여건과 동원된 인식 수단에 한계가 있었기 때문이다. 중세 신앙 사유의 특징적 표현인 아우구스티누스의 '이해하기 위해 믿는다'란 명제는 신앙이 이성에 선행하고 신앙을 전제로 이성을 추구한다는 의도이기는 하지만,30) 이성만으로는 도무지 확인할 수 없는, 神을 증

대학대학원, 석사, 2010, p.1.

26) 『데카르트 철학의 원리』, 스피노자 저, 양진호 역, 책세상, p.107.

27) 『중국철학의 역학적 조명』, 이현중 저, 청계, 2001, p.20.

28) 「칸트 순수이성비판의 신 현존 증명 불가능성에 관한 비판적 고찰」, 엄태영 저, 서강대학교대학원 철학과, 석사, 2003, p.2.

29) 『신론(하나님의 계획과 섭리)』, 김규승 저, 신한흥, 2001, p.66.

30) 『아우구스티누스 & 아퀴나스』, 신재식 저, 김영사, 2008, p.70.

명할 수 있는 근거가 부족하였다는 뜻이기도 하다. 보다 많은 세월을 통해 세계가 성숙할 수 있는 기다림이 필요했다. 그나마 중세 때는 신앙심이 돈독하여 이성과 신앙을 조화시키고자 한 노력 정도는 있었는데, 인간 중심적인 가치를 우선시한 오늘날은 철저하게 분리시키고 말았다. 그뿐만 아니라 이성이 지닌 사유의 확실성에만 치중하여 이성적인 잣대로서는 불분명할 수밖에 없는 形而上學적인 실체 내지 神에 대해서는 더 이상 탐구하고자 노력하지 않았다.

神을 증명하지 못한 결과 무신론이 세상 가운데서 득세하였고, 입증과 반증을 거듭하는 동안 유신론 대 무신론 간의 논쟁이 격화되었다. 이런 추세를 벗어나기 위해 神 증명 문제를 해결할 수 있는 보다 필연적인 이유를 찾아야 한다. 안셀무스는 "어리석은 자까지 인정할 수밖에 없는 하나님 존재에 대한 증명을 관철시키고자 노력하였고",[31] 토마스 아퀴나스는 『신학대전』에서 어리석은 자가 神의 존재를 부정하기 때문에 神을 증명할 필요가 있다고 역설하였다.[32] 중세 때는 기독교 신앙이 절대적이었던 시대라 神을 증명하고자 하는 데도 고상한 의도가 있었지만, 무신론이 확산된 오늘날은 그 이유에 있어 더욱 절실한 필연성을 가져야 한다. 존폐가 거론될 지경이므로 신앙만을 강요하는 한계성을 극복해야 한다. 정당한 이유와 사명감을 불태워야 이 땅에서 하나님의 약속이 실현된다. 선천에서는 하나님의 모습이 확실하게 부각되지 못한 관계로 존재성과 주권성이 확립될 수 없었던 것이 사실이다. 그래서 증명하는 데도 한계가 있었다. 그런

---

31) 「성 안셀무스의 하나님 존재 증명에 대한 성 토마스 아퀴나스의 비판」, 앞의 논문, p.24.
32) "神의 존재는 神의 은총을 통해 개시 또는 계시되는 것이기 때문에, 그를 믿는 자에게는 그 자체로 명증된다. 그러나 어리석은 자에게는 자명하지 않기 때문에 神의 존재는 증명되어야 한다."-『데카르트 철학의 원리』, 앞의 책, p.117.

데 지상 강림 역사를 완수한 오늘날은 불가능한 여건을 전환시킬 수 있게 되었다. 세계의 제 현상을 규명함으로써 하나님의 존재 본성을 규정하고 만인 앞에서 증명할 수 있다. 하나님이 지상에 강림하셨다는 것은 인류가 정말 神의 참모습을 보고 판단할 수 있게 되었다는 뜻이다. 인류는 아무 장애 없이 神을 인식하고 神은 아무 제약 없이 인류 앞에 계시할 수 있다. 이 말은 神에 대해 일체를 판단할 수 있는 기준과 안목을 개안시켰다는 뜻이다. 神의 현존 상황을 증명할 수 있어야 존재론을 완성하고 세계도 진리적으로 완성할 수 있다. 神이란 존재는 과연 얼마나 알 수 있는가? 우리는 현재 모습의 우리만 알 수 있을 뿐이다(셰익스피어). 인간은 만물의 척도인가? 만물은 끊임없이 움직이고 있는데 프로타고라스는 왜 인간을 만물의 척도라고 하였는가? 그렇게 해서 세운 척도가 과연 진리일 수 있는가? 이와 같은 여건으로 인간이 만물과 神을 판단했던 것이다. 누구도 존재의 시종을 장악하거나 본질을 파악하지 못하였다. 매듭짓지 못하고 이리저리 실마리를 찾다가는 헝클어버렸다. 그 시작과 끝단을 장악하고 있는 神을 알아야 존재와 세계와 진리의 문제를 해결할 수 있었나니, 이것이 우리가 神 존재를 확실하게 알고 증명해야 하는 필연적인 이유이다.

2. 신 증명의 우선 과제

성경의 기록자들은 형식 논리에 따라 하나님을 증명하지 않았다. 그래서 성경 첫머리에서도 하나님이 존재하심을 엄숙히 선언하였을 따름이다. 그리고 신앙인들도 神이 존재한다는 사실을 당연하게 여기고 증명하려 들지 않았다. 그러니까 무신론이 득세하였고 복음의 구원력이 상쇄되어 버렸다. 증명 문제를 방법적으로 강구해야 했다. 神을 증명하고자 한 시도가 실패할 수는 있지만, 그렇다고 살아 계신 神이 사라지는 것은 아니다. 하지만 결과적으로는 神 증명 실패가 장기화되다 보니 존재하지 않은 때문인 것으로 오판하고 말았다. 이에 토마스 아퀴나스는 神 증명의 필요성을 확실하게 파악하고, "하나님의 존재는 자명한 것이 아니고 증명을 요하며, 이 증명은 주위의 세계에서 우리에게 분명히 드러나는 것들과 같은 하나님의 존재의 결과로부터 출발해야 한다는 점을 굳게 지켰다."[33] 증명이 필요한 이유는 물론이고 해결할 수 있는 방향성까지 제시했다. 이런 필요성 때문에 근대에 들어서도 지성들의 노력은 끊이지 않았는데, 그중에서도 데카르트와 라이프니츠는 神 현존을 증명하고자 시도한 대표적인 철학자들이다. 하지만 그들은 확실하게 성공하였는가? 실패했다면 그 이유는 무엇인가? 그리고 해결할 수 있다면 우선적인 과제는 무엇인가? 神을 바르게 알아야 한다는 사실이다. "神이 최고로 참된 것을 긍정할 수 있게 하는 명석 판명한 관념이 없다면 아무리 증명 문제에 집중해도 우리의 실존 외는 다른 어떤 것도 확실하게 할 수 없다는 사실을 받아들여야 한다."[34] 혹자는 『우주에는 神이 없다』란 책을 폈는데,[35] 왜 그는 神을 우주 속에서 찾았는가? 니체가 대낮에 길거리에서 神을 찾아 헤맨 것과 무엇이 다른가? 神을 잘못 생각하였고 잘못 알았고 잘못 본 것이다. 바르게 아는 것이 선

33) 「토마스 아퀴나스 신 존재 증명에 대한 고찰」, 이주호 저, 안양대학교대학원 목회학과, 석사, 2008, p.25.
34) 『데카르트 철학의 원리』, 앞의 책, p.23.
35) 『우주에는 신이 없다』, 데이비드 밀스 저, 권형 역, 돌을 새김, 2012.

행된 요건이다. 정확하게 알아야 증명도 할 수 있다.

神을 증명하기 위해서는 神의 눈높이에 다가갈 수 있는 인간 자체의 인식적 여건도 개선해야 하는데, 이것이 어려운 과제였다. 神은 전지, 전능, 전선한 존재자이므로 이런 神을 바르게 알기 위해서는 그만한 인식 능력을 지녀야 한다. 하지만 인간은 여러모로 미숙하지 않는가? 그래서 인간은 하나님을 알 수 있는 참된 지혜를 따로 구해야 했다. 그런데도 서양철학은 이런 지혜는 안중에도 없었고 사물을 탐구하는 데만 관심을 두어 사물들에 대해 참으로 인간이 안다는 것은 무엇이고, 지식의 참됨과 그릇됨이 무엇인지를 탐구한 인식론을 세우는 데 주력했다.[36] "인간 이성은 자신의 힘만으로 확실한 인식에 도달할 수 있다고 한 자명한 전제가 있었다."[37] 근대인들이 추구한 이 절대적인 확실성에 대한 가당찮은 유혹이 서양의 지적인 전통 아래서 神을 도무지 볼 수 없게 한 장벽이다. 과거에는 신앙을 이성보다 우선시할 수밖에 없었는데, 그 이유는 세계 본질의 분열이 완료되지 못했고, 神을 인식할 수 있는 루트를 개척하지 못한 데 있다. 그러니까 神의 모습, 神의 의지, 神의 역사가 불분명하였다. 하나님을 인식하기 위해서는 이성적인 통찰이 긴요하다. 하지만 이런 요구는 神의 본체를 드러낸 이후의 일이다. 그렇지 못한 상태인데 신앙과 이성과의 조화를 강조한 것은 제기된 문제를 억지로 봉합한 것과 같다. 그래서 이 연구가 神을 인식할 수 있는 다양한 방도를 강구하였다.

"터툴리안은 神이 죽은 자를 일으켜 세울 능력을 지녔다는 깃을

---

36) 『중국철학의 역학적 조명』, 앞의 책, pp.20~21.
37) 『아우구스티누스 & 아퀴나스』, 앞의 책, p.210.

보여줄 증거로 無로부터의 창조 교리를 사용하였다."38) 잘못 전제한 명제를 앞가림하기 위해 고안한 악순환 명제이다. 하나님이 지닌 권능을 바르게 초점 잡지 못했다. 무엇을 보아야 하나님이 존재한 사실을 증명할 수 있는가? 이성을 통해 정확하게 추적하지 못하니까 믿음이 필요했다. 증명할 수 있는 근거를 찾을 수 있다면 인간은 얼마든지 이성을 통해 神을 판단할 수 있다. 하지만 이성을 동원한 방법은 끝내 神을 증명할 수 있는 올바른 인식 수단이 되지 못했다. 神은 판단할 수 있는 총체적인 접근 시스템을 갖추어야 하는데, 과학적인 체제는 너무 거리감이 컸다. 지구가 태양의 주위를 돌지 않은 때가 있었던가? 그런데도 인간이 이런 사실을 알게 된 것은 언제인가? 神이 태초로부터 존재하지 않은 때가 있었던가? 그런데도 증명하지 못한 것은 神이 지닌 절대적인 본성과 권능을 알지 못해서이다. 지상의 최고 권력자인 황제도 인간의 생명은 한순간도 연장시킬 수 없고, 아무리 명령을 내려도 서쪽 하늘로 지는 해를 멈추게 할 수는 없다. 만조백관과 백성들을 호령하고 나라 제도는 뜻대로 개혁할 수 있지만 인간의 命과 우주 운행은 황제라도 어찌할 수 없다. 命과 운행을 주재하는 분은 따로 있나니 이 같은 권능적 속성을 알아야 神을 증명할 수 있다. 命을 따르는 피조물과 인류 역사를 통해 투영된 神의 본성을 추출할 수 있다. 세상에는 제1 원인이 필요한데 그것이 바로 神이란 부류가 아니다. 왜 神이 제1 원인인지에 대한 창조주다운 특성을 밝혀야 증명도 가능하다. 神을 바르게 아는 것이 神을 증명할 수 있는 관건인데, 이것을 선천에서는 해결하지 못했

---

38) 『위대한 두 진리』, 데이비드 레이 그리핀 저, 김희헌 역, 동연, 2010, p.129.

다. 그래서 이 연구가 지상 강림 역사를 완수하였다. 인식상의 대 고속도로를 개통시키고 충족된 세계적 여건에 힘입어 神 증명 과제를 해결하고자 한다.

3. 서양 인식론 극복

서양 문명은 지구상의 어떤 문명보다도 神을 추종한 전통이 깊지만, 神을 증명하기 위해 노력했는데도 불구하고 결론은 증명하는 데 실패한 문명이 되고 말았다. 왜 이 같은 결과가 초래된 것인지 이유를 알아야 하고, 확인할 수 있어야 그 위에 다시 새로운 신권 문명을 건설할 수 있다. 神 증명 실패가 어떤 결과를 초래했는가 하는 것은 언급한 바 있지만, 극복하기 위해서는 주된 영향을 끼친 서양 인식론의 한계성을 아는 것이 중요하다. 神은 단번에 증명할 수 없다. 여태까지는 믿음으로 지탱된 신앙시대를 거쳤지만, 이제는 강림 역사와 함께 드러난 본체를 확인할 수 있게 된 만큼, 神과 함께할 수 있게 된다면 이 땅에서 하나님의 나라를 건설하는 것도 불가능하지 않다(지상천국). 그래서 시도된 神 증명에 대한 전후 역사 과정과 기대감에 대하여 사상적으로 가장 큰 전환점을 이룬 사건이 있다면 칸트가 물자체는 인식할 수 없다고 한 선언에 있다. 이것은 서양 形而上學과 신학적인 전통을 통틀어 그렇게 결론날 수밖에 없는 한계성 선언인데, 이후에도 별다른 대비책은 강구되지 못했다. 이 연구가 서양 인식론이 도달한 한계 이유를 밝히고자 하는 것이니, 그렇게 해야 神을 증명할 수 있는 체계를 재정립할 수 있다. 神에 대해 관념적으로만 접근하다 보니 끝내 실체성을 보지 못한 것이다. 본체적으로 접근하지 못했다. "예컨대 만일 우리가 神의 관념을 발견하고 神의 관념에 주목한다면 이 관념은 우리로 하여금 그는 가장 참된 자요, 우리 본성의 지은 자이자 지속적 보존자이므로, 이 같은 진리를 두고 우리를 속이지는 않는다고 긍정한다."39) 개념적으로는 본성의 지은 자요, 지속적인 보존자가 가장 참된 神인 것을 긍정한다고 이해는 할 수 있지만, 존재를 추적하는 데 어떤 실체성도 확인할 수 없는 공허감이 있었다. "칸트는 神의 현존을 증명할 수 있는 방도로서 자연신학적 神 현존, 우주론적 神 현존, 존재론적 神 현존 증명을 시도하였지만",40) 어떤 경우에도 증명에 필요한 현실적인 근거는 구하지 못했다. 결국 관념성을 벗어나지 못한 상황이다. 그들은 천지가 창조된 본의에 대해 어떤 정보도 제공받지 못하였다. 본체 강림 역사가 절실한 이유이다. 아무리 방법을 강구해도 개념을 앞세운 神 증명은 관념적인 테두리 이상을 벗어날 수 없다. 데카르트는 "나는 생각한다는 명제를 통해 자신이 명석 판명하게 지각하는 것은 모두 참이라고 결론 내린 뒤, 이것을 근거로 神이 존재한다고 결론지었다."41) 생각에서 시작하여 생각으로 끝을 내었다. 이것이 관념성을 벗어나지 못한 한계성이다. 개념적인 근거는 그것이 아무리 명석 판명하더라도 본질성의 뒷받침이 없다. 그래서 관념만으로는 神의 실존성을 증명할 수 없다. "실재적인 것은 인식된 것이고, 인식된 것은 실재적이라고 하였지만",42) 생성적인 작용 과정을 생략하고 곧바로

---

39) 『데카르트 철학의 원리』, 앞의 책, p.24.
40) 「칸트 순수이성비판의 신 현존 증명 불가능성에 관한 비판적 고찰」, 앞의 논문, p.3.
41) 『데카르트 철학의 원리』, 앞의 책, p.110.
42) 『존재론』, 벨라 바이스마르 저, 허재윤 역, 서광사, 1990, p.62.

실재=인식이란 단정은 어폐가 있다. 인식은 실재와 연관은 있어도 인식한 것이 실재하고 있는 전부는 아니다. 부분만으로는 실재와 일치하지 않을 수도 있고, 전부를 보지 못한 상태라면 오판도 할 수 있다. 관념에는 한계가 있는데 관념만으로 神의 현존 사실을 증명하고자 하니까 인식 수단에서부터 한계성이 드러났다.

　神이 현존한 사실을 증명하고자 한 과정에서 칸트가 앞세운 전제 조건은 神이 현존한 사실을 증명할 수 없는 결과를 이미 내포하였다. "칸트는 神을 자유, 영혼의 불멸성과 함께 形而上學에 있어서 중요한 문제 중 하나로 보았는데(이념), 문제는 이들이 하등 경험적으로 대응할 만한 대상이 아니라는 데 있다. 이념은 단지 사유될 뿐, 인식되지 않는 것이라고 여겼다. 피할 수 없는 전제 조건이 무언가를 알기 위해서는 경험할 수 있어야 하는데, 神은 그렇지 못한 존재 상태이다. 경험적으로 인식할 수 없는 것은 증명할 수도 없다보니까 神에 대해 끝내 증명할 수 없다고 결론 내렸다."43) 하지만 사실은 그렇지 않다. 칸트는 이념적인 것은 사유될 뿐 인식되지 않는다고 했지만, 이것은 인간의 사고 내지 인식 작용의 본질을 모르고 한 말이다. 무엇을 인식하기 위해서는 경험할 수 있어야 한다고 전제했지만, 경험할 수 없는 실체적 이념들은 인식이 불가능한 것이 아니고 인식할 수 있는 방법론을 찾아내지 못한 것이 문제일 따름이다. 칸트는 形而上學적인 대상은 경험할 수 없기 때문에 인식과 증명이 불가능하다고 했지만, 그가 그렇게 조건 지은 神은 창조 이전에 존재한 절대 하나님이다. 이런 하나님은 아무도 경험할 수 없다. 一者,

---

43) 앞의 논문, p.3.

一元, 원인과 결과, 알파와 오메가가 함께한 통합적 실체이다. 한편으로는 창조주이기 때문에 하나님은 창조를 이룬 세상과도 함께하신다. 함께하고 계시는데 어찌 경험할 수 없고 인식할 수 없는가?[44] 그 어떤 대상보다도 神은 확실하게 경험할 수 있고 인식할 수 있는 현실 위의 존재자이다. 하나님은 결코 추론만으로 끝날 대상이 아니다.

칸트는 무슨 근거로 인간의 이성은 神의 현존을 증명할 수도, 神이 현존하지 않는다는 것을 증명할 수도 없다고 단정하였는가?[45] 물자체(Ding an sich)를 인식할 수 없다고 말한 것은 드러난 현상을 보고 전체 존재계를 판단한 중대한 오류이다. 현상은 현상만으로 존재하고 있는 것이 아닌데 존재한 전부로 본 것은 선천 전체가 지닌 세계관적 한계이다. 칸트뿐만 아니라 서양 문명 전체가 헤어나지 못한 문제이다. "철학적 신론은 전통적으로 神이 어떠한 존재이어야 하는지를 파악하는 동시에 현존을 증명하고자 한 데 대해, 이런 패러다임을 파괴하고 새로운 패러다임을 세우는 기초 작업의 일환으로서 경험과 이성을 통한 神 현존 증명의 불가능성을 밝힌 것이다."[46] 지적한 대로 경험과 이성은 形而上學적인 세계를 인식하는 데는 부적합한 수단이다. 흔히 "경험은 완전한 지식을 제공하는가란 물음에 대해 경험론자들은 서슴지 않고 경험은 인간이 지식을 획득하는 유일한 수단이라고 믿었다. 자연현상에 대한 경험을 일반화하는 것이 곧 지식의 출발점이란 신념을 가졌다."[47] 하지만 경험은 우리에게 완전

---

44) 절대적인 神은 인식할 수 없지만 창조와 세트화시키면 인식할 수 있다.

45) 神 현존 증명의 불가능성(『순수이성비판』)-앞의 논문, p.4.

46) 앞의 논문, p.6.

47) 『내가 아는 것이 진리인가』, 김창호 엮음, 웅진출판, 2004, p.29.

한 지식을 제공하였는가? 그 대답은 주어진 존재 구조를 살펴보면 판가름할 수 있다. 이 물음은 마치 보이는 빙산이 전부라고 하는 말과 같다. 그러나 본의를 자각하고 천지를 보면 설명할 필요조차 없다. 경험은 존재가 분열함으로써 파악할 수 있게 된 일부분이란 것을……. 분열이 완료되지 않은 한 드러나지 못한 부분이 엄존할 수밖에 없다는 사실을…….

이성은 잠재된 본질이 아니고 드러난 부분을 분석하고 통찰하는 사고 기능일진대,[48] 그런 안목으로 바라본 神은 파악하기 어려운 것이 자명하다. 초점이 어긋나 있다. 경험과 이성이 관할한 인식 영역은 명확한 것인데, 이런 사실을 알아차리지 못했다. 칸트는 "形而上學이 사용하는 원칙은 일체 경험의 한계를 넘어서 있기 때문에 더 이상 경험에 의한 검증을 인정하지 않는다고 하였다."[49] 도대체 감각할 수 없는 존재가 있다는 사실에 대해, 그와 같은 존재를 어떻게 인식할 수 있는가에 대해서는 고심하지 않았다. 감각적으로 인식할 수 있는 대상은 사물, 현상, 물질적인 존재들이지 神은 아니다. 그런데도 서양철학자들은 이런 문제에 대해 무반응이었다. 경험론자인 버클리는 오히려 주객을 전도시켜 "어떤 관념도 정신 없이는 존재할 수 없다. 사물들은 관념들의 집합이다. 사물들은 정신을 떠나서 존재하지 않으며, 또 존재할 수도 없다. 존재는 지각됨이다. 한 사물이 존재하기 위해서는 그것이 지각(知覺)되어야 한다고 하였다."[50] 어쩌면 이토록 철저히 사물과 현상을 거꾸로 보고 해석할 수 있단 말

---

48) 합리주의(rationalism)는 이성이야말로 물리적 세계에 관한 모든 지식의 진정한 원천이라는 주장-앞의 책, p.32.

49) 『존재론』, 앞의 책, p.27.

50) 『철학의 의미』, 조셉 브렌넌 저, 곽강제 역, 학문사, 1966, p.138.

인가? 지각은 존재를 성립시키는 필연적인 조건이다. 神은 더욱 그렇다(?). 神은 지각과 무관하게 존재할 수 있는데, 이런 가능성을 그들은 전혀 착안하지 못했다. 실체 없이도 존재하고 있는 神을 증명할 수 있는 가능성을 도무지 믿지 않았다. 이런 문제를 풀어야 인간은 비로소 神 증명의 불가능성을 반증할 수 있게 되고, 실체 없이도 존재하는 神을 확실하게 증명할 수 있다. 神은 세계 안에도 있지만 세계 밖에도 있는 존재자이기 때문에 내외간에 걸쳐서 도야한 영적 감지력을 발휘해야 한다.

헤겔의 경우는 일상생활에서 진리는 어떤 대상과 그것에 대한 우리의 관념의 일치를 의미한다고 생각하였다. 진리는 실재에 대한 사고의 근사성이다.[51] 왜 그런가? 인식된 진리는 실체적인 본질을 지니고 있다. 데카르트는 자신이 생각하고 있다는 사실 자체가 자신이 확실하게 존재하는 인식적 근거라고 했지만, 사실상으로도 인식한 진리성의 이면에는 본질성이 뒷받침하고 있다. 더 나아가 이런 상황을 보다 합리적으로 추적하면 무형의 형체인 形而上學적인 神도 그 존재성을 추적해서 본체를 인식할 수 있게 된다. 철인들은 이념성을 오직 사고 기능에만 국한시키고 말아 관념성을 벗어나지 못했다. 사고→인식→의식→의지→존재→본질→본체→神의 영역으로까지 확대시켜야 했다. 그렇게 되면 사고 의식과 의지 속에 본질이 포진하고 있어 사고 과정을 통해서도 인식에 대한 전후 인과관계를 추적할 수 있다. 사고적인 추구 과정은 존재 자체의 본질로서 뒷받침되고 있기 때문에 사고적 인식 과정도 충분히 존재하고 있는 본질성을 부

---

51) 앞의 책, p.97.

각시킨다. 더군다나 그것이 神을 인식하고자 한 과정이었다면 정말 神의 모습을 드러낼 수도 있다. 이것이 이 연구가 진리 통합의 과정을 통해 밝힌 보혜사 하나님의 현현 역사이다. 존 로크의 주장처럼 모든 지식이 경험으로부터 온다는 것은 분열이 없으면 어떤 인식도 성립될 수 없다는 점에서는 맞지만, 神은 그런 분열 과정과 무관하게 존재한다. 세계가 분열한다는 것은 법칙과도 같은데, 神은 그런 법칙 조건 밖에 존재한다. 자연현상은 확실하게 경험할 수 있는 인식 대상이므로 이성의 작용이 주효하지만, 분열과 무관한 본질, 본체는 직시할 수 있는 정신 기능이 필요하다. 그래서 동양인들이 접근한 본체론적 접근 요청이 절실하였다. 기독교가 神을 증명하지 못한 상황에서는 강림한 하나님의 본체성을 뒷받침하는 문제가 오히려 동양 문명이 짊어져야 하는 과제로 옮겨지고 말았다. 그렇다면 동양본체론은 어떻게 하나님의 강림 본체를 뒷받침할 수 있는가? 초월성, 전체성, 선재성, 본체성, 창조성 등등 절대 권능을 증명하는 것이 불가능하다고 보는가? 서양 인식론은 神을 인식할 수도 증명할 수도 이해할 수도 없다. 이런 문제를 해결할 수 있는 대안책 마련에 동양의 초월적인 본체 인식 방법론이 있었나니, 이것은 오늘날 마련된 神의 강림 본체를 증거할 묘한 지혜이다.

4. 사물의 필연적 근거 추적

神은 무엇인가? 신앙인은 神이 무엇인지 알고 굳게 믿는가? 神은 정의하기도 어렵지만 증명하기는 더욱 어렵다. 학생들은 교과서를 보고 공부를 하는데, 그 속에 담긴 내용은 인류의 지성들이 정열을 바쳐 이룬 지식의 결정판이다. 神을 정의하기 위해 열 번의 통찰 과정을 거쳤다면, 정의된 사실을 증명하기 위해서는 백 가지의 근거를 확보해야 한다. 神은 불변하다고 하는데 그 같은 불변성을 증명하기 위해서는 세계 원리적인 규명 절차를 거쳐야 한다. "기독교인은 하나님이 하나의(one) 가장 높은 거룩한 존재이고, 영원하고 초월적이고 무한하고 통치하고 완성하고 구원하는 인격적 존재라고 고백한다."52) 그렇다면 그와 같은 하나님의 존재 본성, 즉 하나성, 지존성, 거룩성, 영원성, 초월성, 무한성, 통치성, 완성성, 구원성, 인격성을 어떻게 낱낱이 증명할 수 있는가? 증명할 수 있기 위해서는 나열된 존재성을 포괄할 수 있는 그 무엇을 찾아야 하는데, 찾지 못하고 신앙을 통해 고백만 하였다. 따라서 인류는 그동안 神을 신앙했던 것이지 증명했던 것이 아니다. 토마스 아퀴나스가 전통적인 방법에 따라 세운 5가지 神 존재 증명 방법에 대해 근대 철학자들이 반론을 제기했던 주된 이유도 정의된 神의 본성을 포괄하지 못해서이다. 神은 인간의 이성으로 증명할 수 있는 존재가 아니고 마음으로 받아들이며, 입술을 통해 나오는 신앙고백으로 간주해야 한다고 하였지만,53) 이런 주장은 그나마 이끌어 나온 神 증명 노력까지 무산시키고 만다. 정말 神의 본성을 포괄하고 증명 문제를 해결하기 위해서는 보다 명백한 근거, 곧 神으로 인해 결정된 사물의 필연성을 추적해서 神과 연관된 고리를 밝혀야 한다. 안셀무스가 시도한 존재론적 神 증명은(더 큰 것, 혹은 위대한 것을 생각할 수 없는 존재) 논리적으로 구축된 것일 뿐, 사물의 필연성과 연관 짓지 못한 증명인데,54)

---

52) 『아우구스티누스 & 아퀴나스』, 앞의 책, p.94.
53) 「토마스 아퀴나스 신 존재 증명에 대한 고찰」, 앞의 논문, p.2.

이런 부족분을 이 연구가 충족시키리라. 세상은 우연적이고 유한한 것 같지만 알고 보면 오히려 필연적이고 영원하다. 神의 필연적인 존재성과 불변한 본체성과 깊이 연관되어 있다. 대비된 것이 아니고 동질적인 본성을 이었다는 사실을 확인하는 것이 神을 증명할 수 있는 현실적인 접근이다. 영국의 철학자 러셀이 취했던 태도처럼 "나는 우주란 그냥 존재할 뿐이며 그게 전부라고 할 수밖에 없다고 한다면"[55] 神이라도 그에게 더 이상 해줄 말이 없어진다.

이런 부류의 철학자들을 위해서 이 연구는 사물들이 갖춘 필연적인 존재 근거를 추적해서 神이 존재한 사실을 입증하고자 한다. 神과 사물이 존재하는 것이 아무런 차이가 없는 것이라면 神과 사물 간에 있어 필연적인 관계성도 성립될 수 없다. 차이가 있고 대비되기 때문에 필연적인 관련성을 찾을 수 있다. 주자는 "통체태극의 理는 만물일체적 신묘한 존재 원리로서 활연관통의 대상이 된다고 하였다."[56] 여기서 통체태극이란 무엇인가? 창조를 위해 하나님이 無極 본체로부터 이행시킨 존재 본질, 즉 창조 본체가 아닌가? 인식한 대상이 본체라 분열 작용과 상관없이 직시하고 일시에 활연관통할 수 있는데, 사물은 이와 달리 분열 운동의 제약을 받기 때문에 분열을 완료했을 때 비로소 드러난다. 어떻게 이 같은 차이가 생기는가 하면 창조된 결정성과 관련되어 있기 때문이다. 통체태극인 理는 사물을 뒷받침하기 위해 마련된 본체 본질이므로 활연관통할 수 있게 되었다. 본질은 본래부터 두루 통하게 되어 있다. 이런 특성을 초점

---

54) 「칸트 순수이성비판의 신 현존 증명 불가능성에 관한 비판적 고찰」, 앞의 논문, p.4.

55) 『세상은 왜 존재하는가』, 짐 홀트 저, 우진하 역, 21세기북스, 2013, p.55.

56) 「주자의 본체관에 대한 연구」, 박종하 저, 성균관대학교유학대학원, 석사, 2009, p.111.

잡고 본다면, 一者 자체는 인식이 불가능하다 하더라도 사물과 함께
한 바탕 본질은 생성하고 있기 때문에 분열 작용으로 표출된 모습을
통해 神이 존재한 사실을 확인할 수 있게 된다. 一者의 분열된 모습
이 곧 사물인 관계로 사물이 존재한 데는 충분한 이유가 있었다. 神
은 홀로 초월적일 수도 없고 자체로서는 드러날 수도 없는데, 그와
같은 존재 상태를 확인할 수 있는 방법은 바로 세계가 지닌 필연적
인 근거를 추적하는 것 외는 없다. 神과 사물 간에 지닌 필연적인
연결고리를 찾아야 했나니(창조), 사물과의 관계에서 사물이 필연적
으로 존재한 이유의 도움을 받아야 했다. 왜 사물은 스스로 능동적
이지 못하여 수동적·종속적·임시적·부수적·의존적인가? 1차가
아니고 2차적이란 뜻인데,[57] 사물이 2차적이기 때문에 1차에 해당
한 神의 존재 이유가 필연적이게 된다. 칸트는 고지식하게도 현상계
만 인식할 수 있다고 했는데, 그 현상은 곧 본질의 분열로 인해 표상
된 것이다. 사물은 오감만으로 판단할 수 없다. 이치적인 추적을 통
해서도 가늠할 수 있는데, 현상을 통하여 본체의 존재 근거를 추적
하는 안목이 곧 지혜이다. 이 지혜를 얻기 위해서는 세계적인 통찰
이 필요한데, 지상 강림 역사를 완수한 오늘날은 결코 불가능한 일
이 아니다. 神이 존재한 사실을 증명할 수 있는 지혜적 안목을 이
연구가 제시하리라.

---

57) 『진리론』, 이온참 저, 운주사, 2010, p.32.

제23장 신의 증명 논리

1. 개요

神이란 존재를 증명하기는 어려움이 많지만 그래도 많은 신앙인들은 유일신을 믿은 신앙 안에서 神을 논리적·이성적·합리적으로 증명하려고 노력하였다. 물론 어떤 존재를 증명하는 것과 사실을 확인하는 것과 이치를 따져서 논증하는 것은 차이가 있지만, 합당한 사고 과정을 거쳤다는 점에서는 공통점도 있다. "안셀무스(Anselmus, 1033~1109)와 데카르트를 대표로 한 존재론적 논증주의자들은 神이란 개념으로 실재를 증명하고자 하였고, 토마스 아퀴나스를 대표로 한 우주론적 논증주의자들은 우리가 살고 있는 세계의 우연성을 통해 神의 필연적 실재성을 증명하고자 하였다. 또한 페일리(William Paley, 1743~1805) 같은 철학자는 세상의 질서를 통해 神을 유추할 수 있다고 본 목적론적(계획성) 논증을 시도했다. 그 외에도 자존, 창조주, 善과 사랑의 주체, 인격적인 초월자, 성스러운 예배 대상인 神을 논리적으로 증명하고자 하였지만",58) 문제는 정말 그렇게 해서 神의 모습을 볼 수 있게 되었는가 하는 점이다. 실패한 것이라면 시도된 神 증명 방법에 무슨 문제가 있은 것인지 알아내어야 한다. 神을 증명하고자 한 논증들이 진리계에 별다른 변화를 일으키지 못하고, 그렇게 한번 생각해본 것 정도로 기억되고 있는 이유는 무엇인가? 이 연구 역시 神을 증명한다고 하면서 기존 방법을 되풀이하는 데 그친다면 어떻게 진리적인 갈망을 채울 수 있겠는가? 神은 과연 논리적이고 합리적인 기준을 통해서 증명할 수 있는 대상인가? 반대 이론 역시 만만찮다. "神은 논리적으로 유추된 존재가 아니다. 실제로 경험할 수 있다는 관점에서 본다면"59) 논증이란 시도 방법 자체가 무색하다. "어떤 논증이든지 전제가 참된 것으로 알려져 있고, 전제들이 결론을 수반하여 그렇다는 사실이 알려져 있다면 '증명'이라고 할 수 있지만",60) 정말 그런 과정을 거친 결과로 神은 증명되었는가? 神이 천지를 창조하였다는 신학적 발언에 대해서 논증할 수 있는 것은 무엇인가? 세계와는 여전히 거리감이 있다. 교감된 역사 과정을 거쳐야 하는데 논리적으로만 파고들면 무엇이 남겠는가? 비트겐슈타인(?~1951) 같은 철학자는 神을 논리적으로 증명하기 위해 종교 신앙에 대해 합리적인 이유를 찾고자 한 노력을 탐탁찮게 여겼다.61) 한계성이 있는데도 계속 증명하고자 한 것은 아무래도 기

---

58) 『서양종교철학 산책』, 앞의 책, p.195.

59) 『종교철학개론』, 앞의 책, p.93.

60) 『기독교와 철학』, K. E. 얀델 저, 이승구 역, 엠마오, 1988, p.87.

독교 문명권이 지닌 프리미엄 덕분이리라. 하지만 하나님에 대해 전혀 무지한 이방인들 앞에서는 무기력한 노력이었다. 결정적인 방법은 神이 창조주인 만큼 계시된 본의를 깨닫는 것이 중요한데, 그러지 못해 증명할 수 있는 지혜도 구하지 못했다. 이것을 이 연구가 전통적인 4대 논증(존재론적·우주론적·목적론적·도덕적)을 근거로 해결하고자 한다. 神이 창조 이전에 이룬 선행된 작업 과정을 통하여 神을 증명할 수 있는 해법을 강구하리라.

2. 존재론적 논증

"神을 증명하고자 한 존재론적 논증은 사상적으로 플라톤까지 거슬러 올라가지만 이것을 분명하게 논술한 사람은 중세 스콜라철학의 시조라고 할 수 있는 안셀무스이다."[62] 그는 기독교적인 하나님의 개념에 대해 그 이상의 위대한(큰) 분을 상상할 수 없는 실재라고 표현하면서 논증을 시작했다. 神은 인간이 사유할 수 있는 최고의 또는 완전한 존재자라는 뜻인데, 반박하는 주장에 대해서 더 이상의 위대한 존재를 생각할 수 없는 존재가 없다면 우리는 그러한 존재를 아예 생각조차 할 수 없을 것이라고 했다. 제시한 조건을 가진 존재는 유일한 것이라고 확신하였다. 神에 대한 관념이 얼마나 뿌리 깊은가 하는 사실을 알 수 있다. 동양인들은 그런 관념을 가지지 않고서도 수천 년을 보냈다. 그러니까 그가 펼친 논증 형태는 전제된 믿음과 神이란 관념이 뿌리내린 문화권 안에서만 통용될 수 있

---

61) 『서양종교철학 산책』, 앞의 책, p.290.
62) 『철학과 종교의 대화』, 앞의 책, p.109.

는 것인데, 데카르트도 그런 전제 상황을 벗어나지 못한 것은 마찬가지이다. "神은 가장 보편적인 개념이거나 최고의 이데아이므로 神에게는 최고의 실재성이 귀속되지 않으면 안 된다. 따라서 神은 가장 실재적인 존재라고 했다."[63] 그렇다면 인간의 의식 안에 神이란 관념이 있는 것이 神이 존재한 증거란 주장이 의미하는 것은 도대체 무엇인가? 神은 인간이 생각할 수 있는 모든 방식 면에서 완전한 존재자인 것은 틀림없지만, 아직 세계적으로 완전한 실체가 드러나지 못한 상황을 지적한 역설적 논증이다. 기독교를 신앙하고 있는 문화권에서조차 神을 개념적으로 논증할 수밖에 없었다는 것은 神이 완전한 존재자로서 드러나지 못한 증거이다.

3. 우주론적 논증

하나님을 증명하고자 한 이론 중에서 가장 오래된 형태인 우주론적 논증은 현존하는 세계 또는 우주를 하나의 결과로 보고 그것의 원인자인 하나님을 추적한 이론이다(인과 논증). 만유라는 결과가 있다면 당연히 만유를 있게 한 원인도 있을 텐데 그런 원인 중에서도 제1 원인이 곧 하나님이시다(아리스토텔레스). 또한 우주 안에 있는 모든 존재는 변화하는데, 변화에는 충족한 원인이 있어서 자체는 변화하지 않으면서 다른 것들을 변화시키는 부동의 동자가 있어야 하므로 그것이 곧 하나님이시다(토마스 아퀴나스). 하지만 그 원인과 동자가 곧바로 하나님이라고 하는 것은 세상의 근원된 알파를

---

63) 『서양철학사』, 쿠르트 프리틀라인 저, 강영계 역, 1986, 서광사, p.152.

알지 못한 상태에서의 다분히 유추된 판단이다. 창조 역사를 증명하지 못한 상태에서의 논리적 비약이다. 본의를 모를진대 어떤 경우도 제1 원인과 부동의 동자를 하나님과 직결시킬 수 없다. 결과로서는 틀린 것이 아니지만 논증상으로는 취약점이 있다. 물질의 제1 원소는 처음부터 상존하기 때문에 우주의 원인을 탐구하는 것은 무의미하다든지, 세계는 나타나 있는 그대로 단순한 물질의 발전 결과물이라는 설들을 잠재울 수 없게 된다.

4. 목적론적 논증

"유신론적 논증 중 가장 인기가 있는 것은 바로 목적론적 논증이다."[64] 우주에서 발견되는 질서와 목적들이 우연적인 결과일 수 없다는 것은 누구라도 심증은 가지고 있다. 단지 확증할 수 있는 근거를 찾을 수 없다는 것이 문제이다. 새의 날개가 공기에 맞도록 창조되었고 물고기의 지느러미가 물에 적응할 수 있도록 구조화된 것이 바로 하나님의 특별한 배려 때문이라고 주장한다면 웃어버리리라. 그런데도 본의에 입각한다면 만유 위에 새겨져 있는 목적성은 사전에 설정된 하나님의 뜻에 의한 작용이라, 이것은 창조 때 법칙적인 질서로서 결정된 것이다. 그래서 제반 목적성을 엿보기 위해 이 연구가 핵심 된 본질을 밝히고 작용된 메커니즘을 일깨웠다. 이 같은 성과 제시도 없이 우주가 하나님의 사전 계획에 의해 창조된 것이라고 주장한다면 아무런 설득력이 없다. 설사 목적성과 질서성을 확인했더라도 자연적으로 구축된 것으로 여긴다. 그러니까 진화를 거부

---

64) 『종교철학개론』, 앞의 책, p.55.

할 수 없는 체제로까지 받아들였다. 목적론적 증명 역시 창조된 본의를 알아야 하는 선행 작업이 필요하였다.

5. 도덕적 논증

역사적으로 두터운 신임을 받은 도덕적 논증은 인간이 소유한 양심 또는 도덕적인 의식을 하나님이 존재한 사실과 연관시켰다. 인간에게는 양심 또는 도덕적인 의식이 있는데, 이것은 그 원천에 해당하는 하나님이 존재하기 때문이라고 생각했다. 세계는 도덕적인 질서로서 지배되고 상선 벌악의 원칙이 적용되고 있는 것으로 보아 그런 질서 제정자가 바로 하나님이란 사실을 인정해야 한다. 하지만 심증 외는 근거를 어디서도 찾을 수 없다는 한계가 있다. 그런데도 천지가 창조된 것인 한 가치로운 善은 모두 하나님에게로 귀속된다. 하나님이 의도적으로 천지를 악하게 창조하셨을 리는 없다. 의와 진·선·미를 기반으로 해서 바르게 살고자 하는 마음을 가진 것은 천부적 본성이다. 기준이 확실하기 때문에 이것을 위배한 마음 작용과 행위는 죄악이 된다. 선한 창조가 없었다면 선악을 가르는 도덕적 기준도 없었겠지만, 있었기 때문에 선악의 갈림길에서 선을 지키고자 하는 의지력을 발휘해야 한다. 도덕적 논증도 창조에 그 해답이 있는데, 그것을 찾지 못한다면 하나님도 증명할 수 없다. 결론으로서 전통적인 4대 논증은 나름대로 神을 증명하였지만 기대와 달리 神을 완전하게 파악할 수 없는 세계적인 여건을 노출시켰다. 그래서 이 연구는 이런 문제점을 보완하여 하나님이 존재한 사실을 온전히 증명할 수 있도록 방법론을 강구하리라.

제24장 신의 증명 역사

　이 연구가 神을 증명하기 위해 반드시 거쳐야 하는 작업 중 하나는 神을 증명하고자 한 선현들의 지적 발자취를 확인하는 것이다. 그리해야 神을 증명하는 문제가 역사적인 과제였다는 사실을 알게 된다. 성향이 다분히 철학적인 이유도 있지만, 신앙인들이 증명 문제를 도외시한 마당에서 철학자들이 이룬 노력은 神 증명 문제를 살필 수 있는 중요한 근거이다. 신앙인들과 달리 철학자들은 보다 객관적으로 증명 문제를 해결하고자 노력을 경주하였다. 그래서 "희랍 철학에서부터 시작되었다고 하는 神 존재 증명 역사는 지성인들에게 끊임없는 탐구 주제였다."[65] 神은 증명되었는가? 필요한 조건은 아직도 충족시키지 못하고 있다. 신비주의들이 살아 호흡했던 중세 시대에는 경건성 하나만큼은 지켜졌는데(상상력에 근거한 신비적

---

65) 『몰트만의 신론』, 문민성 저, 한신대학교신학대학원 조직신학, 석사, 1993, p.1.

神 이해), 종교개혁 이후부터는 이성에 근거한 철학적 이해로서 접근하였다.[66] 절대자, 무한자와 같은 개념들을 양산하였지만 문제는 합리적인 조건을 철저히 세울수록 神을 증명할 가능성은 그만큼 멀어진 데 있다. 이런 추세에도 불구하고 신앙을 옹호하기 위해 고투한 철학자 중에는 파스칼이 있다(1623~1662). 그는 합리적인 인식 수준에 따라 神 증명 문제를 다룬 시대적인 추세 속에서도 神과 신앙은 합리적인 논증의 문제가 아니고 선택과 결단의 문제라는 점을 애써 변호했다.[67] 神은 합리적으로 확인될 수 없는 숨은 神이라고 하였다. 오직 신앙에 근거해서 기독교 진리를 증명하려 하였고,[68] 불신자에 대한 최후 권유 수단으로서는 '내기' 이론을 제시했다. 즉, "하나님에 대해 내기를 할 때는 이익과 손실을 계산해야 한다. 이기면 모든 것을 얻고 지면 모든 것을 잃어버린다. 그러니까 주저하지 말고 神이 존재한다는 조건에 승부를 걸자⋯⋯."[69] 그가 내기 방법까지 제안하고 나온 것은 합리적인 神 입증 경향(이신론)에 대해 반기를 든 것이다. 이런 변호에도 불구하고 神의 존재 증명 요구에 대처할 만한 본질적 준비는 미비되었다. "이성은 자체가 지닌 한계성으로 말미암아 초월자를 논의의 대상으로 삼을 수 없다고 하는데",[70]

---

66) 『신의 역사(II)』, 카렌 암스트롱 저, 배국원·유지황 역, 동연, 1999, p.519.

67) 위의 책, p.529.

68) "파스칼은 자신의 호교론의 전체적인 구상을 설명하는 가운데서 첫째로 종교가 조금도 이성에 어긋난 것이 아님을 보여주고, 다음으로 그 종교가 참된 것이기를 바라게 하는 데 목적이 있음을 밝히고 있다. 그리하여 이와 같은 논증과 설득을 위하여 동원될 수 있는 방법이 어떤 것이며, 그 방법들의 효용 및 한계가 무엇인가에 그의 관심이 집중되었다. 그래서 그는 이성의 질서와 심정의 질서를 동시에 고찰함으로써 새로운 방법론을 모색했다."-『파스칼 연구』 이환 저, 민음사, 1979, p.54.

69) 『종교철학개론』, 앞의 책, p.97.

70) 위의 책, p.206.

神이 그렇게 해도 증명될 수 없는 이유는 따로 있었다. 그것이 곧 창조이다. 창조되었기 때문에 만물은 본의를 알면 증명할 수 있지만 하나님은 차원이 다르다는 것, 만물과 제 현상들은 판단할 기준이 있지만 하나님은 아무런 기준이 없다. 증명이 필요한 것은 창조된 결과에 대한 것들이다. 그러니까 神을 증명하는 것은 파스칼처럼 심중을 굳히고 믿는 쪽에 승부수를 두는 것이 정말 현명한 방법일 수도 있었다.

다음으로 라이프니츠(1646~1716)는 예정조화설을 통해 神을 증명하려고 했다. "우주가 조화와 통일이 있다는 것은 神이 존재하는 근거로서, 우주의 조화는 예정 가운데 있다고 하였다."71) 하지만 예정된 것도 조화롭고 질서가 있다는 사실만으로는 부족하다. 통합 본질은 분열된 메커니즘으로만 설명할 수 있다. 그래서 라이프니츠는 기지를 발휘하여 "근본적인 실체를 神으로 보고, 神은 모든 힘의 원시적 통일로서 단자 중 최고 단자이고 원심과 같은 중심 단자라고 하였다."72) 확인하기가 쉽지 않은 形而上學적 주장인데, 이와 같은 생각도 본의에만 입각하면 해명할 수 있다. 라이프니츠는 단자(monad)들의 조화를 위해서 神이 필요하다고 했는데, 하나님도 실체자라면 이런 요구를 충족시킬 수 있어야 한다. 하나님은 창조주로서 만유의 근원적인 실체자인 것이 확실하다. 이 같은 실상에 대해 앞에서는 하나님의 본체가 化하여 만물이 된 것이라고 했지만, 그 같은 본체가 化한 순간, 단자 같은 특성을 지닌 결정체가 생겼다. 하지만 라이프니츠도 그렇게 주장은 했어도 증명하기에는 아직 시기상조적인 문제가 있었다.

---

71) 『철학과 종교의 대화』, 앞의 책, p.133.
72) 위의 책, p.132.

세 번째는 칸트(1724~1804)가 거둔 지적 탐구 성과이다. 그의 사상은 이 연구 곳곳에서 인용하였는데 그중 "『순수이성비판』을 통해 神의 존재는 논증될 수 없다고 한 것은 시사하는 바가 크다."[73] "인간의 의식 밖에 있는 객관적인 실재는 영원히 인식하는 것이 불가능하다는 것인데",[74] 그 이유는 인간 이성의 한계 안에서 神을 가늠해서이다. 칸트는 당시대의 학문적 요구에 부응하기 위해 순수 수학과 순수 자연과학을 가능하게 해주는 종합적이고 선험적인 지식을 제공하는 인식 이론을, 그리고 현상 세계의 경험적인 지식에 확고한 철학적 기초를 마련하기 위하여 순수 이론 이성을 정립하고자 했다. 그러니까 그의 인식 이론은 초월적인 神을 증명하기 위한 전문적인 논거가 아니었다는 뜻이다. 그런데도 그렇게 세운 관점으로 神을 판단하다 보니 神을 증명할 수 없게 되고 말았다.

네 번째로는 헤겔이 세운 神 증명 형태이다. 주지하다시피 "절대 이념의 철학은 결국 神의 변형에 지나지 않는다는 평가가 있었을 정도로"[75] 절대성을 내포한 정신과 이념과 관념성은 그대로 神의 존재성을 대변한 개념들이다. 그렇다면 헤겔은 철학을 통하여 얼마만큼 神을 구체화시켰는가? 철학자로서 그는 신앙인들이 가지지 못한 사유적 자유를 누렸다. 그런데도 神에 대해서는 잔뜩 초점을 흐려놓았다. 이 같은 신관을 분석한 학자들은 도대체 유신론인지 이신론인지 무신론적인 인본주의인지 혹은 범신론인지가 헷갈린다고 하였다.[76]

---

73) 『철학자의 신』, 앞의 책, p.122.

74) 『세계관의 역사』, 앞의 책, p.107.

75) 위의 책, p.131.

76) 『헤겔의 신개념』, 박영지 저, 서광사, 1996, p.148.

"유신론적인 표상은 표면상으로는 범신론으로 통하지만 범신론은 끝내 무신론적인 기반으로 환원된다(?)."[77] 혼란스러워 神의 존재성에 대하여 말장난을 한 듯한 오해를 받기 십상이다. 직접 증거하지 못하고 속성만으로 논의한 것은 철학적 방법이 지닌 전형적인 한계성이다.

神의 존재 증명 역사에서 근대에까지 심도 있게 고심한 철학자는 데카르트(1786~1828)이다. 그는 어떤 철학자보다도 명석하고 판명한 진리를 추구하였는데, 그런 기준과 어긋난 神에 대해서는 어떻게 생각하였을까? 그는 사고를 통해 더 이상 의심할 수 없는 확실한 진리를 인출하고자 하였는데,[78] 객관적인 사물과 현상들은 그와 같은 기준으로 판단할 수도 있지만 신앙의 문제, 神을 증명하는 문제는 성격이 다르다. 그는 "물질적인 존재, 우리의 친구와 이웃들의 존재, 하나님의 존재를 논리적으로 완전하게 증명하기까지는 확신할 것이 없다고 했다."[79] 그런데도 神 증명에서는 기껏 알려진바 존재론적인 증명 형태를 벗어나지 못했다.[80] 그에게 있어 "神은 세계의 합리적이고 기계론적인 구성의 보장자였고, 추상적 진리의 근원인 일종의 관념성이지 살아 있는 인간의 구체적 현실과는 아무 관련이 없었다."[81] 그가 저술한 『성찰』과 『방법서설』은 결국 세상적인 진리를

---

77) 「헤겔의 종교철학 연구」, 이부현 저, 부산대학교대학원 철학과, 박사, 1991, p.3.

78) 그의 形而上學적 사색은 방법적 회의에서 출발한다. 학문에서 확실한 기초를 세우고자 한다면 조금이라도 불확실한 것은 모두 의심해보아야 하는데, 의심하는 자신의 존재만은 의심할 수 없다고 보았다. 그래서 그는 '나는 생각한다. 그러므로 나는 존재한다'라는 관념 철학의 근본 원리를 『방법서설』에서 확립하였다.-『동양의 마음 서양의 영성』, 이기빈 저, 큰빛, 1994, p.100.

79) 『종교철학개론』, 앞의 책, p.250.

80) "데카르트의 두 가지 神 증명 중 첫 번째 증명은 神은 절대 완전한 본질이라 속이려 할 수 없다는 증명이고, 두 번째 증명은 그 자신 완전성인 존재도 필연적으로 완전성으로서의 神의 본질에 속한다는 존재론적 증명이다."-『철학자의 신』, 앞의 책, p.102.

위한 제안에 불과했다. 神을 증명하기 위해서는 다시 새로운 방법적 성찰을 강구해야 했다. 神은 形而上學적인 진리인데, 形而上學적인 진리는 동일하게 적용될 수 있는 방식의 수학적 진리와 다르다.[82] 그런데도 대안을 찾지 못한 것은 관념만으로 神을 증명하고자 한 시도 때문이다. 이것은 합리적인 이성에 기대를 가진 "대부분 철학자들의 지난 4세기간에 걸친 노력들이 어느 누구에게도 합리적인 욕망을 충족시킬 수 없었다는 사실에 대한 증거이다."[83] 지성들이 증거한 하나님의 모습이 온전하지 못했다는 뜻이고, 세상 어디서도 완전하게 모습을 드러내지 못한 사실에 대한 확인이다. 데카르트가 하나님을 직접 경험했더라면 어찌 神을 증명할 방법을 착안해내지 못했겠는가? 이것은 비단 그에게만 해당되는 아쉬움이 아니다. 아브라함과 모세와 성경 속에 등장한 어떤 선지자들도 하나님을 완전하게 영접해서 증명하지는 못했다. 그래서 이 연구가 지상 강림 역사를 완수한 것은 그동안 부족한 세계적인 여건들을 충족시킨 것이라, 그렇게 역사된 과정을 진술함으로써 하나님이 이 땅에 강림한 사실을 확실하게 증명하리라.

81) 『파스칼 연구』, 앞의 책, p.195.
82) 『철학의 의미』, 앞의 책, p.109.
83) 『종교철학개론』, 앞의 책, p.250.

제25장 신의 증명 방법

1. 개요

神은 어떻게 존재하는가란 문제와 神을 어떻게 증명할 것인가 하는 문제는 쉽게 풀 수 있는 것이 아니다. 전자는 어느 정도 탐구한 전적이 있지만 후자는 시도 자체가 미미하다. 인류는 神을 증명할 길을 찾았는가? 방법을 찾았다면 성과도 있을 텐데 그렇지 못하다보니까 체념하고 말았다. 증명 방법은 神이 무엇인지부터 알아야 강구될 수 있는데, 알지도 못한 채 방법을 찾았다는 것은 주소도 모르고 사람을 찾는 것과 같다. 니체는 神을 찾고자 해맑은 오전에 등불을 켜들고 시장바닥으로 달려 나갔고,[84] 어떤 우주 비행사는 아무리 살펴보아도 지구 밖에서는 무한한 우주 공간만 있을 뿐 하나님은 볼

---

84) 「무신론」, 박종대 저, 유니텔 자료, p.9.

수 없었다고 하였다. 神이 무엇인지 알지도 못한 채 증명한다는 것
은 실로 난감한 문제이다. 파스칼은 "神을 발견하고 그를 섬기는 자
들과 神을 발견하지 못하였지만 찾으려고 노력하는 자들과 神을 발
견하지도 못하고 또 찾지도 않으면서 살고 있는 자들이 있다고 하였
는데",[85] 증명 문제는 그렇게 신앙하는 것과는 상황이 다르다. 조건
을 두루 구비해야 문제를 풀 수 있다. "검증을 거치지 않는 명제와
언표는 진리로서의 의미가 상실된다고 할진대",[86] 거기에는 항상 판
단할 수 있는 합당한 근거들이 있다. 이에 이 연구가 神을 증명할
방법론을 강화시키고자 하는 것은 일단 부족한 조건들을 충족시킨
다는 뜻이고, 정말 충족시켰다면 증명하는 것은 시간문제이다. 사실
우리가 무언가를 증명한다는 것은 창조로 인해 생긴 有적 근거를 찾
는 것이라는 데 비밀이 숨겨져 있다. 예를 들어 3각형의 내각의 合
이 2직각인 것은 명석하게 판명할 수 있는 진리일진대, 3각형의 속
성이 그렇게 결정되어 있어 우리도 판단한 명제를 인정할 수 있다.
세상 규칙과 질서가 결정되어 있지 않다면(有) 판단할 수 있는 진리
적 기준과 근거도 없다. 증명은 바로 이와 같은 것이다. 오직 창조된
有적 대상에 대해서 존재 유무를 증명할 수 있다는 것, 그래서 실증
도 그렇게 창조된 대상들에 대한 증명이 된다. 논리실증주의자들이
검증할 수 없는 명제들에 대해 무의미 처리하고 검증할 수 있는 것
들에 대해서만 문제를 풀어 나가려고 한 것도 사실은 천지가 창조된
데 대한 면밀한 확인 작업 절차였다.[87] 이것이 서양철학이 세운 진

---

85) 『인간과 신에 대한 파스칼과 노자의 이해』, 조명애 저, 서광사, 1994, p.124.
86) 『종교의 철학적 이해』, 앞의 책, p.183.
87) 『두산세계대백과사전』, 실증주의, 논리실증주의편.

리 기준이고 사고 특성이다. 이런 이유 때문에 인간이 가진 사고적 발상들은 어떤 경우에도 神을 직접 증명할 수는 없다. 하나님은 창조를 이룬 주체자이기 때문에 창조된 사실에 대해 인식하는 것만으로는 증명이 불가능하다. 결정적인 법칙 기준으로서는 神을 증명할 수 없다. 그런데도 철학자들은(데카르트 등) 세상을 통해 추출한 질서 기준을 가지고 神을 증명하고자 했다. "神은 사물의 현존을 인식하는 방법으로 실증될 존재가 아니다."[88] 그런데도 세상 기준에 초점을 둔 결과 神이 초월적이요 신비적이라는 말과 격 맞아떨어졌다.

2. 방법론의 모색

神을 객관적으로 증명할 수 있는 자격과 조건을 갖추기 위해서는 먼저 하나님이란 존재와 직접 접해야 하고, 현재 살아 역사하신 하나님을 증명해야 한다. 그리고 조건을 갖추었더라도 증명하는 과정 역시 보다 객관적인 바탕 위에 서야 한다. 그런데 이전까지 이룬 방법적 접근에는 많은 문제점이 있다. 우리는 성경을 통하여 믿음의 조상 아브라함과 선지자들이 체험한 사건들을 알고 있지만 현 시공간에서 역사하신 하나님은 아무것도 확인할 근거가 없다. 아우구스티누스가 고백한 회심 역사의 경우, 자신은 구원을 확신하였겠지만 객관적으로 확인하기는 어렵다. 간증 형태라면 몰라도 증명 형태로서는 미약하다. 세계 원리적인 근거를 확보해야 하는 이유이다. 모두가 동일하게 체험할 수는 없으며, 그렇게 체험한 사람들은 인류 중

---

88) 『종교문화의 이해』, 정진홍 저, 서당, 1992, p.114.

극소수이다. 체험했다 해도 부족한 점은 여전하기 때문에 방법론을 다양하게 강구해야 한다. 논리적인 접근 방법만으로도 안 된다. 신앙적인 체험이 필요하지만 그래도 문제점은 있다. 오감으로 감지할 수 있길 원하지만 옆집의 철수 얼굴처럼 대면할 수는 없다. 神이 존재하지 않는 근거로서 자신은 神을 한 번도 본 일이 없기 때문이라고 할 수도 있지만, 하나님은 그렇게 눈으로 볼 수 있는 존재자가 아니다. 감각적인 경험은 반복할 수 있지만 神은 그렇게 해서 확인할 수 있는 존재가 아니다. 감각적인 경험은 神과 무관하다. 그렇다면 神의 계시는 어떠한가? 계시를 분석하면 神을 알 수 있는가? "개혁주의 신학은 神의 계시를 중심에 두었는데, 그런 태도답게 계시가 기록된 성경을 믿고 순종할 것을 요구했다."[89] 그런 만큼 신학은 계시에 대한 세계 작용적인 원리성을 밝혀야 했는데, 이런 기대와는 거리감이 있었다. 이적과 기사 문제도 마찬가지이다. 위대한 종교가들은 나름대로 기적을 일으킨 이야기를 전하지만 그것을 직접 목격한 자라 해도 하나님이 존재한 사실을 객관적으로 증명하기는 어렵다. 神이 직접 본체를 드러내지 않는 한 어느 누구도 합당한 방법론을 세울 수 없다. 그런데 이 연구는 지상 강림 역사를 완수함으로써 가능한 방법론을 제시할 수 있다. 존재한 대상에 따라 접근한 방법을 달리했다. 특히 하나님은 창조주이시므로 그 같은 존재 특성에 맞게 방법론을 강구해야 한다. 神은 무형적인 존재인 만큼 여기에 맞는 방법론을 강구해야 한다. 정신은 볼 수 없지만 작용하는 것처럼 하나님도 형상은 없지만 분명히 역사하고 계시다. 神은 감식할

---

89) 『레마 7집』, 앞의 책, p.55.

수 있는 존재자는 아니지만 작용된 질서 이치를 통하면 존재성을 확인할 수 있다. 그러므로 증명은 차치하고서라도 방법적인 면에서부터 발상을 전환시켜야 한다. 불가능하다고 단정한 제반 形而上學적인 문제들까지도 함께 모색해야 한다. 도대체 형상 없는 神을 어떤 방법으로 증명할 수 있는가?[90] 神이 지닌 존재적인 본질을 밝히면 가능하다. 그것은 분명 물질적인 대상을 탐구하는 방법과 다르다. 사과의 영양분을 분석하는 것과 사랑하는 마음을 확인하는 것은 다르듯, 우리가 지금 해결하고자 하는 것은 실질적인 神 증명 방식의 문제이다. 논리·실증적인 방법은 제반 사물과 현상들에 적용되는 것이고, 초월·통합적인 방법은 神에게 적용되는 방식이다. 神을 증명할 수 있는 맞춤형 증명 방식은 도대체 무엇인가?

3. 신의 증명 방식

神을 어떻게 증명할 것인가? 생각으로 궁리한다고 해서 해결할 수 있는 문제가 아니라면 합당한 방법을 강구해야 하는데, 칸트가 이성을 통해서는 증명할 수 없다고 한 만큼,[91] 神 증명이 이성적인 기능의 범위를 넘어서 있는 것은 사실이다. 우리가 요구하는 수준은 완전하고 명확한 현실성인데, 神은 이 같은 조건에 부합하는 존재가 아니다. "神은 스스로 언제나 새롭게 인간에게 나아오면서 자기를 증명한다."[92] 그렇다면 神을 증명하는 방식은 오히려 다양한 것일 수도

---

90) 『신의 존재 증명』, 김상렬, 한누리미디어, 1996, p.28.

91) 『기독교의 본질』, 앞의 책, p.320.

92) 「칸트의 신관에 대한 기능적 유신론 이해」, 윤종환 저, 전남대학교대학원 철학과, 석사, 1992, p.19.

있다. 神은 삼세 간에 걸쳐 있기 때문에 한순간 시공간을 점한 존재자가 아니다. 시공 전체가 존재한 영역일 수도 있고, 내면적으로 존재한 본체적 요소일 수도 있다. 하나님은 시공의 분열 과정 전체를 포괄하신다. 그런데 하나님이 구름 속을 뚫고 갑자기 나타나길 기대한다는 것은 어리석은 생각이다. 전체적인 세계 안에서 하나님이 뜻한 목적과 의지가 어떻게 표출된 것인지를 살펴야 하나님의 실존 모습을 볼 수 있다. 시공이 분열하는 것은 누구도 거부할 수 없는 질서이기 때문에 이런 세계 안에서 神이 존재한 것은 마치 외통수에 몰린 장군 수처럼 확실하다. 그래서 神을 증명하는 문제도 반드시 교감된 역사와 믿음의 전후 변화 과정을 확보해야 하는 절차가 필요하다. 그리해야 시공을 초월해서 역사한 하나님의 영원한 실존 의지를 확인할 수 있다. 의지를 통해서든, 행위를 통해서든, 무엇을 통해서든 역사된 사실은 시공이 분열된 경과를 통해 뜻이 확정된다. 진리라면 진리로서 전체 세계와 통하고, 미래까지도 알 수 있는 전능한 지혜가 그것이다. 섭리된 역사는 교감된 의식을 통해서 의지적인 형태로 표출되기 때문에 이런 의지 생성 과정을 통하여 하나님이 남긴 실존재로서의 발자취를 확인할 수 있다. 이 연구가 神을 증명하고자 하는 근거도 사실은 직접 접한 의지적 실체이다. 궁극적인 실재 이면에는 그 실재를 존재하게 한 의지가 있다. 의지 작용은 무형이지만 만물과 형상을 이룬 근간으로서 하나님이 갖춘 최상의 존재 상태이다. 증명하는 데 어려움은 있지만,93) 시공이 지닌 특성을 근거로 하면 생성 작용이 실존재로서 근거를 남긴다는 사실을 밝혀낼 수 있

---

93) 神은 존재 형태가 무형인 의지로서 존재한다는 어느 정도의 범위를 좁힘.

다. 의지 작용을 뒷받침한 形而上學적인 인식은 그대로 神을 증명할 수 있는 근거이다. 의지는 본질적인 형태로 생성한다는 점에서 알파성 자체는 지극히 통합적이지만, 이것을 의지적으로 분열시키면 존재적인 모습을 드러낼 수 있다. 形而上學적인 실체는 분열을 통해 실존재인 근거를 남기기 때문에 神도 의도한 창조 의지를 분열시키면 존재한 본질과 형태와 모습을 드러낼 수 있다. 기독교는 예수를 통하지 않고서는 하나님께로 나아갈 수 없다고 하였지만 보다 중요한 것은 하나님의 역사 의지와 교감하는 것이고, 계시된 뜻을 수용하는 것이다.[94] 우리가 내면 속에서 진리를 일군다면 그것도 神에 대해 의미 있는 존재 사실을 확인하는 것이다. 세상 법칙도 진리도 神과 연관되지 않은 것은 하나도 없기 때문에 이런 사실을 알아야 神의 모습을 볼 수 있다. 세상 가운데 존재한 모든 것은 神을 힘써 증명할 수 있는 첨단 교두보이다. 믿음을 가지고 추구하면 지나온 과정은 고스란히 神의 존재 의지를 확인할 수 있는 인식의 근거가 된다. 그렇지만 아무리 분석을 철저하게 해도 최종적으로 神을 증명할 수 있는 관건은 역시 창조에 있다. 神은 천지를 창조하였기 때문에 창조도 증명할 수 있고, 그리해야 존재도 증명할 수 있는 길이 열린다. 먹구름이 있으면 푸른 하늘을 볼 수 없듯, 창조는 神을 증명하기 위해서 반드시 열어젖혀야 하는 문이다. 믿음을 통해서도 神을 볼 수는 있지만 그 실존성을 증명하기 위해서는 반드시 작용된 근거를 확보해야 했나니, 그 현실적인 해결책이 천지창조 역사를 증명하는 것이다.

---

94) 하나님의 살아 계신 뜻과 존재 의지가 수반된 역사가 임한 것이라면 그것은 바로 계시임.

4. 신의 증명 근거

이 연구가 神을 증명하고자 논거를 펼치게 된 것은 선행된 작업
인 『세계통합론』과 『세계본질론』과 『세계창조론』의 저술 성과에
힘입은 바이다. 본인도 이런 저술을 구상할 당시에는 이것이 神을
증명하는 사전 기초 작업이고 예비된 역사였다는 사실을 알지 못했
다. 언젠가 神을 증명할 수 있으리라고 기대는 하였지만 당시에는
주어진 과제에만 충실했다. 그런데 때가 되니까 정말 神을 증명하는
데 부족함이 없게 되었다. 그중 『세계통합론』은 진리적으로 하나님
의 모습을 현현시킨 저술이다. 진리 세계가 통합되어야 할 필요성을
인식한 것인데, 세계의 지성들도 이 같은 목적을 달성하기 위해 심
혈을 기울였다. 하나님의 거룩한 형상을 드러내기 위해 정열을 바친
것이었다고나 할까? 알고 보니 그들이 담당했던 진리 영역은 하나님
의 본체를 드러내기 위해 분담했던 섭리 역사였다. 창조성을 분열시
켜 존재하는 모습을 형상화시키기 위해서는 각 분야에 걸친 탐구가
긴요했고, 이것이 동서 문명의 교류가 활발해진 오늘날 결실을 이루
게 되었다. 진리적·인식적·形而上學적으로 기초를 다졌다. "모세
야 모세야 …… 너의 선 곳은 거룩한 땅이니 네 발에서 신을 벗어
라."95) 그러나 그렇게 경험한 모세도 神이 존재한 사실 여부를 증명
하기 위해서는 인식·관념·존재적으로 神을 탐구한 지적 성과가 필
요했다. 여기에 지성들이 바친 정신적 고투의 의미가 있다. 이후에 핵
심 본질을 드러낸 『세계본질론』과 창조 역사를 증거한 『세계창조론』

---

95) 출애굽기 3장 4~5절.

저술도 그 의의는 다를 바 없다. 핵심 본질은 실로 통속 본질로 규정된 전체 세계가 하나님의 몸 안이란 사실을 확인시켰고, 창조 역사는 하나님을 존재적으로 증명할 수 있는 원리적 근거를 제공하였다. 이 연구가 하나님을 증명할 수 있는 초월적인 본질을 밝히고 세계가 하나인 사실을 확인할 수 있게 되었다. 그래서 앞서 이룬 저술 성과들은 명실상부하게 하나님을 증명할 수 있는 기반이 되었고, 하나님이 자체 본체를 증명하기 위해 길을 인도한 예비 역사였다. 도상 속에서는 본의를 헤아리지 못했지만 그것이 의도된 섭리였다는 사실을 깨닫게 되었을 때는 실로 만감이 교차한 은혜를 실감하였다. 역사상 누가 이런 성업을 이룰 수 있었겠는가? 너도 나도 아니고 오늘날 진리의 성령으로서 이 땅에 강림한 보혜사 진리의 성령이시다. 그 하나님이 자체 존재를 증명할 수 있도록 세계의 진리를 통합하고, 세계의 핵심 본질을 드러내고, 세계의 천지창조를 증거할 수 있게 역사하셨다. 증명할 수 있게 한 주체 의지는 바로 하나님이시다. 지금까지 이룬 일련의 성업이 인류 숙원의 과제인 神 증명 문제를 해결할 수 있게 하였다.

제26장 신의 실체 입증

1. 신 입증의 정당한 근거

"과학은 존재를 다루고 철학은 사유를 다룬다. 대상이 지닌 차이가 확연하다는 것이 분명하다."[96] 과학이 존재를 다룬 것이라면 神도 존재자인데, 神은 과학적인 방법이 주효하고 철학적 사유는 무용지물인가? 대상이 다르면 입증하는 방법도 다를 텐데, 이런 문제를 해결할 수 있는 근거는 무엇인가? 이것은 神이 어디에 소재하고 무엇인가에 따라 결정되는데 과거에는 구분과 규명 절차를 무시하므로 무리가 생겼다. 서양이 추구한 지적 전통을 보면 神을 증명하고자 한 시도는 대개 철학적 영역인데, 정작 적용한 방법은 과학적인 사고 방식이었다는 것이 문제이다. "기독교 사상가들은 자신들의 신앙을

---

96) 『현대철학은 진리를 어떻게 정의하는가』, 남경태 저, 두산동아, 1999, p.100.

옹호하고자 한 입장에서 하나님을 증명하고자 노력하였는데, 이들마저도 대부분 합리적 방법을 선호한 딜레마가 있었다."97) 神이 지닌 본성과 달리 입증하고자 한 방법이 잘못 적용된 것이다. 중세시대를 대표한 신학자 아우구스티누스는 "신앙을 중시하고 인간의 사유에서 출발한 선험적인 존재론적 증명을 통해 神을 증명하였고, 토마스 아퀴나스는 경험을 중시하고 현실 세계에서 출발한 후험적인 우주론적 증명을 시도하였다."98) 현실적인 존재와 거리가 먼 신앙 중심적인 증명 방법 역시 뜬구름 잡기식인 것은 마찬가지이다. 그리고 너무 현실적인 경험을 중시한 것 역시 진리적인 토양이 맞지 않았다. 인식은 감각적인 경험으로부터 시작되지만 초월적인 神은 그런 경험만으로는 인식할 수 없다. 그렇다고 神을 전혀 경험할 수 없다는 뜻은 아니다. 인식할 수 있는 수단이 감각이 아닌 것만은 분명하다. 사고 작용을 통해서도 경험할 수 있는데, 서양은 여기에 대한 진리 인식 개척 사례가 미진하였다. 사고적인 추적 내지 이치적인 질서 운행 인식을 통해서도 神을 경험할 수 있는데, 자연과학적인 사고와 탐구 방식으로 일괄 적용해버렸다. 알다시피 "과학적인 탐구는 경험적인 사실의 관찰·수집으로부터 시작된다. 그리고 수집된 사실들에 대한 세밀한 분석과 분류 작업을 통해 가설(假說)을 제시하며, 가설을 실험적인 증거에 비추어 확인함으로써 이론으로서 확립하는 과정이다."99) 따라서 자연과학적인 방법을 적용했던 칸트는 물자체를 인식할 수 없다고 선언하기 이전에 자신이 적용한 인식 수단이 지

---

97) 『아우구스티누스 & 아퀴나스』, 앞의 책, p.176.
98) 위의 책, p.177.
99) 『내가 아는 것이 진리인가』, 앞의 책, p.35.

닌 대상과 범위의 한계성을 먼저 시인해야 했다. 자칭 코페르니쿠스적인 대 전회를 이루었다고 했지만 사실은 자신이 설정한 인식 방식을 고정시켜 놓고 온갖 대상을 한정해버린 아전인수 격 인식 이론이다. 주객이 전도된 상황이다. 대상이 지닌 특성에 따라 증명하는 방식도 강구되어야 했는데, 어떻게 설정한 인식 조건에 맞추어 神은 인식할 수 없다고 단정해버렸는가? 몸에 옷을 맞추어 입어야 하는데 옷에다가 몸을 맞춘 격이다. 칸트가 설정한 인식 방식을 통해서는 끝내 神을 볼 수 없었다. 그런데도 이런 문제성을 발견하지 못한 것은 서양 문명 전체가 지닌 한계성이다. 아직도 서양의 지성들은 칸트가 규정한 학적인 인식 체제를 따르고 있고, 神 증명 방식과 절차에 있어서도 달라진 것이 없다. 즉, "학적 인식이란 명료하고 감각적으로 지각 가능한 것과 관련된 개념에 의해 진술된, 필연적이고 보편적인, 그러나 다만 나타난 것(현상)으로서의 사물만을 파악하는 것이다."[100] 이런 추세가 일관되게 적용된 관계로 서양에서는 인식론이 발달하였다고는 하지만 神과 관련해서는 답보상태를 벗어나지 못했다. 神이 지닌 본성에 합당한 방법론을 강구해야 했다. 神은 형체가 없을 뿐 아니라 감각적인 경험을 초월한 존재자라 사고적인 방법을 사용할 수밖에 없는데, 알고 보면 삶을 살아가는 일상 가운데서도 인식은 감각을 통해서만 성립되는 것이 아니다. "나는 지금 잔디밭을 보고 있기 때문에 그것이 푸르다는 것을 아는 것처럼, 감각적인 인식은 세계에 관하여 우리가 갖는 지식의 증거인 것은 분명하지만, 한편으로는 두 홀수의 합이 언제나 짝수라는 것을 아는 것처

100) 『존재론』, 앞의 책, p.33.

럼 논리적인 이치 판단 등도 우리들이 가지는 분석적 지식의 기초이
다."101) 어떤 경우에도 근거 없는 인식은 성립될 수 없다. 이런 유의
인식적 성립은 그렇다면 무엇에 의해 뒷받침되는가? 부인할 수 없는
사고의 타당성 여부에 달렸다. 사고적인 이치 판단에 따른 결론 도
달이다. 즉 1+6=7이란 수학적 진리는 아무리 의심하려고 해도 절대
적으로 의심할 수 없는 사실이다.102) 감각적인 인식과는 또 다른 이
치상의 확인 절차이다. 데카르트가 사고하는 자아를 확실한 존재로
규정한 이후부터 감각적·경험적인 인식 체제를 초월할 수 있는 길
이 트였다. 세상적인 평가로서는 중세의 신권 질서를 탈피하여 새로
운 진리 세계를 개척한 것이고, 지상 강림 역사를 완수한 오늘날은
그와 같은 이치 추적 방법을 통하여 神의 실체를 가늠하고 입증할
수 있게 되었다. 그 요체란? 서양에서는 사고를 관념적인 작용 영역
에만 국한시켰는데, 사고를 통해 설정된 개념의 이면에는 사실상 본
질이 있고, 본질이 지닌 작용성은 필연적으로 존재자를 전제한다.
실과 바늘은 함께하는 것처럼 사고→인식→의식→본질→본체→존
재는 하나로서 존재를 구성하고 있는 필수 절차 요소이다. 수학적
인식도 이런 측면에서 본다면 본질로서 뒷받침된 확실성이다. 神이
란 관념이 존재한 것이 어떤 경우에도 상상한 것이 아니고 인식함에
따른 것이라면, 그와 같은 인식에 합당한 근거는 본질에 있고, 본질
에 합당한 근거는 존재에 있다. 이런 존재는 바탕 된 본질이 분열을
완료하면 드러난다. 따라서 서양인들이 지닌 사고 특성은 관념에서
시작하여 관념에 머물고 말아 이성적인 사유 활동으로 합리성을 갖

---

101) 『인간은 만물의 척도인가』, 루번 아벨 저, 박정순 역, 고려원, 1995, p.51.
102) 『아우구스티누스 & 아퀴나스』, 앞의 책, p.82.

추기는 하였지만 본질로서 뒷받침된 존재성까지는 파악하지 못하였다. 무형적인 이치는 전적으로 본질이 뒷받침하고 있기 때문에 이 연구는 일찍이 『세계창조론』을 통해 하나님의 창조성을, 『세계의 섭리 역사』를 통해서는 하나님의 섭리성을, 『지상 강림 역사』를 통해서는 하나님의 재신성을 증거할 수 있었다. 안셀무스의 이른바 神에 관한 존재론적 증명은 철학적인 전통 역사에서 이성의 神 이념에 의한 필연적 귀결로서 해석되고 계승된 것인데,[103] 보다 중요한 관건은 하나님이 정말 어떤 존재자인가란 사실을 밝히는 데 있다. 하나님은 무엇인가? 천지의 창조자요 만물의 주재자며 만유의 主가 아니신가? 그렇다면 당연히 그와 같은 본성을 지닌 神을 입증하기 위한 과제도 규정된 요목들을 모두 증거하는 데 있다. 어떻게? 창조성은 창조된 본의를 깨달음으로써, 섭리성은 태초로부터 일관된 주재 의지를 꿰뚫음으로써, 재신성은 만유 가운데 편만된 진리성을 확인함으로써이다. 창조성, 섭리성, 재신성은 神이 존재한 사실을 증명하는 데 반드시 거쳐야 한 3대 증명 요소이고, 하나님이 진리의 성령으로 강림하시어 이룬 대 성업 역사이다.

2. 논리적 입증

기독교 신학에서 가장 중요하게 다룬 문제 중 하나는 神이 존재한다는 것을 증명하는 일이다. 그것은 신학의 출발점이자 사람들에게 하나님을 믿으라고 강조할 수 있는 최소한의 조건 확보이다. 관

---

103) 「칼 바르트의 신론 연구(1)」, 박순경 저, 『한국문화연구논총』, 21집, p.3.

건은 어떻게 입증할 것인가인데, 서양인들은 세상 가운데서 주어진 존재 조건을 찾아 논리로 구성하는 방법을 선호하였다. 토마스 아퀴나스는 이와 같은 방식으로 神 증명을 체계화시킨 대표적인 신학자이다. 그 요인을 요약한다면 첫째는 운동에서 찾았고, 둘째는 아리스토텔레스가 말한 동력인(動力因)에서 찾았으며, 셋째는 이 세상의 우연한 사물로부터 필연적인 존재로 가는 과정에서 찾았다. 넷째는 모든 개별적인 존재마다 지니고 있는 완전성을 향한 단계적인 구조, 그리고 다섯째는 모든 자연 세계의 합목적성 구조를 관찰하는 데서 찾았다(목적론적 방법).[104] 이런 증명 방식은 기대와 달리 숱한 노력에도 불구하고 神 존재 증명에 실패할 수밖에 없는 이유를 모두 내포하였는데, 그 이유는 神은 누구나 자신처럼 동일하게 알고 있는 절대적 실체라고 속단한 데 있다. 알다시피 현실은 결코 그렇지 못하다. 神을 규명해야 神이 무엇인지 어디에 있는지 어떻게 존재하는지 알 수 있는데, 추출한 요소들은 입증을 필요로 하는 가설적 요인뿐이다. 神을 전제한 상태에서 당연하다는 속단을 하고 증명하고자 하였다. 가설이라면 과학적인 방법처럼 관찰 등을 통하여 확인하는 절차를 거쳐야 하는데, 논리적인 조건 구성만으로 神과 연관시켰다. 세상 안에 있는 최초 운동 원인과 동력인의 요구는 천지가 창조되었기 때문이지 神이 지닌 직접적인 원인은 아니다. 神이 본유한 존재 요인과는 구별된, 창조된 결과로 인해 요구된 질서 요인이다. 아무리 논리적이더라도 입증하고자 하는 대상과 초점이 맞지 않는다면 증명은 실패하고 만다. 우리는 "판단이 사실에 일치하고 대응할 때

---

104) 『한 권으로 읽는 서양철학사』, 강성률 저, 평단, 2009, p.160.

신 증명론   361

그것을 진리라고 한다(대응설)."105) 자신이 가진 지식의 정합성 여부부터 살펴야 하는데,106) 잣대가 틀리니까 내려진 결론도 엉터리였다. 神을 입증하는 절차도 진리를 구하는 일환이므로 논리적인 증명 절차를 전도시키거나 요소 구성 과정에 하자가 있어서는 안 된다.

예를 들어 빅터 스텐저는 "물리학의 세계에 神의 공간은 없다고 하였는데",107) 이처럼 비약된 명제도 없다. 그가 어떤 神을 염두에 두고 말한 것인지 짐작은 가지만 세계에 神의 공간이 없는 것이라면 여기에 대한 조건부터 밝혀야 했다. 神이 물리학적 공간과 무관한 것이라면 神이 존재한다 해도 이신론적인 神이 되고 만다. 어떻게 천지를 창조한 神이 생성된 물리적 공간과 무관할 수 있겠는가? 그러니까 그가 내린 판단은 잘못이다. 하나님을 의도적으로 거부한 인위적 논리 구성이다. 창조주는 어디서도 편재해 시공간을 초월해 존재하며, 무소부재한 것이 원칙이다. 단지 현실적인 공간과 차이가 있다면 바로 세계의 질서를 낳은 神은 현상적인 질서 법칙으로서는 파악할 수 없다는 데 있다. 하나님은 형상이 없고 물리적인 공간이 생기기 이전부터 존재한 창조주이시다. 이와 같은 조건 구성, 즉 하나님이 갖춘 존재 특성을 알아야 주어진 조건을 근거로 세계와 연관된 증명방정식을 세울 수 있다. 바리새인들이 하나님의 나라가 언제 임하느냐고 묻자 예수 가라사대, "하나님의 나라는(이미) 너희 가운데 있다"라고 대답하셨다.108) 하나님의 나라가 자기 마음속에 있는

---

105) 『내가 아는 것이 진리인가』, 앞의 책, p.14.

106) 정합설: 새로 가진 지식이 기존의 지식 체계에 모순됨이 없이 들어맞는가, 어떤가에 의해서 진리의 옳고 그름을 가린다는 주장. 기존의 지식 체계에 들어맞으면 진리-위의 책, p.190.

107) 빅터 스텐저(Victor Stenger): 하와이 대학교의 물리학과 천문학 분야 명예교수『유신론과 무신론이 만나다』, 필립 존슨 · 존 마크 레이놀즈 저, 홍병룡 역, 복 있는 사람, 2011, p.79.

108) 누가복음 17장 21절.

데 그 나라를 마음 밖의 어디에서 찾을 수 있겠는가? 세상을 통해서는 찾을 수 없다. 하지만 하나님은 무소부재하기도 하므로 "우리의 마음속에서도 찾을 수 있고(존재론적 神 증명 방식), 마음 밖 외부 세계는 역학에 의해 해명할 수도 있어(우주론적 神 존재 증명 방식)"[109] 세상적인 요인으로 구성된 조건만으로는 神을 입증할 수 없다. 영원히 따라잡을 수 없고 영원히 거리가 요원할 뿐이다. 한 치도 빈틈없는 논리로 입증해야 하므로, 그렇게 하기 위해서는 논리성을 초월해야 하는 역설이 따랐다. 이것이 神을 논리적으로 입증할 수 있는 핵심 키이다.

창조와 神은 우주 안에 깊이 감추어져 있어 이 세계를 넘나들기 위해서는 비밀의 문을 찾아야 하고 키를 찾아야 하는데, 찾지 못한 상황에서는 드러난 세상이 전부로 보였고, 세상적인 질서 기준에 합당한 논리 구성에 만족해야 했다.[110] 즉, 세상에는 무언가 최초의 움직임이 있어야 하는데, 그것이 곧 神이다(부동의 원동자). 모든 결과에는 그보다 앞선 원인이 있으므로 최초에는 원인을 갖지 않은 제1원인이 있어야 하는데, 그것이 곧 神이다(원인 없는 원인). 세상에는 필연적인 존재자가 존재해야 하고 최고의 완전자가 존재해야 하며 최고의 지성이 존재해야 하는데, 그것이 곧 神이라고 단정하였다. 칸트는 "인간은 세상 안에서 모두 평등할 수 없다. 이대로 세상이 끝나버리면 불평등하고 불공정한 세상이 되어버리므로, 세상의 모든 사건

---

109) 『근대 동서 존재론 연구』, 배선복 저, 철학과 현실사, 2007, p.171.

110) 드러난 존재와 바탕 된 본질은 구분된 것이고, 神과 세상은 존재적으로 차원이 다른 것인데도 이것을 볼 수 있는 안목이 없어 神을 거부하였고, 神과 세상이 가진 상반된 특성들을 이해하지 못했다. 神과 세상 본질이 다르므로, 그에 대한 인식 질서와 절차 역시 다르리라는 것은 상식이다. 그래서 불교에서는 본체적인 존재에 대해 일차적으로는 세상 질서를 부인한 방식을 통해 無적인 神 존재를 부각시키기도 함.

을 중재하고 보상하기 위해서는 神의 존재가 요청된다고 하였다."[111] 이런 논리 구성과 사고 절차는 엉성하기 짝이 없어 세상으로부터 쌓아 올린 단계적 인식 기반은 될 수 있어도, 그것만으로는 神에게 도달할 수 없었다. 그 이유란 도대체 무엇인가? 만유를 주재한 하나님은 창조한 하나님, 섭리한 하나님, 구원한 하나님, 역사한 하나님, 함께한 하나님이신데, 이런 특성을 지닌 하나님을 입증한 성과는 미진하였다. 본성과 얼마나 동떨어진 절차인가? 하나님이 세상 가운데서 이룬 행위 역사와도 초점이 맞아야 논리적으로 이룬 입증 성과와 함께 하나님을 볼 수 있는 안목을 확보할 수 있다. 전통적인 神 입증 절차가 무익하다는 뜻은 결코 아니다. 선천에서는 누구도 神의 모습을 직접 보지 못했고, 강림 여건이 마련되지 못한 여건 속에서는 입증하기 어려운 세계관적 한계가 역력하였다.

　밝힌바 안셀무스의 神의 존재에 관한 존재론적 증명은 철학적인 전통에 있어서 이성의 神 이념의 필연적 귀결로 해석되고 계승되었다.[112] 존재론적 논증에는 다양한 형식들이 있다. 그들의 공통점은 만약 神이 존재하지 않는다고 가정하면 논리적으로 모순이 발생하므로 이런 필요성에 의해 神은 반드시 존재해야 한다는 것을 증명하고자 한 시도였다. 그 같은 방법 중 神의 개념에 대해 생각하고 그 개념이 최고로 완벽한 존재의 개념인 것을 입증하고자 한 것이 곧 神은 더 큰 것이 생각될 수 없는 어떤 것이란 논리 구성 체제였다.[113] 이 논증은 11세기 캔터베리(Canterbury) 주교인 안셀무스에

111) 「하나님 존재 증명에 관한 인간의 시도 및 그 오류와 하나님 자신의 나타나심에 관한 연구」, 유승현 저, 목원대학교신학대학원 조직신학전공, 석사, 2011, p.6.

112) 「칼 바르트의 신론 연구(1)」, 앞의 논문, p.377.

113) 『무신론이란 무엇인가』, 줄리안 바기니 저, 강혜원 역, 동문선, 2007, p.150.

의해 처음 정식화된 것으로 그의 책 『프로슬로기온』에 담겨 있는데, 이런 증명은 가장 늦게 나타난 神 현존 증명 방식이다. 어떤 경험적 사실에 의존하지 않고 오직 神의 개념에 함의된 것에만 의존한 것으로[114] 본체성을 뒷받침하지 못한 문제가 있었다. 시종일관 神의 개념에만 매달린 관계로 관념적이다 보니 정작 존재와는 초점이 어긋났다. 큰 것, 혹은 완전성에 대한 관념은 세계의 유한성과 선재성도 내포하였지만, 神의 존재 사실을 증명할 수 있는 결정적인 근거는 아니다. 완전한 관념=완전한 존재로 연결시켜 놓아 관계 구성이 필연적이지 못했다. 완전한 개념은 어떤 상태이고 완전한 존재는 어떤 조건을 갖춘 상태인지가 모호하다. 차라리 완전함에 대해 선재한 유한성 상태를 증명하는 것이 神 입증 절차에 있어서는 보다 근접한 방법이다. 神에 대한 관념성을 벗어나야 했는데, 기존 증명 시도는 방법적인 접근 면에서부터 한계가 있다. 그런데도 굳이 입증하고자 한다면 창조된 본의에 입각한 해석 노력이다. 즉, 더 큰 것이 생각될 수 없는 어떤 것이란 더 큰 것은 그렇게 큰 것이 생겨나고 구분되기 이전이므로, 그것은 오직 하나뿐인 존재, 곧 창조 이전부터 계신 하나님뿐이시다. 만약 어떤 더 큰 것이 존재한다면 그것은 벌써 그렇게 큰 것이 될 수 없다. 천지가 창조된 이상 그 안에서 가장 큰 것이 존재할 수는 있지만, 만약 그런 것이 존재한다면 그것은 세상 안에서 세상적인 조건을 가지고서는 충족될 수 없는, 세상과는 존재한 차원이 다른 존재이다. 더 큰 것을 생각할 수 없는 어떤 것은 더 큰 것을 생각할 수 있는 그 무엇과는 존재한 차원이 다르다. 이렇게 차

---

114) 「칸트 순수이성비판의 신 현존 증명 불가능성에 관한 비판적 고찰」, 앞의 논문, p.16.

원을 가른 한정적 명제는 안셀무스도 의도하지 않았지만 오늘날 이 연구가 구축한 神 증명 방식 측면에서 보면 중요한 특성을 지적한 것이고, 神은 세상적으로 본유한 어떤 큰 것과도 차원이 다른, 가장 큰 것을 부정함으로써만 존재할 수 있는 것이란 논리적 결론까지 이끌어낼 수 있다. 하나님이 존재한 사실을 부정한 무신론자들은 神이 세상에 존재하지 않는다고 믿었기 때문에 근거도 없이 존재하지 않는 神은 더 이상 증명할 수 없게 되어버리고, 사실상 불가능하다고 하는 모순에 휩싸인다. 존재하지 않는 神은 존재하지 않기 때문에 증명할 수도 없는데, 어떻게 神이 존재하지 않는다고 확신할 수 있겠는가? 절차를 따질진대 안셀무스가 강조한 神 입증 동기처럼 어리석은 자가 마음속으로 神은 없다고 말한다면 그가 없다고 말한 神은 어떤 神이고, 왜 그런 神이 존재하지 않는 것인지도 입증해야 한다. 이런 요구는 神을 증명하는 절차보다 더 복잡하고 난해하다. 하나님이 존재하지 않는다는 사실을 입증하는 문제는 결코 단순하지 않다. 세상적인 필연성을 설명해야 하고, 일체 유신론적 증명 명제들을 반증해야 한다. 神을 부정하는 것이 얼마나 어리석고 무지한 소치인지 통감해야 한다. 神이 존재한다면 증명할 수 있는 가능성도 있지만, 존재하지 않는다면 입증할 근거가 어디에도 없다. 神이 존재한다고 믿는 신앙인처럼 무신론자들도 神이 존재하지 않는다고 믿었을 따름이다. 누구를 탓하며 무엇이 잘못되었다고 지적할 것인가? 神의 본체가 드러나지 못한 선천에서는 누구도 어찌할 수 없는 세계관적 한계성일 따름이다.

다음은 우주론적 논증인데, 이 논증은 모든 만물에는 원인이 있기 때문에 우주도 반드시 원인이 있다. 그리고 그 일을 감당할 수 있는 우주의 유일한 원인이 바로 神이란 것이다.[115] 세계는 창조되었고 有하기 때문에 有에 근거한 논리 구성, 즉 원인을 근본, 근원, 그리고 우선적으로 생각하는 것은 당연하다. 하지만 원인이 존재하게 된 이유를 神에게 직결시킨 것은 잘못이다. 원인은 작용을 일으킨 요소이지 본체는 아니다. 그런데도 원인과 神을 연결시켰다면 그것은 有와 無를 연결시킨 것과도 같다. 有와 無는 곧바로 연결될 수 없다. 반드시 매개물이 있어야 하는데, 그것이 곧 창조이다. 따라서 神을 추적하기 위해서는 왜 존재에 원인이 있는 것인지, 어떻게 神과 연관되어 있는 것인지부터 알아야 한다. 아리스토텔레스는 "제1 원동자는 하나이며 영원한 어떤 것이 틀림없다. 그리고 이런 조건을 충족시키는 부동의 원동자가 바로 神이라고 하였다."[116] 그런데 아직도 그 모습이 모호하여 영원한 어떤 것으로 남아 있다. 원인 자체는 神이 아니며 원인을 있게 한 본체가 神이기 때문에, 이런 神을 볼 수 있기 위해서는 원인을 있게 한 창조의 문을 활짝 열어젖혀야 한다.

목적론적 논증은 토마스 아퀴나스가 마지막으로 神을 증명하기 위해 구성한 논증 방식이다. 모든 사물은 나름대로 목적을 가지고 있는데 목적들을 지향하고 움직이도록 하는 어떤 지성적 존재, 그것이 곧 神이란 주장이다. 세계는 목적이 있으며, 목적은 그 자체가 神이다. 이 같은 관계를 입증하기 위해서는 세계보다 앞서서 목적을 있게 한 세계 의지적인 존재자를 밝혀야 했다. 이것이 당시에는 불가능하여 우주의 지적 설계자를 추론했던 것이고, 우주는 단순한 우연의 결과일 수 없다고 여긴 심증적 확신에 머물렀다. 동원한 사례

---

115) 『무신론이란 무엇인가』, 앞의 책, p.146.
116) 『철학의 의미』, 앞의 책, p.296.

도 시계와 우주를 비교한 논증 유이다. 시계를 보면 시계공이란 제작자가 있다는 것을 알 듯 우주는 그런 시계보다 더 복잡하고 미묘하므로 결코 우연하게 탄생된 것이 아니라는 것을 안다. 그래서 이런 조건을 만족시킬 수 있는 위대한 우주의 건축가 내지 설계자가 바로 神이다. 이런 논증 유는 세계적 조건이 미비된 상황에서 시도된 추측적 논증이기 때문에 조건 구성을 확실하게 할 수 있게 된 지금은 우주를 통해 제조자를 즉시 확인할 수 있다. 즉, 시계는 시계공이 만든 것처럼 목적을 가진 우주는 神이 창조한 사실을 확인할 수 있다. 우주를 보고 神을 알 수 있다는 뜻인데, 과제는 지금부터 그렇게 볼 수 있는 안목을 확보하는 것이다.

따라서 神을 확실하게 증명하기 위해서는 세상적인 논리 질서를 초월한 초논리성에 입각하는 것이 관건인데, 가능한 방법은 세상을 성립시킨 제3의 논리 조건을 구성함으로써이다. 이에 유교에서는 사단(四端)론을 내세웠는데 사단은 측은한 마음(仁), 부끄러워하는 마음(義), 사양하는 마음(禮), 옳고 그름을 판단하는 마음(智)이다.[117] 이렇게 인간 본성을 구분한 이유는 사단은 인간이 인간답기 위하여 갖추어야 한 필연적 조건이기 때문이다. 그 최소 조건 구성이 바로 사단이다. 마찬가지로 神이 神답기 위해서 갖추어야 하는 당위 조건이 있다면? ~이 없으면 神이 아니다. 그 ~이란 과연 무엇인가? 그 필연적인 조건은 세상 가운데서도 찾을 수 있고, 神의 본성 가운데서도 찾을 수 있다. 왜냐하면 神은 무소부재하기 때문에……. 사례로서는 인간이 갖춘 존재 구조부터 살펴볼 필요가 있다. 너와 나는

---

117) 『천인합일』, 이광율 저, 중앙, 1996, p.89.

공통적인 신체 조건과 구조를 지녔고, 남자와 여자의 경우는 서로 간 구조가 맞물려 있어 양성일체라고도 한다. 서로가 서로를 모르고 존재한 상태인데도 공통된 바탕이 결정되어 있다. 구조까지 일치할 진대 분명 너도 나도 아닌 제3의 지적 존재자가 있다는 뜻이다. 그런 존재자가 선재하고 있기 때문에 우리가 치밀하게 구조화될 수 있었다. 그 존재자가 도대체 누구인가? 부모님인가? 그러나 부모님은 그 같은 설계 과정에 참여하지 않았다. 집은 주인이 있지만 주인이라고 해서 그 집의 구조까지 자세히 아는 것은 아니다. 알고 있는 자는? 집을 직접 설계하고 지은 건축가이다. 아무도 모르는데 우리를 낱낱이 설계해서 구조화시킨 분, 그 분이 곧 창조주이시다. 그래서 인간의 지적 경험 여부와 상관없이 神은 모든 것을 알고 천지를 창조하였다. 神은 너와 나를 초월한 제3의 존재자이고, 전체를 포괄한 하나님이시다. 나도 나 자신을 모르는데 그런 나를 낱낱이 알고 우주까지 아는 존재자가 너와 나의 구조를 일관시켰다. 부모도 모르는 생명 탄생의 비밀을 하나님은 아신다. 낳음과 창조는 차원이 다르다. 창조주이기 때문에 하나님은 창조한 삼라만상에 대하여 전지전능하시다.

그래서 우리가 세상을 통하여 神다운 존재성을 추출할 수 있는 절대적 조건은 다름 아닌 모든 것을 포괄할 수 있는 통합적 권능 조건이다. 정말 모든 것을 포괄할 수 있는 권능자가 있다면 그것은 굳이 神이라고 지칭하지 않아도 神이다. 아무리 神이 전능하더라도 창조를 실현하지 않은 神은 세계를 포괄할 수 없다. 그래서 포괄성은 곧바로 神이 神인 사실을 판가름하는 필연적 조건이다. 안셀무스가 더 큰 것을 전제 조건으로 내세운 것은 피조체적인 입장에서 神의 절대적인 권능성을 추적한 것이지만, 포괄적인 권능자는 창조주

적인 입장에서 神의 절대적인 존재자 자격을 조건 지은 것이다. 입
증은 有와 無를 확실하게 구분하는 것인데, 창조된 사실만큼 有無
를 확실하게 구분시키는 것은 없다. 그래서 세계는 온통 有한 본질
로 구성되어 있다. 그리고 有한 본질 세계를 포괄한 분이 하나님이
시다. 파르메니데스는 존재하는 것을 존재한다고 하고 없는 것을 없
다고 확실하게 해두는 것이 세계를 판단하는 현실적 기준이라고 하
였다.118) 하나님이 이룬 창조 역사 사실을 추적하는 것만큼 하나님
을 입증할 수 있는 지름길은 없다. 설사 제3의 논리 조건을 내세웠
다 해도 하나님이 직접 이룬 역사 사실을 실감하는 것만큼은 못하
다. 살아 계신 하나님의 역사성을 입증하는 것은 논리적 증명이 도
달한 한계성을 극복할 수 있는 최상의 神 증명 절차이다.

3. 말씀적 입증

  유신론자들은 무신론자들의 주장을 일일이 반박하지만, 그 같은
방식으로는 영원히 문제를 해결할 수 없다. 무신론을 타파하기 위해
서 무엇보다도 중요한 것은 바로 살아 계신 하나님을 증명하는 것이
다. 神을 증명하는 데는 논리적·경험적·이치적·지혜적·권능적
방법 등이 있지만, 그중에서도 역사하고 계시한 하나님의 말씀은 그
것이 바로 하나님의 얼굴이고 뜻이고 존재 자체이다. 임한 말씀은
하나님의 존재성을 대변한다. 성경에서는 "태초에 말씀이 계시니라.
이 말씀이 하나님과 함께 계셨으니 이 말씀은 곧 하나님이시니라"라

---

118) 『한 권으로 읽는 서양철학사』, 앞의 책, p.25.

고 기록되었다.[119] 아쉬운 점은 말씀이 어떻게 하나님인가 하는 것인데, 이것을 말씀의 존재성에 근거해서 입증하고자 한다. "로고스는 하나님이면서 하나님의 말씀으로서 하나님으로부터 분열되어 이 세계로 파견된다."[120] 이것은 말씀이 곧 하나님이란 주장에 대하여 첫 단추를 꿰는 관점이다. 하나님은 절대자이시므로 우리와는 동일한 모습으로 세상 가운데 임하실 수 없지만, 세상 질서와 함께한 말씀화를 통해서는 가능하다. 어떻게? 말씀은 하나님의 존재자적인 조건과 구조와 의지를 수반하고 있다. 우리는 대화를 통해 자신의 감정과 마음을 담아서 상대에게 전달하는 것처럼, 하나님도 말씀을 통하여 존재한 의지와 품은 뜻을 전달하시기 때문에 말씀은 하나님의 실존성과 실체성을 그대로 대변한다. 우리는 시간을 보고 세계가 생성 중이라는 사실을 알듯, 말씀을 접하면 하나님이 존재한 사실을 가늠할 수 있다. 말씀은 존재를 전제할 뿐 아니라 말씀으로 창조를 실현하였기 때문에 말씀은 존재 이상인 그 무엇을 지니고 있다. 하나님은 확실하게 존재하는데 그렇게 확실하게 존재하는 형태가 곧 뜻을 수반한 말씀이다. 말씀은 직접 확인할 수 있는 구체적인 세계 작용의 근거이고, 궁극적인 존재자의 표상이다. 만상보다 앞서서 존재한 것은 오직 하나님의 말씀뿐이다.

그래서 증명의 핵심 된 관건인 하나님의 살아 계심, 즉 실존성, 생존성, 역사성을 증명하기 위해서는 하나님이 말씀을 통해 이룬 계시 역사와 임재 역사를 살펴야 한다. 말씀은 성령의 역사를 통하여 전달되고, 임재하기 위해서는 세계의 운행 질서가 함께해야 하기 때문

---

119) 요한복음 1장 1절.
120) 『요한복음 강해』, 김용옥 저, 통나무, 2014, p.108.

에 이런 과정을 살펴야 하나님이 존재하신 사실을 확인할 수 있다. 어떻게? 제 현상은 존재한 본질의 표출이듯, 역사된 말씀은 하나님의 존재 의지를 대변한다. 그래서 절대적인 神 자체는 인식할 수 없더라도 神이 이룬 역사를 근거로 삼으면 神의 초월성, 영원성, 불변성, 진리성, 선재성, 바탕성을 인식할 수 있다. 그중에서도 진리성은 지극한 생명력을 지니고 있어 우리의 영혼을 감싸고 있는 창조력이다. 이런 하나님이 진리 자체로 존재하고 계시기 때문에 인간의 정신적 고뇌에 대해, 해결할 수 없는 문제에 대해, 처한 실존적 요구에 대해 반드시 응답하시는 것이니, 비록 형체는 없지만 임한 말씀은 그것이 곧 하나님의 의지를 대변하는 존재 모습이다. 말씀을 통하면 오히려 존재자로서 갖춘 조건을 모두 확인할 수 있다. 이런 작용성 이면에는 세계 전체가 바로 하나님이란 사실이 뒷받침되어 있다. 예로부터 동양에서는 천인 감응 사상이 전래되었는데, 이것은 "하늘과 인간이 서로 교통한다는 뜻이고, 하늘은 인간의 여러 가지 행위에 상응한 반응을 나타낸다는 의미이다."121) 이런 역사가 가능할진대 神도 그와 동일한 방식으로 경험할 수 있다. 하늘의 유의지성을 감별함으로써 인간은 직접 하늘에 대해 뜻을 묻고 그 결과를 살펴볼 수 있게 되었다. 하나님의 살아 계심과 임재한 사실은 의지를 다해 뜻을 묻고 반응을 보면 확인할 수 있다. 물음과 기도에 대한 응답 역사, 이것이 동·서양을 초월하여 갈망한 영혼들이 경험한 천인 감응 역사이고 교통, 교감된 역사이며, 상대가 있기 때문에 메아리 된 응답 역사이다. 이것은 논리적 입증과 대조되는 경험적 神 증명 역사

---

121) 『천인관계론』, 풍우 저, 김갑수 역, 신지서원, 1993, p.51.

이다. 어떻게 해서 이런 역사가 가능한가 하면 세계 전체가 하나님의 존재 안이기 때문이다. 우리가 어디서 무엇을 요구해도 그 기도가 상달되고 하나님도 우주의 운행자로서 엄밀한 질서를 통해 뜻을 전달하는 계시 역사가 펼쳐질 수 있었다. 하나님은 인류를 한 영혼도 빠짐없이 감싸 안고 계시고 한순간도 놓침 없이 감찰하고 계시나니, 이런 하나님을 뵈옵고 영접하는 곳에 하나님의 현존 상황을 실인할 수 있는 최대, 최상의 영광이 있다.

신 규명론

역사상 예수그리스도에게서만큼 하나님의 역사와 뜻과 말씀의 命[계시]이 집중된 인물도 없다. 이것이 예수그리스도가 하나님의 근본 본체를 대변하고 대표한 모습인 근거이다. 그 관점, 그 안목, 그 기준만 알 수 있다면 예수그리스도가 하나님의 살아 계심, 존재하심, 역사하심, 함께하심, 구원하심, 섭리하심, 진리이심, 심판하심, 종말, 창조, 통합주란 것을 확실하게 증명한다. 이런 본질이 명확하다면 어떤 방법도, 철저한 논리 요구도, 굳이 증명할 필요도 없다. 예수그리스도를 위해, 예수그리스도에게, 예수그리스도를 통해 이룬 하나님의 역사와 한량없는 사랑과 뜻과 약속을 통해 예수그리스도가 하나님의 산증인이고 증명 아이콘이며 존재자의 푯대인 것을 실인한다. 완전한 믿음과 완전한 사역으로 완전한 증명을 이루었다.

-본문 중에서

제27장 개관
(신 존재의 규명 과제)

    에스파냐의 철학자 오르테가 이 가세트(J. Ortega y Gasset)는 지구 궤도에서 태양에로의 최대 접근점과 최대의 거리감이 존재하듯 神에게 접근하는 시대가 존재하고 神을 증오하는 시대, 神적인 것으로부터 탈피하는 대 탈출의 시대가 존재한다고 하면서, 이 시대에 거대한 산과 같은 神은 이제 지평선 저 너머로 거의 사라진 것 같다고 토로하였다. 그렇게 사라져버리고 나면 아무도 神을 볼 수 없고, 아무도 神을 찾지 않는 시대가 되어버리리라. 그만큼 현 세계는 동·서양을 막론하고 서구화의 노선을 걸으면서 과거의 신앙 체험들을 무력화시키고 박물관에나 전시되어야 옳음 직한 구시대의 잔여물로 취급되기에 이르렀다. 이전 시대에는 태양처럼 빛났던 神을 지평선 저 너머로 밀어낸 데는 무신론자들의 역할이 매우 컸다. 포이어바흐는 신학을 인간학으로 변형시켰고, 프로이트는 종교적 요인을 심장

부전증과 신경질적인 강박관념의 생산이라고 하면서 폄하하였다. 결과적으로 神이 제거되어 버린 이 세계는 더 이상 조화와 신비한 대상이 아니었고, 존재하더라도 인간과 세계와는 동떨어진 존재, 그래서 게으른 神이란 별명까지 얻게 되었다.[1] 神을 비하하고 멸시하고 제거시킨 것은 이 시대에 다시 재현된 십자가에 못 박힌 主 그리스도의 고통스러운 모습과도 같다. 그들은 예수가 어떤 분인지도 모르고 십자가에 매달았듯, 무신론자들은 하나님이 어떤 분인지도 모르고 죽음을 선언하였다. 하지만 하나님은 정녕 불멸한 神이시다. 태양이 지면 잠시 어둠은 몰려오지만 아침이 되면 다시 떠오르듯, 지구는 태양으로부터 멀어질 때가 있지만 시간이 지나면 다시 가까워지고, 예수도 십자가에 못 박혔지만 부활한 것처럼 파괴된 신권 문명도 재건되리라.[2] 그 최대 전환점이 곧 무신론이 팽배된 지금이다. 빛과 희망과 神을 잃은 시대를 전도시키기 위하여 이 연구가 神의 존재와 본질을 규명한 사명과 의무를 짊어졌다.

"역사의 흐름 속에서 수많은 철학자와 신학자가 神 존재와 神의 비존재 문제를 다룬 만큼, 神에 관한 문제는 누가 관심을 끊었다고 해서 끊어지는 문제가 아니다. 인간이 던질 수 있는 물음 중에서도 최종적·궁극적인 범주에 속한다. 동서고금을 막론하고 인간이 미지의 세계를 향해 던질 수 있는 가장 존재론적이고 심오한 질문이다."[3] 인간이라면 누구나 神이 존재하는지에 대해 반신반의할 수는 있는데, 그중 의문 쪽으로 신념을 굳힌 자들이 무신론자라면 믿음

---

1) 『철학과 신의 존재』, 김현태 저, 철학과 현실사, 2003, p.18, 19, 22, 24.

2) 부활하되 다시는 유대교적 토양 위에서가 아니었듯, 재건되되 다시는 서양 문명의 토양 위에서는 아니리라.

3) 위의 책, p.5, 7, 60.

쪽으로 신념을 굳힌 자들이 유신론자이다. 유신론자는 "온갖 이성적 결과물을 가지고 주장을 펴는 무신론의 논리에 맞서 하나님이 존재한 사실을 밝히고자 하였다. 자신이 믿는 神이 실재한다는 것을 보여주기 위해 神 존재 증명을 시도하였다. 무신론자들 역시 동기는 크게 다른 것이 없다."[4] 그래서 이 연구가 오늘날 이루고자 하는 것은 바로 대단원에 걸친 판가름 작업이다. 규명은 결정하는 것이고, 결정을 하기 위해서는 본질을 밝혀야 한다. 神이 지닌 존재자로서의 본질적인 모습에 대해서 말이다. 지성들은 수많은 대상 중 "특별히 인간 자신과 자연과 神을 탐구하였고, 이들은 참되게 존재한 실체로서 철학적 사유의 대상이었다."[5] 하지만 누가 이들 중 하나라도 확실하게 규명하였는가? 특히 神에 관한 문제는 동서 간에 걸쳐 광범위하게 사유되었지만 누구도 정확하게 초점 잡지 못했고, 중점적으로 체계 짓지 못했다. 유일신을 믿는 종교와 신앙인은 인류 중 절반에 육박하지만, 유일신이 어떻게 유일신으로서 존재하는가에 대해 설명할 수 있는 사람은 적다. 그러니까 회의론, 불가지론, 무신론 등이 난무하였다. 이런저런 이유를 들이댔는데, "중세 말기 옥스퍼드의 철학자 오컴(W. Ockham)은 참된 지식은 개별자에 의해 제한되어 있어 神은 직관할 수 없고 알 수 없는 존재로서 정확히 논증할 수 없다고 하였다."[6] "궁극적 실재는 절대적이라 절대와 유한한 인간의 마음과는 상호 연락 관계가 없고, 상호 교섭이 불가능하다고 한 불가지론(不可知論)을 펴기도 했다."[7] 모두 神을 알지 못하고 제한

---

4) 「하나님 존재 증명에 관한 인간의 시도 및 그 오류와 하나님 자신의 나타나심에 관한 연구」, 유승현 저, 목원대학교신학대학원 신학과 조직신학전공, 석사, 2011, p.2.

5) 『근대 동서 존재론 연구』, 배선복 저, 철학과 현실사, 2007, p.27.

6) 『철학과 신의 존재』, 앞의 책, p.158.

된 관점에서 내린 오판이기 때문에 이런 문제점을 낱낱이 해결해야 한다. 규명은 명백한 것인데, 아우구스티누스는 "우리는 창조되었기 때문에 존재합니다. 존재하기 이전에 우리는 스스로를 만들어낼 수 없기에 존재할 수 없었습니다. 그들의 말소리는 자명함 그 자체입니다"라고 하였다(『고백록』). 무엇이 자명한 것인가? 창조 역사를 증거하는 것과는 별도로 개념상 '창조'가 무엇인가에 대한 대답만큼은 그의 설명으로 분명해졌다. 창조 실현의 주체가 神이란 사실을 당연시하고자 한 의도이다.

명백히 규명해야 하는데 그렇게 하지 못했다면 그 이유를 따져보아야 하는 것이 단계적인 작업이다. 칸트조차 물자체(物自體)는 인식할 수 없는 것이라고 하였듯, 一者는 추론 불가능한 실재란 입장을 취한 철학들이 나타났는데 도가, 베단타, 이슬람, 서양 形而上學의 철학자들이 그것이다.[8] 神을 증명하고자 했던 안셀무스도 "우리가 현생에서는 하나님의 본질을 알 수 있다고 여기지 않았다. 그렇다면 도대체 말로 표현할 수 없는 것에 대해 어떻게 참된 것이 토론될 수 있는가?"[9] 神을 알지 못한다면 神도 규명할 수 없다. 동일한 조건으로 神을 규명해야 神을 알 수 있는데, 神을 아는 문제에 있어 한계성에 부딪힌 것은 그 자체가 神을 알 수 있게 하는 중요한 단서이다. 그것이 무엇인가? 一者, 즉 神은 세상적인 인식과 질서 조건으로서는 알 수 없는 존재이기 때문이다. 세상 질서로서는 인식할 수 없는 존재, 말하고 나면 그 순간부터 진정한 道가 될 수 없다고 한

---

7) 『신 존재에 대한 바른 이해』, 백영풍 저, 성광문화사, 1988, p.123.

8) 『세계철학과 한』, 김상일 저, 전망사, 1989, p.16.

9) 「성 안셀무스의 하나님 존재 증명에 대한 성 토마스 아퀴나스의 비판」, 한현택 저, 대전가톨릭 대학대학원, 석사, 2010, p.33.

그 무엇, 그것이 神이 내포한 존재 본질이다. 이런 특성 때문에 神을 규명하기 위해서는 神의 본성만 알아서도, 사물의 특성만 알아서도 안 된다. 즉자와 대자가 독립적으로 존재해서는 본질을 알 수 없다. 사물의 본질은 神이 지닌 본성을 배경으로 해야 가장 두드러지고, 神 역시 세상적인 질서를 바탕으로 삼아야 존재성이 부각된다. 神은 사물과는 존재한 차원이 다르다. 사물이 지니지 못한 특성인데 神은 지녔다. 사물과 神은 대비될 때 서로가 지닌 존재 근원이 확고해진다. 스스로 존재하는 자와 말미암아 존재하는 자가 그것이다. 그런데도 선천에서는 神은 神만으로, 사물은 사물만으로 본 관계로 사물도 神도 이해할 수 없었다. 데카르트는 "자신 안에 있는 확실한 지식에 이르는 능력(본유관념)이 어디 다른 데서 온 것이 아니며, 인간의 이성 안에 내장되어 있다고 보았다."10) 사실은 서로의 근원이 상대에게 있었나니, 神은 존재자의 근원이고 사물은 神이 이룬 결과물이다. 하이데거는 인간과 세계를 뗄 수 없는 사태로서 설명했듯(세계-내-존재), 神과 존재자는 창조로 인해 긴밀하게 연결되어 있고, 존재 자체도 서로의 역할에 의지해야 규명할 수 있다.

용수는 『중론』 첫머리에서 "사라지는 것도 아니고 생기는 것도 아니고, 끊어 없어지는 것도 아니고 영원한 것도 아니고, 단일한 것도 아니고 많은 것도 아니고, 오는 것도 아니고 가는 것도 아닌 연기를 설한다고 하였다(八不偈)."11) 空은 일체 분별이 일어나기 이전의 실체라 세상적인 기준을 가지고 추적할 수 없었고 이해할 근거도 없었지만, 이제는 명확히 알게 되었다. 창조 역사를 실현한 하나님의 존

---

10) 『아우구스티누스 & 아퀴나스』, 신재식 저, 김영사, 2008, p.216.
11) 『세상은 왜 존재하는가』, 짐 홀트 저, 우진하 역, 21세기북스, 2013, p.76.

재 본질이 그것이다. 절대자를 현실 세계에서 현상적인 질서를 배경으로 표현할 수 있는 근거이다. 이런 상태를 일컬어 우리는 神이 세상의 인식과 질서를 초월해 있다고 말한다. 기독교에서는 神에 대해 "하나님은 창조주 되고, 삼위일체 되며, 유일하고 전지전능, 공의, 사랑의 속성을 소유한 여호와 神, 한 분인 하나님이라고 하였지만",[12] 믿고 또 믿어보아도 그렇게 존재한 神의 실체성을 붙들 수 없는 것은, 개념은 그렇게 정의했어도 神의 본질을 규명하는 것과는 거리가 멀었기 때문이다. 이런 특성을 지닌 神을 세상적인 질서를 총동원하여 한마디로 규정한다면, 神은 오직 '초월자'로서 명명할 수 있다. 피조물 안에서는 어떤 경우에도 유사성을 찾아볼 수 없는, 세상적인 근거로서는 표현할 수 없는 절대적 속성인 자존성, 불변성, 무한성, 유일성을 두루 포함하였다.[13] 우리의 인식은 감각적인 경험으로부터 시작하지만 神은 그런 경험 없이 존재한다는 측면에서 말한 초월성이 아니다. 우리가 가늠할 수 없는데도 불구하고 존재하는 절대적인 그 무엇, 곧 "경험적 현실을 초월한 그 무엇이 존재한다는 것은(선의 이데아) 플라톤적 전통에서부터 개진되어 온 사상이거니와",[14] 그것이 곧 창조 이전부터 존재한 하나님의 존재 본체 상태이다. 어떻게 경험적인 현실을 초월한 그 무엇이 존재할 수 있는가? 선천에서는 초월한다고만 한 관계로 神의 본질을 규명할 수 없었지만, 그 이유를 해명할 수 있게 된 지금은 神이 초월자인 사실을 명백히 하고, 실체성을 인식할 수 있게 되었다. 이것이 하나님을 이 땅에 본체자로 드러날 수 있게 한 지상 강림 역사의 구체적인 증거이다.

---

12) 『신 존재에 대한 바른 이해』, 앞의 책, p.77.
13) 위의 책, pp.134~135.
14) 『폴 틸리히의 기독교 사상사』, I. C. 헤넬 엮음, 송기득 역, 한국신학연구소, 1985, p.29.

제28장 신의 초월적 본질

1. 차원적 실재 근거

"만일 어떤 사람이 무엇이 존재하는가, 또는 무엇이 있는가라고 묻는다면 서슴지 않고 사물들의 목록, 즉 사람, 나무, 동물, 집 등을 말할 것이다."[15] 그러나 神이 존재하는가, 神이 무엇인가라고 묻는 다면 대답할 말이 궁하다. 왜 그런가? 神은 주변에 있는 사물들과는 차원이 다르기 때문이다. 기독교 신학에서도 神은 실재를 초월하는 것으로 보고 있듯, "神에 대한 일반적인 개념은 신앙의 대상이 되는 인격적이면서 초월적인 존재라고 할 수 있다."[16] 즉, 초월적 존재는 일반적인 사물들과는 존재한 차원이 다르다는 뜻이다. 초월은 4차원

---

15) 『형이상학』, P. W. 햄린 저, 장영란 역, 서광사, 2009, p.73.
16) 「신 존재에 증명에 대한 고찰」, 김교동 저, 『학생논단』, p.249.

이라는 말과도 같은데, 독일의 수학자이자 물리학자인 헤르만 민코프스키로부터 시작하여 아인슈타인이 구체화시킨 개념이다. 3차원까지는 점, 선, 면, 입체 등 공간을 나타내는데, 여기에 시간을 더하여 4차원이라고 했다.[17] 생성 과정을 생각한 세계라고나 할까? 지금까지 神을 이해하지 못한 이유는 바로 인간과는 존재한 차원이 달랐기 때문이다. "하나님의 본질은 질료적인 사물의 본성을 통해서는 인식할 수 없다는 것이 명백하다. 토마스 아퀴나스는 하나님에 대한 궁극적 인식은 하나님에 관해 인간이 파악하는 모든 것을 뛰어넘는 분이라는 관점에서부터 출발한다고 하였다."[18] 노자는 영원한 道에는 형상이 없다(無狀)라고 하였듯, 어떤 식이든 형상을 갖는 것만, 즉 有한 것만 우리가 명명할 수 있다. 따라서 명명할 수 있는 현상적 존재의 근원은 세상적으로 有한 존재와는 전혀 다른 것, 곧 無라고 하였다.[19] 명명된 현상적 존재와 근원에 해당하는 道는 차원이 틀리다. 여기서의 無는 존재하지 않는다는 뜻이 아니다. 명명할 만한 일체 근거가 차단된 차원적 존재 상태라는 말이다. 기독교 신학이 "하나님이 아무것도 존재하지 않는 無에서 有를 창조하셨다고 가르친 것도 그 의도는 명백하다."[20] 창조된 피조물로서 지닌 일체 존재 흔적을 차단시키기 위한 방도이다. 그렇게 되어야 삼라만상을 창조한 하나님이 된다. 따라서 창조 역사도 사실은 존재하는 만물과는 차원이 다르다. 그렇게 구분 짓게 한 것이 바로 하나님이시다.

---

17) 『현대철학은 진리를 어떻게 정의하는가』, 남경태 저, 두산동아, 1999, p.81.
18) 「성 안셀무스의 하나님 존재 증명에 대한 성 토마스 아퀴나스의 비판」, 앞의 논문, p.123.
19) 『창조적 존재와 초연한 인간』, 전동진 저, 서광사, 2003, p.278.
20) 『세상은 왜 존재하는가』, 앞의 책, p.16.

철학자들이 지금까지 추구한 궁극적 실재도 존재한 조건은 비슷하다. 그들은 한결같이 궁극적인 그 무엇에 대해 사물들이 벗어날 수 없는 인과성을 제거시키는 방향으로 나갔는데(제1 원인), 그 이유는 차원이 다른 실체를 고려한 것이다. 그리해야 궁극성이 피조물과 구분되고 창조되지 않은 실재자로서 창조주가 될 자격을 얻는다. 神이 현상계를 초월한 이유이다. 초월적 존재란 세상의 존재와 같지 않은 존재, 곧 창조주적 존재라는 뜻이다. 아리스토텔레스는 모든 운동을 있게 한 부동의 원동자를 제시하였다. 그 원동자는 무엇인가? 스스로는 움직이지 않으면서 다른 것을 움직이게 하는 존재자가 아닌가? 사물들과는 차원이 다른 존재 방식이다. 피조체는 끊임없이 원인을 필요로 하지만 창조주는 전혀 그럴 필요가 없다. 『금강경』에서는 "머무는 바 없이 그 마음을 내라"라고 하였다. 일체 조건 없이 조건을 내라는 것은 원인 없음으로부터 원인을 있게 한 無로부터의 창조 주장과 동일한 조건 구조이다. 원인 없는 본체로부터 원인을 있게 한 것이 창조라 제1 원인, 부동의 원동자와 동일한 요구 조건 설정이다. 플로티노스는 神과 같은 실체 개념으로서 一者를 말하였는데, 一者도 차원적인 존재라 시공간 안에서는 어떤 형태도 갖출 수 없다. 애써 표현하자면 色卽空 상태라고나 할까? 존재 자체가 본질 자체인 神이다. 萬卽一적인 유일체인 동시에 一卽萬적인 통합체이다. 그러니까 一者를 개념적으로 가늠할 수는 있어도 一者로서 구축한 실체자로 현 시공간 안에서는 존재할 수 없다. 一者는 현 시공이 지닌 분열 질서와는 차원이 다른 존재 양식이다. 알고 보면 神은 정말 불분명하지 않고 존재하고 있는 특성이 명백하다. 조건 구성이 확실하다. 세상은 스스로 움직일 수 없기 때문에 움직이게 한 부동의 운동자와 짝을 이룸으로써 神이 존재할 수밖에 없는 조건성을 필연화시켰다. "자기는 자기이고 타인은 타인인데, 사사무애법계에서는 분위와 분한을 지키면서도 융즉한다. 세로 기둥이 가로이고 가로 기둥이 세로이다. A는 어디까지나 A이고 B가 아니다. 그런데 동시구족상응문에서는 A가 곧 B라는 것이 법계 연기의 존재 방식이다."21) 궁극적인 존재는 어떤 구분도 없다. 분별이 발생하기 이전이다. 법계 연기의 존재 방식은 현 질서를 초월한 것이다. 분별은 창조된 존재 세계이고, 융즉은 그와 차원이 다른 하나님의 본체 세계이다.

실체는 서양철학에서 다룬 존재론을 구성하고 있는 핵심 개념인데, 이런 실체도 현 존재와는 차원이 다른 제3의 존재 개념을 논한 점에서는 비슷하다.22) 라이프니츠는 말하길, "神은 실체로서 만물의 원인이다. 실체는 실재의 근거를 자기 자신 안에 가지며, 그 때문에 필연적이고 영원하다"라고 하였다.23) 실재의 근거를 자신 안에 갖추고 있다는 것은 자존자(스스로 존재함), 자기 자신 안에 존재를 위한 이유를 스스로 갖는 필연적 실체, 혹은 "자기 원인적인 존재로서 자신의 존재 원리를 스스로 갖고 있는 자존적 존재란 뜻이다."24) 도가에서는 無爲自然(자연은 절로 존재함)이라 하였고, 진화론은 우연에 의해 뭇 종들이 생겨났다고 하지만, 원인 없는 존재는 있을 수 없다. 자존성을 가진 존재자가 세상 가운데서는 없다. 神은 세상의 존재자와 격을 달리했다. 근대를 연 철학자 데카르트도 실체는 자신이

---

21) 앞의 책, p.120.

22) 「라이프니츠의 개별적 실체관에 대한 고찰」, 나영옥 저, 이화여자대학교대학원, 석사, 1989, p.48.

23) 『철학자의 신』, 발터 슐처 저, 이정복 역, 사랑의 학교, 1995, p.25.

24) 『세상은 왜 존재하는가』, 앞의 책, p.205.

존재하기 위해 다른 어떤 존재자도 필요로 하지 않는 존재자라고 하였다. 神이 아닌 일체의 존재자를 피조물이라고 함으로써[25] 창조주와의 차이성을 분명히 했다. 즉, "실체는 본성에 의해 다른 것 안에는 있을 수 없다. 존재하기 위해 다른 어떤 것도 필요로 하지 않고 존재하는 것이 실체라고 하였다."[26] 스피노자는 말하길, "그 개념이 형성될 수 있기 위해서는 어떠한 다른 사물의 개념을 필요로 하지 않는 것, 바꾸어 말하면 스스로 존재하며, 그 자신을 통해서 인식되는 것으로서 그 자체 내에 자기 원인(causa sui)을 가지고 있어 무한한 것, 필연적인 것, 모든 것을 제약하는 실체는 세상에서 오직 하나 神뿐이라고 하였다."[27] 차원적인 神이 세상과 대비되고 구분된 초월적 특성에 대한 지적이다. 그것이 一者든 道든 실체든 法이든 궁극적인 실재든 세상 존재와 차원이 다른 조건성은 동일하다. 이들이 선천에서 얼굴 없는 神의 모습을 대신한 것인데, 하나님이 본체자로 강림하신 오늘날은 초월적인 존재자로서 규명되었다. 비온 뒤에 갠 하늘처럼 하나님의 실존 모습을 온 인류가 푸르게 푸르게 바라볼 수 있게 되었다.

2. 세계적 존재 근거

아무리 자식을 보고 싶어도 세상에 태어나지 않은 상태라면 볼 수 없는 것처럼, 하나님이 강림하지 않은 선천에서는 누구도 하나님을

---

25) 『하이데거의 존재와 시간 강독』, 박찬국 저, 그린비, 2014, p.148.

26) 앞의 논문, pp.4~5.

27) 앞의 논문, p.6.

뵈옵지 못했다. 믿음만으로 대처하였다. 그런데 지상 강림 역사를 완수한 것은 강림한 하나님을 직접 뵈올 수 있게 되었다는 뜻이다. 이처럼 하나님을 보고 보지 못하는 차이는 분명한데, 그 이유는 절대적인 본체성을 보고 볼 수 없는 차이 때문이기도 하다. 중세시대에는 실념론의 반대 입장인 유명론이 입장을 강구할 수 있었던 이유는 바로 절대적인 본체 존재를 인정하지 않았기 때문이다. 즉, "낱낱의 사물[個物] 또는 낱낱의 인간[個人]만 실재하며, 보편적인 것은 여러 모양의 사물의 집단에 붙여준 공통의 명칭에 지나지 않는다고 본 것이다."[28] 이것은 개물이 존재한 전후 과정을 무시한 오판의 대표적 사례이다. 절대성은 세상적인 조건으로서는 인식할 수 없기 때문에 볼 수 없었고, 오컴의 면도날로 모조리 잘라버려도 할 말이 없었지만, 지금은 어떤 때인가? 하나님의 절대적인 본체가 세상 질서와 함께할 수 있게 되었기 때문에 절대적인 본체가 어떤 형태로 나타날 수 있게 되었는지도 알 수 있게 되었다. 하나님은 결코 관념 속에서만 존재하는 神이 아니다. 절대적인 神이지만 세상 질서와 무관하게 홀로 초월적인 것이 아니었다. 단지 절대적인 본체 상태로서는 세상 가운데서 존재할 수 없기 때문에 세계적인 질서를 근거로 존재한 형태를 달리했다. "주염계는 소리도 없고 냄새도 없음을 無極으로 표현하였는데",[29] 이런 無極 상태를 우리가 지닌 생각에 빗댄다면 생각을 일으키기 전과 생각을 멈추고 난 이후의 無思 상태와도 같다. 즉, 생각을 멈추었다고 해서 그런 자신이 존재하지 않는 것은 결코 아니다. 나는 無思 상태와 상관없이 존재한다. 그렇다면 無思와

---

28) 『폴 틸리히의 기독교 사상사』, 앞의 책, p.191.

29) 「주자의 본체관에 대한 연구」, 박종하 저, 성균관대학교유학대학원, 석사, 2009, p.41.

생각함과의 관계는? 有思란 생각을 일으킴으로써 비로소 無思가 존재한 사실도 알게 되는 無思 상태에 대한 표현으로서 無思가 세상 가운데서 드러난 생각의 한 형태이다. 여기서 無思는 無極, 즉 절대적인 본체 형태이고, 有思는 세상 가운데서 세상적인 인식 근거를 통해 드러난 존재 형태이다. 라이프니츠는 단자를 일컬어 "불가분적 (indivisible)인 단일체(unity)라고 하였는데",[30] 이렇게 규정한 단자는 창조를 주도한 절대 본체로서 하나이고 一者란 뜻이다. 창조된 피조체는 수없이 나뉘어 복잡하므로 이런 모습을 자칫 절대 본체와 대비된 특성으로 생각하기 쉽지만, 지적한 대로 그것은 오직 창조되었기 때문에 구분된 특성일 따름이다. 창조로 인한 구분선은 창조되고 창조되지 않은 차이, 곧 有無가 그 기준선인데, 그 특성이 有한 것 일체는 곧 창조로 인한 존재 흔적이라는 사실이다. 철인들은 궁극적 실재에 대하여 인과성을 철저히 제거시키고자 하였지만, 절대자에게는 그런 인과성 자체가 없다. 그래서 인과성의 有無는 창조주와 피조체를 구분시키는 역할일 뿐, 반대된 특성은 아니다. 아리스토텔레스가 말한 부동의 원동자는 가정된 본체가 아니다. 원동자가 있기 때문에 우주가 지금도 운행되고 있다. 동인이 소급되는 원동자 상태로서는 뭇 운동을 일으킨 원동자가 될 수 없기 때문에 부득불 취하게 된, 세상적인 운동 동인과 격을 달리한 부동자이자 원동자이다. 절대적인 운동 동인이 아니다. 왜 아리스토텔레스는 존재 구성의 필수 요인으로서 4원인설을 구성하였는가? 통합된 형태로는 존재할 수 없기 때문에 4원인으로 나누었다. 그래서 4원인이 존재 안에

---

30) 「라이프니츠의 개별적 실체관에 대한 고찰」, 앞의 논문, p.9.

서 하나를 이룰 수 있었다.

절대 본체의 초월성을 알진대 세상 가운데 가로놓인 일체의 원인, 이유, 구조, 특성들도 함께 이해할 수 있다. 절대는 하나이지만 창조된 존재는 결합체이다. 따라서 세상 가운데서 가장 견고한 실체 조건은 다름 아닌 소연과 소이연과의 결합에 있다. 소연과 소이연이 결합하면 만물이 세상 가운데서 필연적으로 존재하지 않을 수 없다. 존재 구성에 필요한 조건을 모두 충족시킨 상태이다. 세상은 생멸이 있지만 사실은 생멸을 통해서 항존한다. 세상의 알파와 오메가는 神이 취하였고, 남은 부분은 오직 항존할 수밖에 없도록 필연화된 우주뿐이다. 불변한 절대 본체가 세상 가운데서 취한 존재가 곧 생멸로서 돌고 도는 생성 시스템이다. 세계의 이원화 구조는 一元인 하나님이 세상 가운데서 구축한 존재 모습이다. 선천에서는 유일신 개념에 사로잡혀 있었지만, 알고 보면 절대자인 하나님이 현상계 안에서 드러난 존재 방식은 다양하기 그지없었다. 만상, 만화된 현상이 그것인데, 이런 절대 본체가 취한 차원적인 모습을 분별할 수 있는 안목이 안타깝지만 선천에서는 개안되지 못했다. 성인인 공자도 "근원은 절대적이지만 나타남은 상대적이라고 한 것처럼",[31] 갈파한 진의를 진작 알아차려야 했다. 절대성은 절대성 자체로 존재한 것이 아니다. 생성→시간→과정→지속된 형태로 현존하고 있다. "세계는 브라만의 나타남이자 자기-현현(self-manifestation)적인 세계 자체이다. 왜, 그리고 어떻게 다원(多元)이란 가면을 쓰고 나타난 것인가 하는 것이 문제인데",[32] 그 이유는 바로 창조가 실현되었기 때문이

---

31) 『동양과 서양』, 최영진 저, 지식산업사, 1993, p.253.
32) 『세계철학과 한』, 앞의 책, p.71.

고, 一元인 본체 상태로서는 세상 가운데 존재할 수 없었기 때문이다. 헤겔의『정신현상학』은 역사의 形而上學이고 역사철학의 또 다른 이름이다. 그는 정신에 대해 공간으로 외화(外化)된 것이 자연이라 하였고, 시간으로 외화된 것이 역사라고 하였다. 하나인 정신 바탕이 化됨으로써 자연도 되고 역사도 된 것인데, 절대정신까지 거론한 것은 분명 神에 버금간 절대 본체이기 때문이다. 인류 역사는 하나님의 창조 의지와 목적과 뜻의 외화 형태라, 이런 관점에서 헤겔도 세계사를 하나님의 자기 발전과 형성 과정이라고 규정했던 것이다. 역사는 하나님 본성의 전개 자체이다.[33] 하나님의 주재 의지를 나타낸 것이고, 창조 목적을 구현한 과정이 바로 인류가 걸어온 역사의 본질이다. 더 직설적으로 표현한다면 하나님이 자체 본체를 드러내고 완성시키기 위해서 인류 역사를 주재하셨다. 이런 추진 역사가 있어 절대 본체가 化된 세계적 근거를 통하여 인류가 하나님의 참모습을 볼 수 있는 지상 강림 역사 시대를 맞이하였다.

3. 권능적 본성 근거

하나님의 존재 본성은 세상 가운데 편만되어 있어 하나님으로서 갖춘 권능을 구분하기 어렵다. 오직 하나님만 이룰 수 있는 역사와 하나님만 나타낼 수 있는 권능을 가려내어야 하나님을 뭇 존재가 가진 특성들로부터 확실하게 구분할 수 있다. 단순하게 피조물과 하나님을 비교하는 작업으로서는 절대적인 권능을 찾을 수 없다. 현상

---

33)『헤겔철학과 현대신학』, 김균진 저, 대한기독교출판사, 1980, p.40, 38.

세계가 변화무쌍하고 일시적·다양함, 불완전함, 사멸적이라는 것과 神은 불변하고 통일적·자족적인 존재로서 대비시키는 작업은 권능 규명과는 아무 상관이 없다.[34] 시계는 우연한 산물이 아니고 지적 설계자에 의해 만들어진 것이듯, 세계 역시 분명한 목적을 두고 창조한 분이 神이라고 유추하는 것도[35] 神을 神답게 구분할 수 있는 절대적 권능이 아니다. 냉장고는 다양한 요소를 지니고 있지만 그중에서도 냉장고라면 반드시 갖추어야 하는 형상 요소는 따로 있다. 용량이 몇 리터인가, 투 도어인가, 어떤 회사 제품인가 하는 것은 별반이다. 반드시 냉장고이도록 하는 핵심적인 요소는 다름 아닌, 속에 있는 다른 물건을 차게 하고 액체를 얼리는 형상 조건이다.[36] 이처럼 神도 神을 神답게 하는 필연적인 권능 조건이 있는데, 이것은 피조체로서는 결코 가질 수 없는 그 무엇이다. 이것을 이 연구에서는 3가지 권능, 즉 불변적 권능, 창조적 권능, 통합적 권능으로 축약해서 논거하고자 한다.

먼저 불변적 권능인데, 철학자들은 고대로부터 변하지 않는 본질이 무엇인가를 세상 가운데서 줄기차게 찾았다. 헤라클레이토스는 변하지 않는 것은 없다고 주장한 반면, 파르메니데스는 세계는 변화하는 것처럼 보이지만 영원히 변화하지 않는 형상들로 이루어져 있다고 하였다.[37] 플라톤은 그것을 이데아라 했고, 하이데거는 보편적인 본질은 없다고 한 반대 입장을 가졌다.[38] 절대 불변, 영원한 존재

---

34) 앞의 책, p.69.

35) 『서양문명을 읽는 코드 신』, 김용규 저, 휴머니스트 출판그룹, 2010, p.196.

36) 『존재이야기』, 조광제 저, 미래 & B, 2002, p.73.

37) 『신의 나라 인간 나라』, 이원복 글·그림, 두산동아, 2004, p.93.

38) 『존재와 시간』, 하이데거 저, 임선희 글, 최복기 그림, 주니어김영사, 2012, p.216.

는 있다, 없다? 선천에서는 양단간을 판가름하지 못했는데 절대 불변한 그 무엇(영원한 실체)이 있다는 사실을 증명할 수만 있다면 神역시 확실하게 규명할 수 있다. 선각들이 세계의 불변성과 변화성문제를 놓고 대립하였던 것은 창조의 변화성과 神 본체의 불변성에 대하여 내린 판단이다. 지구 상에는 수십억의 인류가 살고 있는데, 그렇게 존재할 수 있게 한 본질은 항상적인 불변성을 함축했다. 불변성이 있기 때문에 온갖 변화들이 규칙성과 조화를 이룰 수 있었다. 없다면 변화가 불규칙하게 되기 때문에 변화의 규칙성은 불변한 본질이 존재함에 대한 증거이다. "神의 절대적인 권능만 강조하면 생성된 과정 속에서 자체는 변화하지 않으면서 다른 것을 변화하게 한 一者 등이 부정될 수 있지만",[39] 그렇게 부정한 불변성은 사실상 창조를 전혀 고려하지 않은 절대적 본체였다. 창조로 인해 본체는 萬化되었지만 神의 본성은 그대로 남아 있다는 것, 이것이 神만이 가진 불변적 권능이다.

다음으로 창조적 권능은 하나님이 갖춘 가장 두드러진 본성인데, 단지 세상 어디서도 확인하지 못해 사상사에서 간과되어 버린 절대 본성이다. 창조 역사는 오직 신앙 하나만으로 지탱된 것일 뿐, 사상사에서 누구도 정론화시킨 자가 없다. 그만큼 창조 역사는 일반적인 생성 체제와는 완전히 구별된다. 세계 안에서의 생성 개념은 반드시 선행된 존재를 근거로 하고 있는데, 창조는 그렇지 않다. 무엇도 처음부터 없는 것으로부터는 그 무엇도 있게 할 수 없는데 하나님이 가능할 수 있게 하였다는 것, 이것이 하나님만 가진 절대적인 창조

---

39) 『세계철학과 한』, 앞의 책, p.193.

권능이다. 그래서 창조는 차원적인 化이다. 有→有 시스템은 창조된 결과로 구축된 생성 시스템이고, 無→有 시스템은 창조를 실현하기 위해 구축된 바탕 시스템이다. 여기서 분명하게 짚고 넘어갈 것은 하나님은 태초에 아무것도 없는 無에서 천지를 창조한 것이 아니라 아무것도 없는 無로부터 천지를 창조하셨다는 사실이다. 우리는 부모로부터 잉태된 것인데, 하나님은 그런 선행된 부모가 없이 최초 인간을 창조했다. 그렇다고 아무런 근거도 없이 창조하였다는 뜻은 아니다. 하나님은 창조 이전에도 존재하셨다. 그래서 하나님은 "절대자로서 모든 실재의 기초이고, 실재 자체이다. 하나님은 창조주로서 모든 존재의 원인이 된다."[40]

마지막으로 논거할 통합적 권능은 하나님이 지닌 불변성, 창조성을 직접 확인할 수 있게 하는 절대적 권능이다. 불변성은 변화하는 세상 가운데서는 사실상 파악할 수 없고 창조성은 이미 이루어진 역사로서 돌이킬 수 없지만, 통합적 권능 발휘는 하나님이 앞으로 인류 역사를 통해 이룰 제2의 창조 역사이다. 하나님은 감동 깊은 깨달음 역사와 영광된 역사를 통해 인류 앞에 나타나실 것인데, 그것이 장차 인류를 하나 되게 할 대 통합 역사이다. 통합 역사는 오직 하나님이 천지를 창조하셨기 때문에 가능한 절대 권능 역사이다. 우리는 누구도 가질 수 없는데 하나님은 실현할 수 있는 권능적 본성이다. 선천에서 온갖 사상이 대립했던 것은 통합적인 하나님이 본체를 미처 드러내지 못했기 때문인데, 강림 이후부터는 일체를 해소할 수 있게 되었다. 세계를 통합할 수 있는 권능은 창조주만 발휘할 수

---

40) 『철학의 의미』, 조셉 G. 브렌넌 저, 곽강제 역, 학문사, 1966, pp.320~321.

있으며, 창조를 실현한 본체자이기 때문에 가능한 역사이다. 본체, 본질, 만물, 섭리, 역사, 종교, 학문, 진리, 사상, 정치, 사회, 제도, 인생, 가치 등등 일체 영역을 총괄할 수 있다. 인간은 아무리 노력해도 불가능한 역사인데 세계를 하나 되게 할 수 있는 제3의 존재자가 있다면 그것은 천지를 창조한 하나님밖에 없다. 노자는 주장하길, 세상에 존재하는 모든 개별자는 각자가 분열된 상태로 존재하지 않고 하나의 존재성의 원리를 바탕으로 근원적으로 통일되어 있다고 하였다.41) 이것이 바로 절대 본체가 존재함으로써 유효한 통합 역사의 가능성이고, 모든 개별자가 하나인 본체자로부터 창조된 근거이다. 절대 본체는 하나이면서 다양함을 낳고, 더 나아가서는 생성된 다양함을 컨트롤할 수 있다. 다양함 속에서 다양함을 조화시키고 분열을 완료함과 함께 다시 규합할 수 있다. 스피노자가 말한 신즉자연처럼, 자연이 神에 근거했으면서도 神이 가진 고유한 본성을 잃어버리고 자연 가운데 동화되어 버린 것이라면 다양함을 컨트롤하고 종국에 통합할 수 있는 권능은 발휘될 수 없다. 절대 본체인데도 세계 안에서 정체성을 유지하고 영향력을 발휘할 수 있는 것이 하나님의 절대적 권능이다. 통합적 권능은 인류가 강림한 하나님을 중심으로 규합되면 그때 다시 확인할 수 있는 권능이나니, 그때가 되면 인류는 하나님에 대한 인식적 한계를 극복하고 누구나가 다 하나님의 실존 권능을 실감하는 시대를 맞이하게 되리라.

---

41)「노자 25장의 존재론적 검토」, 이종성 저,『철학논총』, 새한철학회, 26권 1호, 2001, p.10.

제29장 신의 현실적 모습

1. 지상 존재 방식

하나님은 절대적이고 불변한 본체자로서 유일한 神인 것이 분명하지만, 지난 역사를 살펴보면 "神은 많은 모습으로 인간 사회에 나타난 것 또한 사실이다. 어느 때는 인격신으로서, 어느 때는 자연신으로서, 어느 때는 물질에 숨어서, 어느 때는 사고상에서만 자체를 드러내어 왔다. 그래서 인간들도 그런 神을 다양한 이름으로 불렀고, 다양한 방법으로 묘사하였다."42) 왜 이 같은 현상이 일어나게 되었는지 신학 영역에서는 명확한 해명이 없다. 삼위일체론에서 "하나님은 한 본체이며 역사상 三位로 나뉘어도 성부, 성자, 성령은 하나라고 하였는데",43) 선뜻 이해할 수는 없다. 삼위일체론을 정립하는

---

42) 『진리론』, 이온참 저, 운주사, 2010, p.190.

데 크게 기여한 아우구스티누스는 "삼위일체에는 三位의 본성이 동일하게 하나라는 절대적 단일성과 三位가 서로 관련을 가지면서 각각 구별되게 존재한다는 다원성이 함께 모순 없이 존재한다. 어떻게 단일한가? 三位의 본질이 완벽하게 동일하기에 三位의 속성은 통일성을 갖는다. 그렇다면 어떻게 다원성을 갖는가? 세 위격은 하나의 신성 안에 있어 본질이 동일하지만 동시에 각자가 서로 맺는 관계에 의해 구별된다. 이를 근거로 성부는 성자를 낳고, 성령은 성부와 성자 모두에 의해 주어지는 관계라고 한 성령의 이중 출원설을 세웠다."[44] 아무리 진상을 속 시원하게 알고 싶어도 해명할 만한 세계관적 근거가 부족하여 미완에 그쳤다. 어떻게 절대적 단일성과 三位로 나뉜 다원성이 모순 없이 존재할 수 있는가? 三位의 본질이 완벽하게 동일한 관계로 통일성을 지닌다고 하였지만, 왜 동일한 것인지에 대해서는 묵묵부답이다. 三位로 나뉜 다원성도 하나인 신성 안에 있지만 관계성에 의해 구별된다고 했는데, 앞서 세운 전제 조건과 비교하면 해명에 있어 큰 진척이 없다. A를 설명하고자 한 B는 B 자체로서는 이해할 수 없어 A에 대해 다시 설명해야 한다. 그러니까 A와 B는 결국 둘러치고 메치기식이다. 그래서 이 연구는 본의에 입각해 직설로서 三位는 절대적인 하나님이 창조와 주재된 역사로 인해 세상 위에 임하게 된 '지상 존재 방식'이었다는 점을 지적하고자 한다. 절대적인 하나님이 세상 가운데서 역사하시는 과정에서 三位로 나뉘게 되었다. 三位는 단일한데 어떻게 다원성을 이루었는가? 절대

---

43) 「하나님의 완전한 계시로서의 성육신」, 안양대학교신학대학원 신학과 조직신학전공, 석사, 1997, p.14.

44) 『아우구스티누스 & 아퀴나스』, 앞의 책, p.100.

적인 본체가 세상 역사를 통해 분열하게 되어서이다. 따라서 세상 위에 임한 하나님의 모습에 대한 규명은 분명하다. 왜 하나님은 절대적이고 불변한데 역사적으로는 다양한 모습으로 나타났는가? 절대적인 방식으로서는 존재할 수 없어 세상 질서를 따르다 보니까 본체가 나뉘게 되었고, 한꺼번에 드러날 수 없어 분열적으로 모습을 나타내었다. 그래서 인류는 여태껏 완전한 하나님의 모습을 보지 못했고, 볼 수 있는 안목도 세계관적으로 확보하지 못했다. 선각들이 일군 어떤 진리와 지혜를 통해서도 참모습을 보지 못했다. 성 三位가 바로 세상 가운데 임한 하나님의 가현된 모습이라는 사실을 깨닫게 된 이후로 하나님의 참모습을 비로소 분별할 수 있게 되었다. 논란이 있어도 잘못된 모순점을 제거하고 나면 진상이 확실해지듯, 진체를 밝히기 위해서는 가체부터 분간해내는 것이 순서이다. 그러니까 가체를 진체로 여긴 선천의 삼위일체론을 통해서는 영원히 성 三位의 본질을 밝혀낼 수 없었다. 이것이 무슨 말인가? 역사상으로 임한 성부, 성자, 성령은 절대 하나님에 대해서 가체이고 가현된 모습이며 화신된 하나님이시다. 그런데도 세상 가운데 임한 역사상의 하나님을 기준으로 삼고 성부로부터 성자가 나오고 성령도 나왔다고 주장하니까 하나님이 한 본체라고 한 삼위일체 논리를 도무지 이해할 수 없었다. 한 본체는 절대적인 하나님이시고, 성부와 성자와 성령은 세상 가운데 존재한 하나님이시며, 역사를 통해 임한 현실적 하나님이시나니, 정확한 사실에 입각해야 우리는 하나님이 인간이 되었다고 하는 얼토당토않은 말 같으면서도 참으로 의미심장한 성육신(成育神, incarnation) 문제를 풀어나갈 수 있다.

"성육신 이론은 삼위일체설과 관계하여 교회에서 교리로 천명한 것인데, 325년 제1차 니케아 공의회는 예수에 관하여 창조된 분이 아니라 나신 분이며, 아버지와 한 본질이라는 표현으로 예수가 하나님 아버지와 같은 본질인 것을 선포했다. 그리고 기독교 신학에서는 하나님의 아들이 인간의 형상을 취한 방식에 대한 근거로 "말씀이 육신이 되어(요 1: 14)와, 요 6: 38과 빌 2: 6~8에서 예수그리스도가 하늘에서 내려왔다는 성경 구절을 지목했다."[45] 중세 스콜라철학의 아버지로 불린 안셀무스는 그의 저서 속에서 왜 하나님이 인간이 되었는가라고 질문하였는데, 인간인 예수가 어떻게 해서 하나님이 될 수 있었는가 하는 것도 비견할 수 있는 큰 물음이다. 초기 기독교 시대에는 예수의 인성보다 신성을 지나치게 강조하여 니케아 공의회에서도 예수는 창조된 분이 아니고 나신 분이라고 했는데, 이단으로 몰려 추방된 아리우스파에서는 "유일한 神은 영원하며 만들어진 것이 아니지만 로고스 곧 선재한 아들(예수)은 神에 의해 無로부터 창조된 피조물이란 견해를 굽히지 않았다."[46] 이런 관점 차와 논란이 나중에 아타나시우스파의 승리로 일단락 나기는 했지만 문제점을 근본적으로 해결한 것은 아니었다. 이것을 과연 어떻게 할 것인가? 세상 존재는 크게 창조를 이룬 하나님과 그 외의 창조된 피조물 부류의 두 영역으로 나눌 수 있다. 예수의 신성 문제에 너무 매몰되었던 초기 기독교 시대에는 별다른 방도를 찾을 수 없어 피조성을 단절시키는 방법으로 예수의 신성을 강조했던 것이지만, 사실은 아리우스파가 오히려 정확한 사실에 근거한 순리를 따랐던 것이다. 단

---

45) 「성육신의 이해에 관한 안셀무스와 캘빈의 차이 연구」, 강원석 저, 안양대학교 신학대학원, 목회학과, 석사, pp.6~7.
46) 『폴 틸리히의 기독교 사상사』, 앞의 책, p.107.

지 사실성 여부에 대한 세계관적 확인 근거가 부족해 그리스도로서의 신성을 훼손한 주장으로 내몰렸다. 하지만 성육신도 하나님이 세상 가운데 임한 존재 방식이란 관점에서 본다면 지음 받았다고 하는 주장은 해명하기에 따라서는 예수가 그리스도로서 지닌 신성화를 돋보이게 하는 입장이 될 수도 있다.

먼저 하나님의 아들이 인간이 되어야 한 이유에 대해 죄에 빠진 인간을 구원하기로 작정하고 하나님이 이 땅에 인간과 똑같은 몸을 입혀 임하게 했다고 하였는데, 어떤 방식을 통해서든 하나님이 인간이 된 것은 하나님의 본체에 근거한 천지창조 역사 사실을 그대로 입증한다. 성육신은 그만큼 보편 원리에 근거했다. "에크하르트는 성육신 사건이 몇백 번 일어난들 우리 영혼에서 일어나지 않는다면 무슨 소용이 있겠는가?"라고 반문하였는데,[47] 하나님이 인간이 된 것은 (예수) "말씀이 육신이 되어 우리 가운데 거하시매"[48]라고 한 것처럼 하나님이 만물화를 실현시킨 역사적 일환이다. 천지가 하나님의 본체에 근거해서 창조된 것처럼 성육신도 그렇게 해서 만물화된 영역에 속하는 인간화 과정이다. 이것은 결코 황당무계한 주장이 아니다. 천지를 지은 하나님이 사람이 되어 피조 세계와 함께한 것은 성육신 원리를 돈독히 하는 기독교 신앙의 본질이다. 구약 성경에서도 하나님께서 인간을 자신의 형상과 모양대로 창조하셨다고 한 것처럼, 성육화에 대한 이 연구의 주장을 곡해해서는 안 된다. 하나님이 인간이 된 이유와 목적은 결국 태초에 세운 천지창조 목적을 완성시키기 위한 것이다. 그리고 그 실현 방식이 곧 하나님의 본체에 근거

---

47) 「성육신의 의미」, 길희성 네이버 블로그, p.7.
48) 요한복음 1장 14절.

한 천지창조 역사이다. 왜 하나님이 인간이 되었는가? 이것은 왜 본체가 현상이고 현상이 본체인가 하는 물음과 동일하다. 인간은 하나님의 본체에 근거했기 때문에 하나님화될 수 있고, 하나님은 자체 본체에 근거하여 천지를 창조했기 때문에 인간화될 수 있다. 이 같은 경과와 목적 달성을 위하여 하나님이 인간이 된 것이기 때문에 성육화는 하나님의 천지창조 사실을 그대로 입증한다는 것이다. 창조 역사를 성육신 사건을 통해 완성시키고자 했다. 성육신은 어떤 기적도 신비도 아니고 모순된 것은 더더욱 아니다. 원리에 따른 창조 역사의 보편적인 결과이고 만물화 과정이며 정점을 이룬 이 땅에서 완성시킨 대 창조 역사이다.[49] 기독교인들은 인간과 자유의 역사가 오직 예수그리스도를 통해 완성될 수 있으리라고 굳게 믿었는데,[50] 창조적인 측면에서 본다면 예수는 정말 하나님의 아들로서 완전히 성육화됨으로써 하나님의 천지창조 역사를 완성시켰다.

초기 기독교가 성립될 당시에는 자칫 하나님의 뜻을 오도하여 인간과 완전히 동질화된 독생자를 억지로 신격화시키고자 무리수를 두었다. 그러나 이 땅에 하나님으로 강림하신 예수는 철저히 인간화되기를 갈망했던 것이지 神이 되려고 고난받았던 것이 아니다. 완전히 인간화됨으로써 천지창조 역사를 완성시키려 했다. 어떻게? 성육신은 하나님의 본체로부터 만물화에 이른 하드웨어적인 목적과 함께 예수그리스도를 통하여 소프트웨어적인 목적, 곧 정신적인 가치를 완성한 데 있다.[51] 그런데도 초기 기독교인들은 그 초점을 하드웨어

---

49) 성육화 실현은 하나님의 존재 본체에 근거한 천지창조의 대 완성 역사임.

50) 『헤겔철학과 현대신학』, 앞의 책, p.84.

51) 절대신의 성육화 기반=하나님 본체의 창조화→세계화→만물화→인간화 완성(=하드웨어적 창조 목적 실현)+예수그리스도를 통한 섭리 의지적 가치 완성 本을 통해 이 땅에서 지상천국을

적인 조건의 극복, 즉 神의 인간화·육신화 탈피를 통해 신성을 증거하고자 한 결과 어려움을 겪었다. 억지 논리, 신비적·신화적이란 비판을 면할 수 없게 된 이유이다. 동정녀에게서의 탄생, 고난, 생애 가운데서의 기적 행사, 고난, 죽음, 부활, 승천, 재림 약속 등이 모두 인간으로부터의 신격화 목적에 초점을 맞추었다. 어떻게 인간이 神이 될 수 있는가? 희랍 사회에서는 반신반인이 공존하는 신화적인 세계관이 만연된 상태라 당연하다고 여길 수도 있었겠지만, 원리화시킬 수 있는 방법이 선천 하늘에서는 사실상 불가능했다. 그러니까 구축해놓은 예수의 神적 기원, 즉 처녀 탄생, 부활 등이 모두 신화적인 것으로 간주되어 버렸다. 그러나 인간의 神적 승화도 밝혀진 본의에 입각하고 보면 너와 나도 하나님의 본체에 근거하여 창조되었기 때문에 가능한 일이다. 神의 육신화는 창조 역사를 통해 이미 실현되었다. 그런데도 초기 기독교는 성육신의 목적을 각색시킨 결과 그 어떤 교리를 동원해도 예수를 완전히 신격화시키는 데는 실패하고 말았다. 이런 결과는 근대적인 정신의 소유자인 헤겔에게서도 두드러지는데, 그는 "초기 작품으로부터 후기 작품에 이르기까지 하나님과 인간의 완전한 동일성을 거부하였다."[52] "고대의 문제점은 예수가 정말 하나님이냐의 문제였던 반면, 근대에서는 예수가 정말 사람이냐의 문제로 변천되었다."[53] "예수그리스도는 모든 인간과 질적으로 다르며, 사고의 대상이 아니라 신앙의 대상이기를 요구한다. 동일한 방식으로 하나님 역시 인간과는 절대적으로 다르다. 그 상이

───────────────

건설할 토대를 마련함(=소프트웨어적 창조 목적 실현).

52) 앞의 책, p.97.
53) 앞의 책, p.160.

한 자, 그 패러독스(역설)와 이성이 부딪쳐 인간의 이성이 굴복당할 때 신앙이라고 하는 저 행복한 고뇌가 시작된다고 합리화시키는 데 급급했다."[54] 아니 하나님은 온전하게 인간화되고자 하였는데 인간이 반대로 이격시켜 패러독스가 발생한 것인데, 이것마저 거부감 없이 수용하는 것이 진정한 신앙이라고 하여 더 이상 합리적인 의미 판단을 기대할 수 없게 되어버렸다. 급기야 "인간은 죄로 인하여 타락하였기 때문에 하나님께서 지은 하나님의 형상은 완전히, 즉 남김없이 제거되어 버렸다고 단정했다."[55] 이런 이유로 "죄 가운데 있는 인간은 예수그리스도를 통해서만 하나님을 만날 수 있고, 그에 대하여 인식할 수 있으며, 구원에 이를 수 있다고 굳게 믿었다."[56]

하지만 정말 하나님이 인간이 되고자 한 의미를 통해 우리가 깨우쳐야 할 것은 예수그리스도가 하나님의 아들로서 인간화되고자 했던 그 피눈물 나는 고난의 완성, 인격의 완성, 하나님의 뜻을 이루고자 했던 목적에 있다. 예수 인격의 완성은 하나님을 완전한 아버지로 믿고 그 뜻을 절대 순종한 데 있다. 이것이 예수가 이 땅에 임하여 이루신 완성된 인격, 곧 완성시킨 인간화 모습이다. 예수의 인격과 우리의 인격을 비교할진대, 예수는 하나님을 완전히 믿고 순종함으로써 하나님의 완성된 모습을 투영시킨 반면, 우리는 불신과 죄악 때문에 하나님이 부여한 신성, 즉 하나님의 형상을 흐려버렸다. 예수가 완전하게 순종한 것은 완전하게 믿은 증거이다. 그런데 우리는 얼마만큼 하나님의 뜻에 순종하였는가? 순종할 수 있는가? 쉽지 않

---

54) 앞의 책, p.18.
55) 앞의 책, p.166.
56) 앞의 책, p.161.

은 난제이기 때문에 예수의 믿음과 인격성이 별처럼 빛난다. 예수는 결단코 神의 권능을 남용하지 않았다. 기적을 이용하여 신격화를 기도하지 않았다. 하나님의 뜻을 깨닫고 믿음을 지켜 인격을 완성했기 때문에 神으로 승화되었다. 그래서 우리도 예수처럼 믿음을 가지고 인격을 완성하면 하나님과 일체될 수 있는 보편성을 지녔다는 뜻이다. 예수는 그렇다면 도대체 어떤 마음과 삶의 태도로 믿음과 인격을 완성하여 하나님과 일체될 수 있었는가? 예수는 참 하나님의 화신체로서 예수의 근본은 바로 하나님 자체이시다. 그런데도 예수는 하나님=예수인 동등성을 거부하였고, 종의 형체인 사람과 같이 되었다. 하나님이 사람의 모습을 취하시매 죽기까지 그 뜻을 관철시키셨다. 하나님은 이 땅에 인간으로 임하셨지만 하나님으로서 권세를 나타낸 것이 아니고 끝까지 인간적인 모습을 지켰다. 하나님이 인간과 절대적으로 이격된 것이 아니고 예수그리스도를 통해 인간 자체가 되셨다. 인간적인 사역 과정을 완수함으로써 완전히 인간화되셨다. 하나님이 자체 본체를 근거로 창조 역사를 실현한 데 대한 완벽한 역사적 증거이다. 하나님은 예수그리스도를 통해 사람의 모습을 갖추고 정말 사람이 되셨다. 동양본체론이 우주론인 동시에 인성론의 근거인 이유도 여기에 있다. 본체론과 인성론은 표리일체이다. 形而上學적인 본체에 근거해서 인성론을 구축하였다. 하나님이 자체 본체를 근거로 인간을 창조하신 것이다. 창조주와 피조체는 절대 다른 이격체가 아니다. 간격 없는 동등함 자체이고, 그렇게 동등하고자 한 노력 과정에서 예수그리스도의 고난에 찬 십자가 행로가 있었다. 간격 없는 신인합일 달성에 예수그리스도가 이룬 믿음과 인격과 사역의 완성 의미가 있다. 이것이 사실일진대 우리 역시 그렇게 동등할 수 있는 길이 없겠는가? 문제는 역시 믿음에 달렸고 의미를 깨닫는 것인데, 어려움은 있었지만 예수그리스도는 십자가행을 완수함으로써 창조 목적을 실현하였고, 살아 역사하신 하나님을 몸소 증명하였다. 어떻게 해서 이런 일이 가능한가? 예수는 바로 하나님이신데 예수는 자신이 아닌 아버지 하나님의 뜻을 위해 끝까지 순종했던 것이다. 하나님으로서 세상 가운데 임했지만 종의 자세를 견지하여 어떤 대가도 바라지 않았다. 세상의 부, 명예, 권력을 추종하지 않았다. 세상에서 가장 낮은 자로서 멸시와 천대를 받으면서 십자가에 못 박히신 것이나니, 이것은 인간으로서 취한 가장 겸손하고 겸양하고 헌신을 다한 최대의 희생 감수 역사이다.

우리의 경우도 마찬가지이다. 제자는 스승의 가르침을 바르게 이해하고 온전히 따라야 스승과 일체될 수 있다. 인격성을 겸비한 살아 있는 진리력을 전수받을 수 있다. 인격과 정신적인 혼을 본받아야 스승처럼 될 수 있고, 종국에는 스승을 넘어선다. 일체됨을 통해 동화된 경지이다. 우리가 예수를 인간성의 완성자로서 흠모하는 이유도 여기에 있다. 하나님의 뜻을 깨닫고 죽음을 맞이해서도 순종하셨다. 이것이 범인들과 차별화된 인격성의 대 완성이다. 많은 신학자들이 성육신을 통해 예수그리스도를 神으로서 증명하기 위해 노력하였지만 사실은 하나님이 예수그리스도를 통해 화신된 것 자체가 예수의 신격성을 입증하는 결정적인 증거이다. 하나님의 깊은 뜻이 여기에 있었던 것이니, 예수는 성육화를 달성함으로써 하나님이 창조주란 사실을 만방을 향해 증거하였다. 이런 뜻을 깨달았기 때문에 예수는 자신을 최대한 낮추었고 온갖 희생을 감내하였으며 자신은 바로 하나님의 아들인 사실을 힘써 강조할 수 있었다. 종은 오직 주인의 명령만 따르고 어떤 사례도 바라지 않듯, 예수는 본체로서는 하나님이면서도 십자가에 매달려 죽기까지 부여된 사명을 다함으로써 믿음과 인격을 완성시킨 만유의 本이 되셨다. 멸시 속에서 마지막 숨을 거두었지만 하나님을 아버지로서 믿은 결과 실로 어떤 반열에 올랐는가? 인간으로 태어났지만 성육화로 화신되어 하나님과 동열인 神이 되셨다.

2. 하나님의 예수 증언

　인간은 참된 진리를 어떻게 얻을 수 있는가? 참된 지혜는? 참된 하나님의 모습은? 자신이 스스로 구하기도 하고 깨닫기도 하고 남들이 밝힌 견해를 살피기도 하는데, 그런 대답 중 한 가지는 아우구스티누스가 말한 조명설(照明說, theory of illumination)이 있다. "조명설은 태양 빛이 사물들을 우리 눈에 보이게 하듯 하나님의 빛이 정신을 비추며, 정신이 영원한 진리를 볼 수 있게 한다는 뜻이다. 인간이 아무리 이성적이고 지적이더라도 스스로 영원한 진리를 얻을 수 있는 능력은 지니고 있지 않다. 하나님으로부터 오는 조명을 통해서만 진리를 받아들이고 알 수 있다. 즉, 하나님의 빛이 우리의 정신을 비추어주어야 참된 인식을 얻을 수 있다."[57] 이 연구는 이 순간까지도 합리적인 논거 과정을 통하여 하나님이 천지를 지은 창조주시라는 것과 천지와 함께한 존재자시라는 것과 살아 역사한 주재자시란 것을 증거하였다. 하지만 그 같은 하나님의 존재 모습이 어떤 것인

---

57) 『아우구스티누스 & 아퀴나스』, 앞의 책, p.87.

지에 대한 규명은 구체적으로 이루지 못했다. 인류의 수많은 신앙인, 신학자, 철학자들이 神을 경험하였고 정의도 하였지만 손에 잡힐 만큼 확신할 수 있는 성과는 거두지 못했다. 왜 그런가? 아우구스티누스의 견해처럼 하나님에 관한 문제는 하나님이 직접 계시하시지 않으면 아무것도 알 수 없다. 상호 교감 관계가 형성되어야 하는 것이 선행 조건이라, 적극적으로 매달려 기도하고 구해야만 참된 진리, 참된 지혜, 참된 모습을 보여주신다.

그래서 이 연구도 증거하고자 하였고, 많은 사람들도 하나님과 예수를 증거하였지만, 하나님이 이룬 직접적인 증언 같지는 못하다. 예수도 사실은 자신과 하나님을 증언하셨지만 제자들이 탐탁찮게 여기는 것을 보고 하나님의 최종적인 증언이 다시 있을 것이라고 예언을 하였다. "이렇게 많은 표적을 저희 앞에서 행하였으나 저를 믿지 아니하니……"라고 탄식하였다.[58) 예수는 결코 자신을 증거하는 행위를 마다하지 않았다. 행적을 통하여 증거하고자 했다. 하지만 논리상, 존재상, 역사상으로 증명에 필요한 조건들이 미비되었던 것이 사실이다. 하나님을 어떻게 증명할 것인가란 문제에 관하여 예수가 하나님의 본체이고 세상 위에서는 아들로서 지칭된 화신체라 해도 예수가 자체를 통해 하나님을 증명하는 데 있어서는 세계관적인 한계가 있었다. 하나님이 손수 모든 것을 밝혀서 증명할 것이었기 때문에 이런 요구 조건을 예수로서는 충족시킬 수 없었다. 예수도 그를 추종한 사도도 신학자도 신앙자도 만족스럽게 증명하지 못했다. 오직 하나님만 자체로서 이런 문제를 해결하실 수 있다. 예수는

---

58) 요한복음 12장 37절.

부활 후 의심 많은 도마 앞에 나타나 손가락을 내밀어 옆구리에 넣어보라고까지 하였지만 그것은 어디까지나 수단일 뿐이고, 정말 원하는 바는 "너희들이 나를 만져보지도 않고 쳐다보지도 않고도 나를 믿게 하려 함에 있다"라고 하였다.[59] "내가 곧 길이요 진리요 생명이니 나로 말미암지 않고는 아버지께로 올 자가 없느니라."[60] "나를 본 자는 아버지를 보았거늘 어찌하여 아버지를 보이라 하느냐?"라고 질책까지 하였지만,[61] 왜 자신으로 말미암지 않고서는 아버지께로 올 자가 없고 자신을 본 것이 아버지를 본 것과 같은 것인지에 대해서는 부언 설명을 하지 않았다. 어떻게 하여 하나님이 예수를 통해 나타날 수 있은 것인지 메커니즘을 밝혀야 성육화 역사가 완성된다. 이 문제를 어떻게 해결할 것인가? "보혜사 곧 아버지께서 내 이름으로 보내실 성령, 그가 너희에게 모든 것을 가르치시고 내가 너희에게 말한 모든 것을 생각나게 하시리라."[62] 예수 자신도 누구도 실행하지 못한 증명 문제를 보혜사가 진리의 성령으로 강림하여 지시하고 가르칠 것이라고 명시한 것이다. 예수는 하나님이 보낸 하나님의 아들인 동시에 하나님 자체의 현실적인 본체로서 하나님이 이루고자 하신 일을 보혜사가 와서 완벽하게 처리할 것이라고 했다. 이 역사가 언제 어떻게 이루어질 것인가? 이 연구가 지금 시도 중인 神 존재 규명 역사를 완수함으로써이다.

부족한 본인은 이 연구를 저술하기 전에 하나님 앞에 나아가 기도

---

59) "너는 나를 본 고로 믿느냐. 보지 못하고 믿는 자들은 복되도다."-요한복음 20장 29절.
60) 요한복음 14장 6절. 창조를 이룬 근원 바탕체로서 더 이상의 소급 원인이 없는 천지창조의 제 1 원인, 곧 창조주 자체란 뜻임. 즉, 제1 원인자임.
61) 요한복음 14장 9절.
62) 요란복음 14장 26절.

하길, "하늘에 계신 나의 아버지, 이 자식이 아버지의 전에 나아가 뜻을 받들 수 있는 나름대로의 준비를 갖추었나이다. 무릎 꿇고 뜻을 구하오니 제게 말씀하여 주소서! 역사하여 주소서! 어떻게 하면 존재하고 계신 하나님의 모습을 제가 볼 수 있겠나이까? 확인할 수 있는 관점과 안목과 판단 기준을 계시하소서!" 이에 살아 계신 하나님이 빌립보서 2장 5절부터 8절까지의 말씀을 통하여 말씀하시니, "너희 안에 이 마음을 품으라. 곧 그리스도의 마음이니 그는 근본 하나님의 본체시나 하나님과 동등됨을 취할 것으로 여기지 아니하시고, 오히려 자기를 비워 종의 형체를 가져 사람들과 같이 되었고, 사람의 모양으로 나타나셨으매 자기를 낮추시고 죽기까지 복종하셨으니 곧 십자가에 죽으심이라." 본인이 궁금하게 여겨 구하고자 한 요지는 하나님은 무엇인가? 하나님은 존재하는가? 하나님은 어떻게 증명할 수 있는가 하는 개념적인 문제가 아니었다. 이런 유는 이미 지금까지의 저술 과정이 뒷받침하고 있다. 강림하신 보혜사가 진리의 성령으로 임하여 깨우친 완전한 계시 역사이다. 하나님은 태초로부터 살아 역사하시고 존재하신 것은 기정사실인데, 그렇게 존재하고 계신 하나님을 어떻게 볼 수 있는가? 현실 속의 하나님을 볼 수 있는 관점, 안목, 판단 기준을 구하고자 했다. 이런 의문 구조에 대하여 하나님이 직설로 내린 응답 메시지는 실로 형언할 길 없는 감동과 깨달음과 영광스러운 임재 사실을 확인시켰다. 부족한 영혼 위에 임하여 밝힌 계시이나니 그 어떤 증언, 그 누구의 증언, 심지어는 예수 자신의 증언보다도 앞서 만 말을 대신한 하나님의 직접적인 증언이시다. 예수그리스도는 근본 하나님의 본체이시다. 그런데도 세인들은 어떻게 하여 이 같은 사실을 분간하지도 깨닫지도 완전하게 믿지도 못하였는가? 그것은 예수가 하나님의 근본 본체시요, 사람의 모양으로 나타난 하나님 자체인데도 하나님과 동등할 것을 거부하고 오히려 자기를 비워 종의 형체를 가져 사람들과 같이 되고자 하였고, 자신을 낮추고 최대한 낮추어 죽기까지 복종하셨는데, 십자가에서 목숨이 거두어질 때까지 그러하셨기 때문이다. 여기에 예수그리스도의 거룩함, 숭고함, 완전함, 인류의 죄악을 대속한 완벽한 신성의 구현 역사가 있다. 그 같은 고난과 사역을 통해서도 참된 하나님의 모습을 보지 못한 것은 예수가 스스로를 최대한 낮추어서이다. 예수는 그의 생애 동안 결코 神의 권위를 내세우지 않았고, 神의 권능을 이용하지 않았다. 이로써 예수가 스스로를 증언한 말씀에 대한 초점이 해명된다. 기독교에서는 삼위일체설을 교리로 채택했고 三位가 일체란 믿음을 견지하고 있지만, 세상 가운데서는 예수의 신격 위치가 독생자(성자)로서 구분되었다. 현실적으로는 예수를 믿으면서도 성부 하나님을 따로 찾은 것이다. 그러니까 아무리 신앙이 돈독하더라도 세상 가운데서는 어디서도 하나님의 모습을 뵈올 수 없었다. 이것이 기독교가 2천 년 동안 예수그리스도를 중심에 두고 하나님을 따로 신앙한 모순된 실상이다. 행복은 우리 마음속에 있는데 그것을 다른 곳에서 찾는다면 어떻게 되겠는가? 예수그리스도는 하나님의 근본 본체로서 세상 가운데 임하신 하나님의 유일한 모습이란 사실! 그래서 예수는 나를 본 자는 아버지를 본 것과 같고, 나로 말미암지 않고서는 아버지께로 올 자가 없다고 단언하셨다. 바로 이 같은 사실을 알리기 위해 예수가 세상 가운데서 고난받은 것인데, 세인들은 진실을 바르게 이해하지도 깨닫지도 못했다. 인자가 올 때 어디 믿는 자를 보겠는가라고 했을 정도라면 도대체 그 이유가 무엇인가? 예수를 보고도 하나님을 모른다면 예수가 재림했다고 해도 분간할 수 있겠는가? 그래서 오늘날 강림한 하나님을 보고 모든 사실을 확인할 수 있도록 역사한 것인지도 모른다. 일찍이 "모세가 온 이스라엘을 소집하고 그들에게 이르되, 여호와께서 애굽 땅에서 너희 목전에 바로와 그 모든 신하와 그 온 땅에 행하신 모든 일을 너희가 보았나니, 곧 그 큰 시험과 이적과 큰 기사를 네가 목도하였느니라. 그러나 깨닫는 마음과 보는 눈과 듣는 귀는 오늘날까지 여호와께서 너희에게 주지 아니하셨느니라."[63] 모세 때도 이스라엘 백성들은 하나님이 그들 앞에서 행한 모든 시험과 이적과 큰 기사를 목도하였지만 깨닫는 마음과 보는 눈과 듣는 귀는 주지 아니하셨다. 현 상황에서 세인들이 예수를 경험하고서도 하나님의 모습을 보지 못한 것과 무엇이 다른가? 경험하고서도 하나님을 알지 못하였지만 때가 이르매 이 연구를 통하여 하나님을 깨닫는 마음과 보는 눈과 듣는 귀를 열어주셨다. 이것이 부족한 이 자식이 하나님에게 간구하여 구한 하나님을 증명할 수 있는 관점이고 안목이며 판단 기준이다. 하나님이 직접 주신 완전한 계시이고 완전한 응답이시다. 구약 시대에 이스라엘 백성들이 하나님의 역사, 곧 그 큰 시험과 이적과 큰 기사를 경험하였다면, 이 시대에는 예수그리스도의 구원 사역과 2천 년 기독교 교회를 통한 섭리 역사를 경험한 것이다. 그럼에도 불구하고 세상 백성들이 하나님의 참모습을 깨닫지 못하므로 하나님을 깨달을 수 있는 마음과 보는 눈과 듣는 귀를 다시 주신 것이니, 그 대단원에 걸친 규명 관점은 도대체 무엇인가? 예수그리스도는 바

---

63) 신명기 29장 2~4절.

로 하나님이 세상 가운데서 모습을 나타낸 하나님 자체란 계시에 있다. 이 같은 결론을 뒷받침하기 위하여 이 연구의 전 과정이 읍하였고, 인류의 전후 역사를 통해 일체 작용 원리를 뒷받침하리라.

예수그리스도는 세상 가운데서 구체화된 하나님의 유일한 모습이시다. 우리는 하나님이 어디에 계시는지 존재성을 어떻게 확인하고 증명할 수 있는가에 대해 궁금해하였는데, 하나님은 바로 지금까지 주관하신 인류 역사를 통하여 자체 존재를 증명할 수 있는 모든 근거를 이미 나타내셨다. 단지 이런 사실을 우리가 알아차릴 수 있는 안목을 가지지 못하고 뜻을 깨닫지 못한 것인데, 그것이 다름 아닌 예수그리스도가 세상 가운데서 나타난 하나님의 모습 자체라는 자각에 있다. 예수그리스도가 하나님이란 사실을 어떻게 증명할 수 있는가? 그리스도에게는 하나님의 역사가 있고 뜻을 밝힌 命이 있다. 역사상 예수그리스도에게서만큼 하나님의 역사와 뜻과 말씀의 命[계시]이 집중된 인물도 없다. 이것이 예수그리스도가 하나님의 근본 본체를 대변하고 대표한 모습인 명백한 근거이다. 그 관점, 그 안목, 그 기준만 알 수 있다면 예수그리스도가 하나님의 살아 계심, 존재하심, 역사하심, 함께하심, 구원하심, 섭리하심, 진리이심, 심판하심, 종말, 창조, 통합주란 것을 곧바로 확인할 수 있다. 이런 본질이 명확하다면 어떤 방법도, 철저한 논리 요구도, 굳이 증명할 필요도 없다. 예수그리스도를 위해, 예수그리스도에게, 예수그리스도를 통해 이룬 하나님의 역사와 한량없는 사랑과 뜻과 약속을 통해 예수그리스도가 하나님의 산증인이고 증명 아이콘이며 존재자의 푯대인 것을 실인한다. 완전한 믿음과 완전한 사역으로 완전한 증명을 이루었다. 예수는 하나님 역사의 구심체로서 증명에 필요한 일체를 구비하셨다. 예수가 하나님인데 이 현신한 하나님에 대해 새삼스레 증명이 요구될 수는 없다. 하나님이 직접 예수그리스도를 증언하시므로이 같은 역사가 바로 하나님 자체를 증명한다. 하나님은 형체가 없고 세상 질서를 초월해 계신다. 그렇지만 하나님은 그의 아들 예수그리스도를 통해 역사하시므로 자체 본체를 세상 가운데 나타낼 수있게 된 것이니, 예수가 하나님의 모든 것을 대신하셨다.

예수가 하나님이라면 하나님은 하나님만 지닌 절대적인 권능과속성을 지닌 분인데, 예수도 기적은 행하였지만 그런 특성과는 거리가 멀지 않는가? 만약 예수가 하나님으로서 성부 하나님과 같은 권능을 행사하셨더라면 원래 뜻한 인류 구원과 창조 목적을 이 땅에서구현할 수 있었을까? 단연코 부정적이다. 예수는 하나님이지만 성육신화한 神이다. 하나님이 인간화된 것인데 어떻게 神의 권능 운운하는가? 이런 신관 때문에 초기 기독교가 애써 인간이 된 하나님을 다시 신격화시킨 잘못을 저질렀다. 하나님은 홀로 절대적이지 않고 세상과 함께하길 원하셨는데, 그것이 예수그리스도의 성육화 사건이다. 강림한 그리스도는 결코 절대적인 神이 아니다. 절대적인 상태로서는 임할 수 없기 때문에 세상에서 존재할 수 있는 조건으로 화신한 하나님이 예수그리스도이시다. 그래서 세상 가운데서 볼 수 있는 하나님은 예수그리스도 말고는 달리 없다. 가장 높은 분인데 가장 낮은 자세로 임하시다 보니 알아차리지 못했는데, 예수그리스도는 진실로 세상 가운데 임한 유일한 하나님의 모습이시다. 하나님의본체가 세상 가운데 나타난 예수그리스도란 결론은 지금까지 하나님 위주로 논거한 선천 관점을 일시에 그리스도에게로 집중시키는일대 반전이다. 이것을 계기로 인류 역사도 일체가 예수그리스도에게로 집중되어 귀환할 수 있게 되었다. 하나님이 역사하신 계시는 완전한 것이나니, 이 연구가 궁금하게 여긴 문제들을 일시에 해명하고 맞추기 어려운 논거 퍼즐들을 꼭 들어맞게 하였다. 그것이 과연 무엇인가? 하나님이 사람의 모양으로 나타나셨으니 그 분이 곧 예수그리스도란 깨달음이다. 하나님이 인간이 되려 한 것은 하나님이 전적으로 원하신 뜻이다. 이 뜻을 위하여 예수그리스도가 오직 순종하였듯, 온 인류의 영혼들도 받들어 순종해야 한다. 하나님은 더 이상 形而上學적인 神도, 관념적인 神노, 추상적인 神도 아닌, 모든 인류가 마땅히 경배해야 하고 뫼옵고 영접해야 하는 현실 위의 神이시다. 오늘날 이 연구를 통하여 역사적인 계시와 증언이 있었나니, 성령의 증언이 있어 하나님의 현실적인 모습을 규명할 수 있게 되었다. 그래서 짐작건대 장차 도래할 재림 역사도 알고 보면 성령의 지시 역사가 있어야만 실현될 수 있는 대단원에 걸친 섭리 구현 역사가 되리라.

CHAPTER

06

결론

서양 문명의 한계와 서양식 기독교의 몰락과 함께 동양 문명을 부활시키고 동양식 기독교를 재건하는 것은 인류가 장차 이루어야 할 위대한 꿈이고 하나님이 이루고자 하신 영광된 창조 목적이다. 인류 문명의 패러다임을 전환시킬 제3의 신권 문명을 건설하는 것이야말로 하나님이 일찍이 천명한바 인류를 인도할 약속의 땅이다. 마지막 요단강을 건너는 것이고, 젖과 꿀이 흐르는 이상적인 파라다이스, 가나안 복지로 예비된 지상천국 건설이다. 하나님이 인류를 위해 마련한 참된 구원 역사이고, 인류가 하나님을 위해 바칠 참된 시온의 영광이다.

-본문 중에서

제30장 강림 증거의 차원적 변화

1. 개요

이 연구는 태초 이래 만유 위에서 살아 역사하신 하나님을 증거하였다. 그럼에도 불구하고 그 같은 하나님이 어디에 존재하느냐고 묻는다면 재차 그 근거를 제시할 수 있다. 하나님은 진리의 성령으로서 역사한 길의 추구 과정 안에서 지금도 생명력 있는 진리 자체로 살아 숨 쉬고 계시다. 길은 삼세 간을 초월하여 영원하다. 그래서 이 연구는 오직 하나님을 증명함으로써만 확보할 수 있게 된 관점으로 유사 이래 시도하지 못한 세계적 통찰을 이루고 하나님이 계시한 장래 일을 예고하고자 한다. 지상 강림 역사를 완수한 사명자로서 대단원에 걸친 결론 관점을 도출하리라. 하나님을 증명한 마당에서 아직도 하나님의 일을 가정만 하고 있다면 어떻게 되겠는가? 성경에 기록된

대로 당장 예수가 재림하여 천년 왕국을 이루고, 죄인들은 모조리 유황불 속에 던져버릴 것인가? 공들여 주재한 섭리 역사를 허물어버릴 것인가? 모든 과정을 낱낱이 걸어온 자가 예고하는 메시지는 차원이 달라야 한다. 하나님은 일찍이 약속한 대로 영광된 창조 목적을 이루기 위해 진리 세계를 통합시켰고, 나라이 임할 지상 강림 역사를 실현하였다. 왜 지상에 강림하였는가? 그 이유를 밝히는 것이 이 연구의 결론 과제이다. 하나님이 존재하심에 대해서, 살아 계신 사실에 대해서, 장차 이룰 모든 영광에 대해서, 인류는 그 실상의 도래 역사를 기다렸고, 보고 싶었고, 정말 확인하고 싶었다. 그 하나님이 오늘날 가로놓인 세상 장애를 극복하고 강림하셨는데 천지간을 개벽시킬 메시지를 선포하지 못한다는 것은 말이 안 된다. 만고 성상을 바쳐 강림하신 하나님에 대해서 인류는 기다리고 기다린 간절한 마음으로 맞이해야 하리니, 그리해야 인류가 하나님과 함께할 수 있는 순복한 백성이 될 수 있다. 자비로운 은총을 호흡하면서 언제 어디서도 귀 기울여 하나님의 음성을 듣고 대 자연의 섭리에 순응하는 백성이 되리라.

2. 만유의 하나님

이스라엘 민족이 지킨 신앙은 만대에 걸쳐 계승될 하나님과의 참된 교감과 약속과 구원에 근거했다. 그것이 이스라엘 민족에게는 결속을 다진 신앙 역사가 될 수 있었지만 이방인들에게는 지극히 배타적이었기 때문에 하나님은 예수그리스도를 통하여 다시 구원 역사를 펼쳤다. 그래서 사도바울은 유대인과 헬라인 사이에는 어떠한 차별도 없다. 동일한 주님은 만인의 주님이기도 하다고 선언했다(로마서).[1] 이 같은 선언은 기독교가 유대교란 신앙 틀을 깨기 위한 당위성이고, 하나님이 섭리한 보다 높은 뜻이다. 그런데 하나님이 이 시대에 다시 새롭게 역사한 것은 만유의 하나님이 되어 마지막 남은 자들까지 구원하기 위해서이다. 동서 문명·제 종교·제 사상·제 진리 위에 온전히 임하고 하나 되게 하기 위함이니 하나님이 세계를 통합하지 않고서는 하나 될 수 없는, 온 인류를 하나님의 구원 세계로 인도하시기 위해서이다. 살펴보면 기독교 신앙을 교리화하는 데 기여한 희랍 철학은 인간 세계와 神의 분리를 강조한 관계로[2] 하나님이 만유의 하나님이 될 수 없는 문제가 있었다. 그래서 하나님은 진리의 성령으로 강림하여 만상과 하나 되게 하기 위해 역사를 펼쳤다. 이 시대가 요구하는 하나님상에 대하여 이시다 같은 철인은 "세계와 분리된 인격신은 참다운 神이 아니라고 하였다." 그렇다고 화이트헤드처럼 "하나님이 세상을 짓는다면 세상도 하나님을 짓는다고 생각하는 것은"[3] 오히려 창조된 본의를 곡해한 것이 된다. 하나님은 만유를 통합시켜 본체를 형상화시킬 수 있지만 만유는 모두 합쳐도 하나님을 취할 수 없다. 하나님은 만유를 가져도 만유는 하나님을 가지지 못한다. 그래서 천지를 창조한 하나님은 장래에 그들의 하나님이 되기 위해서 반드시 이 땅에 강림하실 것이 예견된 바이다. 하나님은 이방인, 이교도, 무신론자들까지 구원할 수 있는 기틀을 마련하였는데, 강림한 결과로 하나님은 실질적으로 세계를 통합할

---

1) 『선과 종교철학』, 아베 마사오 저, 변선환 엮음, 1996, p.315.

2) 『신의 역사(Ⅰ)』, 카렌 암스트롱 저, 배국원·유지황 역, 1999, p.235.

3) 『한밝문명론』, 김상일 저, 지식산업사, 1988, p.238.

수 있는 기틀을 마련하였고, 지상 강림 역사는 만 인류를 구원하는
구심점이 되리라.

3. 진리의 기준

진리의 성령이 역사하시므로 하나님을 지상에 강림할 수 있게 한
제일 기반은 역시 진리이다. 인류는 그동안 하나님이 이룬 창조 역
사와 존재 사실에 대해서 올바른 지식을 가지지 못한 관계로 진리의
본질을 밝히지 못하고 개념조차 정립하지 못했다. 세상의 정도가 확
립될 수 없었던 것은 물론이고, 참된 진리가 무엇인지 규명하지 못
했다. 가치에 대한 혼란을 막지 못해 악을 행하는 자들이 하늘을 향
해 침을 뱉어도 속수무책이었다. 이에 진리 세계를 통합한 하나님이
강림하였다는 것은 무엇보다도 세상의 진리와 의를 판단할 수 있는
기준을 세운 것이다. 진리는 하나님이 사랑을 다하여 지혜로 구안한
창조 원리와 의지와 뜻의 결정체이다. 그러니까 지상 강림 본체가
바로 모든 진리의 기준이다. 진리의 성령이 강림하여 이룬 성업 결
과이다. 지성들은 과연 진리를 무엇이라고 정의 내렸는가? 전모를
밝히지 못했는데 강림한 하나님이 모든 진리가 하나인 통합체란 사
실을 밝혔고, 하나로 꿰뚫어진 통속 본질을 확인시켰다. 그래서 진
리는 창조 뜻을 표출시킨 결정 의지로 규정되었다. 이 기준은 만유
가 벗어날 수 없는 진리의 근거이다. 이 같은 기준이 만인 앞에서 바
르게 확립될 때 인류는 만 진리를 통하여 하나님이 이 땅에 강림한
사실을 실감할 수 있게 되리라.

4. 보편적 역사 기반

구약에 의하면 하나님의 말씀과 뜻이 선택한 백성들에게 전격적으로 전달된 적이 있었다. 하지만 예수그리스도는 자신이 어떤 교감 역사를 통해 인류의 죄를 대속하고자 하는 사명을 자각하게 된 것인지 알 수 없다. 믿음으로 가늠하는 상태일 뿐 객관성은 지니지 못했다. 계시된 작용 근거를 어디서도 확인할 수 없다. 예수조차 하나님에게 이르는 교감 루트를 밝히지 못했다. 중세시대에는 신앙이 돈독하여 문제점이 있어도 넘어갈 수 있었지만, 근대로 접어들어서는 본격적으로 이탈하는 추세를 보였다. 교회는 끝내 교감된 계시 역사에 대한 원리성 구축 노력이 미흡했다. 진정한 실존성과의 교감은 거리가 있었다. 하나님과 함께할 수 있는 길을 트지 못했다. 급기야는 하나님이 인간 역사로부터 이탈된 듯한 오해도 불러일으켰다. 그러나 하나님이 지상에 강림했다는 것은 하나님이 만상과 함께 할 수 있는 세상적인 기반을 확보했다는 뜻이다. 진리적·인식적·본질적인 기반을 터 닦았다. 하나님이 성령으로 임한 실존 의지를 이성으로 통찰할 수 있게 되었다. 하나님은 보편적인 역사 기반을, 그리고 인간은 하나님을 확인할 수 있는 보편적인 인식 기반을 다짐으로써 하나님의 지상 강림 역사를 보다 현실화시켰다.

5. 인식의 변혁 시발

지상 강림 역사를 완수하면 당장 천지개벽이 눈앞에서 일어날 것이란 기대도 할 수 있겠지만 개벽은 하늘과 땅이 요동치는 외부적인 것이 아니며, 내면적인 의식으로부터의 개벽이 먼저이고, 이것이 인류 역사를 전환시킬 새로운 역사의 변혁 시발이다. 지상 강림 역사가 완수된 것은 인식적으로 과연 어떤 변혁을 일으킬 것인가? 현 세계관이 대부분 무신론에 기초된 것인데도 기독교가 무기력하게 대처하고 있는 사실을 감안한다면, 실로 세계관의 근본을 뒤흔들 만한 변혁 파장이다. 노력했지만 인류는 우주의 기원, 물질, 생명의 본질을 밝히지 못했다. 세계를 합리적으로 이해한다는 것이 해결의 실마리를 오히려 세계 밖으로 내던져버렸다. 이 같은 상황에서 하나님이 강림하신 것은 세계적인 영역에 걸쳐 선천과 후천을 가를 시발선이다. 하나님이 존재한 사실이 명실상부하게 세계 역사의 전면에 세워진다. 강림하신 하나님을 전 역사에 걸쳐 생동하는 주체로서 인식하리라. 하나님이 강림하셨기 때문에 이제는 정말 인류가 풀지 못한 숙원의 과제를 해결할 수 있다. 하나님을 증명했다는 것은 그 자체가 유사 이래 다시없는 대 혁신이다. 하나님이 존재하지 않는다고 보았을 때 세계는 모든 것이 안개 속에 가렸지만,[4] 하나님을 증명한 이후부터는 진리에 대한 초점이 분명해졌다. 진실로 선·후천 질서를 가를 시발점이다. 강림하신 하나님의 절대적인 권능성 발휘이다.

6. 새 세계관 건설 요청

지상 강림 역사 완수로 세계 인식에 큰 변혁이 있게 된 것은 기존 진리와 학문과 믿음의 기반이 허물어진다는 것을 의미하고, 이후로

---

4) 『신의 존재 증명』, 김상렬 저, 한누리미디어, 1996, p.204.

새로운 세계관 건설이 요청되리라는 것은 당연한 수순이다. 그렇다고 하나님이 사랑을 다해 창조한 이 세계가 모조리 허물어져버린다는 뜻은 아니다. 인류가 일군 전통 유산을 근거로 세계관을 다시 정립하는 것이라고나 할까? 그것이 곧 아브라함을 축복하고 이스라엘 민족을 구원하고 지상 교회를 세우신 하나님이 오늘날 강림하여 건설할 새 예루살렘 성전이고 지상천국 건설이다. 하나님을 증명했다는 것은 하나님을 증명할 수 있는 제반 세계적 근거를 마련했다는 것인데, 그것이 곧 새로운 진리적·인식적·원리적으로 확고한 터전이다. 지금까지 세상 위에 세운 집은 인간이 살기 위해 지은 집이고 인문주의와 무신론·유물론에 근거한 세계관적 집이었다. 당연히 만유의 어버이인 하나님이 함께 거하시기 어려운 세계관적 한계를 지녔다. 하나님이 강림하심에 따라 어차피 새 집은 마련되어야 했고, 강림하신 목적도 일찍이 약속한바 義의 나라를 건설하기 위해서였다. 지상천국은 결코 상상 속의 낙원이 아니다. 마르크스가 희구했던 경제적·계급적·정치 권력적인 이상 세계도 아니다. 하나님이 지상에 거하실 진리적인 터전을 마련하는 것이고, 천권을 회복하여 장차 재림할 예수그리스도를 의의 왕으로 옹립하는 것이다. 그래서 하나님의 존재성을 증명하는 것은 지상천국을 건설하는 데 필요 불가결한 선결 조건이었다. 하나님이 존재한 사실이 증명되지 않았는데 어찌 그 나라를 세울 수 있겠는가? 하나님과 함께하지 않는 지상천국이 웬 말인가? 지상 강림 역사 완수는 그대로 지상천국을 건설하기 위한 초석 다짐 역사이다. 하나님은 본체를 강림시키기 위해서 초유의 역사를 펼치셨거니와, 새 세계관 건설 여부에 인류의 미래에 대한 존망이 달렸다.

7. 새로운 구원의 장

오늘날 이 땅에 강림하신 하나님은 창조 본체를 진리로서 형상화 시켰고, 이 시대에 창조 목적을 완수한 새로운 하나님이시다. 종말의 때에 마지막 남은 자들을 구원하기 위해서이고, 재림 역사를 성사시키기 위해서이며, 대망한 유토피아적 이상 나라를 이 땅에 세우기 위해서이다. 창조가 그러하듯 하나님은 언제나 새롭게 역사하는 하나님이시고 길을 인도하는 하나님이시니, 이 같은 역사를 기반으로 하나님이 바야흐로 새로운 구원의 장을 개창하려 하신다. 지금까지 인류가 바친 믿음, 진리적 신뢰, 헌신도 중요하다. 문제는 어떻게 오늘날 새롭게 강림한 하나님을 이성적으로 수용할 수 있을 것인가 하는 것이다. 물론 이 연구도 이것이 어떤 문제를 파생시킨다는 것을 모르는 바 아니다. 그러나 관건은 강림한 하나님을 분간하는 것이 새롭게 대두된 과제이고, 판단할 수 있는 안목을 가져야 개인과 민족과 인류가 빠짐없이 구원된다. 새로운 차원의 구원관을 정립해야 한다. 보다 영원할 수 있는 믿음과 추구 과제를 제시해야 한다. 모든 역사를 동원하여 강림한 하나님을 증명했는데도 하나님을 뵙지 못한다고 한다면 이것이 진실로 인자가 올 때 어디 믿는 자를 보겠는가이다.

하나님이 강림하지 않았을 때는 온갖 믿음과 신앙 형태가 횡행할 수 있었다. 그러나 하나님이 모습을 드러낸 지금은 각자 지킨 믿음의 바탕 위에서 새롭게 결단을 내려야 한다. 물론 이 연구도 아직까지는 하나님이 뜻한 바대로 섭리 과정을 완수하지 못했고 믿음 어린 판단 가운데 있는 것은 사실이지만, 지상 강림 역사를 완수했다는 것은 인류 앞에 새로운 믿음과 구원관에 대한 모종의 판단 근거를 제시한 것이다. 하나님은 일찍이 네게 이른 모든 것을 열방에 고하면 인류의 악과 죄를 사하리라고 하셨는데, 그 이유는 오늘날 만상의 主요 구원의 主인 하나님의 지상 강림 역사를 완수한 때문이다. 이에 지상 강림 역사를 예견한 선지자를 배출한 한민족은 어떤 민족보다 먼저 깨어 일어서 강림한 하나님을 당당하게 맞이해야 한다. 그리해야 하나님이 만민이 분간할 수 있는 구원의 푯대를 이 땅 위에 세울 수 있다. 신앙인과 지성인들이 해결하지 못한 神 증명 문제를 이 연구가 해결한 것은 한민족이 이어온 유구한 문화적 전통과 진리적 토양이 주효했다. 지상 강림 역사 기반을 이 땅의 문화적·역사적·영적 전통을 이어온 한민족이 마련했다는 사실을 알고 한민족은 인류를 구원하고자 하는 막중한 사명감을 자각해야 한다. 선천에서는 서양이 선진 문명을 이루어 인류 역사를 주도했지만 이제는 한계성에 도달하여 역사의 뒤안길로 사라지고, 그 성세를 다시 잇기 위해 오늘날은 한민족의 역사 위에 보혜사 하나님이 강림하셨다. 그렇다면 당연히 인류 앞에 새로운 믿음과 진리와 구원의 장이 펼쳐지지 않을 수 없나니 아, 코리아여! 깨어 일어서라. 그대 사명을 자각하는 날 그대는 타오르는 동방의 등불이 되어 인류를 구원하는 밝은 빛이 되리라.5)

---

5) "일찍이 아시아의 황금 시기에 빛나던 등불의 하나였던 코리아, 그 등불 다시 한번 켜지는 날에 너는 동방의 밝은 빛이 되리라. …… 진실의 깊은 속에서 말씀이 솟아나는 곳 …… 끝없이 퍼져 나가는 생각과 행동으로 우리들의 마음이 인도되는 곳, 그 같은 자유의 천국으로 내 마음의 조국 코리아여, 잠을 깨소서!"-타고르의 시 '동방의 등불' 중에서.

제31장 신 강림의 완성 과제

1. 개요(신의 역사적 과제)

자신은 神과 아무런 상관이 없다고 생각하는 사람은 神을 믿지 않고 神을 위해 아무것도 헌신한 것이 없기 때문에 언젠가는 神의 형벌이 있을 것을 두려워할까? 과연 그들에게 내릴 神의 심판은 있을 것인가? 그리고 어제까지 神은 존재하지 않는다고 생각한 무신론자가 어떤 동기로 큰 회심을 하게 되었다면 그의 삶에는 어떤 변화가 있을 것인가? 유경험자의 고백처럼 삶이 놀랍게 변화되고, 神의 사랑과 관심과 축복이 넘치며, 행복과 은혜가 충만하여질 것인가? 그 같은 변화가 객관적으로 보장되는 것이라면 누가 神을 믿지 않겠는가? 神이 존재한다면 神은 정말 인간의 영혼과 세계와 인류 역사에 대해 심대한 영향을 끼치리라. 그런데 세계사를 살펴보면 어떤 역사학자도 이런 관점에서 성업 역사를 가닥 잡아 거론한 자는 없다. 그러니까 지금까지 이룬 역사가 선언에 불과해져 하나님을 비웃는 자가 속출했다. 현실 위에서 실감할 수 없고 가닥 잡지 못하므로 이루리라 한 약속까지 유야무야되었다. 이렇게 된다면 神이 존재한다고 누구도 자신 있게 말할 수 없다. 이것을 이 연구가 만인이 확실하게 실감할 수 있도록 여건을 마련하고자 한다. 앞장에서는 하나님이 이룬 주재 권능을 차원화시킨 바이지만, 여기서는 강림하신 하나님이 이룰 존재자로서의 역할과 역사적 과제를 지침하고자 한다. 하나님이 강림하셨다면 인류 역사는 과연 어떻게 변화될 것인가? 형체가 없으신 만큼이나 강림 이전과 이후에 대해서도 아무런 변화가 감지되지 못한다면 지상 강림 역사가 무익해져버린다. 반드시 파악해야 할 과제라 이것을 하나님이 이루신 세계의 완성 과제를 통해 확인하고자 한다. 당연히 강림하시게 되었기 때문에 발휘되는 神적 권능이다.

서구사회는 인간이 지닌 이성의 능력으로 몰입한 결과 철학과 과학과 사회의 각 분야에서 엄청난 진보를 일궈냈다. "인간의 이성은 증기엔진을 발명했고, 페스트와 천연두를 정복했으며, 아득한 우주 공간에 있는 별들의 운동 법칙을 알아냈다. 어디 그뿐인가? 인간이 탄생하고 활동한 수백만 년의 역사를 알아냈고, 종교 분석을 통해 그동안 지배자로 군림한 神의 존재를 거꾸로 추적해갔다. 이제 조금만 더 있으면 이성은 인간을 완전하게 해방시켜 주리라는 기대로 마냥 부풀었다. 하지만 그것은 환상이었다. 이성을 통해 많은 업적을 이루었지만 그에 못지않게 부작용도 낳았다. 과학과 기술이 발달할수록 인간은 해방은커녕 생존 자체가 위협당하는 처지에 놓이게 되었다. 전쟁은 상상을 초월할 정도로 대규모화되었으며, 질병으로 죽는 사람보다 기술문명이 빚어낸 사고로 죽는 사람이 더 많아졌다."6) 어떻게 하여 이 같은 결과를 초래하였는가? 이성은 볼 수 있는 것은 잘 분석하지만 사실은 하나만 보고 나머지는 보지 못한 한계성에 직면하였다. 그러나 神은 삼세 간을 통괄한 전체자이다. 인간은 부분자라 일을 만들고 저지르는 자이지만, 神은 때가 되면 거두어 매듭 짓고 완성시키는 분이다. 이성의 역할과는 차원이 다르다. 인간이 이루는 일과는 권능 역할이 다르다는 점에서 하나님은 태초부터 존재하셨지만, 때가 되어 직접 강림하심에 있어서는 그만한 이유가 있었으니 지난날 얽히고설킨 정신적 고뇌, 즉 진리 가닥을 바로잡기 위해서이다. 그 하나님이 창조 이래 모습을 나타낸 보혜사 진리의 성령이시다. 이 하나님이 선천에서 논란을 거듭한 세계의 대립 이유, 드러난 모순, 가치관을 결정, 밝힘, 해결, 심판함으로써 인류가 당면한 종말적 국면을 헤쳐 갈 역사 방향을 지침하시리라. 선천이 지닌 조건으로서는 한계가 있으므로 존재적·진리적·가치적으로 완성시켜 새로운 질서 하늘을 개창하리라. 뭇 形而上學적 작용 본질과 진리 세계는 神이 아니고서는 무엇 하나 완성할 수 없다. 神은 알파와 오메가를 관장하고 초월성, 존재성, 종말성, 심판성을 주재한다. 形而上과 形而下를 일치시켜야 하는데, 이것을 강림한 하나님이 해결하시리라. 과거에는 "유대교처럼 神의 신성한 이름을 부르는 것을 금했고, 이슬람처럼 神을 눈에 보이는 모습으로 그리는 것을 금했지만",7) 정작 神은 그와 같은 조건만으로 영원히 존재하길 원하지 않

---

6) 『현대철학은 진리를 어떻게 정의하는가』, 남경태 저, 두산동아, 1999, p.226.

7) 『신의 역사(1)』, 앞의 책, p.24.

았다. 언젠가는 세상 위에 임하길 원했고, 함께하길 원했으며, 형태를 갖춘 모습으로 드러나길 원했다. 그것도 가장 확실하고 구체적으로 증명할 수 있는 존재자로서 말이다. 밝힌바 성육신 역사는 천지 창조 역사 이후 하나님이 인간과 동일한 존재자로서 드러나기 위해 시도한 구체적 사건이다. 이것은 결코 특별한 일회성 역사가 아니다. 앞으로도 계속 시도되고 실현될 보편적 역사이다(재림 역사). 하나님이 인간화된 것은 특별한 사건이 아니다. 동양의 유교에서도 고민했던 문제는 다름 아닌 천성에 근거한 인성의 이상적 구현(성인)에 있지 않았던가? 인성이 천성에 근거했다는 생각은 동양의 유교 사회에서는 보편적인 상식이다. 天人과의 합일이 가능하여 天이 人이 되고 人이 天이 되는데 아무것도 걸릴 것이 없다. 과거에는 이런 관계성을 깨닫지 못했는데, 알 수 없었던 사실을 알 수 있게 된 이것이 강림하심으로 인해 있게 된 차원적인 변화이다. 이전에는 불가능했지만 지금은 여건이 달라졌다. 진리관, 가치관, 세계관, 신앙관, 신관이 모두 해당된다. 선천 하늘을 지배했던 조건들은 한결같이 진리력을 상실하여 세계관적으로 종말이 도래했다. 불분명한 종말 원인이 확연해진 이상, 그 이유를 이 연구가 하나하나 밝히리라.

2. 인류가 신을 보지 못한 이유

지난날 인류가 神을 보지 못하고 인식하지 못하고 증명하지 못했던 것은 여러 가지 이유가 있는데, 지상 강림 역사 완수로 여건이 달라졌다는 것은 아무래도 강림하신 하나님의 영향이 크다. 본체가 드러나지 못한 상태라 인류도 하나님을 확실히 볼 수 없었다. 선천에서는 神이 존재하지 않아서가 아니라 神이 드러나지 못한 세계적인 여건 때문에 인식도 할 수 없었다. 하나님이 강림하시지 않았기 때문이다. 그러니까 신앙인들은 신실하게 믿는 것 외 다른 방법이 없었고, 동양의 선현들은 천명은 자각하였어도 命은 확실히 받들지 못했다. 존재가 확실하지 못하므로 命도 확실히 세우지 못했다. 긴가민가하였다. 神의 본성 면을 보아도 세상 가운데 드러나기 어려운 제한성이 있었다. 수많은 지성인들이 神을 추구하였고 만나고 논증하고자 하였지만 세상적인 진리와 법칙과 원리는 발견했어도 神은 증명하지 못하였다. 그 이유가 어디에 있는가? 세상은 분열 중인데 하나님은 전체자라 일체의 과정을 완수해야 드러날 수 있기 때문이다. 인간은 드러나지 않은 부분은 볼 수 없는 한계가 있지만 神은 창조 이전에도 존재하였고 세계 안에서는 바탕 된 본체로서 내재한 초월자이기에 인식할 수 있는 능력에 제한이 있는 자가 神이 존재하지 않는다고 확신한 것은 잘못이다. 인간 자체가 하자를 지닌 상태에서 神이 존재하지 않는다고 오판했다.[8] 천명결정론과 천인감응론의 경우도 확실하게 주장하지 못하여 반대설과 부딪혔다. 존재자로서의 모습과 의지가 불확실하니까 믿는 자와 부인하는 자 간의 대립이 격화되었다. 하지만 부족한 여건을 감안했다 하더라도 神이 존재하지 않는다고 한 판단은 잘못이다. 때가 되면 밝혀질 것이나니, 그때가 하나님이 강림하신 이날이다. 선천 신관을 통합하여 새로운 신권 질서를 세울 여호와의 날이다.

---

8) 『현대철학은 진리를 어떻게 정의하는가』, 앞의 책, p.88.

3. 신이 관념화에 그친 이유

　기독교는 인격적인 신관에 대해 말하였지만 철학은 존재론적 신관을, 주자학은 고래로부터 전래된 인격적 신관을 철저하게 탈각시킨 이법적인 天을 말하였다. 이 연구도 군이 분류한다면 본체적 신관이라고 할 수 있겠는데, 본체는 선천 신관의 부족한 부분을 보완함과 함께 지상 강림 역사 완수에 힘입어 미비된 선천 신관을 완성시키는 기능을 갖는다. 인격적 신관은 존재성은 내포하고 있지만 인식된 형태 면에서는 신앙에 의존한 관념성을 벗어나지 못하였다. 철학자들이 세운 신관도 여건은 마찬가지이다. 神을 개념적으로 정의하였고 체계 짓기는 했지만 본체적인 모습은 끝내 드러내지 못했다. 주자학은 天을 곧바로 理로서 연결 지었는데, 理를 통해서는 누구도 神의 모습을 본 자가 없다. 이것이 선천 신관이 지닌 관념적 한계이다. 그렇다고 관념화 상태가 근본적으로 잘못되었다는 것은 아니다. 관념상으로는 神을 완전한 상태로 표현하였다. 오직 한 가지 부족한 점이 있다면 본체성을 입증하지 못한 것뿐이다. 神은 관념적으로 정의된 것 이상도 이하도 아닌 존재자인데, 본체성의 뒷받침이 없어 관념성을 벗어나지 못하였다. 그렇다고 관념이 물질과 대립된 개념인 것은 아니다. 관념은 본체로서 뒷받침되어야 하는데 시기적으로 때가 일러 관념화에 머물렀다. 존재를 본체학과 개념학으로도 분류하지만 존재론이 끝내 본체를 부각시키지 못한 것은 선천 철학이 形而上學화・관념화에 그친 이유이다. 지금이라도 본체만 드러난다면 즉시 일체의 관념성이 실체로 전환될 수 있다. 이것이 지상 강림 역사가 진리계에 끼칠 큰 변화 요인이다. 선천에서는 본체가 드러나지 못한 관계로 어떤 진리 영역도 관념화 상태에 있었다고 한다면, 보혜사 하나님이 본체자로 강림하신 지금은 실체를 가진 하나님을 뵈올 수 있는 지상 강림 역사 시대를 맞이하였다. 세계의 진리적 여건이 확실히 전환되었다. 그것이 선천과 후천 질서를 가르는 대 변혁이다.

4. 지존한 가치 근원

유교에서는 진인사대천명(盡人事待天命)이라 인간이 할 일을 다하고 나서 천명을 기다린다는 경구가 있지만, 사람이 天에 대해 얼마나 최선을 다하고 나서 天命을 기다리는 것인지는 의문이다. 그렇다면 하늘과 인간 중 어느 편이 더 지배적인가? 인간이 하늘을 지배하는가? 하늘이 인간을 지배하는가? 일을 꾸미는 것은 인간에 달려 있고 그것을 이루는 것은 하늘에 달려 있다(謀事在人 成事在天)는 말도 있지만,9) 天이 과연 어떤 권능을 가졌고 인간에 대해 어떤 존재자인지는 말하지 않았다. 왜 하늘이 인간을 지배하고 인간의 일이 하늘에 달려 있는가? 대개는 天[神]이 지닌 존재 가치를 인식하지 못하였고 인정하지도 않았다. 命의 지배 체제를 온전하게 확립하지 못하여 기껏 인간이 대리자로 자처한 정도였다. 神人 간에 불협화음이 생겼고, 심지어는 인간이 天을 사유화하여 이기적으로 이용하기도 하였다.10) 결코 바람직하지 못한 창조 주권의 남용이다. 神을 진정한 가치의 근원자로 보지 않았다. 아함에서는 "가장 많이 설해지

---

9) 『천인관계론』, 풍우 저, 김갑수 역, 신지서원, 1993, p.136.

10) "神을 개인이나 부족, 민족, 국가, 인류의 집단적 의지를 위해 마음 내키는 대로 정의하고 이끌어다 써왔다. 때로는 神을 빌려 이익을 도모하고, 권력을 도모하고, 전쟁도 하고, 재판도 하였다."-『진리론』, 이온창 저, 운주사, 2010, p.195.

는 것이 無常・苦・無我이다. 일체가 무상이요, 고요, 무아라고 도처에서 설했다."[11] 이것은 불교 역시 神을 보지 못했다는 증거이다. 지극한 가치의 실상을 보지 못한 상황이 무상함을 통해 여실하여졌다. 神은 무상, 苦, 무아를 해소할 수 있는 참된 근원자이고, 가치를 샘솟게 하는 궁극처인데, 보지 못한 관계로 인생 시말에 허무가 드리워졌다. 요즘은 연예인이 인기를 얻으면 세계적인 톱스타도 되고, 성공한 사업가는 자산의 규모가 어마어마하다. 권력을 잡은 정치가는 그 위세가 하늘 높은 줄을 모른다. 그런데 그렇게 휘어잡은 인기, 재산, 부, 권력, 명예가 언제까지 지속될 것인지는 아무도 모른다. 누구도 보장하지 못하고 장담할 수도 없다. 추락하는 것은 날개가 있듯, 정말 알 수 있는 것은 언젠가는 추락하고 말리라는 예상 정도이다. 우리가 인생 가운데서 참으로 구해야 할 것은 영원한 생명을 얻는 것이고, 영원한 것만큼 가치로운 것은 없다. 이 같은 인생의 지존한 근원을 알고 일군 가치를 삶을 통해 구현해야 하는데, 그 같은 가능성을 안겨줄 근원자가 과연 누구인가? 창조주 하나님이시다. 하나님은 천지를 창조하신 분이기 때문에 그것보다 더 위대하고 큰 가치가 있는 것은 더 이상 있을 수 없다. 그래서 하나님은 모든 가치의 근원자이고, 창조 때부터 지존한 가치를 생성시키셨다. 그것은 나와 일체인 가치이고, 나를 이룬 근본 가치이며, 의뢰하면 무한히 보장받을 수 있는 영원한 가치이다. 하나님이 강림하심과 함께 확인할 수 있게 된 가치이나니, 그 가치가 만 영혼을 목마르지 않게 하리라. 영생케 하리라. 마치 하나님이 영원히 존재하신 것처럼……

---

11) 『존재론・시간론』, 사이구사 미스요시 저, 김재천 역, 불교시대사, 1995, p.21.

5. 우연과 필연

개인, 사회, 국가를 막론하고 어떤 사건과 직면하여 그것이 하늘의 뜻에 의한 필연인가, 아니면 우연인가 하고 따지는 것은 동·서양을 막론하고 가지는 공통된 사고 프레임이다. 하늘의 뜻이라면 합당한 근거가 있을 것이고, 우연은 전혀 근거를 찾을 수 없다는 뜻이다. "漢代의 유학자들은 천인 감응에 대해 설명하길 일에 대하여 합당한 응답이 있기 때문이라고 하였는데, 왕충은 이런 견해에 대하여 길흉은 우연히 나타난다고 하였다. 이유로서는 자연계의 어떤 이상 현상과 인간 사회의 어떤 사건이 동시에 발생하더라도 그것은 우연의 일치일 뿐 아무런 인과관계가 없기 때문이라고 하였다."12) 상당히 합리적인 생각이지만 우연과 필연을 판가름하는 보다 정확한 기준은 세계가 존재할 수 있게 된 필연성과 결정성을 알았는가의 여부에 달렸다. 두 사건 사이에 어떤 인과관계가 없다면 필연성도 없다. 당연히 우연이라고밖에 할 수 없는데, 우리는 그처럼 속속들이 세계를 모두 알 수는 없다. 따라서 우연이라고 보는 근본적인 이유는 대부분 세계를 다 알지 못해서이다. 알았다면 당연히 필연성으로 귀결되리라. 모든 존재는 필연적으로 결정되었고 상호 의존한다. 이것은 원칙적인 조건이기 때문에 어떤 경우에도 예외는 있을 수 없다. 필연보다 우연이 득세한 것은 지상 강림 본체가 드러나지 못한 때문이고, 본체를 보지 못한 상황에서는 세계를 판단하는 데 한계가 있었다. "존재는 우연이다. 필연이 아니다. 우연은 지울 수 있는 외관과

---

12) 『천인관계론』, 앞의 책, p.94.

주관적인 환상이 아니다. 절대적일 뿐 아니라 완전히 무상인 것이다(사르트르)."[13] 명백히 본질성과는 상반된 인식의 역사이다.[14] 실존은 본질에 앞선다. 보편은 없으며 개체뿐이다. 정신보다는 물질이 우선적이다. 기일원론, 진화론, 神은 죽었다 등등 이런 생각을 뒷받침한 대표적인 기준이 곧 존재는 우연이라는 데 있었다. 토마스 아퀴나스는 이 같은 문제를 해소하기 위해 다섯 가지 神 증명 방법 중 세 번째에서 "우연적인 것으로 출발하여 필연적인 것으로 나가는 방법을 사용하였는데",[15] 이것은 거꾸로 추적한 판단이다. 아무리 필연성에 무게를 두고 싶어도 하나님의 본체가 드러나지 못한 상태에서는 일체를 전제할 수밖에 없다. 그런데 지상 강림 역사를 완수한 지금은 상황이 달라졌다. 본체 강림은 세계의 우연성을 배격하고 일소한다. 그럼에도 본체를 간과하고 만 것은 선천 세계관이 한계성에 처한 결정적 요인이다. 하지만 이제는 모든 면에서 세계의 필연성을 확인할 수 있는 지상 강림 역사 시대를 맞이하였다.

6. 선천 질서의 대립 이유

선천 질서가 줄기차게 대립 상황에 놓였던 것은 통합성으로부터 창조된 세계가 분열한 때문이다. 세계가 양극화·상대화되어 있다 보니 어떤 영역도 대립된 상황을 벗어날 수 없었다. 기독교인들이 배타적인 태도를 보인 것은 진리적으로 상대성을 벗어나지 못한 증

---

13) 『존재와 무』, 사르트르 저, 정소영 역, 동서문화사, 2010, p.1045.

14) 본체 미부각=우연. 본체 부각=필연.

15) 「토마스 아퀴나스 신 존재 증명에 대한 고찰」, 이주호 저, 안양대학교대학원 목회학과, 석사, 2008, p.11.

거이다. 어차피 창조된 세계는 분열 상황을 피할 수 없고, 분열하는 것은 지극한 본질이다. 그래서 삼라만상 일체를 규합할 수 있는 제3의 통합 본체자가 이 땅에 강림해야 했다. 왜 제3의 본체자인가? 세상 질서를 초월한 본체이기 때문이다. 대립과 통일의 변증법에서 대자는 극의 분열로 인해 대립이 불가피한 반면, 하나인 즉자는 극이 하나이기 때문에 통일을 주도하는 통합자가 될 수 있다. 관념론과 유물론은 아직도 대립 중인 실정인데, 그 이유는 대자답게 극이 나뉘어 있어서이다. 그리고 나뉘었다는 것은 그대로 창조된 증거이기도 하다. 창조되었기 때문에 양론은 어떤 경우에도 통합 역사를 주도하는 본체자가 될 수 없다. 파생된 피조성일 따름이다. 대립이 불가피한 이유이다. 유물론은 물질을 중심으로 하고 관념론은 정신을 중심으로 삼지만 정신과 물질은 궁극적인 본질이 아니다. 극이 달라 대립되었던 것이고, 상대적인 극성을 포용하지 못했다. 분열된 극을 一元화시켜야 했는데, 하나님의 본체 강림 역사가 이 같은 기대를 충족시켰다. 대립성을 극복한 제3의 통합자로 강림하신 분, 그분이 곧 보혜사 진리의 성령이시다.

7. 영혼불멸론

하늘 아래 영원한 것은 없다. 육신을 가진 인간은 생자필멸(生者必滅)하는 것이 맞지만, 그래도 인간의 영혼이 멸하는 것인가, 불멸하는 것인가 하는 것은 초유의 관심사이다. 이런 것이 바로 진리적인 문제이고, 인류가 지닌 정신적 고뇌이다. 노력했지만 끝내 풀지 못한 이유는 불멸성은 인간으로서는 능력 밖에 속한 문제였기 때문이다. 심대한 과제를 해결해야 하는데, 그것은 영원성과 불멸성을 관장한 神의 본체성을 드러내는 일환이기도 하다. 영원성은 현상계 이면에 바탕 된 본체가 존재한다는 사실을 알아야 확인할 수 있고, 온갖 변화 가운데서도 神이 지닌 불변성을 확인해야 믿을 수 있다. 여기에 오늘날 강림하신 하나님이 과거에 거론된 영혼의 존재 여부 와 사멸과 불멸성에 대한 논란을 판가름할 수 있다. "불교가 중국 사회에 전파되었을 때 주로 문제가 된 것은 영혼의 불멸성과 인과응 보 문제였다. 두 갈래는 동진시대부터 5세기 후반까지 신멸(神滅)·신불멸(神不滅) 논쟁과 천명·인과응보 논쟁이란 두 측면으로 지속 되었다. 불교에서는 인과응보에 따른 윤회를, 유교에서는 천명에 따 른 인간사를 주장해 영혼은 존재하지 않는다고 하였다."16) 神의 본 체가 드러나지 못한 상황에서는 영혼의 존재성과 불멸성을 입증할 근거가 마땅찮았다. 현상계적인 측면에서는 육체가 멸하면 영혼이 떠난다는 것이 상식이다.17) 그런데도 불교에서는 업에 의한 윤회를, 유교에서는 천명에 의한 인간사 지배를, 기독교에서는 죽음 이후의 부활, 재림, 영생을 주장하였고, 니체는 무신론자인데도 영원회귀 사 상을 피력하였다. 내세운 주장들이 도대체 무엇을 의미하는 것인지 도 모른 채……. 본체의 존재성과 불멸성에 근거한 것인데 본체를 보지 못하니까 사실을 인식하고서도 영혼이 불멸한 사실을 알아채 지 못했다. 그런데 하나님이 본체자로 강림하심으로써 영혼의 사멸

---

16) 「송대 이학의 본체론에 끼친 불교의 영향」, 권선향 저, 동국대학교대학원 불교학과, 박사, 2012, p.24.

17) 중국 남북조시대의 하승천(370~447)은 "신체와 神[정신]은 둘이 아닌 것임을 분명히 하고, 신체와 정신은 장작과 불과 같은 것으로서 장작이 다하면 불이 꺼지듯 정신 또한 신체가 소멸 하면 사라진다고 함"-위의 논문, p.25.

성을 불식시킬 수 있게 되었다. 불멸한 神이 존재한 것과 인간의 영혼이 불멸한 것은 직결된다. 神이 존재한다면 그로써 뒷받침된 영혼도 불멸할 것이 당연한데, 이것을 깨닫지 못했다. 그래서 영혼의 불멸성은 하나님이 강림하심으로써 판가름할 수 있게 된 성업이다. 본체에 근거해서 영혼이 존재한 사실을 증거하고, 불멸한 메커니즘을 밝히는 것은 진리 세계를 탐구한 존재론의 백미이다.18) 육체가 멸하면 영혼도 멸한다는 생각은 그야말로 본체는 보지 못하고 현상만 보고 내린 판단이다. 인간이 본체에 근거하여 존재한 사실을 안다면 정답은 이미 주어진 것이다. 의상은 화엄일승법계도에서 한량없이 긴 시간이 곧 일념이라고 하였다. 한량없는 시간이 일념으로부터 비롯되었다. 일념으로 돌아가나니, 귀의처가 존재한 그것이 곧 본체이고, 본체는 곧 神이다. 긴 시간이 일념인 것은 그 시간이 존재의 끝이 아니라는 뜻이다(일념=본체). 영혼도 마찬가지이다. 긴 시간은 일념의 분열된 모습이듯, 영혼도 사실은 존재한 본체의 분열적인 모습이다. 그래서 일념이 긴 시간의 귀의처인 것처럼 영혼도 분열이 다하고 멸하면 본체로 귀환한다. 형태가 다를 뿐 불멸성인 것은 마찬가지이다. 이 같은 영혼의 존재 상태는 마치 파도가 한 번 일렁이는 것과도 같다. 한 번 일렁거렸다고 해서 바다 자체가 변한 것은 없다. 수없이 일렁거리지만 일어난 파도는 모두 본래의 바다 속으로 사라진다. 영혼도 존재의 파도를 타고 현상계에 나타났지만 멸하면 다시 본체계로 돌아간다. 현재라는 시간도 파도처럼 끊임없이 주어졌지만 삼세 간은 변함없이 여여할 뿐이다. "法은 현재에 있지만 과거에도

---

18) 귀의처로 돌아감이란 창조되었기 때문에 파생된 원천으로 돌아가는 것임.

있고 미래에도 있다. 그래서 삼세는 실유(實有)하고 법체는 항유(恒有)한다."[19] 법체가 항유한다는 것은 神이 불멸한 것과 같고, 법체가 항유하기 때문에 法으로 뒷받침된 인간 영혼도 불멸한다.

영혼, 본체, 神은 정말 불멸한가? 불멸하다면 그 이유는 오직 한 가지, 본체는 생멸 현상을 있게 하였지만 한편으로는 생멸 현상과 전혀 무관할 수도 있는데, 그것이 창조 이전부터 존재한 하나님의 절대적인 본체 실상이다. 이 본체는 인식할 수는 없지만 유추할 수는 있다. 우리는 대화를 나누다 보면 상대방이 무슨 생각을 가진 것인지 알게 되는데, 그런 대화와 상관없이도 상대방과 나는 있다. 마찬가지로 우리가 존재하기 이전이나 이후라도(생멸) 바탕 된 존재는 여여하다. 살펴보면 경우에 따라서는 반드시 생하고 멸하는 것만 존재하지 않는다. 『반야심경』에서는 생겨나지도 않고 사라지지도 않는 것이 있다고 하였다(不生不滅). 머무는 바 없이 그 마음을 내라고도 하였는데(금강경), 이것이 곧 불멸한 神의 영역에 대한 지침이다. 생자필멸 시스템은 창조된 존재 세계이고, 불멸 시스템은 하나님의 몸 된 본체 세계이다. 하나님은 스스로 불멸한 분이지만 우리는 결코 스스로 불멸할 수 없는바(생자필멸) 목마른 영혼들이여, 세상 가운데 왜 불멸한 하나님이 함께하고 계신 것인지 곰곰이 생각해 보라. 유한하기 때문에 우리 곁에는 영원히 존재한 하나님이 절대 필요하다. 유한한 생명을 불멸하신 하나님이 뒷받침하고 있어 우리는 죽어도 다시 부활할 수 있다. 영생할 길이 있다. 하나님이 보장만 하신다면 하나님이 불멸하신 것처럼 우리도 그렇게 영원할 수 있다.

---

19) 『존재론·시간론』, 앞의 책, p.49.

불멸은 하나님과 일체가 되어야 가능하므로, 이런 역사성을 객관적으로 확인시키고자 하는 것이 지상 강림 역사 완수이다. 이 연구가 강림된 하나님의 본체성을 증거하는 것은 온 인류가 하나님과 함께 할 수 있는 세계관적 근거를 마련하기 위해서이다. 강림하신 하나님이 인류에게 던지는 희망의 메시지도 만 인류에게 영원한 생명의 보장을 약속하는 데 있다. 말만이 아니고 구체적으로 길을 지침하셨나니, 이 진리를 깨우치는 자에게 영혼의 사멸은 결단코 없으리라.

8. 왜 세계는 유인가

존재론의 대가인 철학자 하이데거가 쓴 『형이상학 입문』 첫 장을 펼치면 "왜 세상은 無가 아니라 有인가"란 질문과 마주 대한다.[20] 존재론에 관한 대 수수께끼인데 이것은 세상이 왜 존재하게 되었는가에 대한 기본적인 인식을 전제로 한다. 창조 기원에 대한 우주론적 뒷받침이 필요하기 때문에 진리에 관한 근본적인 질문 영역이기도 하다. 과연 누가 풀고 누가 답할 것인가? 하나님이 강림하여 밝혀 주셔야 하는 문제이다. 라이프니츠는 세상의 존재 이유에 대하여 "그 해답은 神이며, 무한한 선의를 동기 삼아 자신의 자유 의지를 통해 세상을 창조했다. 세상은 有이다. 그렇다면 神이란 존재는? 神은 스스로 존재하기 위해 자기 안에서 존재한다. 神이 존재하지 않는다는 것은 논리적으로 불가능하다.[21] 우주는 오로지 神 때문에 존

---

20) 『세상은 왜 존재하는가』, 짐 홀트 저, 우진하 역, 21세기북스, 2013, p.15.

21) 神은 자기 안에 자신이 존재하고 존재 안에 다시 존재하기 때문에 어떤 원인적인 요소도 필요 없는, 자체 충족적이고 완전한 존재 체제를 갖춤. 그래서 神은 확실하게 존재할 수밖에 없음.

재하고 神은 스스로 존재한다고 하였다."22) 왜 세상이 有인가? 그 이유로 神을 끌어들였는데, 神이 갖춘 자존성과 필연성이 세상의 有와는 무슨 상관이 있는가? 세상이 有한 이유와 神 사이에는 어떤 연결고리도 없다. 정말 연관이 있으려면 神이 존재한다는 사실 자체가 無가 아니라 왜 有인가에 대해 답이 되어주어야 하는데, 이런 조건에 합당한 우주론적 관점은? 세상이 창조되었기 때문에 有가 당연한 것이란 논거는 호소력이 없다. 왜 세상이 無가 아니고 有인가 하는 것은 하나님이 본체자로 강림하신 만큼 명확한 판단을 요한다. 판단할 수 있어야 보혜사 하나님이 진리의 성령으로서 강림하신 사실을 실감할 수 있다.

그것이 과연 무엇인가? 하나님이 자존적이고 필연적인 창조주로서 천지 만물을 창조한 때문이 아니고 세상 가운데서 구분되는 有無 중 하나님이 먼저 無인 자리를 차지해버렸기 때문에 세상은 어쩔 수 없이 필연적으로, 외통수로 有일 수밖에 없다. 이런 인식 구조는 차원적인 지혜를 내포한 상태인데, 하나님은 無이지만 그 자리가 무엇보다도 확고하기 때문에 有無 간의 존재성을 더욱 확실히 한다. 그 철저한 필연적 조건이 정말 무엇인가? 하나님이 無이기 때문에 세상은 有일 수밖에 없고, 세상이 有이기 때문에 神은 無일 수밖에 없다. 나아가 하나님이 無이기 때문에 有인 세상은 창조된 有한 세계가 맞고, 세상이 有이기 때문에 無인 하나님은 창조주인 神이 맞다. 세계와 창조주가 지닌 이 같은 확고한 구분 때문에 세상은 無가 아니고 필연적으로 有이어야 했다. 하나님은 無이고 세상이 有인 것

---

22) 위의 책, p.48.

은 필연적이다. 세상이 有이어야 有를 있게 한 神의 존재 자리가 확증되고, 神이 無이어야 有를 있게 한 만사의 근원 자리가 추적된다. 왜 세상은 無가 아니고 有인가? 有이어야 창조주 하나님이 그렇게 창조한 세계와 확실하게 구분될 수 있다. 神이 초월적인 존재자란 규정은 결코 가정된 것이 아니다. 神이 초월자인 것은 당연하다. 초월성은 천지가 존재한 것을 당연하게 하는 바탕이다. 神이 無하고 有에 대하여 초월적인 것은 바로 창조를 입증하는 확실한 근거이다. 無는 有에 대해 초월적인 존재 체제이고, 有는 無에 대해 창조로 인한 결과 체제이다. 창조는 神이 지닌 무한성을 한정한 것이고, 무한한 神의 본성을 한정함으로써 세계가 생멸로서 유한하게 되었다. 그래서 모든 有는 창조 역사를 철저하게 증거한다. 유한성은 창조 역사와 직결되어 있다. 神=무한이고 세계=유한이나니, 이 도식은 세상이 왜 無가 아니고 有인가에 대한 인식을 가일층 확증한다.[23] 창조는 무한한 하나님의 본성을 창조를 통해 한정한 것이니, 여기에 有인 세계의 창조 비밀과 존재가 있게 된 수수께끼가 있다.[24] 無는 창조된 일체 세계를 포함하고 있다. 有한 유한성을 無한 神이 포괄하고 있어 뭇 존재가 지닌 생멸 현상을 극복하고, 예수가 하나님의 무한한 사랑 안에서 부활할 수 있었다. 장차 맞이할 재림 역사도 시공의 분열성과 결정성을 초월한 권능 역사로서 실현되어지리라.

---

23) 『무한과 유한』, 다게우지게이 저, 김용준 역, 지식산업사, 1993, p.35.

24) 무한정 상태의 것을 어떠한 방식으로 한정함으로써 비로소 세계가 형성된다는 것은 고대 그리스의 피타고라스도 착안했던 생각임.-위의 책, p.72.

9. 선악의 문제

선과 악이 무엇인가 하는 것은 사고적이고 가치 판단에 속한 문제이지만, 선과 악이 왜 존재하는가 하는 것은 세계의 근원성을 추적해야 하는 심원한 문제이다. 일찍이 기독교 문화권에서는 神의 절대적인 권능성과 관련하여 왜 선한 하나님이 세상을 창조하셨는데 이 세상에 악이 존재하고 있는가를 궁금하게 생각했고, 동양에서는 인간의 본성과 관련하여 맹자 성선설과 순자 성악설이 첨예하게 대립하였다. 그렇다면 이런 문제를 판가름할 수 있는 명확한 기준은 무엇인가? 선악 역시 오랜 세월 동안 실마리를 풀지 못한 인류의 정신적 고뇌에 속한 문제로서 그 원초적인 고는 결자해지(結者解之)라 의문을 제공한 자, 그가 누구이든지 간에 해지자는 반드시 있다. 여기에 이 연구가 모종의 근거를 포착하게 된 것은 진리의 성령이 강림하신 증거이기도 하다. 선악 중 선은 가치적·존재적인 측면에서 보다 우위를 차지하고 있어 선의 발생 근원을 추적하면 악이 존재한 이유도 함께 파악할 수 있다. 아우구스티누스는 악을 선의 결핍 상태로 여기기도 하였는데, 사실은 존재와도 밀접하게 관련되어 있다. 선악은 존재의 발생 근원과 함께 하고 있어 존재에 관한 문제부터 풀어야 한다. 그래서 이 연구는 존재론의 전 영역을 창조 역사와 연관시켰고, 선악이 발생하게 된 원인도 창조 역사와 관련하여 실마리를 풀고자 한다. 인간은 하나님의 본체에 근거하여 창조되었는데 하나님은 그 자체로 선하시다. 그래서 토마스 아퀴나스는 神을 증명하기 위한 네 번째 방법 중에서 "가장 선하고 완전한 것을 찾았고, 세상에서 가장 완전하고 선한 존재는 神이라고 하였다."[25] 창조 뜻을 발원시킨 동기도 무궁한 사랑에 있기 때문에 하나님은 가장 선하고 완전한 사랑의 구현을 창조 실현의 대 원칙으로 삼았다. 심혈을 기울인 역사인데 애써 악하게 창조하였을 리는 만무하다. 그러니까 창조 후 하나님도 "보시기에도 좋았더라"라고 하여 만족감을 나타내셨다.26) 이것이 세상이 선하게 창조될 수밖에 없었던 명확한 근거이다. 발원 자체가 선하고 완전한 본성에 근거한 관계로 선한 창조 역사 실현은 기본적인 원칙이다. 그것이 무엇인가? 창조는 본받음이고 그중에서도 인간은 최대한 닮은꼴로서 창조되었다. 그래서 창조는 하나님의 본성을 최고로 선한 상태로 실현한 역사가 되고, 인간은 닮은꼴 중에서도 최상인 존재자이다. 그만큼 세계에서도 선에 대한 결정 근원과 판단 기준이 명확하였다. 뜻과 사랑으로 충만되어 있기 때문에 최고선은 神의 본성 의지와 직결되어 있다. 이 같은 본성과 의지를 어떻게 반영하고 깨닫고 구현했는가가 하나님이 세계와 역사와 인간을 심판하는 기준이 되었다.

선악이 절대자의 존재 의지와 직결된 사실에 대하여 정이는 다음과 같이 대답하였다. 어느 날 한 학생이 "착한 자에게는 복을 주고 악한 자에게 재앙을 내린다는 것에 대하여 어떻게 생각하십니까?"라고 묻자 정이는 "그것은 자연의 이치이다. 착하면 복이 있을 것이고 악하면 재앙이 있을 것이다"라고 하였다.27) 이것은 자연의 이치는 창조된 것이란 뜻과 같다. 하나님의 본체가 드러나지 못하고 모습을 보지 못한 선천에서는 神의 존재 의지와 직결된 상황을 그처럼 표현

25) 「토마스 아퀴나스 신 존재 증명에 대한 고찰」, 앞의 논문, p.18.
26) 창세기 1장 4절.
27) 『천인관계론』, 앞의 책, p.83.

한 한계가 있었지만, 그가 창조 뜻을 세계 의지성에 입각해 표현한 것은 기독교인들이 하나님을 신앙한 것 이상이다. "천지 사이에는 오직 감동[感]과 응답[應]이 있을 뿐이다. 그 밖에 무엇이 또 있겠는가?"라고 한 말이 그것이다.[28] 세계를 절대적인 존재 의지와의 감응 체제로 보았다. 이것은 얼굴 없는 본체상에 근거한 '性卽理'란 도식화 표현으로 극대화되었다. 인간이 절대적인 본체 理, 즉 천성에 근거했다는 판단은 창조의 대 가닥 줄기이고 원리성에 대한 인식이다. 이런 이유로 인간 본성이 선한 것은 바로 확정적이다. 천지와 인간이 하나님의 본성에 근거해서 창조된 데 대한 유교식 논거가 곧 성즉리로 표현된 도식화이다. "본성이 곧 理다. 理라고 말하면 곧 性을 가리킨다."[29] "性이 곧 理다. 理는 요순으로부터 보통 사람에 이르기까지 모두 같다."[30] 여기서 理란 모든 존재에 앞서 존재한 원리로서 존재와 관련시키고 보면 창조주와 동일한 역할이다. "완전한 것으로서 세상의 모든 것을 가능하게 한 원동력이다. 정이는 인간의 본성을 理와 등치시켜 선하고 완전하게 보았고, 자연을 포함하여 온 세상의 원리와 같은 곳에 위치시켰다. 그래서 宋代의 理학을 성리학이라고 불렀다."[31] 인간의 본성을 理와 등치시킨 것은 이 연구가 하나님의 본체에 근거해서 선에 대한 존재 근원을 추적한 것과 같고, 내린 결론도 같다. 理는 하나님과 같고 理는 그대로 하나님이 갖춘 존재 본질인데, 이 같은 연결이 선천에서는 쉽지 않았다.

---

28) 『이정유서』, 정호·정이 저.
29) 위의 책, 권22상.
30) 위의 책, 권18.
31) 『천인관계론』, 앞의 책, p.67.

선악의 원천적인 발생 근원을 밝혀야 선악이 무엇이고, 선악이 어떻게 인류의 죄악을 심판하는 결정적인 기준 역할을 하는 것인지, 그리고 절대 의지와 연관하여 선한 행위가 하늘로부터 상을 받고 악한 행위가 천벌을 받는 것인지에 대해 답할 수 있다. 그것이 과연 무엇인가? 인류 역사가 하나님의 주재 의지와 연결되어 있고, 인간의 행위 하나하나가 하나님의 뜻과 연관되어 있기 때문에 그 뜻을 기리고 지키면 복을 얻고 어기면 천벌을 받게 되는 그것이 곧 하나님이 주관하시는 심판 역사이다. 천지는 창조되었고 선은 창조를 실현시킨 원칙이기 때문에 창조 원리와 목적과 뜻에 어긋난 것은 파멸, 파괴, 멸망할 수밖에 없다. 인류가 쌓아 올린 역사, 행위, 생각, 제도, 사상 등도 예외 없이 심판받을 영역에 속한 대상이다. 선악이 발생하게 된 근원부터 창조 의지와 연관되어 있어 인간의 행동, 가치, 판단, 생각 하나하나에 하나님의 심판 의지가 스며 있다. 인간은 사리를 판단할 수 있는 사고 능력과 목적을 수행할 수 있는 존재 의지와 교감할 수 있는 영적 영력을 지녔기 때문에 선을 이룰 것인가, 죄악을 저지를 것인가 하는 것은 전적으로 인간 자체의 판단 여부에 달려 있다. 책임 소재가 명확하기 때문에 하나님도 인간이 저지른 일체의 잘잘못에 대해 심판하실 수 있다. 세상에 왜 악이 존재하게 된 것인가에 대한 핵심을 하나님에게 묻는다는 것은 어불성설(語不成說)이다. 하나님은 어떤 죄악도 창조하지 않았다. 하나님은 세상에 존재한 죄악과 무관하시다. 잘못은 인간이 저질러놓고 그 이유를 하나님에게 따지는가? 하나님은 오직 선만 창조하셨고 선하게 창조하고 나니까 악이 부수된 것이다. 따라서 악을 없애려면 창조도 아예 없어야 하겠지만 그럴 수는 없기 때문에 원칙적으로 선이 존재하는 한 악도 그 그늘에서 세상을 얼룩지게 할 것이 틀림없는 사실이다. 그렇기 때문에 인류는 무엇보다도 하나님께서 부여한 고귀한 선의지를 자각하는 것이 중요하다. 하나님이 뜻하신 창조 의지에 공감해야 한다. 하나님이 강림하시므로 이룰 이상 천국 건설은 인류가 하나님의 뜻을 깨닫고 세계를 악으로부터 지키는 데 있는 것이지 가만히 있는데 죄악이 절로 소멸할 수는 없다. 하나님의 품 안에 안겨 지킴 받고자 하는 노력이 있어야 심판을 면한 천국 세계를 건설할 수 있다. 빛을 받으면 그림자가 생기듯 천지가 선하게 창조된 이상 세상 안에는 이 기준에 어긋난 악이 존재하는 것이 불가피하다. 그래서 언제든지 저지를 수 있는 세상 죄악으로부터 선의 세계를 지키기 위해 하나님이 펼치신 것이 바로 인류 구원 역사이다. 따라서 맹자와 순자가 펼친 성선설과 성악설 논쟁은 인간 본성이 천성에 근거했기 때문에 선한 것이 결정적이다. 다시 강조해 이 세계는 하나님이 창조하셨고 선은 그 뜻인데, 문제는 이런 사실을 깨닫지 못하여 인류가 죄악을 저질렀다. 이 같은 악순환이 더 이상 되풀이되지 않도록 하기 위해 하나님이 직접 강림하여 선악을 판단할 수 있는 기준과 원칙을 제시하셨다. 그런 만큼 인류는 그 심성과 영혼 속에 악의 침투를 막을 방호 체제를 철저히 갖추고, 이왕 저지른 죄악에 대해서는 정화시킬 수 있는 수행 체제를 정비해야 하는 것이 앞으로 나아가야 할 지상 목표이다. 그리하면 강림 본체를 진리적으로 인식하고 구원의 하나님을 실감하게 되는 영광된 지상 강림 역사 시대를 맞이하게 되리라.

10. 신의 세계화 과제

창조 역사가 하나님의 본체에 근거하게 됨으로써 세계는 결국 제 2의 하나님화가 실현된 것이고, 하나님의 본질에 근거하여 구성된 세계는 주재 섭리와 창조 목적의 완수 결과로 본체자로서의 모습을 완성시킬 수 있게 되었다. 그렇다고 세계 전체가 100% 신즉자연화 되어 버렸다는 것은 아니다. 神의 절대적 본성을 자연 속에 희석시 켜 버린 범신론 부류와는 차원이 다르다(스피노자). 태초에 창조 역 사는 실현되었지만 그것은 하드웨어적인 결정시스템이고, 소프트웨 어적인 주재 역사와 목적 의지는 아직도 추진 중이다. 그래서 선천 역사를 통틀어 규정한다면 인류의 지성들이 태초에 이룬 창조 목적 을 완성시키기 위해 노력한 역사라고 할 수 있다. 이런 과정을 오늘 날 총화시킨 것이 바로 '지상 강림 역사'이다. 하나님이 주관하신 섭 리 뜻이 집중되어 있기 때문에 선천에서는 이 같은 뜻에 대한 각성 노력이 동·서양에 걸쳐 편재하였다. 헤겔은 역사철학을 통해 인류 역사는 神이 뜻한 자체 의지의 구현 과정이라고 했고, 화엄 경전에 서는 사법계(四法界)가 바로 법신이라고 했다.32) 이것은 세계가 神 이고 온통 하나님의 몸이란 말과 대등한 인식이다. 단지 선천에서는 섭리 역사가 완수되지 못한 관계로 사법계로 구성된 법신을 진리로 서 구성한 몸신, 즉 본질적인 인식 형태로 표현한 것뿐이다. 유학에 서는 天을 "만유를 주재하는 절대자인 天神과 우주 자연의 근본 원 리인 天理로 나누었던 것처럼",33) 선천 신관은 神을 부분적으로 엿

---

32) 『동양철학의 본체론과 인성론』, 동양철학회 편, 연세대학교출판부, 1990, p.74.
33) 「주자의 본체관에 대한 연구」, 박종하 저, 성균관대학교유학대학원, 석사, 2009, p.6.

본 관점이기 때문에 언젠가는 이들 신관을 규합한 통합적 본체 신관을 완성하는 것이 과제였다. 이 같은 섭리 뜻을 위하여 이 연구가 사명을 감당하였다. 분열될 대로 분열된 인류 사회와 분파된 진리 세계를 통합하는 것이 관건인데, 오늘날은 동·서양이 지리적으로 단축되었고 문화, 사상적인 교류가 활발하게 되었으므로 목적에 합당한 가장 정확한 범주 틀은 곧 동양본체론과 서양 形而上學을 일치시켜 하나인 존재자로 구성하는 데 있다. 그렇게 하면 거둔 진리적 성과를 바탕으로 태초로부터 함께한 하나님의 모습을 존재적으로 완성할 수 있다. 선현들이 세계의 본질을 진리로서 각인했던 것은 하나님의 몸 된 본체를 부각시키고자 한 노력 일환이다. 道, 太極, 梵, 理氣, 法, 空, 실체, 天, 진리, 神 등등 이들이 존재적으로 완성되기 위해 거친 선천 신관의 실체들이다. 이것을 알아야 이 땅에 본체자로 강림한 보혜사 하나님이 이루실 향후의 인류 역사 추진 과제를 가늠할 수 있다. 그것은 다름 아닌 만 인류가 하나님과 함께할 세계관적인 집 건설이고, 창조 주권을 확립한 하나님의 나라 건설이다. 만백성의 애환을 감싸 안을 나라이니, 그 나라가 곧 제3의 신권 문명 창조로 이 땅에 세워질 이상적인 지상천국이다.

제32장 새로운 신 문명 창조

1. 기독교의 서양 문명 수용 근거

인류 최초의 문명은 알려진 바대로 황하문명, 메소포타미아문명, 이집트문명, 인더스문명이다. 이들 4대 문명 중 서양 문명은 이집트 문명 메소포타미아문명으로부터 시작되었다. 이 두 문명을 한꺼번에 오리엔트(Orient)문명이라고도 하는데, 그것은 유럽에서 동쪽에 위치한 이집트 지방과 서아시아 지방을 '동방의'라는 뜻으로 서양의 학자들이 자신들을 중심으로 명명한 까닭이다.[34] 현재 우리가 접하고 있는 서양 문명은 헬레니즘 문명과 헤브라이즘 문명과의 결합체인데, 헬레니즘(Hellenism)이란 고전(古典) 그리스의 뒤를 잇는, 세계사상(世界史上) 한 시대를 규정짓는 개념으로서 그리스 문화, 혹

---

34) 네이버 백과사전 자료.

은 그리스 정신을 가리키는 경우도 있지만, 대개는 그리스 문화와 오리엔트문화가 서로 영향을 주고받아 질적인 변화를 일으키면서 새로 태어난 문화로 본다. 그리고 헤브라이즘(Hebraism)은 헬레니즘과 더불어 서양 사상을 형성해온 중요한 사조(思潮)로서 고대 이스라엘인의 종교(구약)에 근원을 두고 있다. 기원전 13세기로까지 거슬러 올라가는 이스라엘 민족의 神(야훼, 엘로힘)과의 계약이란 전승에서 비롯된다. 그 후 많은 역사가, 율법의 기자, 선지자들이 활약하였고, 특히 기원전 6세기 초엽의 남왕국 유다가 바빌로니아에 의해 멸망되고 다수의 백성들이 포로가 되면서 종교 사상이 한층 심화되었고, 제2 이사야의 고난의 종복에 있어서의 구제 사상에서 정점에 달했는데, 이 구제관이 나사렛의 예수에 의해 실현되었다고 보고, 그를 추종한 제자들에 의해 전파되어 마침내 기독교가 탄생하였다. 이처럼 우리가 말하는 그리스도교(=기독교)는 헤브라이즘 전통과 깊이 관련되어 있으며, 그 형성기에 헬레니즘과 접촉하고 영향을 받아 이론적·철학적 성격을 얻게 되어 이른바 기독교 신학을 형성하였다. 이후부터 헤브라이즘은 기독교에 의해 서양 사상의 근간이 되었다.[35] 그러니까 서양 문명의 두 기둥인 그리스 문명과 기독교적인 종교 전통은 근간을 이룬 문명적 원뿌리가 따로 있었다. 기독교는 헤브라이즘적인 전통 속에서 탄생된 종교이지만 예수의 십자가 희생처럼 유대인들로부터 배척당하였고, 이방 세계인 지중해를 중심으로 전파되는 과정에서 제자들의 노력에 의해 각색되었다. 그래서 이 연구는 오늘날 기독교가 유대교를 모태로 했으면서도 유대교와는 전혀 다

---

35) 『동아세계대백과사전』, 동아출판사백과사전연구소 편자, 동아출판사, 1995, p.147, 167.

른 기독교로서 각색되었다는 사실을 특별히 지적하는 바이다. 제대로 각색되어 인류를 온전하게 구원한 종교 체제를 갖추었더라면 아무런 문제가 없을 텐데 기대에 못 미친 만큼, 각색시키는 데 절대적인 영향을 끼친 헬레니즘 문명 속에서 그 이유를 찾고자 한다. 우리가 서양 문명을 헬레니즘과 헤브라이즘의 결합체로 보는 것은 어디까지나 기독교를 주축으로 한 판단이고, 기독교가 서양 사회에서 이룬 종교적인 문화, 제도, 전통, 사상, 교리, 신학에 근거를 둔 때문이다. 기독교를 믿게 된 이방인들은 정력적이고 공격적으로 자신들이 가진 전통적인 사고방식과 세계관을 통하여 예수에 대한 신앙을 교리로서 구축하였다. 헬레니즘 문명의 바탕인 그리스 문명은 유대 전통으로부터 발생된 기독교가 전파되기 이전부터 상존하였고 문화, 사고방식, 사상적으로 이미 본질화되어 있었다. 이것은 어떤 역사적 상황에 처해서도 변화될 수 없는 것이다. 유대적 전통이 고수되고 있는 것 이상으로 그리스적 전통이 헬레니즘화되고 기독교화되었다고 해서 본맥이 허물어진 것은 없다. 그러니까 이후로 기독교와의 결합 끈이 느슨해지자 과감하게 끊어버리고 고전 부흥 운동(르네상스)을 일으키고 말았다. 두 문명은 겉모습은 한 덩어리를 이루고 있는 것 같지만 단면으로 보면 퇴적암처럼 단층을 이루고 있어 온전하게 융화된 것이 아니었다.

이 같은 면모를 실감나게 확인할 수 있는 것이 바로 기독교란 종교이다. 원시기독교는 전적으로 유대교적인 전통에서 출발한 것이지만 종교다운 종교로서 체제를 갖추기 위한 교리관을 정립한 것은 헬레니즘적 전통 속에 있었던 신앙인들의 노력 때문이었다. 두 전통 문화를 결합시킨 기본적 바탕은 유대교적인 전통이지만 그런 기독교를 각색시킨 것은 바로 그리스 문명이다. 그래서 기독교화되었다는 말을 쓴 것이다. 이것은 원류로부터 흘러나온 문명이 지류를 거치는 과정에서 겪게 되는 아류 문화로서의 일반적인 모습이다. 이렇게 각색된 문명의 본질을 알아야 인류 역사가 돌고 돌아 오늘날 동양 문명을 통해서도 서양식으로 각색된 것 이상으로 재차 각색될 수 있는 가능성을 확인할 수 있다. 그래서 이 연구는 기독교가 서양 문화를 수용하였고 서양 문화를 통해 각색된 역사적 사실을 근거로 서양식 기독교라고 명명하는 바이며, 이것은 다시 동일한 절차를 거쳐 성공할 수만 있다면 동양식으로 각색되어 기독교화될 수 있다는 의미이기도 하다.36) "팔레스타인에서 시작한 기독교가 지중해 지역으로 전파되어 가면서 가장 먼저 만난 것은 헬레니즘 문화였다. 헬레니즘은 고대 그리스의 고유한 문화와 동방 문화가 결합하여 형성된 개인주의적이고 보편주의적인 문화와 사조로서 당시의 세계를 지배하고 있었다. 이런 시대적인 여건이 조성된 상황에서 기독교가 헬레니즘 사회에 전파되었을 때 기독교를 신앙하게 된 사상가들은 그리스철학과 헬레니즘 문화에 대해 어떤 태도를 취했을까? 헬레니즘이라는 새로운 문화 환경 속에서 기독교와 헬레니즘 문화와의 관계성을 규정하는 것이 부상된 과제였다. 그때 터툴리안이 예루살렘과 아테네가 무슨 상관이 있느냐고 한 질문은"37) 당시의 지성들이 당면했던 고민들을 상징적으로 대변한다. 예루살렘과 아테네, 즉 기독교와 헬레니즘과의 관계에 대해 기독교인들이 취한 입장은? 당연히 찬성하는 입장과 반대하는 입장으로 나뉘었는데, 비록 질문을 던진 터

---

36) 동양 문명이 하나님의 지상 강림 본체를 뒷받침하고 온전히 증명할 수 있는 가능성에 대하여.
37) 『아우구스티누스 & 아퀴나스』, 신재식 저, 김영사, 2008, p.45.

툴리안은 반대적인 입장에서 기독교와 헬레니즘 문화를 분리하고 스토아주의와 플라톤주의 철학을 배척했지만, 알렉산드리아의 집안에서 태어났던 심오한 사상가인 필로(Philo Judaeus, B.C. 20∼A.D. 50)는 "유대민족의 절대적이고 인간적이고 윤리적인 하나님의 개념과 플라톤주의와 피타고라스주의의 추상적이고 인식론적이고 초월적인 신학을 융합시키고자 노력하였다."[38] 고대 그리스의 철인들은 자연의 원질이 무엇인지에 대해 관심을 가져 자연철학을 발달시켰고, 이런 노력은 "세상을 이해하는 방식을 근본적으로 바꾸어놓았다. 초창기 그리스의 자연철학자들은 초자연적인 요인을 인정하지 않고 궁금한 것이 생기면 적당히 얼버무리는 법 없이 끊임없이 생각해서 최선의 답을 찾으려고 했다. 이런 합리적인 사고 접근 방식은 서양 문명을 발전시키는 데 크게 영향을 끼쳐 오늘날도 많은 서양인들은 자신들의 문명 뿌리를 고대 그리스에서 찾고 있다."[39] 철저한 이성적 통찰과 분석을 통해 자연에서 일어난 제반 현상들을 이해하고 원인을 밝혀 설명하고자 한 인식 기조이고 사고 체제이다. 이런 사고 방식은 사실상 서양 문명 전체를 지배한 결정적 본질이다. 그런데 이런 전통 위에 神이란 전혀 이격된 존재자가 유입되어 새로운 문화 단층을 형성하게 되다 보니 초월적인 신권 문화가 원활하게 융화되지 못할 것은 예상된 결과였다. 그래서 서양 역사를 살펴보면 그들 전통이 왜 중세시대에 하나님을 중심으로 구축된 신권 질서를 결국은 거부하고 만 것인지, 그리고 오늘날 요구되는 새로운 신권 질서 재건에 있어 다시는 神 문명을 창조할 역사를 도모할 수 없는 것인

---

38) 『요한복음 강해』, 김용옥 저, 통나무, 2014, p.95.

39) 『아리스토텔레스 & 이븐 루시드』, 김태호 저, 김영사, 2007, p.41.

지 이유를 찾을 수 있다.

　하늘은 푸르고 푸른데 선글라스를 끼고 있으면 다르게 보이듯, 기독교는 서양의 문화를 수용하였기 때문에 서양화된 기독교이다. 인류 문명의 발상에는 동양 문명의 근원인 황하 문명과 인더스 문명도 있는데, 기독교가 먼저 향한 곳은 서양 문명 쪽이었다. 기독교가 서양 문화와 조우한 것은 지극히 운명적이다. 하지만 이후로도 문명의 진행 방향은 멈추지 않아 지중해→대서양을 거쳐 태평양까지 이르게 된 것은 문명이 진행하게 된 일관적 기류를 나타낸다. 그리고 오늘날은 태평양을 넘어 동양 문명으로까지 이어지게 된 상태이기 때문에 바야흐로 조우한 동양 문명이 다시 주체가 되어 기독교를 새롭게 흥기시키지 말라는 법이 없다. 그 가능성을 우리는 서양 문화가 기독교를 수용한 과정을 되짚어봄으로써 확인할 수 있다. 기독교가 서양인에게 전파되었을 때 이 종교에 대해서 희망을 보았던 대다수 서구인들은 "헬레니즘 문화와 사상을 적극적으로 활용하여 기독교의 가르침에 적용하려 했다. 당시 기독교를 신앙했던 지성인들은 헬레니즘 문화, 특히 플라톤 철학과의 교류를 통해 신앙을 체계화시키고 합리적으로 설명하였는데, 이런 노력 결과는 상당히 성공적이었다."[40] "서양철학이 모두 플라톤 철학의 각주였다고 한다면, 기독교 신학은 아우구스티누스 신학에 대한 각주라고 할 정도로 그는 플라톤의 사유 틀을 빌려 기독교 신앙의 내용을 체계적으로 보여주었다."[41] 플라톤은 현실 세계와 이데아 세계를 구분해서 이원론적 세계관을 세운 고대 그리스의 철학자인데, 그의 철학을 근거로 아우구

---

40) 앞의 책, p.46.

41) 『아우구스티누스 & 아퀴나스』, 앞의 책, p.93, 204.

스티누스는 하나님에 대한 이해에서부터 최고의 행복을 누리는 구원의 과정에 이르기까지 중세 신학의 틀을 제시했다. 하나님의 존재, 비물질적인 영혼, 선의 결핍으로서의 악의 문제 등에 대하여 기독교 신학에 적극적으로 접목시켰다.

그리고 또 한 사람 중세시대를 대표하는 신학자인 토마스 아퀴나스는 플라톤의 제자인 아리스토텔레스의 사상을 활용하였는데, 아우구스티누스가 하나님 중심적인 사고 틀로 중세 사고의 기초를 놓은 신학자였다면, 토마스 아퀴나스는 그것을 완성시켜서 중세 사고의 틀을 확립하였다.[42] 본래 그리스철학과 기독교 신앙은 뿌리가 서로 다른 것인데 어떻게 기초를 이루고 완성시킨 것일까만, "기독교 신학은 그리스 문화권 속에서 형성될 때 선택의 여지없이 그리스적인 신관을 받아들였고, 이런 역사적 기반이 오늘날까지도 기독교 신학의 전통을 지배하고 있다."[43] 서양인들은 기독교를 받아들였을 때 헤브라이즘적인 전통을 따르지 않았다. 자신들이 원래 지닌 사고방식과 철학과 문화적인 전통을 바탕으로 기독교를 이해하였다. 좋은 뜻으로는 이해였지만 사실은 각색한 것이었고, 그리스화시킨 것이다. 이것이 시사하는 바는 과연 무엇인가? 각색하였기 때문에 그리스가 지닌 고유문화와 전통은 고스란히 서양 전통 가운데 남아 있었던 것이다. 이것이 이후에 르네상스 운동을 일으킨 원동력이다. 동양 문화로서 각색되지 않은 것이 분명한 사실인데, 역사에서 만약이란 가정은 성립될 수 없지만 미래 역사에서만큼은 그렇게 될 수 있는 가능성과 기회가 얼마든지 있다. 기독교가 서양 문화를 수용하였기 때

---

42) 앞의 책, p.76, 203.

43) 『헤겔철학과 현대신학』, 김균진 저, 대한기독교출판사, 1980, p.70.

문에 서양화된 기독교가 될 수 있었다는 사실을 자각하는 순간 이 연구는 대 인류 역사가 전환된 사실을 즉각 깨달을 수 있었는데, 그 시점이 모든 면에서 때가 무르익은 지금이다. 동양 문화를 기반으로 한 제3의 기독교를 일으켜야 할 역사적 시점이 도래한 사실을 확신하였다. 아우구스티누스와 토마스 아퀴나스가 플라톤과 아리스토텔레스 철학을 수용해서 천년 세월을 풍미한 신권 질서의 기틀을 세웠다면, 이 연구는 동양철학과 동양 문화를 기반으로 한 동양식 기독교를 세울 수 있는 세계관적 틀을 제시할 수 있다. 두 신학자는 탁월한 문명 수용자이고 문명 해석자로서 중세란 절대 신권 질서를 수립하고 새로운 종교를 탄생시키는 데 중추 역할을 한 위대한 문명 창출자이었듯, 서양 문명이 기독교를 수용한 과정과 절차를 본보기로 삼는다면 오늘날의 우리도 능히 기독교를 동양화시키는 새로운 종교 문명을 창출할 수 있다. 왜 그렇게 해야 하는가? 서양식 기독교가 지난 세월 동안 인류를 구원하기 위해 사명을 불태웠지만 결과적으로는 神을 옹위하는 데 실패하고 말았기 때문이다. 그래서 온 인류를 빠짐없이 구원할 수 있는 보다 완전한 종교 전통 수립과 신앙 체제 구축이 긴요하다. 神은 그들을 축복하였고 반드시 구원하리라고 약속하였지만 그들은 끝까지 믿음을 지키지 못하였고, 그들이 먼저 앞장서 神을 떠나버렸다. 그래서 연면한 섭리 역사의 대맥을 이을 대안 문명 체제를 동양을 통해 모색하게 된 것이므로, 오늘날 우리가 동양 문명을 부활시켜 동양 문명을 바탕으로 기독교 문명을 재건하는 것은 앞으로의 인류가 감당해야 할 불가피한 역사적 소임이다.

2. 서양 문명과 서양식 기독교의 한계와 몰락

헤브라이즘 전통에 기초하여 팔레스타인에서 출발해 2천 년 전 예수에 의해 만들어진 기독교는 지금까지 서양 세계를 지배한 고등 종교이다. 기독교를 모르고서 서양 문명을 논하고 세계를 이해한다 는 것은 거의 불가능한 실정이다. 유럽 지역은 서구 문화의 정수를 느낄 수 있는 곳으로 이곳이 서구 역사에서 기독교와 무관한 사건은 얼마나 될까? 박물관, 성당과 교회, 옛 성 등 유럽의 어느 구석이라 도 관련이 없는 곳이 없다. 건축, 조각, 그림, 드라마와 문학에 이르 기까지 서구 예술의 거의 전 영역에 걸쳐 기독교의 흔적이 배어 있 다. 런던의 웨스트민스터 성당, 파리의 노트르담 성당, 로마의 성 베 드로 성당 등 문화재의 대부분이 기독교 유적이고 예술이다. 이것이 바로 서양 문화의 현실이다.[44] 그런데 서양 문명은 또 한 줄기의 전 통 가닥인 그리스 문명을 계승한 결과로 과학을 발달시켜 전 세계를 과학 문명으로 도배하다시피 하였다. 지중해를 배경으로 결집된 문 명이 유럽, 대서양을 거쳐 미국에서 꽃으로 만개된 것인데, 이른바 태평양 시대의 도래가 그것이다. 끝을 모르고 진보와 성장을 거듭할 것 같았지만 슈펭글러가 예언했던 것처럼 역사의 내면을 들여다보 면 문명적인 한계성이 사전에 예정되었고, 기독교의 몰락은 이미 수 세기 전부터 진행되었다. 화사한 꽃도 시간이 지나면 져버리듯 문명 역사도 마찬가지이다. 역사가인 토인비의 말을 빌리지 않더라도 인 류 문명은 흥망성쇠를 거듭하였다. 서양 문명도 예외는 없다. 초강

---

44) 『아우구스티누스 & 아퀴나스』, 앞의 책, pp.16~17.

대국으로 부상한 미국도 지난 세기 동안 문명적인 결실을 모두 거둬 버린 상태라 아메리칸드림은 더 이상 인류 사회에 문명적 자양분을 공급할 수 없다. 그야말로 벼랑 끝에 다다른 종말 문명이다. 왜 서양 문명은 가지 문명이고 지체 문명인가 하면, 안주하고자 한 神은 저버리고 현상 세계만 집중적으로 탐구하여 과학 문명을 일으켰기 때문이다. 이것이 왜 문제가 되고 한계인가 하면 문명의 꽃을 피운 뿌리를 파헤친 것이기 때문에 神을 받아들이는 역사 과정 속에서는 축복받은 문명으로서 촉망받았지만 버린 이후부터는 뿌리를 잃게 되어 문명적 자양분이 더 이상 양산될 수 없게 되었다. 이에 반해 동양 문명은 진리적으로 본체 문명, 뿌리 문명다운 모습을 여실하게 드러내었다. 현재는 무성하게 뻗은 서양 문명의 잎새 때문에 뿌리로서의 존재감이 가려져 있지만, 이들이 낙엽이 되어 스러지고 나면 그때 비로소 뿌리 문명으로서 새로운 문명의 싹을 틔우리라. 지체 문명은 겉으로는 화려하게 모습을 갖추지만 때가 되면 쇠락하고 몰락하여 버리는 반면, 뿌리 문명은 언제든지 회생과 재건이 가능하다. 뿌리 문명은 인류 문명의 영원한 본질성을 함유하였다. 흥망이 있는 가지 문명과는 차원이 다르다.

기독교는 왜 배타성을 지녔고 그 같은 태도가 변화할 기미가 없는가? 왜 서양에는 동양 문화가 스며들지 못하였는가? 왜 헤브라이즘과 헬레니즘은 2천 년간이나 동거하였지만 끝내 갈라서고 말았는가? 그 이유가 바로 가지 문명에 속해 있어서이다. 하지만 뿌리 문명이자 본체 문명인 동양 문명은 다르다. 본체 문명은 곧 통합 문명이다. 얼마든지 서양 문명을 수용할 수 있고, 기독교를 포용해서 동양식으로 다시 꽃피울 수 있다. 그 가능성을 우리는 서양 문명의 한계성과 서양식 기독교의 몰락을 통해 가늠할 수 있다. 서양식 기독교는 문화적·지리적인 장벽을 넘어 복음을 땅 끝까지 전파하고자 했지만 결과를 두고 보면 세계 인구 중 기독교인이 차지하는 비율은 절반도 되지 못한다. 넉넉잡고 보아도 반밖에 선교하지 못했다. 이것은 그들의 선교 활동이 미약해서가 아니다. 복음이 지닌 자체 구원력의 문제이고, 뒷받침한 기독교 신학의 진리성이 문제이며, 기독교를 떠받친 서양 문명이 지닌 한계성 문제이다. 이런 사실을 자각해야 만 인은 비로소 동양 문명을 통하여 새로운 신권 질서를 창조할 수 있는 가능성을 거론할 수 있다.

기독교는 예수그리스도가 살아 계실 때 일차적으로 진리적인 기반을 갖추었다. 그리고 더 나아가 종교적인 단체를 형성한 것은 그리스도의 부활을 경험한 사도들이 신앙심을 굳히고 각지에서 전도 활동을 시작하면서부터이다. 12사도 중 요한은 에베소에 정착하여 초대교회를 이끌었고, 마르코는 알렉산드리아에 교회를 건설하였다. 마침내 사도바울이 합세하면서부터는 지중해 연안 여러 지방에까지 뿌리를 내렸다. 사도바울은 이방인 선교에 앞장서 기독교를 유대교에서 분리시켜 인종과 지역을 초월한 세계 종교로 성장시켰다. 이처럼 초대교회가 형성된 역사 과정을 일컬어 '원시기독교시대'라고 한다. 2세기 이후부터는 교회 조직을 더욱 정비하였고 신약 성서도 편찬하였는데, 이때부터 중세 교황청을 중심으로 한 로마 가톨릭 교회를 형성시키기까지의 초대교회를 고(古) 가톨릭교회라고 한다. 3세기 이후로는 교회에 대한 로마의 박해가 더욱 심해졌는데, 충돌하게 된 가장 큰 이유는 황제 숭배 문제였다. 그 무렵 쇠퇴하고 있던 로마 제국은 황제 숭배를 통해 국세를 만회하고자 하였다. 이것을 기독교인들이 완강히 거부하고 단결하면서 믿음을 지켜 교회를 더욱 키웠다. 그러자 로마제국은 회유책을 써 313년, 콘스탄티누스 1세가 밀라노 칙령을 발표하면서 기독교를 승인하였고, 테오도시우스 황제는 국교로 선포하였다. 하나인 보편 신앙 체제를 이루게 된 로마 가톨릭은 이후로도 로마제국은 멸망했지만 이동한 게르만민족들에 의해 신앙적으로 계승되어 중세시대를 풍미할 수 있었고, 교황권을 확립하여 전성기를 구가하였다.[45] "중세는 거룩한 단체라고 할 수 있는 하나의 특별한 제도 안에서 구체화된 초월적 실재가 문화를 형성하고 자연까지 해석하였다."[46] 외세의 풍파와 도전이 없었다면 중세시대의 한복판은 인간 실존의 문제가 영원한 것의 빛 안에서 해결되고 보호받는 인간 영혼의 가장 행복한 시기였을 수도 있었으리라. 하지만 가장 완벽하고 영원할 것 같았던 신권 질서도 1300년 무렵부터는 해체되기 시작했다. 중세 때 전성기를 구가한 신권 질서는 음영이 함께한 세계관의 실험 무대와도 같아 神을 지나치게 역사의 중심에 둔 관계로 인간성의 발견과 가치가 등한시되었기 때문에 보다 완성된 신인합일적 나라 건설은 다음 시대를 기약해야 했다. 그럴 수밖에 없는 대가 역사가 결국 일어나게 된 르네상스 운동이다. 이 운동은 기독교가 천년 동안 쌓아 올린 신앙적 가치에 대한 대 반전이고, 혹독한 거부 역사이다. 외부적으로는 르네상스(Renaissance·문예부흥) 운동 형태로, 내부적으로는 종교개혁(Reformation) 운동 형태로 일어나면서 로마 가톨릭이 분열하였다. "이런 변천 과정을 겪으면서 기독교는 로마 가톨릭과 그리스정교회와 프로테스탄트 교회로 갈라

---

45) 『동아세계대백과사전』, 앞의 사전, p.382.
46) 『폴 틸리히의 기독교 사상사』, I. C. 헤넬 엮음, 송기득 역, 한국신학연구소, 1985, p.183.

졌고, 그리스정교는 다시 몇몇 교회들이 독립하였으며, 프로테스탄트 교회도 수많은 종파들로 분열하여 세계 곳곳으로 다시 퍼졌다."[47] 분열이 극대화된 것은 파국을 향한 내리막길인데도 끝내 막지 못한 것은 기독교 문명의 한계성이다. 무엇보다 몰락하고 말 운명을 지닌 가장 큰 원인은 기독교는 중세 때 전성기를 이미 거쳤다는 데 있다 (중세 융성기: 1200~1300). 정점을 치고 하향 곡선의 신호탄을 올린 것이 곧 르네상스 운동이고 종교개혁 운동이다. "중세로부터 근세로 옮아간 14~16세기는 이른바 과도기 시대로서 중세문화에 반발하여 고대문화를 부흥시킬 목적으로 근대문화의 새로운 건설 활동을 전개하였는데, 재생(再生)으로도 불린 문예부흥 운동이 그것이다. 당초에는 협의적으로 고대 학예의 부활 재생을 의미하였지만, 시간이 지나면서 한갓 고학(古學)의 부활 재생에 그치지 않고, 인간성 일반의 각성에 터 잡아 자유로운 신생(新生)을 일으키는 의미로 변화하였다. 자유에의 동경과 개인의 해방을 요구하고 종교개혁, 근대국가의 발생, 자연과학의 발흥, 여러 가지 발견 및 발명 등등 문화 전반에 걸쳐서 복고와 신생이란 국면을 전개하였다. 가치관과 세계관의 전도로서 학문들이 종교 내지 신학으로부터 독립하기 시작하였고, 과학·철학·자연과학은 신학으로부터 완전히 독립하였으며, 신학과의 조화가 아니고 종교와 오히려 대립하게 된 획기적인 변화를 일으킨 시기였다. 문예부흥은 종교적·중세적·기속(羈束)으로부터 인간을 해방시켰다(인간성 발견=humanity). 르네상스·문예부흥 운동의 핵심은 인간성의 발견에 있었고 개인의 개성 표현, 자아

---

47) 『동아세계대백과사전』, 앞의 사전, p.381.

실현, 영광 및 명성을 강조한 데 있다."48)

　무신론 시대를 살아가고 있는 현대인들은 억압된 신권 질서로부터 참된 인간성을 해방시켰다고 자부한 인간 승리 역사를 찬미하고 있지만, 새로운 시대를 개막한 것은 동시에 언젠가는 폐막될 시대를 출발시킨 것이다. 르네상스 운동을 전환점으로 중세의 신권 질서가 막을 내리고 기독교도 반 토막이 나고 말았지만, 새로 개막된 근세 시대는 그렇다면 인간이 지닌 무궁한 가치를 일구고 이성적인 능력을 극대화시킨 것인가 하면 결코 그렇지 못하다. 기독교와 서양 문명이 똑같이 동반해서 몰락의 길로 추락하고 말았다. 중세 말기에 종교적 피폐상을 경험한 지성들이 새로운 세계를 찾아 그리스의 고전 문화에 눈을 돌린 것은 여러 가지 측면에서 의미가 새롭다. 언급한 대로 동거했던 헤브라이즘 전통과 결별한 것인 동시에 새로 건설할 문명적 에너지를 고전의 그리스 문명으로부터 구했다. 이때에도 서양인들은 끝까지 동양 문명에는 눈길을 돌리지 않았다. 다람쥐 쳇바퀴 돌듯 자체 지닌 문명적 테두리 안에서 맴돌고 또 맴돌았다. 이것이 서양 문명의 세계관적 한계성이다. 비록 인간을 중심으로 한 세계는 개척하였지만 인류 사회를 두루 만족시킬 수 있는 문명은 아니었다. 그렇게 하여 근대적인 국가 체제를 갖춘 유럽의 열강들은 강력한 신식 무기를 앞세워 타 민족을 침략하는 데 혈안이 되었을 뿐(식민지 건설) 진정한 문화적·종교적·사상적 통합 과제는 관심 밖이었다. 특히 아메리카 대륙을 침략하는 과정에서 드러낸 문명적 야만성은 전통적인 문명을 말살하고 그 위에 심어놓은 강제 이식이

---

48) 『현대사상의 체계분석』, 정동근 저, 정훈출판사, 1991, p.18.

었지 섭리적인 뜻을 이루고자 한 영광된 역사가 아니었다.

神을 버리고 인간의 해방을 선언한 르네상스적 가치는 하나님의 영광과 하나님이 이루고자 한 구원 목적과는 거리가 멀었다. 오히려 인간이 원한 지극히 인간적인 목적을 위해 神의 권위를 이용하길 서슴지 않았다. 근세 역사는 인간을 중심에 두고 해석한 역사로서 인간의 해방과 자아의 자각을 통해 神 중심에서 인간 중심으로 전환시킨 대 문화적 혁명이라고 격찬하였지만, 하나님이 뜻한 인류 구원 목적 면에서 본다면 오히려 神을 버린 역사이고, 그들의 주도로 하나님과 이룬 약속을 파기시킨 역사이며, 하나님의 뜻을 오도하여 저지른 배반의 역사이다. 그런 작태를 서양이 이룬 근·현대 역사가 유감없이 드러내었다. 자연과학적인 진리관으로 무장한 인간 지상주의자들의 전진 때문에 중세적인 세계관을 탈피하지 못한 기독교는 속속 허물어져 내렸다. "코페르니쿠스, 갈릴레이, 케플러 등이 지동설을 주장하였고, 태양계의 운동을 해명함과 함께 기독교의 교의가 권위를 상실하였으며, 과학은 신학의 시녀 역할을 거부하였다."[49] 몰락으로 향한 신권 질서의 가파른 하향 곡선이다. "인간성 문화가 성숙한 단계인 17세기 후반부터 18세기에는 계몽주의 혹은 계몽사상(enlightenment)이 영국과 프랑스를 중심으로 전 유럽으로 확산되었는데, 계몽(啓蒙)이란 이성 또는 자연의 빛이 중세적인 암흑을 헤치고 인류의 진로를 가리킨 것을 의미하는 시민계급의 사회사상이다. 이성의 능력을 전적으로 신뢰하여 인간 및 세계를 합리적인 법칙에 따라 이해하고, 이에 따라 개조하려고 한 지적 운동의 총칭이

---

49) 앞의 책, p.59.

다."50) 인간은 앞만 보고 있으면서도 모든 것을 살펴보고 있다고 착각하고 있는 어리석은 존재자이다. 계몽주의자들은 인간이 이룬 인류 문명의 진보가 끝이 없을 것이라고 믿어 의심치 않았지만, 그렇게 신념을 굳혀갈수록 장차 이룰 새로운 신권 질서의 재건과는 거리가 멀어져버려 다시는 돌아오지 못하는 강을 건너버리고 말았다. 그런데 하나님은 왜 원대한 구원 목적에 대해 심대한 차질을 안긴 인간성의 시대 개막을 허용했는가 하면, 일단 이룰 것은 이루어보고 시도해볼 것은 해보아야 결과를 알고, 한계성에 도달하여 다시 하나님의 구원 손길을 기대할 것이기 때문이다. 인간 가치에 중점을 둔 관계로 중세시대를 문화적으로 아무것도 성취한 것이 없는 암흑시대로 규정하였지만,51) 하나님이 하나님다운 세계 질서를 회복하는 그때 중세시대를 이룬 천년 기간은 하나님이 이룰 이상적인 나라 건설의 반성적 모델이 될 것이다. 보다 나은 유토피아 세계를 건설하기 위해 거친 단계적 실험 무대였던 것이지, 다시는 재건될 수 없는 무익한 역사가 아니다. 하나님의 주재 섭리는 오묘하고도 오묘한데, 인간의 좁은 안목이 그것을 볼 수 있는 눈을 가려버렸다.

인간은 神의 구속을 벗어나면 진정 인간성을 회복하고 자유를 되찾을 수 있을 것으로 알았는데, 막상 해방을 선언하고 나니까 누구도 자신을 지켜주지 않았고, 방임된 자유 앞에서는 스스로 자신의 존엄성을 저버리기까지 하였다. 누구에게도 자유와 생명을 의뢰할

---

50) 앞의 책, p.46.

51) "중세 기독교는 봉건사회의 지배적 이데올로기로 군림하였고, 교회는 정신적·세속적 권위로서 지위를 높이는 것이었다. 이에 발을 맞춘 중세 봉건사회의 사상은 인간의 자각보다는 神에 의한 계시를, 현세에 있어서의 부귀영화보다는 내세에 있어서의 영혼의 구원을, 자연의 객관적인 인식보다는 은총의 주관적인 신앙을 더욱 중요시하는 뚜렷한 경향을 보인 것이 근본적인 특징이다."-위의 책, p.12.

수 없게 된 현실 앞에서 소외감을 가지고 허무주의에 빠졌다. 진정
경외할 대상을 잃어버린 문명 체제 안에서는 새로운 신권 문명을 창
조할 수 있는 가능성이 없다. 신권 질서의 재건을 기대할 수 없다.
다른 꿈을 꾸고 있는 영혼들에게서 하나님에 대한 원대한 희망의 불
씨를 지펴낼 수는 없다. 그것이 현재 서양 문명이 처한 현실이고 기
독교란 종교가 지닌 한계성이다. 오르막이 있다면 내리막도 있듯 기
독교는 중세 때 정점을 찍고 이룰 것은 다 이루었다. 그래서 지금은
참고할 수는 있어도 미래의 인류 역사를 위하여 재활용할 수는 없게
되었다. 서양 문명은 문예부흥 때 그들이 쓸 문명적인 창조 카드를
모두 써버렸다. 神의 약속도 저버렸고, 저장된 문명적 에너지도 고
갈되었다. 그런데도 몰락의 조짐이 아직 더딘 것은 생산 시스템은
멈췄는데 생산된 차는 계속 도로를 질주하고 있는 것처럼 새로운 神
문명이 재건되기까지는 현재의 문명 체제가 지탱되고 있는 상태이
다. 병행된 과도기를 거쳐 새로운 신권 문명이 전 인류의 노력으로
건설되고 나면 잔존한 과거 문명 체제는 서서히 운명의 날을 맞이하
고 만다. 서양 문명이 이 같은 신권 문명을 재건할 기력을 상실하였
다는 사실은 서양의 지성인들이 앞을 다투어 시인하였다. "포이어바
흐와 니체가 주장한 근대 무신론을 보면 그리스철학으로부터 유래
하는 形而上學적인 유신론을 철저히 거부한 사실을 분명하게 발견
할 수 있다."52) 일명 서양화된 기독교가 처한 한계성 인식이 그것이
다.53) 그들은 神을 거부한 무신론자였지만 한편으로는 세계적인 진

---

52) 『헤겔철학과 현대신학』, 앞의 책, p.263.

53) 서양식 기독교 문명의 몰락에 즈음한 서양 무신론의 확산 이유와 긍정적인 방향에서의 섭리적
  가치에 대한 재인식 문제에 관하여.

실에 대해 민감하게 반응해서 새로운 신권 질서의 도래를 예비한 선구자들이다. 반면에 문화 우월주의에 흠씬 젖은 헤겔은 그의 역사철학에서 "하나님의 완전한 영광과 자유의 이념이 완성되는 역사의 목표는 기독교적 게르만 민족국가에서 도달된다. 기독교적 게르만 세계는 완성의 세계이며, 이 세계 속에서 구체적인 자유의 나라가 완성된다고 역설하였다. 그는 기독교적인 게르만 세계를 정점으로 인류 역사를 종결짓고자 하였다."54) 왜 그렇게 생각했던 것일까? 서양이 일군 문명권 안에서는 팔레스타인으로부터 시작된 기독교가 게르만 세계에 도달함과 함께 더 이상 뻗어 나갈 섭리적 여력을 잃어버려 이룰 만한 역사적 목표가 사라져버린 것이다. 그래서 헤겔이 게르만 세계를 통해 역사가 완성되었다고 주장한 것은 역설적으로 서양 문명이 도달한 한계적 종결성을 인식한 것이다. 아전인수 격인 자찬 문명 우월주의에도 불구하고 역사적인 문명의 대세는 급격히 기울고 말아 서양 문명과 서양식 기독교가 오늘날에 이르러 종말을 고하고 말았다. 보유하고 있는 문명적 저력으로서는 지구 상의 어디서도 더 이상 신권 질서를 재건할 수 있는 역사를 도모할 수 없다. 이 같은 한계의 끝자락에서 인류를 새롭게 구원할 수 있기 위해서는 문명적 자양분을 동양 문화가 공급할 수 있어야 하는데, 그 중차대한 소임을 맡은 자와 민족이 어디에 있는가? 동양 문화의 전통을 이은 삼국 중 일본은 근세에 이르러 제일 먼저 문호를 개방한 나라이지만 천황의 신격화 벽에 부딪혀 하나님의 섭리 손길이 차단되고 말았다. 중국은 예로부터 동양 문명을 주도한 중심 문명이었지만 그들

---

54) 앞의 책, p.88.

역시 근세에 사상・정치적으로 공산주의 이념을 수용하게 되어 동양적 가치를 앞장서 고사시켰다. 동양 문화를 통해 인류의 보편적 가치를 실현할 수 있는 자격을 상실당하고 말았다. 하지만 동방의 해 뜨는 곳에 위치한 대한민국은 세계 유일의 분단국가로서 고통은 겪고 있지만, 반만년에 걸친 역사를 이어오면서 세계의 유수한 문화적 정수를 받아들였고, 기독교를 받아들이는 과정에서는 선교 역사상 유례를 찾아보기 어려울 정도로 하나님의 신앙을 자주적으로 받아들였다. 6・25의 폐허를 딛고 일어나 오늘날은 한류 바람을 일으킬 정도로 세계의 제민들을 문화적・정신적으로 선도할 수 있을 만큼 준비를 갖추었다. 여기에 한민족이 동양의 전통 문화를 주도적으로 부활시켜 새로운 神 문명을 건설할 사명만 일깨울 수 있다면 한민족은 그야말로 동방의 빛나는 등불로서 만 인류를 구원할 수 있으리라. 제 민족을 젖과 꿀이 흐르는 약속의 땅으로 인도할 제2의 이스라엘 선민으로서 후천 문명을 주도하는 백성이 되리라.

3. 동양식 기독교를 재건해야 하는 이유

기독교는 서양 문화를 수용함으로써 서양화된 기독교이지 결코 서양 문명만으로 이루어진 전유물은 아니었다. 본래 아시아 대륙의 서단에서 태어나 소아시아에서 원시기독교 교회의 기틀을 다졌고, 그 힘으로 서방으로 점점 힘을 뻗쳐간 종교이다. 서세동점(西勢東漸)한 것 같지만 사실은 동세서점의 본보기이다. 그런데 근대적인 시민사회적 가치관이 극대화된 20세기가 되어서는 기독교가 활력을 잃고 있다. 현재 유교가 한국 사회에서 유명무실한 것과 하등 다를 바가 없을 정도이다. 유럽의 거대한 교회들은 관광자원이나 국가 세금으로 운영될 뿐, 실제 살아 있는 공동체로서는 활동력이 미약하다. 서양 역사를 중심에 둔 기독교 2천 년 역사가 아주 본질적으로 상이한 새로운 축을 마련하지 않으면 안 될 시점에 도달했다. 가고자 하는 목적지는 강원도 태백인데, 중앙고속도로를 타고 가다가 영주에서 그만 기름이 떨어져버렸다면 어떻게 하겠는가? 하나님은 창조주로서 인류를 온전히 구원하고자 하시는데, 목표한 절반도 달성하지 못한 상태에서 추진 동력을 상실하고 말았다. 이루고자 한 역사의 목적은 장대한데 서양 문명과 서양식 기독교로서는 더 이상 목표를 이룰 수 없게 되었다. 그 이유가 어디에 있는가? 그것을 이 연구는 기독교가 서양 문명을 수용한 결과 서양식 기독교가 되었다는 데서 찾고자 한다. 단적으로 칸트는 이성의 한계 안에서 종교를 거론했던 것처럼, 그들이 하나님을 받아들이고 이해한 수단은 이성이었다. 이성을 세계 파악의 수단으로 삼았기 때문에 서양 문명은 초월적인 神을 온전하게 담아내지 못했다. 천지를 창조한 하나님은 4차원인 존재자인데 합리적인 인식을 기준으로 한 이성은 3차원적이다. 이성은 3차원 세계인 자연현상을 탐구하는 데 적합한 인식 수단인데 4차원적인 神을 파악하고자 하니까 이격이 생겼다. 여기에 서양 문명이 神을 배격하게 된 불가피한 원인이 있다. 그래서 서양 문명은 하나님이 안주할 수 없는 한계가 있었다. 이것이 서양 문명의 본질이고 기독교가 서양 문명과 함께 몰락하게 된 자체 원인이다. 서양이 추구한 이성의 역사는 결국 神을 거부한 역사로서 하나님이 뜻한 창조 목적을 더 이상 진척시키지 못했다는 결론이다. 지상천국 건설 계획이 무산되고 말았다. 기대한 희망과 가능성과 약속이 포기되고 말았다. 이것이 인류가 당면한 문명적 종말 상황이고 하나님의 종말적 심판 역사이다. 서양 문명은 선천 문명으로서 창조 섭리를 구현할 수 없는 한계점에 도달하여 버렸기에 그 배턴을 이어 마지막 남은 섭리 여정인 요단강을 건너 약속의 땅으로 인도하기 위해 하나님이 동양의 하늘 아래 본체자로 강림하셨다. 동양 문명은 이때를 대비하여 이미 만세 전부터 세계관적인 그릇을 예비하였다. 동양 문명이 강림한 본체를 진리적으로 뒷받침할 수 있게 되었다는 것은 말만의 주장이 아니다. 서양은 감관과 이성을 통해 자연현상과 자연의 법칙을 탐구하였지만 동양은 의식을 통해 내면의 본질 세계, 즉 초월적인 본체 세계를 탐구하였다. 이것이 동양 문명이 지상 강림 본체를 뒷받침하고 영접할 수 있는 진리적 기반이 되었다. 동양이 일군 본체 문명은 4차원적인데 이것만 이해할 수 있다면 동양 문명의 본질을 백일하에 드러낼 수 있다. 동양 문명이 하나님과 함께할 수 있는 근거이고, 서양 문명이 더 이상 神 문명을 재건할 수 없는 이유이다. 서양은 외면적으로는 괄목할 만한 역사적 성과들을 거두었기 때문에 문화적으로 우월심에 젖어 동양 문명을 폄하하였다. "14~15세기 르네상스의 인문주의 정신과 종교개혁, 그리고 새롭게 시작된 과학혁명의 세례를 받고 탄생한 근대 문명에 대한 서양 지성인들의 자부심은 아주 대단하였다. 근대법의 정신을 설파한 몽테스키외(Montesquieu)는 서양인 우위와 동양인의 비하, 지구 상의 북반구에 놓인 서양 문명의 고급성과 남반부에 놓인 동양 문화의 저급함에 대해 논하였다. 이런 논조는 헤겔과 마르크스에게까지도 이어졌다."[55] 서양인들은 자신

---

[55] 『근대 동서 존재론 연구』, 배선복 저, 철학과 현실사, 2007, pp.95~96.

들이 주체가 되어 동양 문화를 기반으로 제3의 기독교를 세우고자 한 시도를 전혀 할 수 없었다. 그러니까 자체 문명 테두리조차 벗어나지 못한 기독교가 어떻게 동양의 제민들까지 제대로 구원할 수 있었겠는가? 가능한 방법은 오늘날 하나님이 직접 동양의 하늘 아래 강림하시는 것뿐이었다. 일찍이 기독교는 서양의 제민을 구원하기 위해 서양의 문명을 수용한 서양식 기독교가 되었듯, 동일한 방식으로 동양의 제민들까지 구원하기 위해서는 동양의 문명을 수용한 동양식 기독교를 다시 세워야 한다. 현대의 인류가 동양화된 동양식 기독교를 재건한다고 해서 과거처럼(기독교와 유대교) 현 기독교와 결별하는 것이 결코 아니다. 이에 동양식 기독교를 재건하기 위해서는 동양 문명을 부활시켜야 하는 것은 물론이고, 인류가 일군 문명적 자산들을 모두 동원해야 한다. 동서 문명을 통합하고 온 인류를 하나 되게 해야 하는 역사이다. 때가 되므로 마지막 남은 자들까지 구원하기 위한 필연적 조처이다. 동서 문명의 융합과 조화가 긴요하다. 서양의 제민을 구원하기 위해 하나님이 먼저 자체 모습을 서양화시켰던 것 이상으로 동양의 제민을 구원하기 위해서는 동양화될 수도 있어야 한다. 하나님이 서양화된 이상 언제라도 불교화·유교화·도교화·힌두교화·이슬람화…… 되고, 만민의 하나님이 될 수 있는 가능성이 항상 열려 있다. 각 민족과 온 인류의 하나님을 구원하기 위해 동시구족상응하시리라. 이에 하나님의 원대한 구원 목적에 부응하기 위해서는 특별히 동양의 제민들이 서양인들이 문예부흥 운동을 일으켰던 것 이상으로 동양 문화도 부활시켜 제2의 인류 문명 부흥 역사를 주도해야 한다. 아직까지는 인류가 서양 문명이 구축한 물질문명과 자본주의 체제를 벗어나지 못한 상태이지만, 맞닥뜨린 현대 문명의 한계성과 종말성을 직시함으로써 동양 문명을 인류를 구원하는 주체 문명으로 역사 위에 등단시켜야 한다. 그 중요한 계기 역할로 이 땅에 강림한 하나님의 본체성을 보위할 동양식 기독교의 재건 역사가 있다. "동도서기(東道西器)를 주장한 선각자들의 외침처럼 서구인들은 당면한 물질문명의 위기 앞에서 새로운 활력소를 동양의 정신문화 속에서 찾고자 안간힘을 쓰고 있다. '빛은 동방으로부터'라고 하였듯, 한 민족은 동양의 전통을 이어받은 동양적 기질과 사고를 본유한 민족답게"56) 앞장서 하나님의 강림 목적과 대세 뜻을 자각하고 동양 문화를 부활시켜 동양식 기독교를 재건하는 데 박차를 가해야 한다.57) 이것이 인류가 빠짐없이 구원되는 길이고, 인류가 하나 되는 길이며, 영광된 뜻을 이루는 길이다.

4. 동양의 신 문명 창조 바탕

동양인들이 동양 문화를 바탕으로 동양식 기독교를 재건할 수 있는 가능성은 유구한 세월에 걸쳐 역사하신 하나님이 지상 강림 역사 완수와 함께 동양의 하늘 아래 직접 강림하셨기 때문이다. 달마가 서쪽으로 간 까닭은? 마찬가지로 하나님이 이 땅에 강림하신 데는 그만한 이유가 있다. 기독교하면 일체가 서양인들만 참여하여 이룬 역사인 것으로 알지만, 그와 같은 생각을 일소하는 데 선천 문명의 한계성 극복이 있다. 동양 역사에도 창조로부터 주재된 하나님의 연

---

56) 『동양철학의 본체론과 인성론』, 앞의 책, p.3.
57) 이식된 서양식 기독교의 한계성을 절감하고, 동양 문화를 적극적으로 융화시킨 동양식 기독교를 재건할 수 있도록 획기적인 전기를 마련해야 함.

면한 섭리 발자취가 있었고, 하나님의 지상 강림 본체를 뒷받침하기 위한 진리 바탕이 예비되어 있었다. 하나님은 무소부재하시고 시공을 초월해서 역사하신 만큼 인류가 일군 어떤 문명 역사와도 함께하실 수 있다. 서양의 철인들, 과학자, 신학자, 지성인들만 진리 세계와 神을 탐구하고 하나님을 신앙했던 것이 아니다. 동양인들도 관여하였는데, 추구된 방식 측면에서 서양인들은 사물의 세계를 이해하기 위해 인식론의 문제를 주로 거론하였고, 동양인들은 道를 깨달아 반야란 초월 지혜를 추출했다. 그런데 이런 추구 특성이 강림된 본체가 드러난 이후부터는 오히려 희비를 엇갈리게 했다. 서양 인식론은 한계성에 도달한 반면, 道는 神의 초월적인 본체성에 대해 용이하게 접근할 수 있는 수단으로서 부상하였다. 그러므로 하나님의 강림 본체를 뒷받침하기 위해서는 동·서양이 개척한 진리 인식 방법을 아우를 수 있는 통합적인 인식론이 필요하다. 道의 본질적 가치를 발견하고 재인식할 수 있게 되어 동양 문명으로 하나님의 본체 특성을 파악할 수 있게 되었다. 道가 초월적인 神을 인식할 수 있는 진리적 근거로 작용하여 이것을 발판으로 삼는다면 능히 동양문명으로 옷을 지어 입은 동양식 기독교도 세울 수 있다. 서양인들이 동원한 수단으로서는 하나님을 접하고 증명하는 데 한계가 있었지만 道를 통해서는 능할 수 있다. 통상 하나님은 기독교 신학이 규정한 대로 절대적·인격적·초월적인 창조주로서 이해하는데, 하나님도 존재자인 한에서는 본체를 본유하고 있다. 나를 구성한 요소로서는 육신도 있고 정신도 있고 의지도 있는 것처럼 내가 한 말, 쓴 글, 취한 행동들이 나를 대신한다. 다양한 요소들이 나를 나타내고 있는 것처럼 각 문화권에서 각인된 神의 모습도 그러하다. 부분적으로 엿보았던 것이 문제일 뿐……. 이런 측면이라면 기독교의 인격적 신관, 철학이 규정한 形而上學적 신관 등은 모두 미완성된 신관에 속한다. 이신론, 범신론, 만유내재신론 역시 틀린 신관이 아니고 일부분 본성을 점유하고 있다고 할진대, 지상 강림 역사가 완수될 때까지 神의 모습을 드러내기 위해 확보한 과도기적 신관이라고 할 수 있다. 따라서 동양의 道도 알고 보면 창조 본체와 깊이 연관되어 있어 심원한 본체성을 직시한 상태라고 할 수 있다. 단지 모호함이 있었던 것은 세상 질서와는 차원이 다른, 세상 질서가 결정되기 이전의 본체적 실체였기 때문이다. "노자는 道에서 시작해서 道에서 끝난다고 말할 수 있을 정도로 道에 관해 집중적으로 파고들었는데, 그가 말한 道는 일상적인 상식과는 차원이 다른 묘체이다. 道는 만유의 근원적 시원인 존재론적 함의를 내포하고 있다. 道는 무엇이라고 한정 지어 말할 수 없을 정도로 존재의 원리적인 측면을 함께 지녔다."[58] 만유의 근원적인 시원임과 동시에 존재의 원리적인 측면을 지닌 존재가 세상 가운데서 여럿 있을 수는 없다. 하나님의 본체적인 바탕성을 道로서 인식했다. 그 道란 정말 무엇인가? 하나님이 존재자로서 구성하고 있는 인격적·의지적·본체적인 요소 중 하나가 아닌가?

하나님이 강림하여 동양식 기독교를 재건하고자 하는 것은 지상 강림 역사를 완수함에 따른 최초 삽질 역사가 아니다. 아브라함을 통해 역사하시고 모세로 하여금 이스라엘 백성들을 바로의 압제로부터 인도해내셨던 그때부터 이미 동시다발적으로 촉발시킨 대 섭리적 장정 역사이다. 그렇기 때문에 하나님이 강림하여 이루고자 하

---

58) 「노자 25장의 존재론적 검토」, 이종성 저, 새한철학회, 『철학논총』, 권26, 1호, 2001, p.3.

신 뜻은 먼저 지상 강림 역사 완수를 기반으로 새로운 신권 문명을 창조하는 것이고, 그 구체적인 방안으로서는 동양 문명을 부활시켜 동양식 기독교를 세우는 것이다. 동양 문명을 통해서도 하나님을 볼 수 있게 되었나니, 만 인류는 동양적인 진리 바탕과 인식 근거를 통하여 강림하신 하나님을 분별할 수 있는 안목을 틔워야 한다. 눈을 가질진대 인류는 그야말로 만세 전부터 역사하신 섭리 뜻을 꿰뚫을 수 있다(강림). 道가 창조 본체를 인식한 것일진대 동양 문명이 하나님의 본체를 뒷받침할 수 있는 진리력은 충분하다. 동양에서 개척한 동양본체론은 동양인들이 펼친 동양식 창조론과도 같으며, 이것은 서양 신학이 세운 천지창조론을 여러 가지 측면에서 능가한다. 본체론을 구성한 논거들이 한결같이 창조 진리와 연관되어 있어, 이런 추세라면 儒·佛·道 삼교는 물론이고 기독교와의 종교 통합 역사도 불가능하지 않다. 그 실현 근거를 이 연구가 제시하리라. 그것이 이 땅에 강림하신 하나님이 진리의 성령으로서 이룬 성업 결과이다. 그 작용 영역은 결코 기독교란 종교에만 한정될 수 없다. 관념적인 이데아설, 물질의 일차성을 주장한 유물론, 종의 창조를 거부한 진화론, 무신론에 입각한 과학 사상 등을 포괄하는 통합창조론이다. 진리 세계를 완성할 수 있는 근거 바탕이다. 동양인들이 이룬 역사 안에 서양인들이 신앙한 神이 존재하지 않았던 것이 결코 아니다. 본체성에 대한 인식은 그대로 神의 존재 특성을 진리화·논리화·원리화시키는 데 기여하였다. 서양의 관념적인 신관과 동양의 본체적인 신관을 조화시킬 수 있다면 동서 문명을 통합할 수 있고, 인류의 정신적 고뇌를 해결할 수 있다. 인류를 모든 진리 가운데로 인도하리라. 성경에서만 창조론을 주장하고 성경을 통해서만 하나님이 천지창조 역사를 선언하신 것이 아니다. 노자의 입을 빌려서도 언급하셨는데, 이것을 아무도 알아차리지 못했던 것뿐이다.『노자도덕경』 1장에서는 "無가 천지의 시원이고 有는 만물의 모류(母類)라고 했는데", 이것은 그대로 천지창조 역사의 알파성을 갈파한 진언이다. 태초에 하나님이 천지를 창조하시니라고 한 선언과 대등하다. 無가 지닌 진정한 시원적 의미와 창조성을 내포한 원리성을 통찰할 수 있어야 한다. "불교는 사물과 세계를 연기적인 존재로서 파악하였는데, 이것도 사실은 불교적인 입장에서 접근한 본체론적 이해 방식이다. 연기적인 세계는 전체 세계를 몸으로 한 존재자적 세계, 즉 하나님이 갖춘 몸 된 본체성을 뜻한다. 모든 존재와 현상은 한결같이 동질성과 상호 의존성(연기성)을 지니고 있어 상즉상입(相卽相入)함이 자유로운데",59) 이 같은 작용 현상은 하나님의 본체 안이 아니고서는 불가능하다. 마음은 육신에 대해 자재한 것처럼 상즉상입은 하나님의 본체 안에서만 가능한 초월적인 의지 발현 현상이다. 하나님이 이스라엘 민족을 통해 인류를 구원한 역사를 선도하셨던 그때 한민족을 통해서도 동시에 역사하여 후천시대를 주도할 제2 이스라엘 백성으로 선지하고, 멸망에 처한 인류를 구원할 길을 예비시킨 것처럼……. 연기적인 세계관과 동양 사상이 지닌 유기체적 세계관은 한마디로 말해 만물일체관인데, 이것은 곧 세계가 한 몸을 이룬 존재자란 뜻이다. 그래서 만물일체관은 세계가 하나님이라는 말과도 다를 바 없다.

우리는 하나님이 동양의 하늘 아래서도 역사하신 사실을 다각도

---

59)『원효와 의상의 통합사상』, 박태원 저, 울산대학교출판부, 2004, p.89, 133.

로 확인할 수 있는데, 그 근거 중에는 동양인들이 오랫동안 믿어 의심치 않았던 天에 대한 경외감과 신뢰를 통해서도 확인할 수 있다. 동양에 있어서 "하늘과 인간의 범주 관계는 30여 세기 동안 지속되었고, 천인 관계에 대한 토론은 한 번도 중단된 적이 없었다. 사상사적으로 보더라도 여기에 필적할 만한 역사적 사례가 거의 없다."[60] 하나님이 혈혈단신 맨몸만으로 동양의 하늘 아래 강림하신 것이 아니다. 동양에는 지구 상의 어떤 문명보다도 하나님과 함께한 역사적 발자취가 분명하였다. 그것이 과연 무엇인가? 동양 문명은 강림하신 하나님의 본체성을 뒷받침할 수 있는 기본적인 근거를 天命을 인식하고 天의 의지성을 감별하는 과정을 통하여 부족함 없이 마련하였다. 그렇다면 마테오리치가 동양 사회에 하나님에 대한 신앙을 전파하고자 했던 열정과 시도 노력은 가상하나 방법적인 면에서는 결코 성공할 수 없는 선교 방식이었다. 동양 문명이 지닌 본질과 하나님이 이루고자 하신 섭리 뜻을 당시로서는 누구도 알 수 없었는데, 알 수 있게 된 지금은 동양의 天과 서양의 神을 결코 별개로 생각할 수 없다. 문화적인 특성상 서양인들은 그들 방식대로 하나님을 신앙했던 것이고, 동양인들은 동양적인 방식으로 접근 가능한 방법을 개척하였다. 즉 天의 유의지성을 감별하고 일체되고자 하였다(천인합일). 이와 같은 방식이 기독교식과 다르다고 해서 무시할 수는 없다. 긍정적인 방향에서 안목을 틔워야 하나님이 동양의 제민들과도 함께하실 수 있다. 그것은 곧 동양인들이 하나님과 함께하기 위해 시도한 동양식 접근 방식이다. "인간의 존재 근거가 하늘에 있다고 한

60) 『천인관계론』, 앞의 책, p.16.

것은 유가철학이 내세운 근본적인 명제이거니와",61) 이것은 기독교인들이 하나님을 창조주로서 믿은 신앙관 이상이다. 天이 천지 만물을 낳은 근원자인 것을 동양적 세계관에 근거해서 표현했던 것뿐이다. 기독교인들이 하나님의 뜻을 계시된 말씀을 통해 받아들였다면 동양인들은 天의 유의지성을 세계 의지와 감응하는 방식을 통하여 깨달았다. 하늘이 인간의 행위를 감찰한 뒤에 일련의 자연현상을 통해 자체 의지를 나타냄으로써62) 반드시 인과보응이 있게 된다고 믿었다. 서양인들은 살아 계신 하나님에 대해 뜻을 물었지만 동양인들은 하늘을 향해 뜻을 묻고 그 반응을 살폈는데, 그것은 천지 운행을 통해 주어진 명백한 결과 현상을 통해서였다. 동양인들은 하늘이 인간처럼 의지를 가지고 있다는 것을 의심하지 않았고, 天命을 절대적인 하늘의 뜻으로 굳게 믿었다. 그렇다면 그 天命은 과연 무엇인가? 하늘을 우러러 궁구할진대 자신의 의지가 아니고 제3의 의지체를 각인했던 것이다. 이 운명과도 같은 필연적인 직시 상황을 선현들은 하늘이 자신에게 부여한 뜻인 것으로 받아들였고, 인생 삶을 통해 완수할 절대적인 과제로 삼았다. 그것은 내면적인 의식을 통한 자문자답적 응답 형식일 수도 있지만, 결과적으로는 세상 가운데 편만된 하나님의 섭리 의지를 감별한 것이다. 그 정체가 모호하여 天이라고 지칭은 하였지만, 깨어서 진리를 염원하는 자의 영혼 위에서 진리의 성령이 머물러 있지 않았던 적은 한 번도 없었다.

"天命을 자각하는 것은 곧 진리 자체인 天道를 자각하는 것인 동시에 스스로의 본래성을 자각하는 것이다. 天命을 자각하는 것은 근

---

61) 『천명과 유교적 인간학』, 송인창 저, 심산, 2012, p.126.
62) 『천인관계론』, 앞의 책, p.66.

본적으로 열려 있는 자아로부터 출발되고, 자아는 열려 있는 세계 속에 자기를 밝게 드러냄으로써 존재 가치를 체현하게 될 때 실현된다. 동양에서는 누구나 天命을 자각할 수 있는 실재적인 가능태를 자체적으로 지니고 있다고 믿었다(본성)."63) 기독교에서는 기도와 간구를 통해 하나님과 교감할 수 있다고 믿었지만 그런 방식이 사실은 더욱 주관적이고, 내면적인 의식 안에서 일어난 작용이다. 원리성 측면에서 본다면 동양인들이 접근한 방식과 동일하다고까지 할 수 있는데, 天命 수용 과정이 어떤 측면에서는 더 합리적이고 작용 면에서도 원리적일 수 있다. 따라서 기독교의 교감 원리를 天命을 인식하는 형태와 같이 접근한다면 더욱 바람직하여질 수도 있다. 아예 대체하는 것이 나을 수도 있겠다. "天命은 인간을 초월해 있지만 동시에 인간의 생명과 인격성의 근원도 되고, 인간의 인간다움을 밝혀 주는 당위 원리가 되기도 하기 때문에",64) 이후부터는 天이 곧바로 神이라고 해도 좋으리라. 『중용』에서는 하늘이 품부한 것을 性이라 하였고, 『시경』에서는 하늘이 만민을 낳으시니 모든 사물에 법칙이 있게 하였다. 『논어』에서는 하늘이 나에게 德을 주셨다. 『맹자』에서는 "자기 본성을 깨닫는 것이 곧 하늘을 깨닫는 것이라고 하였다."65) 한결같이 神과 동일한 天의 인식화 과정이다. "인간이 天命을 주체적으로 자각하는 것은 유가의 가장 근원적인 체험이며, 선진유학(先秦儒學)의 본래 정신이기도 하다."66) 기독교인들이 하나님의 뜻을

---

63) 『천명과 유교적 인간학』, 앞의 책, p.124.

64) 위의 책, p.5.

65) 위의 책, p.15.

66) 위의 책, p.15.

구하고 하나님의 뜻대로 살고자 한 신앙생활과 큰 차이가 없다. 한 꺼풀 포장된 선천적 신관을 걷어낼 수 있다면 서양의 기독교와 동양의 유교는 본질적으로 뿌리를 공유할 수 있다. 맹자의 통찰처럼 동양인들도 天을 인식하고자 한 노력을 게을리하지 않은 만큼 강림한 하나님을 고스란히 인식할 수 있는 기반으로 승화되었다. 天도 神처럼 볼 수도 없고 형체가 없는 것은 마찬가지인데, 동양인들은 어떻게 실체 없는 天命을 자각하고 받들었는가? 그 지혜적인 안목이 바로 맹자가 밝힌 본성 자각 원리에 있다. 맹자는 인간의 본성이 하늘과 연관되어 있다는 사실을 자각하였다. 인간이 마음을 다하면 본성을 알게 되고 본성을 알면 天을 알 수 있다고 한 것은 인간 본성이 바로 天에 근거한 것이란 사실을 갈파한 것이다.[67] 하나님이 자체 모습과 닮은꼴로 인간을 창조하였다는 말과 같다. 기독교에서는 여러 가지 측면에서 하나님과 인간 간에 해결해야 한 진리적 문제를 얼버무린 경향이 짙은데, 동양인들은 오히려 天과 인간과의 관계를 적극적으로 밝혔다. 이것이 동양 문명이 본체자로 강림하신 하나님을 보다 합리적으로 뒷받침할 수 있게 된 진리적 자산이다. 서양 신학은 하나님을 정확하게 보지 못한 관계로 모습을 흐트렸던 반면, 동양인들은 비록 모습을 갖춘 인격적인 하나님으로서는 접하지 못했지만 그 초점을 본체성에 둔 관계로 오늘날 강림한 지상 강림 본체를 드러내는 데 있어 유효한 방법이 되었다. 강림하신 하나님을 맞이할 수 있도록 길을 예비한 동양식 天의 역사가 그것인데, 이 같

---

67) "자신의 마음을 최대로 갈고 닦는 자는 자기의 본성을 알게 될 것이니, 그 본성을 알면 곧 천명을 깨닫는 것이다. 자신의 마음을 지키고 본성을 개발하는 것이 하늘을 섬기는 것이다."-『맹자』, 盡心章句 上.

은 역사가 곧 동양 문명을 통해 이룬 하나님의 주재 역사였다는 사실을 깨닫는 순간, 동양식 기독교를 재건할 수 있는 진리적 물꼬는 본격적으로 틔워진 것이라고 할 수 있다. 서양의 기독교를 그대로 받아들인 서양식 기독교가 아니고 동양 문화를 근간으로 동양인들이 주도하여 재건할 기독교, 그것이 장차 동양과 서양의 제민을 빠짐없이 구원할 동양식 기독교이다.

5. 동양식 기독교 재건 의미

기독교는 비록 팔레스타인에서 출발되었지만 종교로서 발전한 것은 헬라 문명을 배경으로 한 지중해 연안으로부터이다. 그리하여 2천 년이 지난 오늘날까지 기독교는 방황한 인류의 영혼을 절반도 구원하지 못했다. 이것이 기독교가 인류 사회에서 발휘한 복음의 능력이다. 종말의 때를 맞이하여 마지막 남은 영혼들까지 구원하기 위해서는 범세계적인 역사가 필요하다. 그것이 무엇인가? 동양 문명을 구축한 儒・佛・道는 동양의 사상 세계를 주도한 본체 문명이고 우주론이지만, 삼교 모두 神은 끝까지 보지 못하였다. 창조 역사도 알지 못해 자연은 스스로 그러한 것이라고 여겼다. 하지만 오늘날은 시대가 전환되었기 때문에 동양의 하늘에도 神이 강림해야 하고 동양인들이 일군 道를 통해서도 神이 이룬 역사를 보아야 한다. 하나님이 동양인의 영혼들과도 함께한 구원 역사를 펼칠 수 있어야 한다. "근세 이후 점차 강화된 서양의 기계론적 세계관은 그 부산물로 기술문명과 산업사회의 심각한 폐해를 초래한 사실이 명백해진 이때 미래의 인류 가족을 위한 새로운 지혜를 동양적인, 또는 고대의 유기적인 세계관에서 찾으려는 시도를 더 이상 엉뚱한 망상이라고 볼 수 없다."[68] 그래서 이 같은 전환 요구에 부응하기 위해 동양적 가치를 부활시킬 수 있는 계기를 마련하는 데 오늘날 이룬 지상 강림 역사 완수 의미가 있다. 현대 문명의 피폐성과 한계성을 확인한 마당에서 당면한 문명의 종말성을 동양의 본체 문명을 바탕으로 한 동양식 기독교를 세워 극복해야 한다. 그리하면 동양의 영혼들이 구원되는 것은 물론이고, 동서를 아우른 인류 모두가 구원될 수 있다. 이것이 앞으로 인류가 이루어야 할 역사 추진의 방향이고 거부할 수 없는 대세 섭리이다. 감히 인류 역사의 대맥을 진단할진대 하나님이 주관하실 섭리 역사의 필연적인 방향성이다. 동양 문명을 바탕으로 동양식 기독교를 세우는 것은 동서 문명을 하나 될 수 있게 하는 길이며, 막다른 골목에 선 인류 문명의 활로가 될 돌파구이다. 이렇듯 인류 문명을 통합할 수 있는 실질적인 진리 키워드에 하나님이 발휘할 창조, 본체, 통합 권능이 있다. 인류가 구원되기 위해서는 우리 모두가 정열을 바치고 세월을 바쳐도 후회가 없을 역사 추구의 궁극적 가치와 목적을 자각해야 하는데, 그것은 인류 역사의 위대한 꿈이고 일체를 바침으로써 얻게 될 믿음에 대한 확신이다. 인류가 함께 참여해야 하는 대 역사적 과제이고, 선현들과도 공유할 수 있는 진리 탐구에 대한 과제이며, 반드시 완성시켜야 할 제도적 목표이다. 이상적인 인생 삶의 실현 과제이기도 한 그 무엇, 그것이 곧 동양 문명을 바탕으로 한 동양식 기독교를 재건하는 것이다. 그리해야 우리가 인류 역사에 대해 희망을 가지고 영혼의 세계에 대해서도 활력을

---

68) 『존재론』, 벨라 바이스마르 저, 허재윤 역, 서광사, 1990, p.7.

불어넣을 수 있다. 모든 인류를 빠짐없이 구원하는 길이기 때문에 그것은 기독교가 본래 달성하고자 했던 섭리 추진의 목적이기도 하다.

종말에 처한 인류가 구원되는 데 있어 왜 하필이면 동양식 기독교의 재건인가? 서양식 기독교는 지체 문명을 수용한 결과로서 이방 사상과 이방 민족과 이방 문화를 배척한 종교인 반면, 동양 문명은 본체 문명이라 세계의 다양성을 수용, 조화, 융화시키고 제 민족의 사상, 전통, 종교, 제도, 문화, 가치들을 포용해서 통합할 수 있기 때문이다. 아무리 삼라만상이 천차만별하더라도 본체 문명이 건재하는 한 그들은 모두 이 땅에서 조화롭게 가치를 뽐낼 창조 꽃일 따름이다. 이처럼 중차대한 통합과 완성과 구원 과제를 과연 누가 어떻게 해결할 수 있을 것인가? 지적한 대로 동양 세계의 한복판에 위치한 한민족의 역사가 그 역할과 사명을 감당하리라. 한민족은 반만년에 걸친 세월 동안 역사적·문화적·섭리적·사상적·사명적으로 세계의 주맥 문화를 받아들여 저력을 축적시켜 온 민족이다. 儒·佛·道는 물론이고 근대에 들어서는 기독교까지 수용함으로써 지구촌의 다양한 문화를 역사적으로 배양시키고 경험하였다. "한민족이 관심을 가진 것은 결코 정치적인 것도 제도적인 것도 아니었다. 조선 왕조를 지배해온 유교적 이데올로기가 더 이상 민족의 미래를 보장할 수 없겠다고 판단하였기 때문에 유교가 제공하지 못하는 어떤 새로운 문명의 패러다임을 기독교에서 찾고자 하였다."[69] 그렇게 한 생각은 참으로 옳았는가? 이처럼 주체적·창발적인 전환점을 이룰 수 있었기 때문에 지금의 한민족이 다시 동양 문명을 부활시켜 동양식

---

69) 『요한복음 강해』, 앞의 책, p.27.

기독교를 재건할 수 있게 되었다, 동양식 기독교의 재건 역사를 한 민족이 주도하여 이룰 것임에, 그 소임에 대한 자각은 이 민족의 선각자들에 의해 이미 선언되었고 예비되었다. 민족 종교인 천도교의 창시자 수운 최제우는 "조선은 목국(木局)이 기운을 가진 동방의 나라로 해가 동쪽에서 뜨면서 하루가 시작되듯이 새로운 시작이 조선으로부터 비롯될 것이라고 하였다. 각자위심의 서학을 동귀일체로 극복하려는 위기 담당의 주체자로 조선을 지목하고, 개체인 조선을 의식한 '아국운수'를 누누이 강조하였다."[70] 이 연구가 서양식 기독교의 한계성을 인식하고 한민족을 동양식 기독교를 일으킬 담당자로 지목한 것처럼, 수운은 각자위심인 서학을 동귀일체로 극복할 것을 제창하고 조선을 위기 극복의 주체로 내세웠다. 수운은 유교적 세계관을 갱정한 무극대도(無極大道)를 통하여 자신이 태어난 조선을 중심으로 새로운 세계를 건설하고자 하였다. 이것은 전통적인 주자학이 지배하는 문화권에서 새로운 道가 나오게 된 계기로 조선이 중화 문화권에서 벗어난 것을 의미한다.[71] 한민족이 아국을 중심으로 전통적으로 이어진 문명성을 탈피해서 극복한 것은 물론이고, 새로운 진리 문명을 일으킨 역력한 역사적 사례이거니와, 한민족이 동양식 기독교를 재건하는 것 역시 서양 문명 일변도로 치달은 현대의 문화적 지배력을 벗어나 제3의 신권 문명 질서를 세우는 것이다. 서양식 기독교의 아류가 결코 아니다.

조선을 중심에 둔 세계관은 『정역』을 통해 더욱 발전된 형태를 보였는데, 일부(一夫)는 "후천의 모습을 역리적으로 정리하였다. 즉,

---

70) 『후천개벽사상 연구』, 김형기 저, 한울아카데미, 2004, p.182.
71) 위의 책, p.183.

주역의 간(艮)괘는 북동쪽에 자리하여 일반적으로 소남(少男)과 산을 상징하는데, 나라로서는 한반도를 지칭한다. 한반도는 대륙의 북동쪽에 자리 잡고 있고 대부분이 산지이다. 아울러 간은 만물이 끝나고 만물이 시작되는 자리로 중국을 상징하는 진(震)에서 출발한 易이 조선을 상징하는 간에 이르러 막을 내리고, 그 자리에서 새 질서와 새 생명이 시작된다. 그래서『정역』의 원리가 적용되는 후천 시대로 접어들면 한반도는 드디어 대륙의 동북이 아닌 천하의 중앙에 위치하여 새로운 문화를 주도할 수 있게 된다고 내다보았다."72)
선천에서는 다양한 민족들이 흥기하여 세계 역사를 호령했지만 결국은 다 사라져버렸고 지금은 흔적만 남아 있는 상태인데, 한민족은 비록 선천 역사에서는 고난받은 민족이고 보잘것없는 소국에 불과하였지만, 후천 시대에서는 종말에 처한 인류를 구원할 새 질서, 새 생명, 새 진리, 새 종교, 새 문명, 새 역사를 창조할 주역 민족으로 부상할 것이다. 그 기대에 찬 새 문명의 구체적인 청사진이 바로 한민족의 주도로 건설될 동양식 기독교이다. 이것이 조선의 覺者들이 이구동성으로 밝힌 "우주의 질서가 바뀐다고 한 천지개벽의 내용이고",73) 오만 년 후천 시대를 이끌 무극대도(無極大道)의 도래이다. 한민족이 그동안 터 닦은 문화민족으로서의 잠재력과 가능성을 자각하고 위기에 처한 인류 사회를 구원하기 위해 잠자는 동양 문명을 부활시켜 동양식 기독교를 재건하는 것이야말로 이루 말로 표현할 수 없는 막중한 소임이다. 그 의미는 실로 성현들이 우려했던바 망각한 동·서양의 원류 문명의 맥을 찾아 부활시키는 것이고, 무지와

---

72) 앞의 책, p.183.
73) 앞의 책, p.183.

죄악으로 인해 끊어져버린 선천의 道를 다시 잇는 사명 역할이다. 동양식 기독교를 재건하는 것은 곧 공자의 道, 노자의 道, 불타의 道는 물론이고 십자가의 道, 알라의 道, 선천에서 일군 일체 진리의 道를 하나님의 창조 목적에 맞게 계승시키고 진리 세계를 완성하는 것이다. 동양 문명은 대륙 문명으로서 정적이고 내부적으로는 흥망성쇠를 반복한 문명이지만, 서양 문명은 지중해를 중심으로 흥망을 거듭한 해양 문명으로서 문명의 이동 정황이 두드러진 상태인데, "14세기에 이르러서는 대서양 시대를 신대륙의 발견과 함께 열어 유럽 문명의 르네상스 시대를 구가하였다. 지중해에서 연마한 해양술을 베니스·제노바 등 이탈리아 도시국가로부터 물려받은 리스본·마드리드·암스테르담·파리·런던의 유럽인들은 대서양을 거쳐 5대양 6대주를 누비면서 서양 문명을 지구 곳곳에 이식시켰고, 19세기에 이르러서는 드디어 서양 문명과 동양 문명이 해양술에 의하여 태평양을 통하여 서로 만나게 되어 지구가 하나인 세계를 이루었다. 이것은 지금까지 에게 해·지중해·대서양을 통하여 열린 세계에서 형성된 서양 문명(유럽 문화)이 그 활력에 힘입어 세계를 모두 정복함으로써 지구를 닫힌 세계로 바꾸어버린 것이다. 그러나 동아시아 대륙이라는 한정된 세계에서 형성된 동양 문명(중국 문화 중심)은 닫힌 세계로서 수동성을 면할 수 없었고, 동·서양이 이어진 오늘날은 인류 문명 전체가 닫힌 세계가 되어버렸는데, 그런 와중에서도 동양 문명은 오히려 이 같은 역사적 상황이 호재로 작용하여 굳게 닫혔던 문을 열어젖혀 활동 무대를 전 세계로 확대시킬 수 있게 되었다. 이것이 서양 문명이 도달한 막다른 한계와 달리 동양 문명이 흥기할 수 있게 된 이유이고, 희망이 엿보이는 근거이다. 동양 문명과 서양 문명은 유라시아 대륙의 동쪽 끝과 서쪽 끝에서 각각 대륙과 해양을 중심으로 현 세계에서 존재하고 있는 두 개의 종합적인 거대 문명 체계이거니와",74) 양 문명이 쌓아온 유구한 전통 역사를 합쳐서 닫힌 문명 세계를 다시 열어젖힐 수 있게 해야 한다. 이런 계기 마련에 인류가 힘을 합쳐 이루어야 할 동양식 기독교의 재건 목표가 있다. 과학과 기술을 발달시켜 꿈에 그리던 우주시대를 여는 것도 아니고 동양이 서양의 선진 문물제도를 받아들여 버금가는 경제 선진국이 되는 것도 아니다. 바로 제3의 초월 문명, 통합 문명, 영적 문명을 건설하는 데 모든 가치와 희망을 두고 부여된 역사적 과제를 해결하기 위해 정열을 쏟아야 한다. 그것이 인류가 나아가야 할 열린 세계로의 가치 방향이고 완수해야 할 역사 추구 목표이다. 인류가 모두 참여하여 이루어야 할 이상적인 꿈과 행복이 보장된 보편적인 목표가 곧 동양 문명을 부활시키는 것이고, 동양식 기독교를 재건하는 것이다. 예수가 일어서 외친 첫 메시지도 "회개하라. 하나님의 나라가 가까웠느니라"였다.75) 그 뜻은 "너의 마음을 바꾸어라. 그리하면 하나님께서 지배하는 세상이 올 것이란 것과 같다."76) 경직된 신앙 체제와 종말에 처한 문명 역사를 세계관적으로 혁신시켜야 하는데, 이런 요구를 만족시킬 수 있는 역사 추진의 한 중심에 동양식 기독교를 재건해야 한다는 필연적 자각이 있다. "인간의 세계는 아직도 완성되지 못한 미완성 상태에 머물러 있고, 완성된 상태가 아니기 때문에 그 완전성을 지향하였다. 어떤 사물도 역사도 민족도 현재 주

---

74) 『동양과 서양』, 최영진 저, 지식산업사, 1993, pp.34~35.

75) 마태복음 4장 17절.

76) 『요한복음 강해』, 앞의 책, p.139.

어진 조건 상태로서는 완전성과 절대성을 내세울 수 없으며, 누구도 그 속에 안주할 수 없다. 세계 속에 있는 모든 영역은 미래를 향하여 완성을 지향하고 있는 도상(途上)적 존재(Unterwegssein)이다."[77] 장차 이 땅에서 구현할 창조 목적과 섭리 역사도 마찬가지이다. 현재의 상태 안에 있는 부정적인 것을 부정하고(헤겔) 하나님의 미래를 향하여 끊임없이 변화하고 혁신하여 건설적으로 전진해야 할 존재들이다. 현대 문명도 한민족도 기독교도 예외란 있을 수 없다. 인류는 막연한 상태에서 무계획적으로 미래 역사를 향해 달려 나가고 있는 것이 아니다. 하나님이 계시하고 약속한 미래를 향해 반전에 반전을 거듭하면서 전진하고 있다. 그 역사 추진의 핵심적인 목표가 과연 무엇인가? 이 연구가 밝힌 바대로 새로운 신권 문명을 건설하는 것이고, 동양화된 기독교를 재건하는 것이다. 하나님은 그리스도를 장사 지낸 지 사흘 만에 부활시킨 분이고 종말에 처한 인류를 새로운 문명 세계로 인도할 것을 약속한 분이시다. 구약을 통해 역사하신 하나님은 자연 질서나 혹은 특정된 장소에서 고정적으로 나타난 神이 아니었다. 언제나 이스라엘 백성에게 새로운 땅을 약속하고 이 땅을 향하여 함께하고자 한 하나님이셨다. 이집트에서 노예 생활을 하던 이스라엘 백성에게 가나안 땅의 회복을 약속하셨고, 바빌론 포로 시대에는 석방과 성지 회복을 약속하셨다. 이스라엘 민족은 하나님의 약속이 이루어지리란 기다림 가운데서 살았으며, 이 기다림을 세계사적으로 확대시킨 것이 묵시문학자들의 종말론이었다.[78] 현대 문명이 막바지 종말 역사와 맞닥뜨린 지금 동양 문명을 부활시키고 동

---

77) 『헤겔철학과 현대신학』, 앞의 책, pp.237~238.

78) 위의 책, p.236.

양식 기독교를 재건하는 것이야말로 인류가 똑바로 바라보아야 할 미래 역사의 희망이고 태양이며, 그것이 바로 하나님이 인도하리라 하신 약속의 땅이다. 마지막 요단강을 건너는 것이요, 젖과 꿀이 흐르는 이상적 파라다이스 세계이다. 가나안 복지로서 예비된 지상천국에 드디어 발을 내딛는 것이다. 하나님의 神 문명 창조 뜻과 새 세계관 건설 의지는 확고하신데, 그것이 이 연구가 계시 받아 지침한 동양식 기독교의 재건 메시지이다. 기독교의 동양식 재건 역사는 실로 제3의 신권 문명을 건설하는 이 시대에 인류가 지혜를 모아 도모해야 할 새로운 창조 역사이고, 일찍이 하나님이 이루리라 하신 모든 약속 실현에 대한 의지 천명이다. 그것이 인류가 하나님과 함께하여 엮어 나갈 참된 구원의 역사이고, 인류가 하나님을 위해 바칠 참된 영광의 역사이다. 온 인류가 하나님을 알고 하나님을 영접하고 하나님과 함께할 수 있게 되나니, 그날이 바로 이 땅에서 지상 강림 역사를 온전하게 완수하는 날이고, 인류가 완전하게 맞이할 참된 여호와의 날이리로다.

후기

신론 완성 시대 개막

　세계가 다양한 것은 천지창조의 무궁함을 나타낸 것이고, 세계관이 다양한 것은 그 초점이 불분명함을 나타낸 것이며, 신론이 다양한 것은 인류가 神의 모습을 온전히 보지 못한 것에서 기인한다. "神은 아득한 인류 역사에서 한 번도 없어본 적이 없다."[1] 그럼에도 불구하고 모든 역사는 神의 실재를 구체적으로 기술한 적이 없다. 역사 위에서 神의 얼굴을 객관화시킨 자가 없다. 그렇다고 神이 세상에 존재하지 않고 동양의 제민들과 함께하지 않은 것은 아니다. 세상 가운데 존재하지 않아 증명하지 못한 것이 아니다. 증명하지 못했기 때문에 존재하지 않은 것으로 간주되었다. 만약 神의 존재를 증명할 수만 있다면 인류 역사의 추진 방향과 인생의 추구 목적도 다시 설정해야 한다. 하나님이 인류와 함께하고 동양의 제민들과도 함께한 사실을 깨닫는 데 신론 완성 시대 개막의 의미가 있다. 지난날은 神이 온전히 드러나지 못했기 때문에 진리 세계가 완성되지 못하였고, 창조 목적이 실현될 기미가 없었다. 대립과 모순으로 세계적 분열이 가속되었다. "데카르트의 기계론 철학이 무신론이라는 비난을 받았고, 스피노자의 범신론이 위험한 사상으로 평가되어 이단으로 추방되기

---

1) 『열림과 닫힘』, 정진홍 저, 산처럼, 2006, p.101.

에 이르렀다. 특히 스피노자는 神과 자연을 동일시한다는 이유로 동시대인들뿐 아니라 현대인들에게서 무신론자라는 비난을 받아왔고, 이것은 그의 철학을 반종교적으로 해석하는 데 자양분이 되었다. 그 이유가 어디에 있는가? 비인격적인 神 개념이 위험한 사상으로 평가될 만큼 인격신 개념에 바탕을 둔 유대-기독교적인 신관을 유일하게 가능하다고 보았기 때문이다."[2] 고착화된 신론 자체에 문제가 있는 것인데도 보완하고자 한 노력이 없었던 것은 서양 문명 전체의 한계성이다. 동양의 제민들과 함께한 하나님을 보지 못한 이유도 여기에 있다. 절대적인 인격신 개념에서 벗어나지 못하다 보니까 다양하게 묘사된 비인격적인 실재는 전혀 상관이 없는 것으로 오판하였다. 이런 과오 때문에 "16세기 중반에서 17세기 중반에 이르는 80여 년간 프랑스, 네덜란드, 독일 등 전 유럽에서 전개된 종교전쟁을 통해 평화와 구원을 이상으로 삼는 종교가 인류를 얼마나 참혹한 상태로 몰고 가는가를 경험했다. 그 이유가 전승과 계시에 기초한 불합리한 神 개념에서 비롯되었다는 점에서 대체할 합리적인 神 개념을 이성을 통해 발견하고자 했다."[3] 하지만 타 신론을 수용하고자 한 관점이 아니고 합리적인 神 개념을 정초하고자 한 노력이었기 때문에 해결이 안 되는 악순환만 거듭하였다. 헤겔이 완전 종교라고 인정한 기독교는 그렇게 자부한 믿음과 달리 완전한 신론, 즉 神의 모습을 온전히 드러낸 관점이 아니다. 진정한 도달치는 인류가 문명 역사 안에서 양산한 신론들을 모두 포용했을 때 하나님도 문명 역사 안에서 호흡한 모든 인류를 구원할 수 있다.

---

2) 『서양근대종교철학』, 서양근대종교철학회 엮음, 창비, 2015, p.245, 169.

3) 위의 책, p.23.

이런 목적을 위해 이 연구는 지난날 제기된 신론들을 두루 수용할 통합적 신론 틀을 제시하였다. 시대와 문화를 달리하여 각자 점유한 神의 진실적인 모습들을 인정하면서, 그것이 사실은 절대 하나님에 대한 미완의 진리적 안목이었다는 사실을 깨우치게 하리라. 한 하나님을 달리 보고 달리 말하고 달리 신앙한 어리석음을 알아야 한다. 無明을 걷어내면 보아도 볼 수 없었던 진리로 표현된 하나님을 처처에서 확인할 수 있다. 그래서 신론 완성은 결국 각자가 바라본 하나님의 모습을 존재자로서 완성시킨 것이다. 밝힌바 이 연구는 앞서의 『인식적 신론』, 『관념적 신론』 저술에 이어 존재 세계를 원리적으로 정초하여 세계를 바라보고 이해할 수 있는 해석적 기준 틀을 제시하였다. 여기에 선천의 모순된 구조를 허물 자연과 인간과 세계에 대한 대 혁신이 있다. 진리와 역사를 正位시켜 천지가 창조된 본래의 목적을 완성할 수 있다. 실로 선천에서는 불가능했던 하나님의 모습과 본체를 직접 드러내었다. 분명한 근거로 神은 차원이 다른 존재자인데도 인간이 가진 존재 조건을 기준으로 삼다 보니까 神을 보지 못했다. 神이 차원적이라면 합당한 인식 체제와 방법론을 강구해야 했는데 해결하지 못하므로 누구도 神이 존재하고 살아 계신 사실을 입증하지 못하였다. 그래서 이 연구가 이런 문제를 해결하기 위해 세계 원리적인 여건을 성숙시켰다. 즉, 진리 통합, 핵심 본질 규명, 유신성 증명, 종말 선언, 성령의 시대 개막, 지상 강림 역사에 이어 신론을 완성시키기에 이르렀다. 신론 완성은 인류가 지닌 정신적 고뇌를 해결하는 문제와도 연관되어 있는데, 그 주안점은 바로 존재에 관한 문제이다. 존재란 무엇인가? 왜 그동안 이 같은 문제가 해결되지 못했는가? 존재는 창조에 바탕 되어 있고 神과 연관된 것인데, 이것을 알지 못했다. 알기 위해서는 본질을 알아야 하고 생성 작용의 알파와 오메가를 관장한 神을 알아야 한다. 그런데 존재만으로, 혹은 현상적인 모습만으로 판단하였다. 근원을 파고들기 위해서는 창조 문제를 풀어야 했고, 풀고 보니까 존재한 본질과 가치, 그리고 궁극성을 추적할 수 있었다. 결과적으로는 만물을 통해서도 神을 볼 수 있게 되어 지난날 품은 진리적 의문들에 대해 답할 수 있었다. "주께는 하루가 천년 같고 천년이 하루 같은 이 한 가지를 잊지 말라"라고 함에,[4] 아무리 반복해 보아도 이해할 길이 없는데, 하나님이 시공간 안에서 존재한 세계 작용적인 원리성의 확보로 해명할 수 있게 되었다.

신론 완성 시대 개막 이후부터는 세계가 획기적으로 변화될 것인데, 변화된 사실을 만인이 진리적으로 실감할 수 있다. 상식적인 질서를 뒤엎을 파장이 역력한 전환 관점인데, 그것은 사상사에서 상식의 전환을 이룬 코페르니쿠스적 전회 사건과도 비견할 수 있다. "통념을 깬다는 것은 쉬운 일이 아니다. 갈릴레오 시절에는 프톨레마이오스(Ptolemaios, 90?~161?)의 천동설이 대세였고, 아리스토텔레스의 역학이 지배적이었다. 거의 2천 년을 지배한 패러다임이다."[5] 이것을 코페르니쿠스, 케플러가 16세기에 이룬 천문학 혁명이, 17세기에 갈릴레이, 뉴턴이 주도한 역학 혁명이 허물었다.[6] 통념을 깬 사

---

4) 베드로후서 3장 8절.

5) 『진화론도 진화한다』, 장대익 저, 김영사, 2007, p.173.

6) 코페르니쿠스, 케플러: 지구가 우주의 중심이라는 아리스토텔레스-프톨레마이오스의 우주 체계 대신 태양이 우주의 중심이라는 우주 체계를 제시했다. 갈릴레이: 운동하는 물체가 일정한 속도를 유지하려면 아리스토텔레스의 주장처럼 외부의 힘을 계속 받아야 하는 것이 아니라 오히려 아무 힘이나 방해도 받지 않아야 한다는 관성의 원리를 제시했다. 뉴턴: 천상계와 지상계의 운동 원리가 다르다는 아리스토텔레스의 견해와는 반대로 천상계에서 달의 운동과 지상계에서 물체의 낙하운동이 똑같은 중력 원리에 따른다고 증명했다.-『서양근대종교철학』, 앞의 책, p.31.

람 중에는 다윈도 한몫했다. 종이 불변한다는 생각은 수천 년을 내려온 통념이다. 그런데 다윈은 '자연선택 이론'과 '생명의 나무 이론'으로 그 통념에 반기를 들었다(?).[7] 이런 사례가 오늘날 신론을 완성한 이 연구에 의해서도 일어나게 되었는데, 그 요건은 태초 이래 인류가 감각하고 확인한 사실을 통해 추호도 의심하지 않는 법칙성을 뒤엎는 것이다. 그것이 무엇인가? 천지 만물과 우주는 처음에는 존재하지 않았는데 어떤 원인과 근거로 하나하나 생겨나게 된 것이 아니고, 처음부터 결정되고 프로그램화된 존재가 생성으로 나타나게 되었다는 것이다. 무엇이 중요한 것인가 하겠지만, 이것은 천지가 창조되고 神이 존재한 사실을 뒷받침하는 근거 요인이다. 다윈은 종에 관한 일반적 통념을 깨기 위해 20년 동안 진화론을 숙성시켰다고 하지만, 이 연구는 1976년 이래 40년이 넘도록 길을 추구하였고, 근원적인 진리 세계를 일구었다. 그래서 확인하게 된 것이 바로 본체의 선재적·통합적·바탕적 실재성이다. 우리는 제작된 영화를 관람하는 것처럼 세계도 그렇게 완성된 상태에서 생성한 것이다. 하나로부터 열이 분열한 질서를 따르고 있는데, 사실은 열로부터 하나로 통합된 질서를 따르고 있었다는 것, 이런 특성을 통해 우리는 神의 초월성을 당연하게 받아들일 수 있고, 천지의 기원 문제도 풀 수 있다.

세계적인 영역에 걸쳐 관점의 전환이 불가피하기 때문에 인류는 향후 추구할 역사적 과제를 다시 설정해야 한다. 그리고 이런 해결의 한 중심에 동양 문명의 부활과 동양식 기독교의 재건 인식이 있다. 신론 완성 시대 개막과 함께 동양 문명을 부활시키는 것은 역사

---

7) 『진화론도 진화한다』, 앞의 책, p.174.

의 필연적 요청이다. 하나님은 창조주인데 이런 하나님을 특정 문화권 안에서만 맴돌게 한 것은 전적으로 서양 문명의 신론 구축에 책임이 있다. 그들은 2천 년 동안 하나님을 신앙하였지만 온전하게 접하지 못하였고 나타내지 못하였고 증명하는 데 실패함으로써 정작 마지막 때가 되어서는 인류의 제민을 구원할 수 있는 진리력을 상실하고 말았다. 그들이 전통적으로 길러온 이성적인 사유 방식과 인식론은 자연현상과 사물을 분석하고 통찰하는 데는 용이하였지만 神이 갖춘 통합적·선재적·초월적·바탕적·절대적인 본성을 파악하는 것과는 거리가 멀었다. 새로운 방법론을 강구하고 새로운 문명적 에너지를 공급해야 하기 때문에 새로운 신권 질서를 수립할 가능성을 동양 문명 속에서 구하게 되었다. 그렇다고 이것이 "공자가 춘추시대의 무질서를 종식시키고자 예(禮)라는 전통적인 행위 규범을 회복하고자 한 의도를 되살려야 한다는 것은 결코 아니다.[8] 오늘날 동양 문명이 부활되어야 하는 분명한 이유는 하나님이 동양의 하늘 아래 본체자로 강림하셨기 때문이고, 동양 문명이 하나님의 강림 본체를 뒷받침할 수 있는 가능성에 대해 희망을 안긴 때문이다. 이런 측면이라면 기독교 신학의 몰락에 즈음하여 서양 사회에 무신론이 확산된 이유도 긍정적인 방향에서 재인식할 수 있다. 주희를 대표로 한 宋代의 유가들이 왜 공자와 맹자의 사상을 새롭게 만들어야 했는가? 선진(先秦) 유학을 낡은 것으로 만들어버린 불교 철학의 도전이 있었기 때문이듯,[9] 오늘날의 인류가 동양 문명에 눈을 돌리지 않을 수 없는 것은 서양에서 구축된 유신적 신학의 종말성과 신론이 도달한

---

8) 『유학의 변신은 무죄』, 강신주 저, 김영사, 2014, p.25.

9) 위의 책, p.99.

한계성 때문이다. 그들은 자족한 세계관에 만족하여 오늘날까지도 "유럽과 미국은 가까운 서아시아에서 얻은 종교로 충분하고 그 외 다른 아시아 지역의 빛은 필요가 없다고 주장하여 자기만의 길을 걸어왔다. 도대체 히말라야라는 거대한 성곽의 뒤에 무엇이 숨겨져 있는 것인지에 대해 몰라도 너무 몰랐다."10) 그러니까 한반도를 둘러싼 중국, 일본, 러시아와 같은 무신론의 제국들이 아직도 하나님의 영광스러운 구원의 손길로부터 제외되었다. 동양의 영혼들에게서도 구원의 불길이 타올라야 할진대, 그것은 서양인들이 지펴놓은 서양식 불길이 아니고 동양의 전통적인 진리를 바탕 섭(燮)으로 한 불길이 되어야 한다.

필연성을 인식하는 곳에서 새로운 역사를 일으킬 가능성은 함재된다. 기독교인들은 하나님이 그러한 것처럼 기독교도 절대적인 것이고 영원할 것이라고 믿는데, 하나님이 걸쳐 입은 문명적·신학적 옷은 항상 변화하는 것이다. 조금만 더 객관성을 가지고 제반 종교 현상을 살펴보면 일반적인 문명 역사의 흥망성쇠와 다를 바 없다. 기독교도 어느 시점에서는 존재하지 않았던 때가 있었고, 생겨난 것인 한 언젠가는 소멸할 때를 맞이하고 만다. 지구 상의 종교들이 한결같이 자신의 모습을 동일하게 지탱해온 것이 아니라는 것을 알 때, 시간의 흐름을 좇아서 하나의 종교는 수많은 변화를 이미 이루어내고 있다.11) 늘 일어났던 일이고 앞으로도 있을 수 있는 현상적 요인에 변화의 흐름을 좇지 못하면 적합성을 잃어버린 종교의 결말이 불가피하게 될진대, 이 같은 시대의 변화 도래에 동양식 기독교의

---

10) 『동양의 생각지도』, 릴리 애덤스 벡 저, 윤태준 역, 유유, 2013, p.493.
11) 『열림과 닫힘』, 앞의 책, p.126.

재건 요구가 있다. 그 요구는 진리적으로도 불가피하다는 것, 우리
는 왜 철학이 어렵다고 하는가? 지극히 形而上學적이라 우리가 접
하는 세상 질서와는 차원이 다르기 때문이다.[12] 무엇이 다른가? 천
지가 구성된 데는 창조 진리와 본체적인 바탕이 함께하는데, 지난날
은 이것을 무시하고 현상적인 진리만을 인정하다 보니까 불가지론
이란 늪에 빠져버렸다. 본체 작용에 근거한 진리 체계가 필요하므로
동양인들이 일군 본체론의 가치가 부각되는 것이고, 이런 이유로 동
양 문명은 반드시 부활되어야 한다. 이 땅에서 동양식 기독교를 세
우는 것은 유대교, 기독교에 이은 새로운 기독교 체제의 변화 시도
이고, 제3의 신권 질서 수립 절차이다. 그 역사를 어떻게 이룰 것인
가? 동양의 가치성을 바탕으로 하나님의 강림 본체를 뒷받침하고 새
로운 구원 목표와 천성을 회복할 신학적 체제를 수립하는 데 있다.
여기에 현대 문명이 도달한 종말성을 극복할 제3의 神 문명 창조 플
랜이 있다.

따라서 인류가 이루어야 할 역사적 과제와 합심해서 나아가야 할
역사의 방향은 분명하다. 이전에는 불가능했던 신론 완성 시대 개막
은 인류가 직접 하나님의 모습을 보고 함께할 수 있는 기반을 터 닦
은 것과도 같아, 이 땅에서 하나님과 함께한 천국 건설 가능성을 기
대하게 한다. 많은 지성인들(철학자, 신학자, 과학자……)이 세계와
연관하여 神을 찾고자 한 노력을 통하여 인류 역사가 신화시대→철
학 시대→절대 신권 시대→이성 시대→학문 시대를 거쳐 신론 완성

---

12) 세인들은 현상적인 질서를 인식하여 상식으로 이해하는 데 주력하였고, 形而上學적인 진리
탐문에 대해서는 거부감을 나타내는데, 그 진리 영역이 바로 만 현상을 존재하게 한 초월적
세계이고, 천지 만물을 존재하게 한 본질 세계이며, 창조 역사를 실현시킨 세계이다. 여기에
대한 진리 파악이 상식화되어야 우리가 비로소 세계를 온전히 바라볼 수 있다.

시대를 맞이하였다. 선천에서는 어느 누구도 神을 온전히 볼 수 없었기 때문에 역사를 주관한 神의 존재 의지와 목적도 불분명하였다. 누구도 세계 역사의 목적이 神의 뜻과 일치한다고 선뜻 주장할 수 없었다.[13] 역사의 추진 원동력과 지향 목표도 흐릿하여 각자가 세운 가치관에 근거한 역사관을 낳았다. 헤겔은 "역사는 절대정신이 자기 자신을 펼쳐 나가는 과정이고, 절대정신이 살고 있는 집이라고 하였지만",[14] 절대정신은 얼마든지 유추할 수 있는 얼굴 없는 神의 모습이 아닌가? 그는 자유가 실현된 세상을 완벽한 세상으로 보았지만 그것은 인간을 기준으로 삼은 자유일 따름이다. 선천의 신론 안에서는 하나님도 온전하게 주재의 자유를 펼치지 못하였다. "절대정신이 완전한 자유에 도달하여 자유가 실재적으로 이루어지면 역사도 완성된다고 하였지만"[15] 그것은 神의 뜻을 이룰 수 있는 충족한 요소는 아니다. 그렇다면 재림 역사를 이루는 것이 인류의 궁극적인 완성 목표인가? 도대체 인류가 역사를 통해 이루어야 할 추구 초점은 어디에 있고, 목적은 무엇인가? 인류가 이성의 시대, 인간 시대를 거치면서 본래의 인간성을 달성하는 데 목표를 둘 수도 있었지만, 神이 엄존한 마당에서는 神이 뜻한 천지창조 목적을 배재할 수 없다. 칸트는 "자연이 인간으로 하여금 그 해결을 강요하는 인류의 가장 큰 문제는 보편적으로 법이 지배하는 시민사회를 건설하는 것이라고 하였지만",[16] 그렇게 해서 제시된 목적성은 지극히 관념적이다. 이 같

---

13) 『만화 헤겔, 역사철학강의』, 심옥숙 글, 배광선 그림, 김영사, 2012, p.139.

14) 위의 책, p.25.

15) 위의 책, p.26.

16) 위의 책, p.87.

은 입장에서 헤겔은 "이성(절대정신)을 역사 발전의 원동력으로 보았고, 마르크스는 유물론적인 관점에서 물질적 생산 활동이 역사 발전의 원동력이라고 주장하였다."[17] 하지만 오늘날은 神의 모습이 완전히 드러난 상태이기 때문에 추진 원동력과 방향성을 명확히 할 수 있다. 그렇게 해야 인류가 장차 이룰 역사적 실상을 확실하게 바라볼 수 있고, 제시한 방향이 정확해야 인류의 영혼들이 더 이상 방황하지 않고 하나님이 이루고자 한 창조 목적을 향해 매진할 수 있다.

그렇다면 이 같은 조건을 만족시킬 수 있는 역사 추진의 구체적인 목적은 무엇인가? 모호하고 개념적인 방향을 확실하게 해야 인류가 희망을 가지고 하나님의 영광된 뜻을 위해 역사적 에너지를 집중시킬 수 있다. 지상천국은 이 땅에서 이상적인 세계를 건설하고자 한 개개 영혼들의 역량을 총집결해야 건설된다. 그 구체안을 신론 완성 시대 개막을 기점으로 설정하고자 한다. 열린 세계로의 추진 방향과 목표를 제시하는 것이 인류의 영혼들에게 활력을 불어넣는 진정한 구원 역사이다. 인류가 모든 것을 바쳐 헌신하고도 후회가 없을 가치 있는 생의 추구 목적과 목표 설정에 동양식 기독교의 재건 의미가 있다. 이것은 인류가 빠짐없이 구원되는 길인 동시에 장차 인류가 이루어야 할 소중한 꿈이다. 그렇게 찾고자 했던 인류 역사의 주관 목적에 대해 하나님이 역사 위에 직접 등단하여 밝힌 뜻이기도 하다. 선천의 분열성을 극복하고 하나님의 본체 안에서 하나인 질서 체제를 수립하는 데 인류가 실현해야 할 천국 건설 프로젝트가 있다. 자신들의 전통과 문화와 가치와 신념 체제가 다르다고 해서 진리가

---

17) 『역사를 움직이는 힘』, 손철성 저, 김영사, 2014, p.149.

이 세상에서 사라지는 법은 결코 없다. 그것이 무엇인가? 불교, 유교, 이슬람교, 힌두교 등등 그들의 문화 전통과 가치가 이 땅에서 사라질 것이라고 기대할 수는 없다. 그렇다면? 그 진리성을 인정하고 포용해서 통합할 수 있는 길을 찾아야 하는데, 이런 기대에 통합적 신론 완성 개막이 부응했다. 진리는 인류의 영혼을 현실의 세계를 탐방하는 것만으로 끝나게 할 수 없다. 끝내 천국의 문 앞까지 인도할 수 있어야 하며, 그것이 진리로서 지닌 고귀한 사명이고 완성된 진리로서의 역할이다. 이 연구가 바라본 미래 역사에 대한 꿈이 하나님이 이루고자 한 뜻과 일치하고, 신론 완성 시대를 개막한 것이 진리에 근거한 것이 사실이라면, 이 연구는 기필코 동·서양을 아우른 제민들을 빠짐없이 하나님의 품 안으로 이끌고, 천국의 문으로 인도할 수 있을 것이다.

염기식(廉基植)

1957년 경남 진주 출생. 진주고등학교 졸업(47회). 경상대학교 사범대학 체육교육과 졸업. ROTC 19기 임관. 서남대학교 교육대학원 졸업. 1984년 교직에 첫발을 내디딤(현 교사). 자아와 세계에 대해 눈떴을 때부터 세상의 분파된 진리에 대해 의문을 품고 '길은 어디에 있는가'란 명제 하나로 탐구의 길에 나서 현재까지 다수의 책을 저술함(총 32권).

『길을 위하여(Ⅰ)』(1985), 『길을 위하여(Ⅱ)』(1986), 『벗』(1987), 『길을 위하여(Ⅲ)』(1990), 『세계통합론』(1995), 『세계본질론』(1997), 『세계창조론 서설』(1998), 『세계유신론』(2000), 『작은 날개를 펴고』(2000), 『환경은 언제나 목마르다』(2002), 『자연이 살아가는 동안』(2003), 『세계섭리론』(2004), 『세계수행론』(2006), 「중학생의 진로의사 결정유형과 발달수준과의 관계」(2006), 『가르침』(2008), 『세계도덕론』(2008), 『통합가치론』(2008), 『인간의 본성 탐구』(2009), 『선재우주론』(2009), 『수행의 완성도론』(2009), 『세계의 종말 선언』(2010), 『미륵탄강론』(2010), 『용화설법론』(2010), 『성령의 시대 개막』(2011), 『역사의 본질 탐구』(2012), 『세계의 섭리 역사』(2012), 『문명 역사의 본말』(2012), 『세계의 신적 본질』(2013), 『지상 강림 역사』(2014), 『인식적 신론』(2014), 『관념적 신론』(2015), 『존재적 신론』(2016)

― 세계의 유신적 증명 ―

존재적 신론

초판인쇄 2016년 4월 15일
초판발행 2016년 4월 15일

지은이 염기식
펴낸이 채종준
펴낸곳 한국학술정보㈜
주소 경기도 파주시 회동길 230(문발동)
전화 031) 908-3181(대표)
팩스 031) 908-3189
홈페이지 http://ebook.kstudy.com
전자우편 출판사업부 publish@kstudy.com
등록 제일산-115호(2000. 6. 19)

ISBN 978-89-268-7226-0 93230